ÜBUNGEN
IM
BÜRGERLICHEN RECHT

für Anfänger

zum akademischen Gebrauch und zum Selbststudium

von

Rudolf Stammler
Professor an der Universität Halle

Dritte, verbesserte Auflage in einem Band

Mit zwei Karten:
Das im Deutschen Reiche vor 1900 geltende Privatrecht
Die Gerichtsorganisation des Deutschen Reiches

Leipzig
Verlag von Veit & Comp.
1909

Lerne das Einfache vollenden, ehe du zu etwas Verwickeltem fortschreitest. Suche in jeder Kunst eine Stufenfolge der Erkenntnis zu erreichen, in welcher jeder neue Begriff nur ein kleiner, fast unmerklicher Zusatz zu tief eingeprägten, und dir selbst unvergeßlich gemachten, früheren Erkenntnissen ist. *Pestalozzi.*

Mit der Anschauung, dem Einzelnen, dem Konkreten, machen wir darum überall den Anfang, weil nur von hier aus der Begriff naturgemäß entwickelt werden kann, weil es keinen Weg gibt von den Begriffen zu den einfachen Vorstellungen und Empfindungen, und weil er, wenn er eingeschlagen wird, zu leerem, unfruchtbarem und aufblähendem Wortwerk und totem Schulwissen führt, das dem Geiste keine gesunde Nahrung liefert und mit dem man im Leben nichts anfangen kann. *Diesterweg.*

Druck von Metzger & Wittig in Leipzig.

EUGEN HUBER

IN HERZLICHER FREUNDSCHAFT

DARGEBRACHT

Vorwort

Das vorliegende Übungsbuch wurde zuerst 1898 auf der Grundlage von „Pandektenübungen für Anfänger (1893, 2. Aufl. 1896)“ ausgegeben. Es enthielt zunächst nur Einleitung, allgemeinen Teil, Recht der Schuldverhältnisse und wurde 1902 zum zweiten Male verbessert aufgelegt. Übungen im Sachen-, Familien- und Erbrecht folgten in besonderem Bande 1903.

Bei der jetzigen neubearbeiteten Auflage erschien es zweckmäßig, den gebotenen Stoff zu kürzen, um größere Übersichtlichkeit zu erreichen. Zugleich wurden die Übungen für den zweiten Teil des bürgerlichen Rechtes, in gleicher Weise durchgearbeitet, diesem Bande eingefügt.

In sachlicher Hinsicht war ich bemüht, die Aufgaben dem jetzigen Stande von Lehre und Praxis derartig anzupassen, daß keine wichtige Frage ohne Berücksichtigung blieb.

Halle a. S., 2. August 1909.

Rudolf Stammler.

Inhalt

Erstes Buch.

Allgemeiner Teil.

Erster Abschnitt.

Systematik des bürgerlichen Rechtes.

Zweiter Abschnitt.

Die Personen.

A. Natürliche Personen.

B. Juristische Personen.

Dritter Abschnitt

Die Sachen.

Vierter Abschnitt.

Der bürgerliche Rechtsverkehr.

Fünfter Abschnitt.

Ausführung des bürgerlichen Rechtes.

Zweites Buch.

Recht der Schuldverhältnisse.

Erster Abschnitt.

Die Haftung des Schuldners.

Zweiter Abschnitt.

Die geschuldete Leistung.

Dritter Abschnitt.

Nebenleistungen und Schadensersatz.

Vierter Abschnitt.

Gegenseitige Verträge.

Fünfter Abschnitt

Beteiligung Dritter bei Schuldverhältnissen.

Sechster Abschnitt.

Forderungsübertragung und Schuldübernahme.

Siebenter Abschnitt.

Endigung von Forderungen und Schulden.

Achter Abschnitt.

Kauf und Tausch.

Neunter Abschnitt.

Verträge auf Gebrauch mit Rückgabe.

Zehnter Abschnitt.

Arbeitsverträge.

Elfter Abschnitt.

Einseitige Schuldverhältnisse.

Zwölfter Abschnitt.

Gesellschaft und Gemeinschaft.

Dreizehnter Abschnitt.

Gesetzliche Schuldverhältnisse.

Drittes Buch.

Sachenrecht.

Erster Abschnitt.

Besitz.

Zweiter Abschnitt.

Grundbuchrecht.

Dritter Abschnitt.

Eigentum.

Vierter Abschnitt.

Nutzungsrechte.

Fünfter Abschnitt.

Pfandrechte.

Viertes Buch.

Familienrecht.

Erster Abschnitt.

Bürgerliche Ehe.

Zweiter Abschnitt.

Verwandtschaft.

Dritter Abschnitt.

Vormundschaft.

Fünftes Buch.

Erbrecht.

Anhang

Erstes Buch.

Allgemeiner Teil.

I

1. Welche Privatrechtsverhältnisse liegen in folgenden Fällen vor?

a) In einer Restauration bestellt jemand ein Glas Bier, eine Portion Essen.
b) Man leiht ein Klavier gegen monatlichen Betrag.
c) Jemand leiht sich 100 ℳ gegen Pfand.
d) Man erbittet Bücher aus der Universitätsbibliothek.
e) Eine Köchin leiht von der Köchin einer anderen Herrschaft Eier oder Butter.
f) Ein Eilbote *(Messenger Boy)* soll ein Paket an eine bestimmte Adresse bringen.
g) Man bestellt in einer Buchhandlung ein Buch, das erst vom Verleger bezogen werden muß.
h) Man gibt einem Antiquar Bücher und erhält dafür andere.
i) Jemand besorgt auf Bitten seines Freundes diesem ein Theaterbillett.
k) Hingabe eines Buches zum Einbinden.
l) Trinkgeld an den Hausknecht im Gasthofe, an den Kellner in der Restauration.
m) Man bestellt sich bei dem Schuhmacher ein Paar Stiefel.
n) Man erwirbt in einer Tuchhandlung Stoff und gibt ihn dem Schneider zur Anfertigung eines Kleidungsstückes.
o) Der A. erlaubt seinem Nachbar B., daß dieser seinen Wagen auf den Hof des A. stelle.
p) F. übernimmt von dem Domänenpächter W. auf zwei Jahre die Ausbeutung eines auf dem Gute vorhandenen Torflagers, indem er für den gestatteten Torfstich eine bestimmte Summe bezahlt.

2. Wie sind in gleicher Richtung nachstehende Abmachungen zu beurteilen?

a) Der Wirt liefert Spielkarten: 1. gegen Kartengeld; — 2. ohne solches; — 3. in Übereignungsabsicht an die Gäste zum Einkaufspreis; — 4. oder mit Aufschlag.

b) Jemand überläßt altertümliche Gegenstände an ein Museum: 1. auf Zeit und unter Rückgabepflicht; — 2. in endgültiger Überweisung.

c) Man abonniert in einer Badeanstalt. — Man läßt seine Wäsche u. dgl. dort in Verwahrung; — oder gibt am Eingange seine Uhr, Geldtasche und andere Wertsachen dem Bademeister ab.

d) Ein Stammgast überreicht ein ihm gehöriges Bierglas einem Gastwirte, damit dieser es verwahre und dem Eigentümer darin Bier verschenke.

e) Ein Abonnent eines Friseurgeschäftes zahlt 2 ℳ für eine Flasche *Bayrum,* die er dort zu seinem Gebrauche stehen läßt; für das Kopfwaschen wird dann nichts weiter berechnet.

f) In Chicago hat ein gewisser Mr. Cross ein eigentümliches *Hotel garni* eröffnet, in dem er gegen eine bestimmte Gebühr Stubenvögel aller Arten in Pension nimmt. Der Preis für Wohnung und Unterhalt richtet sich nach der Größe und Gefräßigkeit des Vogels. Papageien als starke *Gourmands* müssen etwa 2 ℳ pro Woche zahlen, Spottdrosseln, die in Amerika sehr häufig in Gefangenschaft gehalten werden, zahlen 1 ℳ 50 ₰, und Kanarienvögel, die keine großen Ansprüche stellen, finden für 1 ℳ wöchentlich Unterkunft und Nahrung. Auch ein tägliches Bad ist in dem Preise eingeschlossen.

g) Ein Weinreisender erhält von einem Privatmann Auftrag für 100 Flaschen Wein. Die Handlung läßt durch ihren Küfer den Wein abfüllen und durch einen Spediteur der Eisenbahn für den Besteller überliefern.

h) Ein Herr hat ein *Vielliebchen* gewonnen und ein Andenken von der Dame erhalten. Er beauftragt, um sich erkenntlich zu zeigen, eine Blumenhandlung, der Dame einen Korb Blumen namens des Bestellers zu übersenden.

i) Einsteigen in die Straßenbahn: entweder mit einheitlicher Taxe, etwa von 10 ₰ (vom Fahrgast in eine Büchse einzuwerfen), für beliebig lange Strecken der Fahrt, — oder mit verschiedenem Preise je nach der Länge des zurückzulegenden Weges (worüber Verhandlung mit dem Schaffner und Lösung einer Fahrkarte bei diesem); — Annahme einer Droschke zum Bahnhofe, — oder auf Zeit.

k) Man wirft ein Geldstück in einen Automaten, um Schokolade oder Postkarten mit Ansicht (entweder mit Freimarke oder ohne solche) zu erhalten; oder um sich auf der daran befindlichen Wage zu wiegen.

l) Auf einem Jahrmarkt spielt ein Kasperle-Theater. Ein Vorübergehender bleibt stehen und sieht zu, als aber ein Teller zum Geldeinsammeln herumgeht, weigert er sich, zu zahlen.

3. Die teuren und wechselnden Moden der Damen haben in

der neueren Zeit eigenartige Rechtsverhältnisse geschaffen. Wie sind die hier aufgeführten rechtlich zu bestimmen?

a) Ein Damenschneider liefert ein Kostüm gegen mäßige Vergütung, das er wieder zurücknimmt, wenn es im wesentlichen unbeschädigt geblieben ist. Trifft letzteres nicht zu, so muß die Dame den vollen Preis bezahlen.

b) Ein Modefabrikant, der ein Kostüm einführen will, bezahlt einer Dame *der Gesellschaft* etwas, damit sie das ihm gehörige Kostüm trägt.

c) Ein Bureau für Bühnenkünstlerinnen wendet sich an die elegante Damenwelt und ersucht um Überlassung von Straßen- und Salontoiletten: 1. gegen Bezahlung; — 2. unentgeltlich; — 3. gegen Entnahme anderer Kostüme.

4. Welche juristischen Begriffe sind in den kommenden Tatbeständen zu bemerken?

a) Eine unangenehme Weihnachtsüberraschung wurde einem nach mehrmonatlicher Abwesenheit von der Riviera in die deutsche Heimat heimkehrenden Ehepaare zuteil. Als es nämlich den Salon öffnete, strahlte ihm in vollem Lichterglanze der von der Decke herabhängende achtflammige Gaskronleuchter entgegen, den das Dienstmädchen in seiner Herzensfreude, nach Italien mitgenommen zu werden, bei der Abreise der Herrschaft auszulöschen vergessen, und der nun monatelang Tag und Nacht gebrannt hatte. Die Gasrechnung von nicht geringer Höhe ist sowohl für die Herrschaft wie für die vergeßliche Magd ein bitterer Nachgeschmack zu der italienischen Reise.

b) Ein Schüler wird von seinen auswärts wohnenden Eltern bei einem Lehrer in Pension gegeben. Er soll neben Wohnung und Beköstigung auch Aufsicht bei den Schularbeiten erhalten.

c) Bierpachtvertrag zwischen Brauerei und Wirt. Hier bleiben Wirtschaft und Inventar im Eigentume der Brauerei, und der verschenkende Wirt bezahlt entweder eine im voraus fest bestimmte Summe für die Benutzung jener mit beliebigem Bierbezug (doch nur aus dieser Brauerei), oder aber er erhält von dem von ihm verzapften Bier prozentual eine Vergütung. Die Küche geht auf seine Rechnung.

d) Die Garderobe eines Stadttheaters wird verpachtet: Der Übernehmer muß bei jeder Vorstellung des Spielabschnittes in näher bestimmter Weise mit Dienern zur Stelle sein und die Garderobe verwalten; er zahlt an den Theaterdirektor, der von der Stadt als Eigentümerin das Theater in Pacht genommen hat, für den Winter 500 ℳ. Dafür nimmt er das von den Besuchern gezahlte Garderobegeld für sich ein.

e) Eine Butterhandlung (B.) schließt mit der Gutsverwaltung des Freiherrn von Reitzmann in Dutzenrod einen Milchpachtvertrag, zunächst auf ein Jahr. Hiernach soll die Milch der auf dem Gute gehaltenen Kühe an B. abgeliefert werden, und zwar auf dem Gute selbst, wobei die Verwaltung dem B. zum Zwecke des mit der Empfangnahme und Verladung usw. verbundenen Geschäftsbetriebes ein Zimmer auf dem Gute einräumt.

II

1. Ist in nachstehenden Streitfällen der Rechtsweg zulässig?

a) Im Fürstentum Waldeck wurden 1852 und 1853 durch die Staatsverfassung und ein ergänzendes Gesetz die Verhältnisse des Domanialvermögens geregelt. Über die Auslegung und Anwendung dieser Normen entstanden aber in der Folge Streitigkeiten zwischen Fürst und Ständen. 1878 erhob die Landesverwaltung Klage gegen den Fürsten, weil dieser von 1868—1877 die Amortisationsbeträge der Rothschildschen Schuld nicht aus den laufenden Revenuen, sondern aus dem Domanialstammvermögen bestritten habe. Der Fürst habe durch landesherrliche Verfügung die Verfassung verletzt und müsse daher aus seiner Privatkasse es ersetzen.

b) Der Förster Elburg klagt gegen den Grafen Erfluth auf Auszahlung einer Pension, die ihm nach Beendigung seines Beamtenverhältnisses laut der ihm erteilten Anstellungsurkunde zukomme.

c) Bei einem Manöver erlitt der große Wiesenplan des Landwirts Schoß dadurch Schaden, daß auf dem einen Teile ein Gefecht sich abspielte, während einige Tage darauf auf dem anderen Teile wegen Abhaltung einer Kaiserparade eine Zuschauertribüne mit Zugangswegen angelegt wurde. Schoß klagt gegen die Militärbehörde und gegen den Erbauer der Tribüne auf Schadensersatz nach BGB 823 und RGes vom 20. Mai 1898.

2. Am Ausflusse der Weichsel haben sich in der Ostsee fünf Inseln gebildet, welche der Forstfiskus besitzt und nutzt. Vor kurzem hat der Fischer Költen mit mehreren Genossen diese Inseln zum Zwecke der Ausübung der Fischerei betreten und der Aufforderung der staatlichen Beamten auf Entfernung nachzugeben sich geweigert. Vor welcher Behörde und in welchem Verfahren kann gegen die Fischer vorgegangen werden?

3. Ein Vater beschwert sich, daß sein Sohn nicht nach Obersekunda versetzt sei. Er verklagt den Direktor des Gymnasiums darauf, daß der Sohn nachträglich noch versetzt werde, vor dem Amtsgericht. War dieses der richtige Weg, um die fragliche Angelegenheit zu erledigen? Was kann seitens der Gerichts- und Verwaltungsbehörden hier geschehen?

4. A. klagt gegen die katholische Kirchengemeinde X., deren Mitglied er ist, daß sie gestatte: daß die Leiche seines im Duell getöteten (auf einem auswärtigen Kirchhofe provisorisch beerdigten) Sohnes auf dem im Eigentum der Gemeinde stehenden Kirchhofe zu X. *in der Reihe* ein ehrliches Begräbnis erhalte. Gestützt wird die Klage darauf, daß die Mitglieder der Gemeinde, wie sie zu den Kosten beizutragen verpflichtet sind, die Berechtigung haben: die Anstalten, hier den Friedhof, der Gemeinde für sich und ihre Familie bestimmungsgemäß zu benutzen; während die Beklagte die Zulässigkeit des Rechtsweges verneint, weil das Begräbniswesen dem öffentlichen Rechte angehöre und mit Rücksicht auf das Gemeinwohl geregelt sei. Entscheidung?

5. Auler hat seine Base, Ida Schäfer, die sich auf Besuch in seiner Familie aufhielt und schwer erkrankte, vom 1. Januar bis 2. Mai, ihrem Todestage, verköstigt, verpflegt, mit Arzt und Arznei versehen und beerdigen lassen. Es sind ihm dadurch Kosten im Betrage von 350 ℳ erwachsen. Ihren Ersatz verlangt er nunmehr von der Gemeinde Hainichen, gestützt auf nützliche Geschäftsführung: Ida Schäfer habe ihren Unterstützungswohnsitz in Hainichen gehabt, sie sei arm und zur Unterhaltsforderung gegen den Ortsarmenverband berechtigt gewesen; er, Auler, habe an sie in der Absicht der Ersatzforderung geleistet und auch die Gemeinde von der Notlage der Verpflegten während ihrer Krankheit in Kenntnis gesetzt. Die Gemeinde bestreitet die Zulässigkeit des Rechtsweges. Es ist Reichsgesetz vom 30. Mai 1908 (vgl. 6. Juni 1870 und 12. März 1894), bes. § 61 und § 28, zu vergleichen und hiernach der Fall zu begutachten.

Noch fragt es sich, ob bei sonst gleicher Sachlage die Entscheidung verschieden auszufallen hätte, wenn

a) nicht ein Privatmann, sondern ein Landarmenverband für vorläufigen Unterhalt der Bedürftigen gesorgt hätte?

b) nicht die Gemeinde Hainichen, sondern der vermögende Vater der Verpflegten auf Grund seiner gesetzlichen Unterhaltspflicht auf Ersatz hätte angegangen werden können?

III

1. Jedermann weiß, wenn er auch sonst nichts weiß, daß die Waren eine mit den bunten Naturalformen ihrer Gebrauchswerte höchst frappant kontrastierende, gemeinsame Wertform besitzen — die Geldform.[a]) Ich setze überall in dieser Schrift, der Vereinfachung halber, Gold als die Geldware voraus.[b])

Anm.: Das Owensche *Arbeitsgeld* ist ebensowenig *Geld* wie etwa eine Theatermarke. Owen setzt unmittelbar vergesellschaftete

Arbeit voraus, eine der Warenproduktion diametral entgegengesetzte Produktionsform. Das Arbeitszertifikat konstatiert nur den individuellen Anteil des Produzenten an der Gemeinarbeit und seinen individuellen Anspruch auf den zur Konsumtion bestimmten Teil der Gemeinprodukte.[c])

Der Wertausdruck einer Ware in Gold (x Ware $A = y$ Geldware) ist ihre Geldform oder ihr Preis ... Geld hat dagegen keinen Preis. Um an dieser einheitlichen relativen Wertform der anderen Waren teilzunehmen, müßte es auf sich selbst als sein eigenes Äquivalent bezogen werden.[d]) — Dienen daher zwei verschiedene Waren, z. B. Gold und Silber, gleichzeitig als Wertmaße, so besitzen alle Waren zweierlei verschiedene Preisausdrücke, Goldpreise und Silberpreise, die ruhig nebeneinander laufen, solange das Wertverhältnis von Silber zu Gold unverändert bleibt, z. B. = 1 : 15. Jede Veränderung dieses Wertverhältnisses stört aber das Verhältnis zwischen den Goldpreisen und den Silberpreisen der Waren, und beweist so tatsächlich, daß die Verdoppelung des Wertmaßes seiner Funktion widerspricht.[e]) (Aus MARX, Das Kapital.)

Fragen:

(Die einzelnen Nummern sind mit den im Texte angegebenen Verweisungen zu verbinden.)

a) Kann man hiernach *Vermögen* als Summe der dem einzelnen zur Verfügung stehenden *Waren* bezeichnen? Oder wie ist nach unserer Rechtsordnung jener Begriff richtig anzugeben? Gehören nicht auch die Schulden zu dem Vermögen (— des Gläubigers oder des Schuldners); oder gilt dies vielleicht nur für einen Teil derselben?

b) Steht dies nach geltendem deutschen Rechte auch so einfach, oder wird nach diesem erst eine bestimmte Erscheinungsform des Goldes zu seinem Charakter als Geld gefordert? Welche Reichsgesetze kommen hier in Betracht?

c) Trifft dieser Vergleich juristisch zu? Wie ist richtigerweise das begriffliche Verhältnis von: Kommunistischem Arbeitszertifikat, — Reichskassenschein, — Theaterbillett, — gewöhnlicher Schuldurkunde, — Quittung?

d) Aber ist nicht ein Handel mit Geld möglich (Bankgeschäft) in entsprechender Art, wie mit anderen Waren?

e) Was gilt hier nach heutigem Recht in Deutschland? Wie stand es früher? Was haben unsere Nachbarn und andere uns interessierende Staaten in dieser Hinsicht für Einrichtungen?

2. Auf dem Bahnhofe zu Z. kam ein armer, alter Mann auf einige Herren zu und ersuchte sie, ihm für 5 ₰ in Kupfer einen Nickel zu geben, da er eine Fahrkarte nach Zwötzen für 20 ₰ hätte lösen wollen, sie aber nicht bekommen hätte, weil der Schalterbeamte sich weigerte, die 5 Rpf in Kupfer anzunehmen. Einer der Herren ging darauf mit dem Gelde — es waren ein Nickel zu 5 Rpf sowie sechs Zweipfennigstücke und drei Einpfennigstücke — an den Schalter, bekam die Fahrkarte aber auch nicht, da Kupfer über 10 Rpf nicht in Zahlung genommen werden könne. Steht das richtig? Welche Rechtsfolgen knüpfen sich möglicherweise daran? Macht es vielleicht etwas aus, ob eine *Reichsmarkrechnung* in Frage ist?

IV

1. Ein Bauer B. bestellte seiner Mutter M. das lebenslängliche Einsitzrecht im Dachgeschoß, als auf dem Hofe haftend (BGB 1093). Das erste Stockwerk vermietete er an demselben Tage, am 1. August, auf 5 Jahre an den Tierarzt T. Am 9. September desselben Jahres errichtete er zugunsten seines Darlehensgläubigers G. eine Hypothek auf seinem Hause. B. starb am 10. April des nächsten Jahres und wurde von E. beerbt, der das fragliche Grundstück an K. verkaufte. Es ist Gutachten über folgende Fragen abzugeben:

a) Haftet E. der M. oder dem T. oder G. gegenüber? Auch den etwaigen Erben dieser drei?
b) Wie steht es (in gleicher Weise gefragt) mit dem K.?
c) Wer haftet dem G. für seine Darlehensforderung?
d) Wenn G. die Hypothek vollstreckt: welche Rechtsfolgen treten zwischen den verschiedenen Beteiligten ein?

2. Im Konkurse des S. melden sich:

a) G.^{1} mit einer Restforderung auf Kaufgeld für verkaufte und dem S. überlieferte Waren.
b) G.^{2}, weil er dem S. Säcke und Fässer geliehen habe.
c) G.^{3} wegen rückständiger Schneiderrechnung für einen letzthin dem S. gefertigten und übermittelten Anzug.
d) G.^{4} unter Beanspruchung eines Pferdes, das ihm S. verkauft, aber trotz erhaltenen Kaufpreises noch nicht übergeben habe.
e) G.^{5} auf Grund eines Darlehens, für das ihm eine Hypothek am Hause des S. zustehe.
f) G.^{6} als Pächter eines Ackers des S. Früchte fordernd, die S. im letzten Jahre vertragswidrig selbst eingeheimst habe (BGB 956).

Es fragt sich: Welche *actio* ist in jedem Falle begründet? — Welche Gläubiger können die fraglichen Gegenstände (Waren, Säcke, Kleider, Pferd, Haus, Früchte) aus der Konkursmasse voll für sich beanspruchen?

3. Der Brauereibesitzer Habich kaufte von dem Großkaufmann Hettich dessen Wohnhaus für 72000 ℳ. Der Kauf wurde notariell abgeschlossen. Die Auflassung des Hauses und die Umschreibung im Grundbuch ist bisher nicht erfolgt. Inzwischen ist Habich verstorben und über seinen Nachlaß der Konkurs ausgebrochen. Der Konkursverwalter rechnet nun das Haus zur Konkursmasse, während der Vorbesitzer es wieder als sein Eigentum betrachtet. Wer ist im Rechte?

4. Susmann fragt bei einem Anwalt brieflich an: Ich ließ vor ungefähr zwei Monaten einen Pfandbrief über 1500 ℳ bei einem Bankhause lombardieren und entnahm darauf 1200 ℳ. Vor einiger Zeit schickte ich jemanden mit den geborgten 1200 ℳ, um den Pfandbrief einzulösen. Meinem Boten wurde aber die Antwort, die Kasse sei geschlossen, weil das Bankhaus zahlungsunfähig sei. Werde ich nun den Pfandbrief zurückerhalten oder das, was das Darlehen weniger als den Wert des Pfandbriefes betrug, verlieren, oder was sind sonst wohl für Möglichkeiten anzunehmen?

5. Der Arabist S. erhielt nach dem Tode seines Freundes und Fachgenossen T. von des letzteren Witwe die Mitteilung, daß er aus dem Nachlasse das arabische Wörterbuch von Freytag, das der Verstorbene mit zahlreichen eigenen Zusätzen handschriftlich versehen hatte, erhalten sollte. S. nahm das Werk in Empfang, ordnete aber aus freien Stücken die Angelegenheit so, daß jenes Lexikon nach seinem Ableben wieder zu der Bibliothek der Deutschen morgenländischen Gesellschaft in Halle a. S., an welche die übrige Bücher- und Schriftensammlung von T. gefallen war, kommen sollte. Nachdem er sich dahin mit dem Bibliothekar der Gesellschaft verständigt, ließ S. den Stempel der Bibliothek derselben auf die Titel der Bände des erwähnten Wörterbuches setzen, entlieh aber das Buch auf Lebenszeit. — Welche Rechtsstellung kommt nun hier den Beteiligten zu? Wie würde es stehen, wenn eine juristisch kritische Lage durch Ausbrechen des Konkurses über einen von ihnen entstehen sollte? Oder, wenn hinterher Streitigkeiten über das endgültige Haben jenes Buches Dritten gegenüber auszufechten wären?

6. Vor zwei Jahren errichtete L. gemeinschaftlich mit K. auf der Grenze ihrer Grundstücke eine Scheidemauer, wobei beredet wurde, daß jeder die Hälfte der Kosten tragen sollte. L. legte die gesamten Unkosten mit 350 ℳ vor. Jetzt verkauft K. sein Grundstück an E. Welche Rechte und Pflichten liegen unter den genannten Personen vor?

7. Die Witwe W. vermietete an den Handelsmann H. auf fünf Jahre eine Wohnung in einem Hause, das nach ungeteiltem Rechte zur Hälfte ihr Eigentum und zur Hälfte Eigentum ihres minderjährigen Sohnes S. war. An des letzteren Hälfte stand ihr als Mutter die Nutznießung zu (BGB 1684, 1; 1649). Der Mietvertrag war ohne weiteren Vermerk nur von H. und W. unterschrieben. Nach drei Jahren, als der Sohn gerade volljährig geworden war, starb die W. und wurde von ihrem Bruder B. beerbt. Dieser verkaufte an S. den der W. früher gehörigen Anteil am Hause. Nun verlangt S. von H. Räumung der Wohnung. H. wendet ein, daß S. als damaliger Miteigentümer, der von der W. vertreten worden sei, ihn wohnen lassen müsse oder ihm die Hälfte des durch den Umzug erwachsenden Schadens ersetzen solle. Wogegen S. den H. an den B. verweisen will; der seinerseits wieder erklärt, daß ihn die streitige Sache gar nichts angehe, da er das Haus nie im Besitz gehabt habe. Es ist Entscheidung mit Gründen anzugeben. BGB 571; 1008; 1056; 1066; 1663; 1922.

V

1. Welche Bedeutung hat das Wort *Recht* in folgenden Gesetzesstellen: BGB 12; 89; 93; 99; 194; 226; 268; 273; 413; 863; 873; 1214; 1273; 1353; 1570; 1627; 1952; 2108; 2346; 2376?

2. In den nachstehenden Fällen erhob sich die Frage: Ob BGB 823, 1 (.. *oder ein sonstiges Recht eines andern* ..) anzuwenden war? Die Kläger beriefen sich darauf, daß ihrerseits *ein rechtlich geschütztes Interesse* vorliege und *der ihnen zukommende Anteil an den Lebensgütern* verletzt worden sei. Ihre Gegner bestritten, daß nach diesen Begriffsbestimmungen die genannte Gesetzesstelle ausgelegt werden dürfe; eine *Willensherrschaft* gerade der klagenden Personen, wie die richtige Definition von *Recht* laute, stände hier aber jeweilig gar nicht in Frage.

a) Ein Student betritt eine Restauration und bestellt ein Glas Bier; es wird ihm verweigert, und der Wirt weist ihn aus persönlicher Feindschaft gegen den Verein, dem jener angehört, in auffälliger Weise zum Lokale hinaus.

b) Zechprellerei: Es speist jemand in einem Gasthofe ersten Ranges und wohnt dort mehrere Tage, ohne einen Pfennig Geld zur Verfügung zu haben.

c) Seitens der Ortspolizeibehörde wird angeordnet, daß die Besitzer von Gärten, Baumschulen usw. alle Bäume, Sträucher, Hecken usw. ihrer Gartenanlagen spätestens bis Anfang April von Raupennestern zu reinigen haben, bei Vermeidung einer Geldstrafe bis zu 60 ℳ oder Haft bis zu 14 Tagen (StGB 368 : 2). — A. versäumt es. Sein Nachbar B. verklagt ihn, weil nun er, B., seinen Obstgarten deshalb nicht vorteilhaft habe verpachten können; alle Liebhaber hätten sich vor der bedenklichen Nachbarschaft gefürchtet.

d) X. öffnet unbefugterweise einen von Y. an Z. geschriebenen Brief (StGB 299) und erfährt dadurch Tatsachen, deren weitere Verbreitung dem U. Schaden bringt.

e) Der Direktor einer Irrenanstalt beschwert sich über das allzu frühe und zu häufige Läuten der Glocken der benachbarten katholischen Kirche; dies sei für seine nervösen Patienten schädlich. Da diese Art des Läutens der von der Verwaltungsbehörde erlassenen Läuteordnung widerspricht, so klagt er gegen die Kirchengemeinde.

VI

1. Am 17. Juli war Herr von Tusen verstorben; am 20. September wurde von seiner Witwe ein Kind geboren, das sich lebensunfähig erwies. Nun klagt der Bruder des von Tusen gegen die Witwe auf Herausgabe der halben Erbschaft ihres Gatten. Im Prozesse gibt der als Zeuge vernommene Hebearzt Dr. Zenker die Aussage: daß er bei dem vollends zur Welt gebrachten Kinde einige Pulsationen des Herzens wahrgenommen habe .. es sei ihm aber scheintot vorgekommen, weil er keine weiteren Lebensäußerungen an ihm bemerkt habe; das Kind habe, obgleich es ganz ausgebildet war, ein unvollkommenes, ein Scheinleben geführt. Entscheidung?

2. A. stirbt, mit Hinterlassung seiner schwangeren Frau und seines Bruders B., am 1. Mai. Am 1. Juni stirbt B. und wird von seinem Sohne L. beerbt. Am 9. Juni gebiert die Frau des A. ein totes Kind. Wie steht es mit der Erbschaft des A.? BGB 1922; 1923; 1925; 1931; 1942.

3. Ein Arzt wurde zu einer Frau gerufen, die seit acht Monaten verheiratet war und durch die Fahrlässigkeit eines mit einem Gewehr vorübergehenden Burschen einen Schuß in den Unterleib erhalten hatte. Die Frau lag auf einem Bette und schien im übrigen durch ihren Unfall auffallend wenig beunruhigt. Der Arzt fand in der Nähe des Nabels eine von einer großen Kugel herrührende Schußwunde, die nur sehr wenig Blut hinterlassen hatte. Bei der notwendigen Operation wurde festgestellt, daß das Kind, das der Geburt nahe war, durch den Flintenschuß im Mutterleibe getötet war. Die Kugel war ihm bei der rechten Schulter eingedrungen und in der Gegend des linken Schenkels wieder ausgetreten. Der Arzt entdeckte schließlich die Kugel in den bei der Operation herausgezogenen Teilen. Die Mutter wurde trotz der schweren Operation in nicht allzu langer Zeit wieder ganz gesund. Man kann also sagen, daß in diesem

Falle das noch ungeborene Kind der Mutter das Leben gerettet hatte, da ohne es die Kugel sicherlich der Frau tödliche Verletzungen beigebracht haben würde. — Die Frau klagt nun gegen den unglücklichen Schützen auf Schadensersatz: Das Kind sei im Testamente eines seiner Anverwandten zum Erben eingesetzt gewesen und hätte ihr, die sie von ihrem kürzlich verstorbenen Manne in Bedürftigkeit zurückgelassen worden wäre, Unterhalt aus seinem Vermögen leisten müssen. Der Beklagte bestreitet, daß dieser Anspruch nach dem BGB begründet sei. Wie hat das Gericht zu erkennen? — BGB 844, 2/2; EG 42, I § 3, 2/2; BGB 1923, 2; 2043, 1; 2101; 2106; 2108; 2178.

4. Der Totengräber Kars schenkte durch gerichtlichen Vertrag seiner unmündigen Enkelin Marie Sinner ein Grundstück mit kleinem Hause; in § 6 des Vertrages war bestimmt, daß etwa nachgeborene Geschwister der Beschenkten an der Schenkung teilnehmen sollten. Die Sinnerschen Eheleute nahmen die Schenkung für die genannte Enkelin und namens der weiter erwarteten Kinder an. Nachmals wurden noch zwei Kinder, Elly und Karl Sinner, geboren, das erstere vier Monate nach jenem Vertrage, das zweite drei Jahre darauf. Die drei Geschwister geraten in späteren Jahren untereinander in Streit, und Marie Sinner will die Beteiligung der beiden jüngeren Kinder an der Schenkung ihres Großvaters nicht anerkennen. Wie ist die Rechtslage?

5. Wie sind folgende Vorgänge nach dem jetzigen Stande unserer Reichsgesetzgebung rechtlich zu beurteilen?

a) Zwei Sklaven, Pissub und Bumba, beide dem Häuptling Rei de Kanka in Kamerun, Deutschem Schutzgebiete, gehörig, entlaufen ihrem Herrn. Pissub flüchtet an Bord S. M. Schiff *Möwe*, das im Hafen ankert; Bumba verbirgt sich im Hause eines dort ansässigen portugiesischen Kaufmannes, namens José Ribeiro, der die Herausgabe des Schwarzen verweigert.

b) Der Negerfürst Tschingenge kommt mit zwei Sklaven, Kilolo und Sim, nach Deutschland. Kilolo weigert sich, mit Tschingenge nach Afrika zurückzukehren; er verlangt vielmehr, daß seine Frau Wirza, mit der er zwei Kinder, Jawno und Meta, erzeugt hat, von jenem frei zu ihm nach Deutschland entlassen werde. — Dagegen geht Sim freiwillig nach Afrika zurück und dient dem Tschingenge weiter als Sklave.

VII

1. In Paris wurde vor längeren Jahren eine reiche ältere Dame Marie Regnault in ihrer Wohnung von unbekannter Hand ermordet aufgefunden. Bei ihr hatten nur ihre Kammerfrau

Annette Gremeret und deren achtjähriges Töchterchen gelebt, die beide von dem Verbrecher ebenfalls ermordet wurden. In dem Nachlasse fand sich ein Testament der Dame zugunsten des Kindes. Es erhob sich ein Streit zwischen den Verwandten der Regnault und den Erben der Kammerfrau. Wie würde er nach unserem bürgerlichen Rechte zu schlichten sein?

2. Ein 49 Jahre alter Bauer wurde auf der Landstraße von einem Kraftfahrzeuge überfahren und getötet. Seine Witwe verlangt von dem Halter des Fahrzeuges die Zahlung einer Rente nach §§ 7 und 10 des RGes. v. 3. Mai 1909 (vgl. BGB 844 und EG 42 I § 3, 1); ihr ganz gesunder Ehemann hätte sehr wohl noch mindestens 30 Jahre leben können. Der in Anspruch Genommene bestreitet seine Ersatzpflicht nicht, will aber nur eine Rente von 11 oder höchstens 14 Jahren zugestehen. Was hat hier zu gelten? — L. 68 pr. D. ad leg. Falc. (35, 2), cf. l. 8 § 10 D. de transact. (2, 15); Sächs. BGB 35; RGes. über Erbschaftssteuer v. 3. Juni 1906 § 18; Handwörterbuch der Staatswissenschaften: *Lebensdauer*.

3. Kurze Zeit nach dem Tode des Kaufmanns Hentschel kommt dessen Witwe mit einem Kinde nieder. Sie hatte, als sie die Wehen kommen fühlte, ihr Mädchen nach der Hebamme geschickt; das Zurückkommen beider hatte sich aber verspätet, und so fanden sie die Witwe bewußtlos und das schon geborene Kind tot vor. Die etwas verspätete Beweisaufnahme ergibt nur, daß es ein vollständig ausgetragenes Kind war. Erhält die Witwe des Hentschel oder dessen noch lebende Mutter das von Hentschel hinterlassene Vermögen? — BGB 1925; 1931.

---

4. Unter welchen näheren Voraussetzungen kann in nachstehenden Tatbeständen nach dem Verschollenheitsrecht des BGB gerichtliche Todeserklärung erwirkt werden?

a) Bekanntmachung. Der am ... zu Halle a/S. geborene, in unbekannter Abwesenheit lebende Arbeiter Max Senftleben entzieht sich der Sorge für seine Familie, so daß dieselbe aus öffentlichen Mitteln unterstützt werden muß. Um Mitteilung des Aufenthaltsortes des Genannten wird gebeten. N. N., den ... Der Gemeindevorsteher.

b) *Mein Vetter ritt den Schecken an dem Tag,*
Und Roß und Reiter sah ich niemals wieder.
(Wallenstein. — Ist unserer Frage als ein Tatbestand der heutigen Zeit zu unterstellen.)

c) Am 11. Juli 1897 stieg der Nordpolfahrer S. A. Andree mit zwei Begleitern von Spitzbergen aus im Luftballon auf, um den Nordpol zu erreichen. Seitdem fehlt jede Spur von ihnen.

d) Nachrichten über Schiffsunfälle:

Nach einer bei Lloyds eingegangenen Depesche aus St. Vincent (Kap Verdische Inseln) ist das deutsche Schiff *Baltimore,* von London nach New York, mit Ballast beladen, unterwegs leck gesprungen und am 24. Januar untergegangen. Alle an Bord befindlichen Personen sind vermutlich verloren, ausgenommen der Seemann Christansen, den der portugiesische Schoner *Alice* am 26. Januar aufnahm.

Aus Lübeck wird gemeldet, daß eine Anzahl Fischerboote, die auf offener See fischten, durch einen orkanartigen Sturm seewärts getrieben wurden. Die Rettungsdampfer kehrten resultatlos zurück. Es wird befürchtet, daß die Boote und Insassen im Sturm untergegangen sind.

Der deutsche Dampfer *Afrika,* welcher am Mittwoch von Antwerpen nach New Orleans in See gegangen war, ist bei starkem Nebel in der Nordsee mit dem norwegischen Dampfer *Saga* zusammengestoßen, welcher infolge des Zusammenstoßes sank. Die *Afrika* rettete acht Mann der Besatzung der *Saga.* Von dem Schicksal der übrigen Mannschaft ist nichts bekannt.

Das aus einem ausgehöhlten Baumstamme bestehende Kanoe *Tilikum,* womit Kapitän Voß seine waghalsige Fahrt als einziger Reisender durch den Stillen Ozean ausführt, scheint von einem bösen Geschick ereilt zu sein. Zuletzt segelte der tollkühne Seefahrer von Thurday-Island an der Nordspitze Australiens ab, um die Kokosinseln, südlich von Sumatra, zu erreichen. Dort ist Voß nicht angekommen.

In Marseille herrscht Aufregung über den Schiffbruch des Kauffahrteischiffes *Alix* bei Faraman. An Bord des Schiffes befanden sich neun Matrosen und fünf Passagiere. Nur von sechs Personen, die gerettet worden sind, hat man sichere Nachrichten. Diese Geretteten gehören sämtlich der Bemannung des Schiffes an. Die übrigen gelten als verloren; zwei dieser letzteren befinden sich seit geschlagenen 48 Stunden in einer besonders tragischen und erschütternden Lage. Diese Unglücklichen befinden sich nämlich auf dem Wrack, so daß man sie vom Lande aus sieht, ohne daß man ihnen wegen des hohen Seeganges Hilfe bringen könnte.

5. Im Beginne 1900 brachen in China die Unruhen der *Boxer* aus. Das angeblich zu ihrer Bekämpfung ausgeschickte chinesische Militär machte gemeinsame Sache mit den Aufrührern. Die Gesandtschaften in Peking wurden angegriffen, der deutsche Gesandte ermordet. Der Entsetzungsversuch des englischen Admirals Seymour mißlang; er mußte vor chinesischen Truppen und Boxern zurückweichen. Nun wurden die Takuforts bei Tsientsin und dann diese Stadt selbst von europäischen Truppen gestürmt, und am 14. August 1900 gelang der Einmarsch in Peking und die Befreiung der Gesandten. Der chinesische Hof war geflohen. Mit ihm fanden hierauf Verhandlungen statt. China verpflichtete sich, eine Anzahl hochstehender Boxer zu bestrafen und 450 Millionen Taëls Kriegsentschädigung zu zahlen, womit die ostasiatische Expedition endigte. In welcher Weise konnte Leben oder Tod der dort *Vermißten* festgestellt werden?

6. Die starren Vorschriften unserer Paragraphen über gerichtliche Todeserklärung zeitigen zuweilen merkwürdige Folgen. Die *Deutsche Juristen-Zeitung* teilt neuestens nachstehende Fälle mit. Wie sind sie nach dem Gesetze zu behandeln?

a) Aus einem Harzstädtchen war um das Jahr 1790 ein Handwerker ausgewandert und seitdem verschollen. Seine Hinterlassenschaft ist noch immer nicht endgültig rechtlich geregelt.

b) Eine Frau war im Aufgebotsverfahren für tot erklärt worden. Nach sechs Wochen kehrte sie zurück und wollte das Ausschlußurteil anfechten, um wieder unter die Lebenden aufgenommen zu werden. Sie wurde aber juristisch bedeutet, daß sie sich bei ihrem Tode beruhigen müsse, weil sie sich zu spät als lebend gemeldet hätte (ZPO 976, 1).

7. Der Geometer Kalb ist vor einigen Jahren nach Sydney ausgewandert und hat damals in notarieller Urkunde alle seine ausstehenden Forderungen dem Gastwirte Möser abgetreten, darunter auch eine Forderung auf Auszahlung einer Erbschaft seines verstorbenen Bruders beim Tode von dessen hinterlassener Witwe. Kalb ist seitdem verschollen. Jetzt stirbt die Witwe seines Bruders. Wie steht es mit dem Anspruche des Möser?

8. Die Eheleute Leunis hatten sich in einem wechselseitigen Testamente zu Erben eingesetzt, dabei aber bestimmt, daß das nach dem Tode des Letztlebenden von ihnen noch vorhandene Vermögen an die gesetzlichen Erben des Mannes fallen solle. Die nächsten Verwandten des Mannes waren eine Schwester, zwei Töchter einer verstorbenen Schwester und ein Sohn (A.) eines verstorbenen Bruders, dessen Frau wieder geheiratet und zwei Kinder zweiter Ehe hatte, vor kurzem aber gleichfalls mit Tod abgegangen war. A. war seit neun Jahren verschollen. — Um diese Zeit starb Leunis; die Witwe schlug die Erbschaft zugunsten der gesetzlichen Erben ihres Mannes aus (BGB 1942; 1953). Der den A. treffende Teil wurde von einem Pfleger in Empfang und Verwaltung genommen. Nachdem A. darauf in ordnungsmäßigem Verfahren für tot erklärt worden war, nahmen sowohl seine Halbgeschwister, wie die Verwandten des Leunis den auf A. gefallenen Erbteil des alten Leunis in Anspruch (BGB 1923, 1; 1925; 1926; 1930). — Wie war zu erkennen?

VIII

1. Ein junger Jurist erhält von einem auswärtigen Freunde folgenden Brief mit der Bitte um baldige Auskunft: Als unmündiger Seminarist habe ich mich zur Abnahme eines Konversationslexikons schriftlich verpflichtet. Meine jetzigen Verhältnisse gestatten mir eine weitere Abnahme des Werkes nicht. Die verschiedenen Bitten um Aufhebung des Vertrages sind von der Buchhandlung mit Klagedrohung beantwortet worden. Kann ich zur Abnahme des ganzen Werkes gezwungen werden?

2. Auf einem Baue entsteht eine Schlägerei. Der dabei beteiligte Arbeiter Ropels, zwanzig Jahre alt, wird von dem einen Verletzten mit Privatklage belangt. In dem Termine vor dem Schöffengericht kommt ein Vergleich zustande. Ropels übernimmt hierbei die Kosten des Verfahrens. Ist das rechtsgültig?

3. Ein neunzehnjähriger Student der Rechtswissenschaft bezieht mit Einwilligung seines Vaters die Universität. Dort bleibt er bei seinem Hauswirt den Mietzins, sowie das Geld für das Frühstück und Abendbrot schuldig, ebenso dem Schneider den Betrag für einen Anzug und einem Arzte, in dessen Behandlung er sich bei einer Erkrankung begeben, das Honorar.

a) Sind diese Verbindlichkeiten des Studenten gültig und klagbar? Welche Bestimmungen des BGB kommen in Frage?
b) Haftet der Vater des Studenten für jene Schulden?
c) Wie steht es, wenn der Studierende mütterliches Vermögen besitzt, das in Verwaltung und Nutznießung des Vaters steht?
d) Welche rechtliche Bedeutung hat es, wenn der Student aus seinem *Wechsel* die erste Monatsrechnung des Hauswirtes bezahlt hat, die zweite aber nicht; oder wenn er seinem Schneider eine Abschlagszahlung von 30 ℳ leistet?

4. Ein Bauer war auf Bezahlung von 300 ℳ verklagt worden, die der Gläubiger von einem Bierwirt zu fordern hatte, für welchen sich der Beklagte in einer Urkunde verbürgt hatte. Beklagter entgegnete, daß er bei Übernahme der Bürgschaft in hohem Maße betrunken gewesen und dieser trunkene Zustand vom Kläger arglistig dazu benutzt worden sei, um den Beklagten zur Übernahme der Bürgschaft zu veranlassen. Entscheidung?

Gesetzesstellen: BGB 104:2; 105, 2; 827; — vgl. c. 7 C. 15 qu. 1 *nesciunt quid loquantur — iacent sepulti;* auch l. 11 § 2 D. de poenis (48, 19); l. 12 pr. D. de custodia etc. (48, 3); — l. 48 D. de reg. iur. (50, 17).

5. Kahlert war im Testamente des Sauer als Legatar bedacht gewesen; Sauer hatte aber durch ein späteres Testament das Vermächtnis wieder aufgehoben. Kahlert ficht dies an, weil Sauer damals geisteskrank und willensunfähig gewesen sei. Das Beweis-

verfahren ergibt: daß Sauer an einem *Intelligenzdefekte* äußersten Grades gelitten habe und altersschwach und stumpf gewesen sei; das zweite Testament war ihm von seinem Bruder, dem Testamentserben, vorgeschlagen und diktiert worden, Sauer hatte es danach geschrieben und unterschrieben. Welches Urteil ist abzugeben?

6. Die Geflügelhändlerin Müller in Dresden spielte mit drei anderen Personen zusammen ein Zehntel Los der Sächsischen Staatslotterie, das mit dem Hauptgewinn gezogen wurde. Als nun die drei Personen von der Gewinnerin, die inzwischen den Betrag, über 40 000 ℳ, eingezogen, ihren Anteil verlangten, machte diese geltend, daß sie wegen Geisteskrankheit entmündigt und deshalb der abgeschlossene Gesellschaftsvertrag ungültig sei. Dagegen suchten die Mitspieler nachzuweisen, daß die Müller vollkommen geistig gesund und deshalb nicht geschäftsunfähig sei, zumal sie auch völlig selbständig ein Geflügelgeschäft betreibe. Von der vor 8 Jahren geschehenen Entmündigung habe ihre Umgebung nichts gewußt, so daß sogar eine böswillige Schädigung seitens der Müller vorliege. Wie ist hierüber zu befinden?

IX

1. Auf welche Sätze unseres bürgerlichen Rechtes kann sich der Geschädigte in folgenden Fällen berufen:

a) Eine Ehe ist wegen Verschuldens der Frau geschieden worden. Die Frau führt aber den Namen ihres seitherigen Ehemannes weiter, in einer Weise, die bei Fremden den Glauben erwecken muß, daß die Ehe noch bestehe.

b) X. läßt einen italienischen Knaben mit Namen Johann Maria Farina in Cöln in das Handelsregister eintragen und sich selbst als Prokuristen dieser neuen Firma. In der Tat war der Ausländer gar nicht am Betriebe des Geschäftes beteiligt, sondern das Ganze nur eingefädelt worden, um den bekannten Firmen Farina in Erzeugung und Vertrieb Cölnischen Wassers Konkurrenz zu machen.

c) Eine Buchhandlung kauft den Restbestand der Auflage eines Liederbuches und vertreibt die Exemplare wieder, nachdem sie ein neues Titelblatt mit dem Namen eines anderen Musikschriftstellers (— entweder mit dessen Genehmigung, — oder ohne sie) vorgesetzt hatte.

d) Der in Berlin erscheinende *Reporter*, Illustriertes Weltblatt, hat seinerzeit eine Schönheitskonkurrenz veranstaltet und eine Anzahl von Damenportraits veröffentlicht, aus denen die Leser die Schönste durch Abstimmung ermitteln sollen. Eines dieser Porträts ist ohne Genehmigung der betreffenden Dame von Herrn X., unter Fälschung der Namensunterschrift der Dame, eingesandt worden.

2. Die Königliche Regierung zu Posen hatte einem Kaufmann Kurczewski amtlich mitteilen lassen, daß sein eigentlicher Name Kurtze sei, und daß er sich in Zukunft dieses Namens zu bedienen habe. Der erwähnte Kaufmann schrieb sich aber nach wie vor Kurczewski, unter Berufung darauf, daß sein Vater seit seiner Verheiratung im Jahre 1849 unbeanstandet den Namen Kurczewski an Stelle des Namens Kurtze geführt habe. Welche Gesetzesbestimmungen kommen in Frage? Wie ist danach zu erkennen?

3. Ein Privatmann zu X., der sich *von Heller* nannte, erhielt auf Grund von StGB 360 : 8) von der Königlichen Polizeidirektion X. im Auftrage des dortigen Regierungspräsidenten eine bei der Polizeikasse zu erlegende Strafe von 30 ℳ, eventuell 3 Tage Haft festgesetzt. Er erhebt vor dem Landgericht X. Klage gegen den Regierungspräsidenten sowie die Polizeidirektion, mit dem Antrage, festzustellen, daß er berechtigt sei, den Familiennamen *von Heller* zu führen, und daß die Beklagten nicht befugt seien, ihm die Führung dieses Namens zu verbieten. Er beruft sich darauf, daß seinem Urgroßvater der erbliche Adel vom Könige von Schweden verliehen worden sei, und daß er in jedem Falle berechtigt sei, die Partikel *von* als Bestandteil seines bürgerlichen Namens zu führen. Die Beklagten bestreiten die Zulässigkeit der erhobenen Klage. Entscheidung?

4. Der elsässische Dialektdichter Dr. Julius Greber veröffentlichte vor kurzem ein Lustspiel *Sainte-Cécile*, dessen komische Hauptfigur den Namen Stieffatre führt. Der Rentner Edmund Stieffatre hat nun gegen Dr. Greber und die Verleger der *Sainte-Cécile*, die Buchhändler Schlesier und Schweickhardt, beim Straßburger Landgericht eine Klage eingereicht und beantragt, *den Beklagten den Verkauf und die sonstige Verbreitung des Lustspiels Sainte-Cécile unter Benutzung des Namens Stieffatre bei Geldstrafe für jeden Fall der Zuwiderhandlung zu verbieten.* Die Höhe der Streitsumme ist auf 2000 ℳ festgesetzt. Die Klage stützt sich darauf, daß der Rentner Stieffatre der einzige Träger dieses Namens sei, daß eine Reihe von Charakterzügen, welche der Greber sche Stieffatre aufweise, für den Rentner Stieffatre zutreffe, und daß es einem Autor nicht gestattet sei, eine Namensbezeichnung wider den Willen ihres Trägers dichterisch sich zuzueignen. Der Vertreter der Beklagten nimmt dem gegenüber an, daß weder nach dem früheren, noch nach dem heutigen bürgerlichen Recht der Klageanspruch begründet sei. Wie ist zu erkennen?

5. Die Paulanerbrauerei hat das Wortzeichen *Salvator* für ihr althistorisches Salvatorbier amtlich (— wo? wie? auf Grund welches

Gesetzes?) eintragen lassen und hat dann den anderen Brauereien, die in neuerer Zeit gleichfalls Salvatorbier in den Handel brachten, die Anwendung der Bezeichnung *Salvator* gerichtlich bestritten. Auf welche Gesetzesbestimmungen ist dieser Anspruch zu gründen? Wie hat Antrag und Urteil zu lauten?

Sind in diesen Streitigkeiten nachstehende Besonderheiten von rechtlichem Einflusse?

a) Die Löwenbrauerei hatte ihr Märzenbier nicht unter dem Namen *Salvator*, sondern als *Salvatorbier* in den Handel gebracht.

b) In Schwabing (einer Vorstadt Münchens) ist eine Brauerei unter der Firma *Salvatorbrauerei*. Gegen diese stellte die Paulanerbrauerei Klage auf Streichung des Wortes *Salvator* aus der Firmenbezeichnung an.

c) Eine dritte Verwickelung bestand zwischen Paulaner- und Spatenbrauerei. Die Spatenbrauerei hatte ein Firmenbild registrieren lassen, das u. a. auch das Wort *Salvator* enthält. Das Firmenbild konnte nicht beanstandet werden, aber die AG. Paulanerbräu bestritt der Spatenbrauerei das Recht, das Wort *Salvator* außerhalb des Firmenbildes zu geschäftlichen Anpreisungen zu benutzen.

Die Sache wurde durch Vergleich erledigt.

6. Genügen folgende Tatsachen zur Anwendung von BGB 1568 oder 1666?

a) Es wird jemand aus dem Stande der Reserveoffiziere entlassen, weil er auf eine ihm gewordene Beleidigung den Gegner nicht zum Zweikampfe gefordert hat; — oder, weil er einer politisch oppositionellen Partei angehört und für diese öffentlich agitiert.

b) Ein Deutscher hat sich als Soldat bei einer ausländischen Macht anwerben lassen. Als das Reich mit der letzteren in Krieg gerät, bleibt er in seiner Stellung (StGB 88, 3; 20).

c) X. war wegen Meineids zu drei Jahren Zuchthaus verurteilt, unter Aberkennung der bürgerlichen Ehrenrechte auf fünf Jahre. Die Frist ist jetzt abgelaufen.

d) Jemand hat einen *auf Ehrenwort* lautenden Schuldschein verfallen lassen, den er wegen einer Schuld aus gewerbsmäßig betriebenem Glücksspiele (StGB 284) ausgestellt hatte.

X

1. Wo haben nachstehende Personen ihren Wohnsitz?

a) Ein *Sachsengänger* (Taglöhner, der für den Lauf des Sommers, von dem Osten herkommend, auf landwirtschaftlichen Gütern, besonders der Provinz Sachsen, Arbeit nimmt).

b) Zwei Ehegatten, die zufolge getroffener Übereinkunft dauernd tatsächlich getrennt leben.

c) Ein Geisteskranker, der wegen unheilbaren Wahnsinnes von seinem Geburtsorte weg in eine Irrenanstalt verbracht wird.
d) Das uneheliche Kind einer 22jährigen Arbeiterin, deren Eltern in Magdeburg wohnen, während sie selbst einen Dienst als Hausmädchen in Halberstadt angenommen hat.
e) Ein Strafgefangener, der eine sechsjährige Zuchthausstrafe in X. verbüßt, dessen Ehefrau von ihrem seitherigen gemeinschaftlichen Wohnorte Y. mit Genehmigung ihres Mannes nach Z. verzieht, wo beide nach Vollendung der Strafzeit dauernd bleiben wollen.

2. Ein Student meldet bei dem Handelsgericht einer nahen Residenzstadt an, daß er als Prokurist eines dort neugegründeten Flaschenbiergeschäftes eingetragen zu werden wünsche. Das Gericht verweigert die Eintragung, weil der Antragsteller seinen Wohnsitz in der Universitätsstadt und nicht am Geschäftsort habe. Kann zur Beschreitung des Beschwerdeweges geraten werden?

3. Der Herzog von Arenberg, der in Preußen verschiedene Güter besitzt, aber gewöhnlich in Berlin wohnt, war vom Magistrat von Recklinghausen mit seinem gesamten großen Einkommen zur Gemeinde-Einkommensteuer herangezogen worden, während der Herzog den Magistrat nur für berechtigt erachtete, sein Einkommen aus Grundbesitz und Renten, das ihm aus Quellen in der Gemeinde Recklinghausen zufließt, zur Gemeinde-Einkommensteuer heranzuziehen, da er in der Gemeinde nicht seinen Wohnsitz habe, sondern im Schlosse ihm nur ein Salon, zwei Schlafzimmer und zwei Dienerzimmer vom Pächter zur Verfügung gestellt und allerdings stets bereit gehalten werden müßten. Der Magistrat berief sich dagegen auf die Stiftungsurkunde des hier in Frage kommenden Fideikommisses von 1854, wonach der Herzog zu Recklinghausen *domiziliere*, demgegenüber der wirkliche Aufenthalt gleichgültig sei. Wie ist zu erkennen?

4. Ein Ehemann war in A. wohnhaft. Er starb am 6. Februar. Seine Witwe wird krank und begibt sich nach B. in ärztliche Behandlung. Nach einigen Monaten beschließt sie, bei anscheinender Besserung, nach dem gesunderen Orte C. überzusiedeln. Sie läßt durch einen Bekannten dortselbst eine Wohnung mieten und ihre Möbel am 10. Oktober nach C. schaffen. Im Begriffe dorthin abzureisen, stirbt sie am 16. November. Bei welchem Gerichte (in A. oder B. oder C.) kann ihr Testament angefochten werden? ZPO 27; 13.

5. Die Ehefrau Lauber in Kirchgöns klagt gegen ihren Ehemann auf Rückkehr zu ihr, weil er sich von ihr weg nach Dornholzhausen, seinem früheren Heimatsort, begeben habe, obgleich in dem Ehevertrag bestimmt gewesen: *ihren Wohnsitz nehmen die jungen Eheleute in Kirchgöns bei dem Vater der Braut.* Der Beklagte wendet ein, daß er als Ehemann den Wohnsitz zu bestimmen und beliebig zu verändern berechtigt sei und verlangt zugleich widerklagend, daß die Frau sich zu ihm nach Dornholzhausen zu begeben verurteilt werde. Entscheidung?

6. X. ist in Hamburg als ehelicher Sohn eines dortigen Kaufmannes am 21. Januar 1880 geboren. Am 1. Oktober 1899 tritt er als Einjährig-Freiwilliger in Marburg i. H. ein. Am 1. Oktober 1900 bezieht er die Technische Hochschule in Braunschweig für $2^1/_2$ Jahr, um dann eine Lehrstelle in einem Bremenser Exportgeschäft anzunehmen, in welcher Stellung er bis 1. Dezember 1905 verbleibt. An diesem Tage geht er im Auftrage seines Hauses nach Melbourne in eine Zweigniederlassung desselben. Im Januar 1907 zurückgekehrt, erhält er am 2. April 1907 eine Anstellung in einem Handlungshause in Lübeck.

a) Welche Wohnsitze hat X. gehabt?
b) Wo war am 1. Januar 1909 sein Unterstützungswohnsitz? Wo am 1. April 1909?
c) Welche Staatsangehörigkeit besitzt er?
d) Wie wäre es damit, wenn er in Australien das Bürgerrecht erworben hätte?

7. Ein Mann, ursprünglich Deutscher, lebte seit 25 Jahren in Schweden. Nach sechs Jahren wurde ihm ein Sohn geboren. Nach weiteren 16 Jahren ist er von Schweden nach Holland gezogen. Würde nun, wenn der Vater jetzt das holländische Bürgerrecht erwürbe, der Sohn in bezug auf seine Militärpflicht als Schwede oder als Holländer angesehen oder von Deutschland aus in Anspruch genommen werden?

XI

1. Wie sind die kommenden Tatbestände juristisch aufzufassen?

a) Eine Studentenverbindung erwirbt ein Haus: entweder auf den Namen eines früheren Mitgliedes; — oder der Vereinigung der gesamten früheren Mitglieder; — oder des studentischen Vereins selbst; — oder einer besonders zu jenem Zwecke gegründeten Aktiengesellschaft.
b) A. bedingt sich beim Verkaufe von Grundstücken aus, daß für alle Zeiten die Besitzer des verbleibenden Stammgutes das Gang- und Fahrtrecht über das verkaufte Areal haben sollen.
c) Der 1894 verstorbene Graf Schack hatte vor etwa 20 Jahren den Entschluß geäußert, seine berühmte Gemäldegalerie *der Stadt Straßburg* letztwillig zuzuwenden. Aus Verdruß über die unpatriotische Haltung der dortigen Protestler unterließ er es und wollte sie nun *dem Deutschen Reiche* überweisen, soll aber bedeutet worden sein, daß dies juristisch nicht möglich sei. So vermachte er sie *dem Deutschen Kaiser.*

d) Eine Anzahl Fabriken ist zu einer *Deutschen Zündhölzer-Konvention* zusammengetreten. Sie haben sich verpflichtet, nur zu gemeinschaftlich vereinbarten Preisen und Bedingungen zu verkaufen. Die Vereinigung besitzt als Organe die Mitgliederversammlung, einen Vorsitzenden und einen beaufsichtigenden Ausschuß. Andere Firmen können durch Beschluß des Verbandes aufgenommen werden, jedes Mitglied darf mit vierteljähriger Kündigung frei austreten.

2. Am 25. Oktober 1742 errichtete der Geheime Medizinalrat Dr. Friedrich Hoffmann zu Halle a. S. ein weitläufiges Testament, in welchem es in § 20 hieß: Da ich auch auf meinen Erb- und Geschlechtsbogen auf dem Gottesacker allhier ein vieles gewendet, und ein *monumentum* allda aufrichten lassen, mithin nicht gerne wolte, daß solches, wie es bei *alienationibus* leider geschiehet, *ruiniret* werde; So verordne ich hiemit, daß dieses Erb-Begräbniß je und alle Wege zwar vor meine alhier lebende *Descendenten* als ein Hoffmannisches Erb-Begräbniß verbleiben, und dieselben bey Ihren Absterben darinn Ihre Ruhestatt haben sollen, jedoch, so ferne keines von meinen *Descendenten* alhier wohnhafft, will ich in solchem Fall und so lange sich niemand davon alhier befindet, die hiesige *Löbl. Medicinische Facultät* dergestalt *substituirt* haben, daß wenn daraus, jedoch nur von *Professoribus Medicinae* männlichen Geschlechtes jemand versterben solte, desselben Leichnam darin geleget werden solle, jedoch ohne eintzige Veränderung meiner und meiner Erben angehenden *epitaphiorum* und *inscriptionum.* Und habe ich dagegen zu erwaehnter *Löbl. Facultät* das Vertrauen, Sie werde auf die *conservation* dieses immerwährend zu benennenden Hoffmannischen Erb-Begräbnisses, auch meines und der meinigen *monumentorum* ein beständiges Aufsehen haben und löblich übernehmen, wie ich denn alle künfftige Herren *Professores* in dieser *Facultät* deshalb hiemit noch dienstlich ersuchet haben will. — Wie ist diese Verfügung juristisch aufzufassen? Welche Rechtsfolgen knüpfen sich an sie? Wer ist nun hinsichtlich des *Geschlechtsbogens* die berechtigte Person?

3. Eine Studentenverbindung will ihr Stiftungsfest feiern. Namens der Verbindung mietet der damit betraute Kassenwart einen Saal zur Abhaltung des Kommerses, beredet alles mit dem Wirte wegen Lieferung von Trunk und Zehrung und nimmt eine Musikkapelle an. Wer haftet den Lieferanten für ihre Forderungen? Wie ist es, wenn die Sache erst nach einigen Semestern zum Austrage kommt, nachdem die vormaligen Mitglieder nicht mehr aktiv sind, die Verbindung aus neu eingetretenen Studierenden besteht, der damalige Kassenwart sogar vom Konvent ausgeschlossen worden ist?

4. In einem anderen Falle hatte eine studentische Korporation für ein damaliges Mitglied 475 ℳ Schulden bezahlt. Seitdem sind über 15 Jahre verstrichen, der Schuldner war aus dem Verbande ausgestoßen worden. Wer kann nun jene Schuld einklagen: der damalige oder der jetzige Vorstand? Die damaligen oder die jetzigen Mitglieder oder alle zusammen? Kann die Schuld an einen Vertrauensmann zur Einklagung abgetreten werden?

5. In X. bestand ein Schachklub, der aus Mangel an Mitgliedern seinerzeit *sich suspendierte*. Die dem Vereine gehörigen Schachbretter, Spiele, Bücher und Mobilien wurden einem befreundeten Turnvereine zur Aufbewahrung übergeben. Es fragt sich:

a) Wer ist nun Eigentümer der bezeichneten Gegenstände?

b) Wie steht es mit etwaigen Schulden des Klubs?

c) Wenn nach einigen Semestern sich Jünger Caïssas in genügender Anzahl finden, um den Schachklub *wieder aufzutun*: sind diese dann Rechtsnachfolger der früheren Mitglieder, — oder wie ist sonst die Rechtslage?

d) Wer ist überhaupt berechtigt, jene übergebenen Sachen von dem Turnverein herauszuverlangen?

6. Der gesellige Verein *Eintracht*, der schon seit 1834 mit fester körperschaftlicher Organisation besteht, fragt bei einem Juristen an:

a) Ob die *Eintracht* einem neu gegründeten Vereine am gleichen Orte, der sich denselben Namen beigelegt habe, dies im Prozeßwege verbieten könne?

b) Ob der Verein für sich die Eröffnung eines Postscheckkontos zu beantragen befugt sei?

c Ob es möglich sei, ein mißliebiges Mitglied aus dem Vereine auszuschließen?

7. Die Mehrzahl der Milchlieferanten einiger Dorfschaften war zur Förderung ihrer gemeinsamen Interessen zu einem Vereine zusammengetreten, wobei sie sich schriftlich bei einer Vertragsstrafe zur Beobachtung gewisser Vorschriften verpflichtet hatten. Der Landwirt Hecht, der dem Vereine beigetreten war, verletzte diese Vorschriften und erklärte sodann seinen Austritt aus dem Vereine. Nachdem bald darauf der Verein durch Eintragung in das Vereinsregister Rechtsfähigkeit erlangt hatte, klagte er gegen Hecht die verwirkte Vertragsstrafe ein. Der Beklagte wandte ein, daß der klagende Verein zu der Zeit, wo der Anspruch angeblich entstanden sein solle, noch nicht als Rechtssubjekt bestanden habe, ihn daher auch nicht erworben haben könne. Von klägerischer Seite wird erwidert, daß es doch immer derselbe Verein sei, der in Frage stehe. Wie ist hierüber zu urteilen?

XII

1. Auf welchem Wege können nachstehende Vereine Rechtsfähigkeit erlangen? Welche Rechtsbehelfe sind möglich, falls die ergriffenen Maßnahmen bei den angegangenen Behörden keinen Erfolg haben?

a) Ein auf Gegenseitigkeit gegründeter Viehversicherungsverein.

b) Arbeiterbildungsverein zu H.: *Zweck des Vereins ist, die Wohlfahrt seiner Mitglieder nach jeder Richtung zu fördern. — Diesen Zweck sucht der Verein zu erreichen a) durch Abhaltung von Vorträgen, Unterrichtsstunden, Versammlungen zur gemeinschaftlichen Besprechung, Pflege des Gesanges und des Turnens; b) durch Einrichtung und Unterhaltung von Lesezimmern und Bibliothek. Durch Einrichtung von Abteilungen zur besonderen Pflege des menschlichen Wissens; c) durch Pflege von volkstümlichen Festen und Unterhaltungen. — Fragen der Tagespolitik sind von den Besprechungen ausgeschlossen.* (Die Gründer und Leiter des Vereins gehörten zu den Führern der sozialdemokratischen Partei.)

c) Ein Konsumverein; — eine Begräbniskasse; — Verein für Feuerbestattung; — Baptistenverein; — die Neu-Guinea-Kompanie.

d) Verein zur Bekämpfung der Vivisektion; — zur Errichtung einer Schule; — zum Erwerbe von Grund und Boden, auf dem minderbemittelte Leute angesiedelt werden sollen, die bereit sind, ihr Leben nach den sozialen Zielen des Vereins einzurichten.

e) Weitere Vereinszwecke: Eine auf Gegenseitigkeit beruhende schnelle und kräftige Unterstützung der Hinterbliebenen verstorbener Mitglieder; — Pflege des Lawn-Tennis-Spieles in hiesiger Stadt durch Anlage und Unterhaltung geeigneter Spielplätze; — Förderung und Pflege der geistigen und materiellen Interessen der Mitglieder.

f) Der Verein *Kreditreform* bezweckt: eine zeitgemäße Reform des Kreditwesens anzubahnen und Handels- und Rechtsschutzinteressen zu fördern, insbesondere seine Mitglieder durch vertrauliche Mitteilungen über Geschäfts- und Kreditverhältnisse vor Verlusten zu schützen, auch auf Verlangen die Beitreibung ihrer Ausstände im Wege des Mahnverfahrens zu besorgen.

g) Der *Verband landwirtschaftlicher Genossenschaften in Westpreußen* dient der einzelgenossenschaftlichen Arbeit, garantiert eine wirksame Vertretung nach außen, gewährleistet durch geeignete Revision eine Sicherung der Geschäftsführung der einzelnen Genossenschaften, ermöglicht die Vervollkommnung ihrer inneren Einrichtungen und bezweckt den Anschluß sämtlicher deutschen Genossenschaften an den bestehenden *Allgemeinen Verband.*

2. Anfrage eines Geistlichen bei seinem Rechtsbeistande: Der hiesige evangelische Männer- und Jünglingsverein, dessen stellvertretender Präses ich bin, bedarf zu seiner weiteren Entwickelung der Rechte einer juristischen Person. Wie kann dieses erreicht werden, und welche Schritte haben wir dieserhalb zu tun?

3. Der im vorigen Falle erwähnte Männer- und Jünglingsverein hatte mit dem Kaufmann Sontag einen Kaufvertrag über das Grundstück x abgeschlossen, mit der Abrede, daß die Auflassung erst erfolgen solle, wenn der Verein Rechtsfähigkeit erlangt haben werde. Dem Verein, der auch heute noch nicht juristische Person ist, war der Besitz des Grundstückes von Sontag nach dem Vertragsschlusse übertragen worden; worauf x an den Wirt Kreß von dem Vereine vermietet wurde. — Jetzt klagt Sontag gegen Kreß auf Herausgabe des Grundstückes x. Der Beklagte beruft sich auf den mit dem Vereine abgeschlossenen Mietvertrag. Wie ist zu erkennen?

4. Kann ein rechtsfähiger Verein auf seine Rechtsfähigkeit verzichten? Wie wäre dieses rechtsgültig vorzunehmen? Was hätte alsdann mit dem Vermögen des Vereins zu geschehen, im besonderen, wenn es weiterhin Vermögen des nicht rechtsfähigen Vereins bleiben soll?

5. Ein Verein war als rechtsfähig in das Vereinsregister eingetragen worden; als Zweck stand namentlich angegeben: Veranstaltung von Volksunterhaltungsabenden und Darbietung künstlerischer Genüsse an Unbemittelte. Ehe der Verein nach der Eintragung mit seiner Tätigkeit beginnt, wird entdeckt, daß

a) die Gründer und Mitglieder die Absicht haben, an jenen Abenden der Unzucht Vorschub zu leisten;

b) oder: der Verein nur fünf (— oder: nur zwei) Mitglieder hatte, während die Unterschriften der anderen angeblichen Mitglieder ohne deren Einwilligung unter die Satzung gebracht worden waren;

c) oder: daß der Zweck des Vereins in Wahrheit darauf ging, aus der Veranstaltung jener Abende Gewinne zu ziehen, welche Absicht von den Mitgliedern verheimlicht worden war.

Wie ist in diesen Fällen nach dem BGB zu verfahren?

Was wäre zu tun, wenn jene Mängel schon bei der Anmeldung oder doch vor der Eintragung den Behörden bekannt würden?

Macht es einen Unterschied, wenn die genannten einzelnen Zwecke erst nach der Eintragung aufgetaucht und von dem Vereine zu den seinigen gemacht worden wären?

XIII

1. Sind nachstehende Bestimmungen in den Satzungen rechtsfähiger Vereine zulässig? Wie ist alsdann die Rechtslage?

a) Die Geschäfte des Vereins sollen durch einen *Direktor* geführt werden, der von einem *Vorstande* überwacht ist.

b) Der Vorstand wird von sämtlichen Mitgliedern des Vereins gebildet.

c) Im Falle des Rückganges der Mitgliederzahl durch Tod oder Austritt soll das etwa allein übrigbleibende Mitglied den Vorstand abgeben.

d) Der Abschluß von Mietverträgen über das dem Vereine gehörige Haus soll nur durch die Vorstandsmitglieder gemeinsam geschehen. Ebenso soll eine Kündigung des Mieters bloß dann rechtswirksam sein, wenn sie an sämtliche Mitglieder des Vorstandes gleichzeitig geschieht.

e) Der Verband besteht aus fünf rechtsfähigen Vereinen. Vorstand soll der jedesmalige Vorstand des vorsitzenden Vereins sein. Der Vorsitz wechselt halbjährlich.

2. An wen kann sich im folgenden der Geschädigte halten?

a) Die Mitgliederversammlung eines rechtsfähigen Vereins beschließt, einen Dritten widerrechtlich durch Drohung zum Abschlusse eines Geschäftes zu bestimmen.

b) Der Schaffner einer Straßenbahn, die einem rechtsfähigen Vereine gehört, gibt einem Fahrgaste wissentlich eine falsche, schädigende Auskunft; — oder er unterschlägt versehentlich zurückgelassene Sachen jener.

c) Bei einem Ausstande gegen die Tafftal-Bahngesellschaft ließen sich die Mitglieder der etwa 80 000 Köpfe starken Gewerkschaft der Eisenbahner, welche die Arbeitseinstellung veranlaßt hatte, zu Ausschreitungen gegen etliche dem Verbande nicht angehörende Arbeiter verleiten. Darauf klagte die dadurch geschädigte Eisenbahngesellschaft gegen den Gewerkverein und erhob Anspruch auf Schadensersatz von 400 000 ℳ. Die hier nach unserem Rechte zu beurteilende Rechtssache gelangte nach englischem Gesetze vor das Oberhaus.

d) Bei Vertragsverhandlungen mit einem Dritten überschreitet das damit betraute Mitglied des Vorstandes die ihm erteilte Vertretungsmacht.

e) Die zwei Vorstandsmitglieder eines rechtsfähigen Vereins, der eine Molkerei betreibt, verhandeln mit einem Milchhändler. Das eine Mitglied des Vorstandes verleitet durch bewußt unwahre Vorspiegelungen guter Eigenschaften der Ware den Händler zum Kaufe, während der zweite Vertreter, der mehr die kaufmännische Buchführung besorgt, dieses betrügerische Verfahren selbst nicht durchschaut.

3. Sind folgende Mehrheitsbeschlüsse rechtsfähiger Vereine in Ordnung?

a) In Hassenheim bestand eine Korporation von 19 Mitgliedern zum Zwecke der Erbauung und Unterhaltung von mehreren Schleusen. Als nach einigen Jahren Neubauten im Flusse nötig wurden, beantragte ein Teilnehmer in einer Versammlung aller Beteiligten, daß zwei Mitglieder ihre den Schleusen zunächst gelegenen Grundstücke zum Behufe jener Bauten hergeben sollten. Dieser Antrag wurde mit allen Stimmen gegen die der beiden Betroffenen zum Beschlusse erhoben.

b) Ein Gastwirtsverein, der *die Geschäftsinteressen seines Gewerbes* zu wahren hatte, verbot seinen Mitgliedern, Bier in Gläsern zu 0,2 Litern zu verschänken und schloß ein Mitglied aus, das sich dem nicht fügen wollte.

c) Die Fleischerinnung zu Erstadt untersagte ihren Mitgliedern bei 300 ℳ Strafe, dem dortigen Rabattsparverein beizutreten.

4. Die Realgemeinde Meerholz war juristische Person und bestand aus 45 Nutzungsberechtigten. Der Gemeindenutzen wurde nach privatrechtlichen Grundsätzen erworben, verkauft, vererbt usw. Zu dem Gemeindenutzen gehörte auch die Berechtigung auf Bauholz aus dem Gemeindewald. Seither hatte jedes Mitglied, das bauen wollte, auf Anmeldung Holz zugewiesen erhalten. Vor kurzem faßten die Gemeindenutzungsberechtigten einen Mehrheitsbeschluß, wonach das verfügbare Bauholz nicht mehr an einzelne nach dem jeweiligen Bedürfnisse abgegeben, sondern alljährlich verkauft und der Erlös verteilt werden sollte. Die Minderheit von drei Mitgliedern fühlt sich verletzt und klagt. Rechtsfolgen?

5. Ein interessanter englischer Kirchenprozeß begann im Jahre 1900 als sich die presbyterianische Sekte, die sich bis dahin *Freie Kirche von Schottland* nannte, mit der *Unierten presbyterianischen Kirche* zusammentat und den Namen *Vereinigte Freie Kirche von Schottland* annahm. Damals protestierten 27 Geistliche von 1100 gegen diesen Schritt, sie wurden aber überstimmt, und die Vereinigung wurde öffentlich verkündigt. Darauf gaben dann von den 27 noch drei nach, aber 24 blieben standhaft bei ihrem Proteste. Diese strengten einen Prozeß an und verlangten nun von der *Vereinigten Freien Kirche von Schottland* das ganze Vermögen der *Freien Kirche von Schottland* heraus, mit der Begründung, daß die Summe für diese Kirche gegeben sei, und daß eine neu entstandene Sekte kein Anrecht darauf haben könne. Das Vermögen besteht zum großen Teil nicht in barem Gelde, sondern in etwa 1000 Kirchen, Kapellen, Missionshäusern, Pfarreien und dergleichen mehr und wird auf mehr als 100 Millionen Mark geschätzt. Wie würde nach unserem bürgerlichen Rechte hierüber zu befinden sein?

6. Die Satzungen der mit juristischer Persönlichkeit versehenen Goethe-Gesellschaft zu Weimar, vom 21. Juni 1885, sagen in § 8: *Die satzungsmäßigen Bestimmungen, daß der Sitz der Gesellschaft und der Mittelpunkt der Geschäftsführung Weimar ist, sowie daß die Generalversammlungen daselbst abzuhalten sind, können nicht aufgehoben werden.* § 10: *Änderung der Satzungen* *und Auflösung der Gesellschaft fordern eine Mehrheit von* $^2/_3$ *der abgegebenen Stimmen. In der Generalversammlung nicht persönlich erschienene Mitglieder begeben sich ihres Stimmrechtes in derselben.* § 14: *Für den Fall der Auflösung der Gesellschaft fällt deren Vermögen dem Goethe-Archiv zu Weimar zu, behufs Weitererwerbung für dasselbe und behufs Förderung solcher wissenschaftlicher Zwecke, welche denen der Goethe-Gesellschaft gleichen oder verwandt sind.* Besteht nun wirklich gar keine rechtliche Möglichkeit, den Sitz der Gesellschaft zu verlegen? Wäre es vielleicht angängig, gegen eine widerstrebende Minderheit, erst § 14 der Satzungen aufzuheben, dann nach § 10 die Gesellschaft aufzulösen und eine neue zu gründen, auf die das Vermögen überginge? Oder gibt es einen anderen Weg?

XIV

1. Wer ist nachstehend die bedachte Person?

a) Ein ungarischer, der liberalen Partei angehöriger Abgeordneter hat beschlossen, eine in ihrer Art einzige Stiftung zu errichten. Er bestimmt dafür ein Kapital von 150000 Gulden und eine schöne Villa auf dem Svabhegy. Das Erträgnis des ersteren, sowie die Benutzung der Villa sind jeweilig für den besten lebenden ungarischen erzählenden Schriftsteller bestimmt, der bis an sein Lebensende diese Nutznießung behält. Wer dies sei, hat von Fall zu Fall eine Jury zu entscheiden, die aus je zwei Mitgliedern der Akademie, der Kisfaludy- und der Petöfi-Gesellschaft und zwei namhaften Verlegern besteht; die Jury wählt mit Stimmenmehrheit einen Präsidenten.

b) X. hinterläßt letztwillig der Redaktion einer Zeitung eine Summe, um in dauernder Weise deren Erträgnisse zu gewissen politischen Zwecken zu verwenden.

c) Ein in Mariahilf verstorbener Wundarzt hat in seinem Testamente bestimmt: § 4. *Zu Erben meines Nachlasses ernenne ich die armen, alten Leute in Wien, zu Händen des Herrn Bürgermeisters von Wien, welcher über meinen Nachlaß in dieser Richtung ganz nach Gutdünken zu verfügen berechtigt sein soll.* Außer zwei Häusern sind noch Wertpapiere und Sparkassenbücher, letztere im Werte von 140000 Gulden, im Nachlaßvermögen vorhanden.

2. Ein Erblasser hat in seinem Testamente 500000 ℳ mit der Bestimmung gestiftet, daß die Erträgnisse dieser Summe unter *den alten, armen, arbeitsunfähigen Männern der Stadt G.* zu verteilen seien; *daß aber das Geld der städtischen Armenkasse in keiner Weise zugute kommen solle.*

a) Wie ist die Verfügung rechtlich aufzufassen und zu verwirklichen?
b) Wer ist befugt, die Klage gegen die Erben des Stifters auf Vollzug jener testamentarischen Verfügung anzustellen?
c) Wer hat für die Verwaltung des Kapitals und die Verteilung der Erträgnisse zu sorgen?

L. 28 C. de ep. (1, 3); l. 48 (49) eod.; Nov. 131 c. 10, 11. — ALR II, 19 § 36. — BGB. 85; 86; 29; 2072.

3. Im Jahre 1901 wurden in Bayern 19600 selbständige Stiftungen gezählt, die zusammen mehr als 545 Millionen Mark besaßen. Davon waren von unbekannter Herkunft oder vor 1500: 2107 Stiftungen entstanden, im 16. Jahrh.: 944, im 17.: 2616, im 18.: 3262, im 19.: 10585 Stiftungen. (*Zeitschr. d. K. Bayr. statist. Bureau,* 1902.) In den übrigen deutschen Staaten gibt es, soviel man sieht, keine gleich gute Statistik hierüber. Wohl aber werden überall eine Menge ebenso alter Stiftungen beobachtet, die oft in absonderlicher Art in unsere Tage hineinragen. Man denke an solche Stiftungen, wie sie z. B. aus Lübeck berichtet werden. Dort hatte eine Stiftung den Zweck, Bürgersöhne, die in türkische Gefangenschaft gefallen waren, loszukaufen. Eine zweite verfügte, daß 546 ℳ jährlich an eine Magd vergeben würden, die sechs Jahre lang in der Breitenstraße, zwischen Pfaffen- und Milchstraße, bei einem Bürgermeister oder Ratsherrn gedient hatte. Eine dritte wollte 50 ℳ jährlich zur *Zähmung mutwilliger Gesellen aus der Verwandtschaft* angewandt wissen. Von einer mitteldeutschen alten Reichsstadt erzählt man, ihre Spitäler seien so wohl dotiert, daß es für Bürgersöhne das klügste sei, sich nach erlangter Volljährigkeit in ein Spital aufnehmen zu lassen. — Hier interessiert nun die Rechtsfrage: Sind wir an diese Stiftungen unabänderlich gebunden, oder ist eine Aufhebung oder zeitgemäße Umgestaltung auf gesetzlichem Wege möglich?

XV

1. Wie sind folgende Tatbestände rücksichtlich der Rechtssubjekte aufzufassen?

a) Postamt Nr. 4 in Halle a. S.; — Reichsbankhauptstelle; — Königliche Bibliothek der Universität; — die Gräflich von Zechsche Renteneinnahme zu Goseck.
b) Aus dem Statut einer städtischen Sparkasse. Die Sparkasse steht unter Garantie der hiesigen Kommune, das Kämmereivermögen haftet für alle Ausfälle. — Zur Ermöglichung einer prompten Rückzahlung der Einlagen ist die Kämmerei verpflichtet, der Sparkasse die außer dem baren Bestande derselben zur Rückzahlung erforderlichen Summen vorzuschießen. —

Das Direktorium (1 Magistratsmitglied, 4 hiesige stimmberechtigte Bürger) ist ohne weitere Autorisation berechtigt, die Sparkasse in gerichtlichen und außergerichtlichen Angelegenheiten zu vertreten, für sie rechtsverbindliche Erklärungen jeder Art abzulegen, insbesondere Prozesse zu führen.

c) Drei zu einem Schulverbande vereinigte Gemeinden haben auf gemeinschaftliche Kosten ein Schulgebäude errichtet und unterhalten es zu ihren gemeinsamen Schulzwecken.

d) Auf Grund des § 1 des Gesetzes v. 22. April 1875 über die Einstellung der Leistung aus Staatsmitteln für die römisch-katholischen Bistümer und Geistlichen (später geändert durch Gesetz v. 23. Mai 1882, Art. 2) verfügte der Kultusminister am 24. August 1875, daß das erzbischöfliche Palais zu Cöln, das dem Erzbischof zur Dienstwohnung eingeräumt worden war, bis zum 1. Oktober geräumt werde. Nun erhob der Erzbischof Paul Melchior als Vertreter des erzbischöflichen Stuhles zu Cöln beim Landgericht daselbst Klage, durch welche er das Eigentum des fraglichen Gebäudes in Anspruch nahm.

e) Einem Jägerbataillone werden Fahnen verliehen; — das Offizierkasino eines bestimmten Regimentes schafft für seine geselligen Räume einige Möbel an; — ein Fürst setzt ein Kapital aus, dessen Zinsen für Unteroffiziere und Mannschaften eines bestimmten Regimentes verwendet werden sollen.

2. Im Jahre 1409 schloß die Stadt Alsfeld in Hessen mit dem Stephansstift zu Mainz einen Vergleich ab, wonach sie versprach, einen infolge übernommener landesherrlicher Verpflichtung entstandenen Rückstand von 470 Gulden in bestimmten Jahreszielen mit je 50 Gulden zu bezahlen. Da sie ihrem Versprechen nicht nachkam, wurde sie bei dem kaiserlichen Hofgericht verklagt und *in contumaciam* verurteilt; worauf am 19. September 1418 Kaiser Sigismund von Ulm aus anordnete: *daß Wir von Römischer, Königl. Macht und Gewalt die Bürgermeister, Schöffen, Rat und Bürger gemeinlich, Mannsgeschlecht und über vierzehn Jahre alt, zu Alsfeld in unsere und des Reiches Acht getan und gekündet...*

Welcher eigentümliche Rechtsgrundsatz ist hier befolgt und zur Durchführung gebracht? Findet er sich im römischen oder in unserem bürgerlichen Rechte? — Wie verhält sich dazu BGB 89? Unter welchem veränderten Tatbestande würde dieser in obigem Rechtsfalle zur Anwendung gebracht werden können?

3. Ein französischer Edelmann des 18. Jahrhunderts ließ in dem ihm unterstehenden Gebiete die Straßen absichtlich in so schlechtem Zustande, daß die Reisenden in ihren Wagen verunglückten. War das geschehen, so erschien der Edelmann, spielte den liebenswürdigen Wirt und geleitete die Reisenden auf sein Schloß. So hatte er in seinem Landaufenthalt stets interessante

Unterhaltung. Wenn ihm dies einer übel genommen hätte: würde er sich einem Ersatzanspruche ausgesetzt haben? Wie, wenn er nur Gouverneur der Landschaft gewesen wäre, die die Straßen zu unterhalten hatte? Was wäre nach unserem Rechte die Folge gewesen, wenn er für die Beaufsichtigung der Wege geeignete, tüchtige Beamte angestellt hatte, die einen verhängnisvollen Fehler der Straßen in verzeihlichem Versehen nicht bemerkt hatten?

4. Durch den Bau einer Eisenbahn war die Verlegung einer Staatsstraße und zu diesem Zwecke die Wegsprengung eines Felsens nötig geworden. Durch die Sprengungen, welche von dem Königlich Preußischen Regierungsbauführer Canegießer angeordnet worden waren, haben wiederholt Sprengstücke das dem Klar gehörige Wirtshaus, einmal auch den darin befindlichen Klar selbst getroffen. Klar beschwerte sich bei Canegießer; allein auf Verfügung dieses letzteren wurden die Sprengungen und dabei weitere Beschädigungen trotzdem fortgesetzt; sogar in der Weise — wie sich später herausstellte —, daß überhaupt keine nötigen Vorsichtsmaßregeln bei der Vornahme der Sprengungen getroffen wurden. — Wen kann nun Klar wegen des ihm zugefügten Schadens belangen: den Bauführer; — die sprengenden Arbeiter; — die Unterbeamten, welche die Anordnung des Bauführers in der gedachten Art ausführten; — den Fiskus; — irgend einen der genannten nach seiner Wahl; — oder den Fiskus hinter anderen?

XVI

1. Ist im folgenden eine *Sache* im Sinne des Gesetzes gegeben?

a) Ein Stück Sumpf- und Moorland; — ein Wald. b) Ein Sparkassenbuch; — ein Wechsel. c) Die Photographie jemandes. d) Ein Bach, ein Springbrunnen, eine Kanne Wasser. e) Das Manuskript eines Romans; — der Bauplan für eine Villa. f) Patent für ein Haarfärbemittel. g) Gas zu Beleuchtungs- oder Kochzwecken. h) Eine Postanweisung; — zehn Postpaketadressen.

2. Die Aktiengesellschaft *Städtische Elektrizitätswerke* in Berlin hatte sich vertragsmäßig der Generalintendantur der Königlichen Schauspiele zu Berlin zur Lieferung des elektrischen Stromes für die Beleuchtung der beiden königlichen Theater in Berlin verpflichtet. Der Steuerfiskus verlangt für diesen Vertrag Stempel, weil es *ein Lieferungsvertrag von Sachen* sei. Mit Recht?

3. Sind nachstehende Handlungen dem dabei angegebenen Strafgesetz verfallen?

a) Der Restaurateur Lotz hatte in dem Hofe hinter dem Hause sehr kunstvoll einen Schneemann errichtet, der allgemein angestaunt wurde und viele Gäste herbeizog. Einer der letzteren verübte an dem Schneemann Unfug und vernichtete dessen Gestalt.

StGB 303: *Wer vorsätzlich und rechtswidrig eine fremde Sache beschädigt oder zerstört, wird ... bestraft.*

b) Der Maurermeister Seller hatte, nachdem auf seine bewegliche Habe ein Arrest ausgewirkt worden war, eine Hypothek durch Zession veräußert.

StGB 289: *Wer seine eigene bewegliche Sache ... dem Nutznießer, Pfandgläubiger oder demjenigen, welchem an der Sache ein Gebrauchs- oder Zurückbehaltungsrecht zusteht, in rechtswidriger Absicht wegnimmt, wird ... bestraft.*

c) Der Nachbar eines Hauses mit Zentralheizung hatte in dem aus dem Heizraum führenden Leitungsrohr heimlich eine Öffnung angebracht und von da ein Rohr gelegt, das einen Teil der erwärmten Luft in seine im Erdgeschoß belegenen Zimmer leitete.

StGB 242: *Wer eine fremde bewegliche Sache einem andern in der Absicht wegnimmt, dieselbe sich rechtswidrig zuzueignen, wird ... bestraft.*

4. Was ist in den folgenden Fällen der Gegenstand: des Schuldverhältnisses; — des Eigentums; — des Besitzes; — des Pfandrechts? Weicht das BGB dabei vom römischen Rechte ab?

a) Ein Zweigespann. — b) Eine Rinderherde. — c) Ein Warenhaus mit allem Inventar. — d) Ein Paar Handschuhe. — e) Eine Mandel Eier; ein Dutzend Austern. — f) Ein Tafelservice; eine Tasse, aus Ober- und Untertasse bestehend; ein Besteck Messer und Gabel. — g) Ein Bienenstand. — h) Ein Konversationslexikon in 16 Bänden, — in Lieferungen erscheinend. — i) Ein Reißzeug oder Farbenkasten; ein kunstvoll gearbeitetes Schachspiel. — k) Ein Gestüt. — l) Ein Zigarrengeschäft.

5. Nöllner übersendet der Brauerei Fürst in A. durch den Fuhrmann Bitter 16 Ballen Hopfen im Werte von je 35 ℳ. Auf dem Transporte gehen vier Ballen zugrunde. Die übrigen zwölf werden, da Fürst die Annahme mit Fug verweigert, in A. für 310 ℳ (anstatt 420 ℳ) versteigert. Es fragt sich, ob Nöllner nur viermal 35 ℳ, oder auch noch 110 ℳ ersetzt verlangen kann? HGB 429; 430.

XVII

1. Unter welche Rechtsbegriffe sind die im kommenden aufgeführten Sachen zu bringen?

a) Von einem Hamburger Kaufhause werden einem Agenten in Barcelona 100000 Kilo Wicken zum Preise von $21^3/_4$ Pesetas per 100 Kilo angeboten.

b) Der Senat der freien Hansestadt Bremen übermittelte dem Fürsten von Bismarck zu dessen 80. Geburtstage am 1. April 1895 als Geschenk einen Korb mit 12 Flaschen alten Weines von 1483 aus dem Rosenfaß im Bremer Ratskeller.

c) Ein Drogengeschäft wurde im ganzen verkauft. Der Käufer übernahm dabei *am 1. Oktober sämtliche Vorräte der verkaufenden Firma in allen Kopalen, Asphalt, Bernstein, soweit sie vor dem 1. Juli vorhanden waren, zum Preise der letzten Bilanz, soweit sie später eingegangen sind, zu denjenigen Preisen, zu welchen sie im Buche stehen. Ebenso die am 1. Oktober noch schwimmende oder rollende Ware in den gedachten Waren zu Originalfakturapreisen der verkaufenden Firma.*

d) An einen Mühlenbesitzer gelangte von einem ihm bekannten Domänenpächter ein Brief: *Falls Sie Neigung haben, meinen Weizen zu kaufen, so bitte ich um baldiges Gebot. Ich habe einen Vorrat von 3000 Himten.* Der Empfänger telegraphierte darauf: *Kaufe 3000 Weizen 7 ℳ*; worauf der Verkäufer wieder depeschierte: *Zu 7 ℳ akzeptiere ich.*

2. Das Bankhaus Lochmann hatte im Auftrag des Meyer für 5100 fl. Elisabethbahn-Prioritäten gekauft und mit ihren Nummern bezeichnet auf Depot-Konto dem Meyer gutgeschrieben. Nachmals klagt Meyer auf Herausgabe und zwar im Urkundenprozeß. Das beklagte Bankhaus wollte verschiedene sachliche Einwendungen und Gegenansprüche vorbringen und bestritt deshalb die Zulässigkeit der nach ZPO 592 gewählten Prozeßart. Entscheidung?

3. Die Maschinenfabrik von Röhrig und König in Magdeburg hatte einer in der Provinz Sachsen gelegenen Zuckerfabrik zwei Maschinen für den Fabrikbetrieb der Bestellerin nach genauem Anschlage und auf Grund besonderer Zeichnungen zu liefern.

Welchen Gesetzesbestimmungen unterliegt dieses Rechtsverhältnis? Vgl. BGB 651; HGB 381, 2.

4. Durch schriftlichen Vertrag hatte Kern einen Anbau an einer Scheune in der Weise gekauft, daß er diesen Anbau abzubrechen und fortzuschaffen habe. Kern weigert sich später dessen, weil der Vertrag nach BGB 313 nicht gültig sei. Hat er Recht?

XVIII

1. Findet auf folgende Tatbestände BGB 93 oder 94 oder 95 oder 96 Anwendung?

a) Es war ein im Grundstücke eines Gärtners lagernder Komposthaufen (Haufen Erde, der mit Blättern, Abfall u. dgl. vermischt ist und zur Verbesserung des Bodens verwandt wird) verkauft worden.

b) Von einer Fabrik wird aus ihrem Grundstück heraus auf Grund besonderen Vertrages ein Anschlußgeleise nach dem benachbarten Bahnhofe, also auf dem Grund und Boden der Bahn gelegt.

c) Ein Blumenfreund pflanzt fremde Topfpflanzen in ihm gehörige Töpfe und Erde; — oder er zieht sie aus fremdem Samen oder fremden Stecklingen.

d) Ein Gerber hat zum Betriebe seines Handwerks einen hölzernen, dem Windzuge allseitig offenstehenden Schuppen auf gemietetem Grund und Boden errichtet, und zwar in der Weise, daß sechs gemauerte Pfeiler aufgestellt wurden, auf welchen die hölzernen Säulen, die durch hölzerne Spangen verbunden waren, frei standen, ohne in eine Vertiefung der Pfeiler eingelassen zu sein. — Cf. l. 60 D. de ARD. (41, 1).

e) Es ist ein öffentlicher Weg schadhaft geworden. Ein Anlieger bessert ihn mit Genehmigung der Gemeinde, der der Weg gehört, aus, bringt die dabei abgegrabene Erde vom Wege an dessen Seite und schichtet sie dort auf seinem Grundstücke in Haufen auf, die sich also an den Straßenkörper anlehnen.

2. Es wird ein Grundstück in Zwangsverwaltung genommen. Nun melden sich verschiedene Personen, die sich an den von ihnen gelieferten Sachen das Eigentum vorbehalten haben und verlangen für jene Sachen Freigabe von der Zwangsvollstreckung. Ist dies nachstehend begründet?

a) Ein dem Neubau eingefügter Kachelofen.

b) Eine in widerruflicher Weise auf dem Grundstücke gestattete Bauhütte.

c) Eine Lokomobile, die in einer für Dampf- und Wasserbetrieb eingerichteten Mühle in einem anstoßenden Gebäude eingemauert ist und den größten Teil der Kraft liefert.

d) Webstühle, die einer Fabrik geliefert und von dieser in den Arbeitsräumen auf dem Fußboden festgeschraubt waren.

e) Eine Badeeinrichtung, die mit Badewanne und Ofen eingefügt ist, und für welche Gas- und Wasserleitungsrohre in dem Hause gelegt sind.

f) Auswechselbare Teile einer Maschine, die während des Betriebes je nach dem gewünschten Ergebnisse abwechselnd eingefügt werden, teilweise also lose in dem Fabrikgebäude lagern.

3. Der Landschaftsgärtner Herfarth besitzt eine umfangreiche Baumschule. Er treibt seit längerem regelmäßigen Handel mit Obstbäumen. Auf Betreiben des Kaufmanns Jäschke, dem Herfarth zur Zahlung einer rückständigen Schuld verurteilt ist, werden in der Baumschule 248 Stück eingepflanzte Obstbäume gepfändet. Der Schuldner beantragt Aufhebung der Pfändung. Die Bäume seien fest angewurzelt. Er habe sie als schwache Stämmchen eingesetzt; und es komme vor, daß solche Bäume 10 bis 20 Jahre in der Baumschule verblieben. Pfändbar sei höchstens das Obst. Auch könne man noch nicht wissen, ob die Bäume überhaupt je zum Verkaufe tauglich würden. Dagegen meint der Gläubiger, daß auch bei zwanzigjähriger Verbindung doch nur *ein vorübergehender Zweck* in Frage stehe. Wenn man Früchte auf dem Halme pfänden könne (ZPO 810), so müsse das gleiche auch bei Obstbäumen möglich sein. Wie ist hiernach begründetermaßen zu erkennen?

4. In Luckenbach, fast am Ende des Städtchens, steht ein kleines Haus. Luckenbach hat ganz ansehnliche Häuser; die meisten prangen mit zwei Fensterreihen, ja das Rathaus hat ihrer drei. Man trifft da Leute genug, die ein ganzes Haus besitzen; häufiger aber findet es sich, daß ein und dasselbe Haus zwei Eigentümer hat. Einem gehört dann das Parterre, dem andern das obere Stockwerk. In Keller und Boden sind Scheidungen angebracht; es ist ganz genau im Kaufbriefe beschrieben, welchen Raum der eine, welchen der andere Eigentümer zur Benutzung ansprechen darf. Das ist gut. Entstehen doch trotzdem nur zu oft vorübergehende Reibungen, ja dauernde Feindschaften zwischen den zwei Besitzern, die zuletzt am Besitztum kleben bleiben, so daß der neue Käufer der einen Hälfte auch in die alte Feindschaft eintritt. Ich habe noch ein Haus in Luckenbach gesehen, das den Haß seiner beiden Besitzer offen auf der Stirn trug. Der eine hatte seine Hälfte außen rot malen lassen, sogleich strich der andere die seine grün an. (Aus Otto Ludwig, Aus dem Regen in die Traufe.)

Wie ist dies nach unserem bürgerlichen Rechte zu beurteilen? Was ist die Folge, wenn ein solches Haus nach einem Blitzschlag vollständig abbrennt, und der untere Besitzer weder bauen noch den oberen *Bauplatz* erwerben will?

---

5. Es ist ein großer Bauernhof verkauft worden; bei der Übergabe entsteht Zweifel und Streit darüber: ob die nachbenannten Gegenstände dem Käufer mitzuliefern sind oder von dem Verkäufer fortgeführt werden dürfen (BGB 314)?

a) Die Zaunpfähle, mittels deren der Hof von der Straße und von dem Garten abgetrennt ist. b) Die Hundehütte; — der Kettenhund. c) Der Röhrentrog am Brunnen; — die Kette des Ziehbrunnens; — der Eimer an dieser Kette; — die Welle, um welche die Kette sich windet. d) Gardinen im Wohnhause; — Gardinenstangen; — eingegipste Haken für Spiegel; — hölzerne Fensterladen. e) Die auf der Kellertreppe hängenden Feuereimer; — die Glocke an der Haustüre; — elektrische Klingelanlage in den Zimmern. f) Eine im Hause eingebaute Uhr; — Wandleuchter; — Laternen vor dem Hause und Stalllaternen. g) Kasten und Fenster zu Mistbeeten; — Blumenstäbe und Bohnenstangen; — vorhandener (natürlicher oder künstlicher) Dünger. h) Topfbutter in der Küche; — die zum Betriebe, sowie die zur Veräußerung bestimmten Vorräte an Getreide,

Stroh, Holz und anderen Gutserzeugnissen. i) Regale, Anrichten, befestigte Weinschränke; — Krippen und Tröge; — Melkschemel; — Ketten an der Stallwand, um das Vieh daran zu binden. k) Wagen und landwirtschaftliche Geräte; — eine Dreschmaschine; — Gondeln auf dem Teiche.

6. Gegen den Schuhmachermeister Philipp Stein erhob der Rentner Carl Wilhelm Anzeige bei dem Staatsanwalt: Stein habe ihm für ein Darlehen sein Haus verpfändet. Bei der Zwangsversteigerung sei es ihm, dem Wilhelm, gerichtlich zugesprochen worden. Nach der Besitznahme habe sich gezeigt, daß Stein zwei große eiserne Öfen und einen Kochherd mit sich genommen, als er nach der Versteigerung mit seiner Familie das Haus verlassen habe. Es fragt sich, ob Stein strafrechtlich verantwortlich ist?

7. Ein Möbelhändler hatte einem Gastwirt Möbel verkauft und bis zur Bezahlung des ganzen Kaufpreises sich das Eigentumsrecht vorbehalten. Als das Gasthofsgrundstück zur Zwangsvollstreckung gelangte, waren die Möbel noch nicht vollständig bezahlt. Der Möbelhändler klagte gegen den Ersteher des Grundstückes auf Herausgabe der Möbel. Der Konkursverwalter erachtete die Ansprüche jenes nur bezüglich der Möbel für begründet, die zum persönlichen Gebrauche des Gastwirts bestimmt gewesen, dagegen nicht, soweit die Möbel in den Fremdenzimmern und Restaurationsräumen Verwendung gefunden. Denn soweit seien die Möbel Zubehör des versteigerten Gasthofes geworden und die Eigentumsrechte an ihnen auf den Ersteher des Grundstückes übergegangen (ZVG 55, 2). Gutachten mit Gründen?

XIX

1. Ein verpachtetes Grundstück wurde überschwemmt. Es blieb auf ihm eine Art von Sand zurück, die wegen ihrer Brauchbarkeit für verschiedene industrielle Zwecke ziemlich gesucht ist. Der Pächter ließ den Sand wegschaffen und verkaufte ihn. Der Verpächter erhob Einsprache, weil der Sand keine Frucht, sondern ein Zuwachs seines Grundes sei. Wer hat den rechtlichen Anspruch auf den Sand, oder dessen Erlös, oder Wert?

2. Eine Wiese steht im Nießbrauch. Sie gewährt nach einiger Zeit keinen rechten Grasertrag mehr, weil der Grund torfartig ist. Darf der Nießbraucher den Torf ausheben und für sich verwenden?

3. Die Witwe Littmann war Nießbraucherin eines Bauerngutes, zu welchem ein beim Beginne ihres Nießbrauches mit Holz bestandenes Grundstück gehörte. Sie ließ dieses Holz, das infolge der früheren Urbarmachung der anstoßenden Waldungen im Absterben begriffen war, fällen und verkaufen und zog den Erlös im

Betrage von 450 ℳ ein, während das betreffende Grundstück zu Ackerland umgewandelt wurde. Der Vormund des noch minderjährigen Eigentümers verlangte jene Summe heraus, weil sie nicht als Frucht zu betrachten sei. Mit Recht?

4. Eine trächtige Kuh wird mit Ausschluß des Kalbes verkauft und dem Käufer übergeben. Steht dem Verkäufer an dem später geborenen Kalb sofort das Eigentum zu oder hat er nur einen persönlichen Anspruch? — Müßte, wenn die Kuh auf dem Transport das Kalb wirft, für dieses besondere Frachtgebühr bezahlt werden? Cf. l. 19 § 7 D. locati (19, 2).

5. A. verkauft dem B. einen Garten im Mai und läßt das Grundstück alsbald dem B. auf, hat aber in der Kaufurkunde die Obsternte des laufenden Jahres von der Veräußerung ausgenommen. Wie ist das rechtlich durchzuführen?

6. P. hat von E. einen Acker gepachtet und auf diesem Weizen gesäet. Als dieser geschnitten werden soll, finden des P. Knechte auf dem Felde Leute des E. vor, welche den Schnitt hindern wollen. Die ersteren vertreiben aber letztere mit Gewalt und bringen das Getreide nach Hause. Wie steht es mit dem Eigentum am Weizen, und wie mit obligatorischen Ansprüchen?

7. Der Pächter der Domäne Burow hat vom Fiskus Gestattung erhalten, auch den zur Domäne gehörigen Wald in ordnungsgemäße forstliche Behandlung und Nutzung zu nehmen. Er schließt daher mit einem Holzhändler einen Kaufvertrag über eine bestimmte Anzahl von Stämmen, die von dem Käufer selbst gehauen und abgeholt werden sollen. Die hierzu bestimmten werden von dem Händler mit einem Holzhammer gezeichnet. Verschiedene Umstände machen es bald danach dem Pächter wünschenswert, sein gesamtes Verhältnis zur Domäne zu lösen; er wird vom Fiskus seines Vertrages entlassen. Wie steht es nun mit den von dem Holzhändler gekauften Stämmen? Welche Rechtsverhältnisse liegen vor, welche Ansprüche sind begründet? An wen kann sich im besonderen der Händler halten, und worauf?

XX

1. Sind folgende Handlungen zulässig, oder können bestimmte Personen dagegen rechtlich auftreten?

a) Ein Grundbesitzer sammelt das auf seinem Grund und Boden hervortretende Quellwasser, welches seither gewissen Nebenflüssen der Kinzig zugeflossen ist, und verwendet es in seinem wirtschaftlichen Betriebe. Dadurch wird der Kinzig so viel Wasser entzogen, daß mehrere Mühlen an ihr nun nicht mehr betrieben werden können.

b) In einen Bach, der mehrere Grundstücke durchfließt, leitet der eine Grundeigentümer, ein Färber, aus seiner Färberei Abfälle und sonstige verunreinigende Substanzen.

c) Der Gutsbesitzer Fock, der auf beiden Seiten der Fulda Ländereien besitzt, läßt diese durch eine auf seine Kosten errichtete Brücke verbinden.

2. Der Zirknitzer See in Krain gehört zu den merkwürdigen Seen, die in der warmen Jahreszeit regelmäßig verschwinden und den armen Uferbewohnern eine ergiebige Heu- und Binsenernte bieten. Der See, unweit der Adelsberger Grotte in einem von Kalksteingebirgen gebildeten Kessel ohne Ausgang liegend, hat einen größten Flächenraum von 56 qkm und eine mittlere Tiefe von 6 m. In ihm befinden sich vier Inseln, auf deren größter das Dorf Otok liegt. Der Verkehr wird mit Kähnen bewerkstelligt. Der Grund hat zahlreiche Höhlen und Spalten. 40 trichterähnliche Löcher bilden natürliche Abzugskanäle. Das ablaufende Wasser tritt in der Laibacher Ebene in zwei Flüssen wieder zutage. Vor einigen Jahren verschwand der See im Sommer nicht in die Unterwelt, im Gegenteil, er trat sogar über seine Ufer und überflutete die Gegend um Seedorf. Auch die Poik, die in ihrem Oberlauf bei St. Peter alljährlich längere Zeit hindurch ein Staubbett ist, ließ damals lustig und ohne Unterbrechung ihre Wässer rauschen und sprudeln.

Ist das nun ein Privatsee? Steht er — nach römischem, preußischem oder heutigem bürgerlichen Rechte — im Eigentum jemandes? Wie verhält es sich rechtlich mit der Nutzung des Bodens, — des Ufers, — des Wassers? Wie mit Fischerei und Schiffahrt? Was wäre die Folge, wenn eine neue Insel sich im See bildete?

3. Der Kommerzienrat Nölthy hat von der Walpurgiskirche für sich, seine Familie und seine Nachkommen einen abgeschlossenen Kirchenstuhl gekauft. Wie ist das juristisch aufzufassen? Ist der Vertrag rechtlich gültig und bindend?

4. Der Freiherr von Finck erhebt gegen die Gräfin Bundan Klage, weil auf dem an sie verkauften Rittergute Gelmershausen das dort angelegte Erbbegräbnis derer von Finck durch die Käuferin zerstört worden sei. Letztere bemerkt, daß das Gut ohne Vorbehalt an sie verkauft worden sei. Worauf Kläger entgegnet, daß ein Erbbegräbnis *extra commercium* und deshalb weder veräußerlich noch pfändbar sei und nur zur persönlichen Verfügung der betreffenden Familie stehe. Entscheidung?

5. Die Witwe Körber hatte auf dem der Gemeinde Bindheim gehörigen Kirchhofe auf dem Grabe ihres Mannes ein hölzernes Kreuz errichten lassen. Die Eltern des Körber ließen es wegnehmen und durch ein eisernes, auf einem Steinpostamente aufgeführtes Denkmal ersetzen. Darauf stellte die Witwe gegen ihre

Schwiegereltern wegen dieses Eingriffes Klage an, gerichtet auf Wiederherstellung des von ihr herrührenden Gedenkzeichens. Die Beklagten bestritten die Zulässigkeit der Klage, indem sie das Eigentum der Klägerin in Abrede stellten. Wer war im Rechte?

6. Die alte katholische St. Elisabethkirche zu Tangermünde ist seit der Reformation zu Gottesdiensten nicht mehr benutzt worden. Sie wurde zuletzt von dem Kohlenhändler Kersten erworben und als Lagerraum für Kohlen verwandt. Vor längeren Jahren wurden in katholischen Kreisen Mittel aufgebracht, um die Kirche wieder als Gotteshaus instand zu setzen. Das geschah auch, während eine katholische Kirchengemeinde allerdings sich nicht bildete. Jetzt ist Kersten in Konkurs geraten. Die Kirche ist im Grundbuche ihm noch zugeschrieben, und der Konkursverwalter will sie deshalb unter den Hammer bringen. Wie ist die Rechtslage?

7. Die Stadt Bockenheim hat sich früher Grundstückteile zu Straßenzwecken abtreten lassen und versäumt, die darauf lastenden Hypotheken zu löschen. Jetzt haben die Hypothekengläubiger die Nachfolgerin von Bockenheim, die Stadt Frankfurt, auf Versteigerung oder Zahlung verklagt. Die Stadt wendet ein, daß die Grundstücke von Rechts wegen nicht zwangsweise versteigert werden können, weil sie schon zu Straßen umgewandelt, mithin öffentliche Sachen wären. Von der Gegenpartei wird erwidert, daß dies bei Erhebung der Klage bloß auf einen Teil der Grundstücke zutraf, auf zwei davon aber nicht: diese seien zur Zeit der Klageerhebung noch nicht zu Straßen umgewandelt, sondern verpachtet gewesen. Nachdem der Prozeß angestellt war, habe die Stadt allerdings schleunigst dem Grundstückpächter gekündigt und den Geländezipfel zur Straße gezogen. Das sei nur geschehen, um das Grundstück der Zwangsvollstreckung zu entziehen. Daher werde die einstweilige Verfügung verlangt, der Stadt die Arbeiten zur Erweiterung der Straße zu untersagen. — Die Stadt arbeitete jedoch mit solcher Beschleunigung, daß, als die einstweilige Verfügung erging, die Straße fertiggestellt und gepflastert war. Was ist nun rechtlich zu tun?

---

8. Ein Mädchen verkauft sein noch unabgeschnittenes Haar einem Friseur für 30 *M*. Später weigert es sich, es abschneiden zu lassen. Ist eine Klage auf Überlieferung des verkauften Gegenstandes zulässig? Welches würde die privatrechtliche Folge sein, wenn der Haarkünstler, der das Geld schon bezahlt hat, den Zopf der Verkäuferin mit Gewalt oder unversehens abschneidet? Ist privatrechtlich dasselbe, wie für jenes Haar, zu sagen für: das Gold in plombierten Zähnen; — einen angeschnallten Stelzfuß; — die eiserne Hand des Götz von Berlichingen?

9. Der Professor Dr. med. Meckel in Halle a. S. hatte letztwillig bestimmt, daß er nach seinem Tode auf der Anatomie seziert und sein Skelett dortselbst in sachgemäßer Behandlung zusammengefügt und dauernd aufgestellt werden sollte. Es ist auch genau nach seinem Wunsche verfahren worden; fragt sich aber:

a) Hätten die Erben gegen ihren Willen zu der Ausführung jener Disposition gezwungen werden können?

b) Es wird des öfteren von Verkäufen an die Anatomie berichtet, wobei heruntergekommene Subjekte gegen Zahlung einer kleinen Geldsumme sich bereit erklären, nach ihrem Tode auf der Anatomie seziert zu werden. Sind sie daran gebunden? Oder können sie wenigstens unter Zurückzahlung des erhaltenen Geldes zurücktreten?

c) Da in England die Hergabe von Leichen zu medizinischen Sektionszwecken durch Gesetz verboten ist, die dortigen Mediziner aber der Leichensektion zu ihren Studienzwecken nicht entbehren können, so hat sich im Laufe der Zeit eine förmliche Leichenausfuhr aus Belgien nach England herausgebildet. Eine Sektionsleiche erzielt am Londoner Platze einen Minimalpreis von 5 Pfund; die Leichen werden in Belgien antiseptisch imprägniert und verpackt und gelangen so in vorzüglich erhaltenem Zustande am Orte ihrer Bestimmung an. Ist dies nach unserem Rechte gültig? Wie verhält sich dieser Fall rechtlich zu dem der vorigen Frage?

d) Wer ist im obigen Falle der Eigentümer des Skeletts?

10. In Brooklyn hatte vor kurzem Dr. Hawthorn dem Millionär Bridges das rechte Bein amputiert. Um für sich Reklame zu machen, stellte der Doktor das Bein in Spiritus in seinem Wartezimmer auf und versah es mit der Aufschrift: *Dieses Bein gehörte einst Mr. Dasy Bridges, ich habe es ihm glücklich amputiert.* Mr. Bridges will aber *sein* Bein nicht zu Schau- und Reklamezwecken hergeben. Kann er es im Wege Rechtens verhindern?

XXI

1. Sind die nachstehend verzeichneten Rechtserwerbungen *originär* oder *derivativ?* Und liegt in den einzelnen Fällen eine Rechtsnachfolge vor oder nicht; bejahenden Falles, welche Art?

a) A. kauft gutgläubig von dem Diebe B. eine Sache des C. und veräußert sie später weiter an D. Der ersitzt sie und verschenkt sie an E., welcher nach seinem Tode von F. beerbt wird.

b) M. legt auf sein Grundstück ein Wegerecht zugunsten des Nachbars N. und eine Hypothek für seinen Gläubiger O.; M. stirbt und wird von P. beerbt; während dem Q. der Nießbrauch an jenem Grundstück vermacht ist. N. verkauft sein Haus an R.; O. tritt sein ganzes Vermögen durch Vertrag unter Lebenden an S. ab. Dieser übt sein hypothekarisches Recht aus, T. ersteht bei der Zwangsversteigerung das Grundstück.

c) G. hat dem H. eine Wohnung auf drei Jahre vermietet. H. verzieht bald darauf nach einer anderen Stadt und vermietet deshalb mit Genehmigung des G. jene Wohnung an den J. — Oder: er kommt mit G. überein, daß G. ihn des Mietvertrages ganz entlasse, wenn er ihm einen anderen passenden Mieter in der Person des L. stelle. — Nachdem dieses zuletzt Genannte geschehen, verstirbt G. mit Hinterlassung zweier Kinder, U. und V., während er dem W. jenes Haus als Vermächtnis ausgesetzt hat.

d) Eingemeindung eines Vorortes in eine Großstadt: Das Vermögen beider Gemeinden wird bei der kommunalen Vereinigung zu einem einzigen Ganzen verschmolzen. . . . Hierdurch werden jedoch die besonderen Stiftungen nicht berührt, vielmehr bleibt das Stiftungsvermögen den stiftungsmäßigen Zwecken nach wie vor erhalten.

e) Zwei Gutsnachbarn, A. und B., einigen sich nach längerem Streite dahin, daß eine zwischen ihnen gelegene Brücke in ihrem Miteigentume stehen und A. zwei, B. ein Drittel zu ihren Unterhaltungskosten beitragen solle. A. stirbt und hinterläßt C. als Erben, B. verkauft sein Gut an D.

2. Zwei Ehegatten hatten ihr gesamtes Vermögen, in einem Hause, zwei Gärten, Mobilien und vorzugsweise in bedeutenden Kapitalien bestehend, an ihren einzigen Sohn, als ihren künftigen Erben abgetreten und sich in dem schriftlich abgeschlossenen Vertrage nur vorbehalten, daß ihr Sohn sie bis zu ihrem Lebensende unterhalte und stets mit kindlicher Liebe und Anhänglichkeit behandele, was der Sohn gern zusicherte.

a) Wie ist dieses Rechtsgeschäft juristisch zu charakterisieren?

b) In welcher Art wird dabei der Sohn Eigentümer? Wie steht es mit den Forderungen und Schulden?

c) Ist dieser Fall ganz gleich dem nachstehenden zu erachten?

Ein Bauer, der aus Altersschwäche zu der ferneren Bewirtschaftung seines Gutes nicht mehr fähig ist, tritt dieses mit allem seinem Vermögen an seinen ältesten Sohn ab, indem er diesen zu seinem vollständigen Rechtsnachfolger ernennt, dabei das übergebene Gesamtvermögen anschlägt und berechnet, und hiernach den jüngeren Geschwistern, als gleichfalls gesetzlichen Erben, bestimmte Abfindungssummen ausbedingt, die der ältere Sohn auszuzahlen hat.

d) Oder einem Vertrage folgenden Wortlautes, den zwei Brautleute vor Eingehung ihrer Ehe gemeinsam errichtet haben?

Im Falle unbeerbter Ehe setzen wir uns gegenseitig Eines das Andere zu seinem Universalerben ein. Im entgegengesetzten Falle soll aber unter allen Umständen der überlebende Teil Zeit seines Lebens die freie Verwaltung und Nutznießung des gesamten hinterlassenen Vermögens haben.

XXII

1. Ist in den hier angeführten Stellen des BGB die Möglichkeit von *Privilegien* angenommen? Gab es entsprechende Bestimmungen in dem römischen, dem deutschen und dem neuzeitlichen Privatrechte vor dem BGB?

BGB: 3; — 13; — 22; — 80; — 107; — 395; — 795; — 928; — 1315; — 1322; — 1723; — 1741.

2. Als die Franzosen im Jahre 1813 Wittenberg besetzt hielten, hatten sie auch ein starkes beobachtendes Kommando in eine auf der Elbe befindliche Schiffsmühle gelegt. Der damalige Müller war aber durchaus kein Franzosenfreund, und er braute seinen ungebetenen Gästen deshalb eines schönen Abends einen steifen Grog, dem er auch wohl ein Tröpflein Mohnsaft zugesetzt haben mag. Als nun die Besatzung nebst dem Lauerposten schlief, schnitt der Müller die Ankertaue seiner Mühle durch und trieb fein still im Sternenschein mit seiner ganzen Gesellschaft die Elbe hinab bis nach Apollensdorf, wo die vorher benachrichtigten Preußen die Mühle auffingen, und sich die erwachenden Franzosen entwaffnet und gefangen fanden. Die gefährliche und patriotische Tat des Müllers aber wurde vom König Friedrich Wilhelm III. durch eine Kabinettsorder gelohnt, nach welcher der Müller sich für seine Schiffsmühle bei Wittenberg die beste Stelle in der Elbe aussuchen konnte, von welcher ihn und seine Nachkommen niemand verdrängen dürfe.

a) Wie ist jene Verfügung rechtlich zu bestimmen?

b) Hat dadurch der Müller wirklich ein dingliches oder sonstiges Privatrecht an der Elbe erlangt? Oder ist es vielleicht gar kein rechtliches Verhältnis, so daß eine Klage vor den Gerichten überall nicht möglich wäre?

c) Könnte nach heutigem Rechte eine derartige Verfügung mit Rechtswirkung erlassen werden?

d) Hätte der Müller sein Vorrecht an einen Dritten rechtswirksam veräußern können?

e) Wenn sich die Schiffahrt durch *die beste Stelle* belästigt fühlt: welcher Weg ist zur Beseitigung der genannten Mühlenanlage einzuschlagen?

f) Wenn die Nachkommen des Müllers ihre Gerechtsame längere Zeit gar nicht ausgeübt haben: würde dieses von rechtlichem Einflusse sein können?

XXIII

1. Was ist über die rechtliche Bedeutung nachstehender Äußerungen zu bemerken?

a) Ein Testator hatte vor seinem Tode seiner Braut erklärt: *Hier habe ich zwei Dutzend silberner Bestecke; die sollst du später einmal haben;* — worauf sie erklärte: *Ich danke dir vielmals; du bist zu gut gegen mich.*

b) Bei der Zwangsversteigerung eines Grundstückes bot A. 4500 ℳ. Der Auktionator wiederholte: 4500 ℳ; worauf A. rief: *Ich habe mich versprochen, ich wollte 4400 ℳ sagen.*

2. Carré, der Direktor der Pariser Opéra Comique, richtete vor kurzem an den Advokaten Nivert, der seit längeren Jahren mit seiner Frau zu den Donnerstagsabonnenten des Theaters gehört, in einem gedruckten Rundschreiben die Anfrage, ob er das Abonnement für die bevorstehende Saison erneuern wolle; wenn bis zum 30. Juni in der Theaterkanzlei keine Antwort eingetroffen sei, müsse über die Plätze anderweit verfügt werden. Nivert antwortete ungefähr folgendes: *Obwohl ich mit der ungleichmäßigen Saison des letzten Winters nicht sehr zufrieden war, ersuche ich Sie doch, die beiden Orchestersitze für mich zu reservieren.* Darauf teilte ihm Carré mit wendender Post mit, daß er die verlangten Sitze nicht reservieren werde, da er sich eine Kritik seiner Geschäftsführung nicht gefallen lassen könne. — Ist der Theaterdirektor nicht verpflichtet, den angetragenen Vertrag einzugehen? Wann besteht nach unserem Rechte ein Zwang zum Kontrahieren?

3. Ein Dachdeckermeister hatte Teer von einer Fabrik nach Probe bestellt. Der dann ankommende Teer war jedoch schlecht und nicht probemäßig. Darauf schrieb der Käufer zurück, daß er diesen Teer nicht brauchen könne; er habe sich nun schon von anderer Seite her welchen verschafft. Umgehend kam ein Brief der Teerfabrik: sie bat wegen des Versehens um Entschuldigung. Es sei irrtümlich aus einem falschen Fasse für den jetzigen Besteller gefüllt worden. Sie habe angenommen, daß die Sache nicht eile, werde aber nicht ermangeln, jetzt den richtigen Teer zu senden. — Der Dachdecker, dem dies unangenehm ist, befragt einen Juristen. Dieser meint, die Fabrik könne die irrtümlich geschehene Leistung nach BGB 121 nicht mehr anfechten, weil sie es nicht *unverzüglich* getan. Der Meister teilt dies der Verkäuferin mit. — Diese erwidert: Die Erfüllung eines Vertrages gehöre nach der allgemeinen Lehre der heutigen Jurisprudenz nicht zu den *Rechtsgeschäften*. Ein Irrtum bei ihr brauche also nicht *angefochten* zu werden; sondern bewirke nur, daß noch gar nichts von *Erfüllung* vorliege. Diese sei also nun erst ordnungsgemäß vorzunehmen, da ein Verzug, nach eigener Nachgabe des Gegners, auf ihrer Seite nicht vorliege. —

Dagegen meint der Rechtsberater des Bestellers, daß die Erfüllung eines Kaufes doch zu den *Willenserklärungen* gehöre und deshalb nach BGB I. Buch 3. Abschnitt 2. Titel zu behandeln sei. — Wie ist hierüber zu erkennen?

4. Die *Deutsche Landbank* in Westpreußen teilt mit: Am 17. Juli ging uns ein, von einem unserer Verkaufsvermittler mit dem Landwirt Herrn Stephan Stern zu Posen unter dem 14. Juli geschlossener, notarieller Kaufvertrag hinsichtlich des Rittergutes Groß-Jauth im Kreise Rosenberg zu. Bereits am folgenden Tage lief die vereinbarte Anzahlung ein. In den Vertrag hatten wir die Bestimmung aufgenommen, daß bei Meidung einer Vertragsstrafe das Gut an einen Käufer nichtdeutscher Nationalität nicht veräußert werden dürfe. Die Auflassung fand am 9. August durch einen Bevollmächtigten statt. Unmittelbar nach dieser Auflassung hat Herr Stern das Gut an den Rittergutsbesitzer Herrn von Slaski aufgelassen. Wir müssen nach Lage der Sache annehmen, daß Herr Stern nicht beabsichtigt hat, das Gut für seine Person zu erwerben, sondern daß er sich in seiner Eigenschaft als unverdächtiger vermögender Deutscher evangelischer Konfession als Mittelsperson dazu hergegeben hat, das Gut aus unserer Hand in polnischen Besitz zu bringen. Die Klage auf Zahlung der Vertragsstrafe wider Herrn Stern werden wir sofort anstrengen. — Auf welche Bestimmung des allgemeinen Teiles unseres BGB kann die Klage auf Vertragsstrafe (BGB 339) gestützt werden? War die Weiterveräußerung des Gutes überhaupt rechtsgültig?

XXIV

1. Sind nachstehende Rechtsgeschäfte zulässig?

a) Darlehen oder Bürgschaften, um dem Schuldner verbotenes Hazardspiel zu ermöglichen; — Verkauf von Waffen an jemanden, der möglicherweise damit einen Mord begehen wird; — Vermieten oder Verkaufen eines Hauses, in dem der Erwerber ein Bordell betreiben will; — Abschluß eines Kaufes, durch den bezweckt wird, dem verkaufenden Ehemanne die Mittel zum Verlassen seiner Ehefrau zu verschaffen.

b) Ein Bewerber um eine Stelle als Bürgermeister beauftragte vor der Wahl einen Wirt, an alle Dorfeinwohner Getränke und auch Speisen auf des Bestellers Kosten abzugeben, um auf die Wählenden zu seinen Gunsten einzuwirken.

c) Der Verkäufer einer Kuh wird von einem Dritten beredet, lieber ihm, als dem Käufer, das Tier gegen bessere Zahlung abzulassen, unter vertragsmäßiger Gewähr, daß er ihn bei etwaiger Ersatzklage des ersten Käufers schadlos halten werde.

d) Einem Fuhrmanne werden Waren mitgegeben, um sie in das Ausland einzuschmuggeln.

2. Wie steht es mit der Gültigkeit der kommenden Willenserklärungen?

a) Kausti verspricht der Ehefrau des Neff eine bestimmte Summe Geldes, weil sie mit ihm Ehebruch getrieben habe; — oder: damit sie ihm ehebrecherischen Umgang gestatte.

b) Jemand übernahm von dem konzessionierten Schankwirte die Fortführung der Wirtschaft für eigene Rechnung und auf eigene Verantwortung, verabredete aber, daß er, der Unternehmer, die polizeiliche Konzession für seine Person nicht nachsuchen solle, vielmehr nach außen als Stellvertreter des Inhabers der Schankkonzession aufzutreten habe.

c) Zwei junge Leute wollten am Sonntag Morgen rudern. Der Fährmann ging gerade zur Kirche. Es ist verboten, sagte er, ich darf Ihnen während der Kirche kein Boot vermieten. Da sie in ihn drangen, so fuhr er fort: Hier ist der Schlüssel zu den Kähnen; aber eilen Sie sich, dort kommt ein Schutzmann. — Die beiden sprangen in den Nachen und stießen ab, während der Schiffer mit lautem Schimpfen am Ufer hin- und herlief und dem Polizeibeamten den angeblichen Gewaltstreich jener vorklagte.

d) Otto Miller war wegen körperlicher Mißhandlung des X. zu einer Gefängnisstrafe verurteilt worden. Unmittelbar nach der Verhandlung tat der Zeuge Lettner in einem Wirtshause unvorsichtige Äußerungen, aus denen hervorging, daß er, und nicht der Otto Miller, der Täter gewesen sei. Lorenz Miller, der Bruder des Verurteilten, stellt den Lettner zur Rede, gibt sich aber zufrieden, als dieser ihm einen Schein ausstellt, wonach er ihm 1000 ℳ verspricht, *damit er ihn nicht mehr wegen der der Tat, deren Otto Miller schulig erkannt wurde, aufbringe, und letzterer auch keinen Schaden leide, d. h. für die unschuldigerweise zu verbüßende Strafe entschädigt werde.*

e) Honorierung des Vertreters einer Berufsgenossenschaft, damit er im Interesse des Zahlenden eine bestimmte Person zur Anstellung in der Genossenschaft empfehle.

3. Zwei Ehegatten kommen überein, ihre Ehe lösen zu lassen; die Frau solle die Rolle des schuldigen Teiles übernehmen, kein Teil dürfe der Ehescheidung etwas in den Weg legen; nach der Scheidung solle dem Manne für seine Zustimmung zu diesem Vertrage die Frau 5000 ℳ zahlen. Nach dem Gerichtsurteil weigert die Frau die Zahlung. Mit Recht?

4. Haben folgende Versprechen rechtliche Wirksamkeit?

a) Es verspricht jemand einem anderen 10 ℳ, wenn er sich eine Ohrfeige von ihm geben lasse. — Contractus locationis cum meretrice initus. — Schein des Shylock: »*Wenn ihr mir nicht an dem bestimmten Tag, an dem bestimmten Ort die und die Summe, Wie der Vertrag nun lautet, wieder zahlt: Laßt uns ein volles Pfund von eurem Fleisch, Zur Buße setzen, das ich schneiden dürfe Aus welchem Teil von eurem Leib ich will.* — Versprechen einer Schenkung für einen Kuß.

b) Vertragsstrafe auf Beobachtung von Trinksitten angesetzt; — Verkauf von Alkohol an einen Angetrunkenen; — das Kloster Muri verpachtete den ihm gehörigen Gasthof *zum Löwen*, wobei im Pachtvertrage bestimmt wurde: *Der Löwenwirt soll an Sonn- und Feiertagen der Predigt beiwohnen, jährlich viermal beichten und kommunizieren und sich des vielen Trinkens mäßigen.*

c) Überlassung eines Kindes an eine Akrobatentruppe, mit Übertragung des elterlichen Züchtigungsrechtes; — Verdingung von Jungen und Mädchen als Tagelöhner durch die Eltern; — Vermieten von Babys an Kinderfreunde, die sich nicht zur Adoption entschließen (jetzt in U. S. A. im Brauche): Dabei darf kein Kind länger als einen Monat vermietet werden und muß dann auf gleich lange Zeit seinen Eltern wieder zugestellt werden.

d) Theaterverträge: Dem Schauspieler wird während des Spielabschnittes eine Benefizvorstellung bewilligt; er verzichtet aber im voraus auf deren Ertrag zugunsten des Direktors. — Bei ausbrechendem Streite soll der Direktor die geschuldete Gage ohne Verzugs- und Prozeßzinsen bis zur Rechtskraft des Urteiles zurückhalten dürfen.

5. Was ist über die Klagbarkeit der nachbenannten Abkommen zu bemerken?

a) Ein Arzt hatte sich einem anderen Arzte gegenüber gegen Zahlung einer Geldsumme verpflichtet, in einem angegebenen Distrikte seine ärztliche Praxis nicht mehr auszuüben.

b) Die Ziegeleibesitzer eines Landes schließen einen Vertrag zur Regelung des Preises ihrer gewerblichen Erzeugnisse und zur Innehaltung bestimmter Maßnahmen, behufs Vermeidung von Überproduktion.

c) Die Verwaltung der Böllberger Mühle hatte mehrere Müllerburschen gemaßregelt und war von der sozialdemokratischen Partei in Verruf getan worden. Die letztere sammelte Unterschriften von etwa 90 Bäckermeistern der Stadt H., wodurch sich diese unter Beifügung einer Vertragsstrafe verpflichteten, von jener Mühle kein Mehl mehr zu beziehen.

6. *In via duo licitatores forte conveniunt, eodem animo expositum hastae fundi emendi, et heus tu! unus alteri: quantum licitatus es! mille, respondit, thaleros. Tunc ille: apage, ego tria millia dabo. Sed quoniam amici sumus, desiste quaeso! dabo, ni* *gravis sis, ni superando et licitando me urgeas, tibi aureos quinque. Acceptato promisso is ergo desistit. Sunt, qui dicunt, initum inter utrosque pactum turpe esse, et subhastationem quidem subsistere, sed curatori bonorum actionem ad id, quod interest, dari contra seductorem. Aliis tamen visum, hoc initum inter utrumque licitatorem pactum esse licitum et fraudem honestam, de qua curator bonorum conqueri non possit. Quid iuris?* (Aus Hommel, *Rhapsodia quaestionum in foro quotidie obvenientium nec tamen legibus decisarum.*)

7. Zwei Ehegatten lebten in Unfrieden. Sie schlossen einen Vertrag: a) Die Ehe solle zwar formell fortbestehen, die eheliche Gemeinschaft aber aufgehoben sein und die Frau die Wohnung des Mannes verlassen dürfen. b) Keinem Teile solle das Recht zustehen, auf Fortsetzung der Ehe zu klagen. c) Die Ehefrau dürfe die Kinder bei sich verpflegen und erziehen. Nach einiger Zeit reut es den Mann, und er möchte die Kinder gern zurückhaben. Ist das rechtlich möglich?

8. Tatbestand: Beklagter hat sich dem Kläger durch Vertrag vom 1. Juli v. J. verpflichtet, kein in Asphalt- oder Teerproduktenfabrikation einschlagendes Geschäft in den nächsten fünf Jahren in Deutschland zu betreiben — bei Vermeidung einer Vertragsstrafe. Am 10. September d. J. hat Beklagter doch ein derartiges Geschäft errichtet und der auf Zahlung der bedungenen Vertragsstrafe erhobenen Klage gegenüber sich auf Gewerbefreiheit und Unzulässigkeit der persönlichen Freiheitsbeschränkung berufen. Wie ist zu erkennen?

9. Ein Wirt hatte sich einer Brauerei gegenüber verpflichtet, so lange das für seine Wirtschaft nötige Quantum Bier von ihr zu beziehen, bis das ihm von der Brauerei gegen hypothekarische Verpfändung seines Anwesens gegebene Darlehen in der Weise getilgt sein würde, daß er außer dem ortsüblichen Preise des Bieres für den Hektoliter eine Mark mehr bezahle. Der Wirt verzichtete dabei ausdrücklich auf das Recht der Kündigung des Kapitales; während für den Fall, daß der Wirt Bier aus einer anderen Brauerei beziehen oder das Anwesen veräußern würde, der jeweilige Rest der Schuld sofort zur Zahlung verfallen sein sollte. Zugleich verpflichtete sich der Wirt, sein Anwesen nur an einen solchen Käufer zu veräußern, der in diesen Bierabnahmevertrag einzutreten bereit sei. — Dann entnahm der Wirt doch Bier von einer anderen Brauerei und wurde von jener ersten aus dem angegebenen Vertrage verklagt. — Er wandte ein: Der Vertrag sei ungültig, weil er seine persönliche Freiheit in einer gegen *die guten Sitten* verstoßenden Weise beeinträchtige; derselbe suche ein *Krugsverlagsrecht* zu begründen, was nicht mehr zulässig sei. Wie ist zu urteilen? GO v. 21. Juni 1869, vgl. Bekanntmachung vom 26. Juli 1900, 8; 10, 2.

10. Hebel erzählt einmal von einem Pferdehandel zwischen einem Rittmeister und einem jüdischen Händler, der in folgender notariellen Urkunde zum Abschlusse kam: *Wenn der Inhaber dieses fünf Stockprügel von unterzeichnetem Offizier wird erhalten haben, so wird ihm dieser ohne weitere Lasten und Nachforderung seinen Reitgaul, den Schweißfuchs, als sein Eigentum zustellen. Geschehen den und den, an dem und dem Orte.* Im Beisein des Notars und der Gäste des Wirtshauses, in dem der Vertrag abgeschlossen, begann man auch alsbald mit der Ausführung. Der Offizier hieb dem Juden in längeren Pausen vier Streiche über, so daß dieser endlich um schnelle Erledigung bat. Da sprach der Offizier: *Sohn Jakobs, auf den fünften Prügel könnt ihr lange warten!* und er stellte den Stock wieder an den Ort, wo er ihn genommen, und alles Bitten und Betteln um den fünften Hieb war vergebens. Da fingen die Gäste an zu lachen. Der Jude aber wandte sich an den Notarius, mit der Behauptung, es müsse ihm zu dem fünften Prügel verhelfen. Doch der Notarius sagte: *In der Erklärung, welche ich ausgefertigt, steht nicht, daß der Herr Baron dazu verpflichtet sei. Tut er es nicht freiwillig, so kann ihn niemand dazu zwingen.* War diese Auskunft richtig erteilt?

XXV

1. Wie sind diese Willenserklärungen richtig zu verstehen?

a) Auf eine geschäftliche Anfrage antwortete der Angeredete: *Ich bin nicht abgeneigt, ... und würde vorschlagen ...*

b) *Die Weiber sollten Abzug han, Mit ihren besten Schätzen, Was übrig bliebe, wollte man Zerhauen und zerfetzen.* (Aus Bürger, *Die Weiber von Weinsberg.*)

c) Jemand hatte seine fünf Kinder zu Erben eingesetzt. Wenn der eine Sohn, der gemütskrank war, unverheiratet sterben würde, so sollte dessen Erbteil unter *die übrigen Kinder des Erblassers* gleichmäßig verteilt werden. — Der Testator starb und wurde von sämtlichen Kindern beerbt. Nach längeren Jahren starb der gemütskranke Sohn unverheiratet, nachdem ihm schon drei seiner Geschwister mit Hinterlassung von Abkömmlingen im Tode vorausgegangen waren. Der einzige überlebende Bruder beanspruchte nun den ganzen Erbteil für sich, während seine Geschwisterkinder in die Stelle ihrer Eltern einrücken wollten.

2. In einer vertragsmäßigen Auseinandersetzung, die nach einer gerichtlichen Ehescheidung stattfand, wurde der Tochter der geschiedenen Eheleute ein Kapital von 30 000 ℳ mit der Bestimmung ausgesetzt, daß die Zinsen zur Bestreitung ihrer Erziehungskosten dienen sollten, bei erlangter Volljährigkeit aber die Tochter das Kapital frei zu erhalten habe; zugesetzt war: *unbeschadet ihres sonstigen Erbrechts am väterlichen Vermögen.* — Nach dem Tode des Vaters entstand über die Ausgleichungspflicht der Tochter (BGB 2050) Streit mit ihrem Bruder. Dieser machte sich anheischig, zu beweisen, daß der Erblasser mit dem obigen Ausdrucke für die Zuwendung die Ausgleichungspflicht habe anordnen wollen. — Der Anwalt der Tochter macht geltend, daß die gebrauchten Worte in sich ganz deutlich seien; sie besagten nur, daß die Tochter mit jener Summe noch nicht völlig abgefunden sein solle, und wenn der Wortlaut einer Willenserklärung deutlich sei, so sei damit die Sache erledigt. BGB 133 finde auf den vorliegenden Fall keine Anwendung. — Wie hat das Gericht zu befinden? Cf. l. 25 § 1 D. leg. III° (32); l. 69 pr. eod.; l. 16 D. de condicionibus (35, 1).

3. Welches ist die richtige Auslegung nachstehender Verträge?

a) Ein Hypothekengläubiger hatte bei der Hingabe des Darlehns dem Schuldner urkundlich bewilligt: *Er werde sein Kapital nicht fordern, solange der Schuldner Eigentümer des verpfändeten Baulandes sein werde.* Der Schuldner zahlte aber keine Zinsen und berief sich bei einer erfolgenden Kündigung auf seinen Vertrag.

b) Der Landwirt Klincke war bei einer Gesellschaft auf Gegenseitigkeit gegen Hagelschaden versichert. Er wollte austreten und kündigte. Die Kündigung erfolgte durch eine telegraphische Depesche, deren Urschrift von ihm unterschrieben war, und deren Ausfertigung rechtzeitig und unverstümmelt bei dem Vorstande der Gesellschaft ankam. Trotzdem wollte die letztere die Kündigung nicht als ordnungsgemäß annehmen; denn in den Versicherungsbedingungen stände, daß die Kündigung *mittels eingeschriebenen, unmittelbar an den Vorstand gerichteten Briefes* erfolgen müßte.

c) Jemand hatte zur Erweiterung seiner Badeanstalt einen Landstreifen längs des Strandes gekauft, an welchem dermalen eine der verkaufenden Marineverwaltung gehörige Landungsbrücke befestigt war. Die Verkäuferin weigerte sich nach der Übergabe des Landes an den Käufer, die Brücke fortzunehmen, fing vielmehr an, sie zu anderen Zwecken zu benutzen. In dem Kaufvertrage, sagte sie, stehe nichts von einer Entfernung der Brücke; wogegen der Käufer geltend machte, daß dies beiderseits als selbstverständlich angesehen und gewollt sei.

d) Mit vielem Humor schildert Simrock den Rechtsstreit zwischen dem Kloster zu Dünwald und dem Junker Schlebusch. Mit rechtlichen und kirchlichen Behelfen drängten die Mönche auf Anerkennung ihres Eigentumes an Äckern von des Junkers

Land, die er doch von jeher besessen und bebaut. Schultheiß und Schöffen wußten sich nicht zu raten, und lange zog sich der Handel hin. Dann kam ein Vergleich nach des Junkers Vorschlag zustande. *Wohlan, ich biete die Hand zum Frieden dar, ihr sollt besitzen was niemals euer war; doch weil ich ungezwungen euch Abstand tat, so sei mir bewilligt noch eine letzte Saat.* — Das geschah. Aber im Frühjahr wartete der Mönche eine Überraschung: *Zartgrüne Blättchen, buchtig ausgeschweift — was ist's, das der Ernte entgegenreift? Es ist nicht Korn noch Weizen — Schmach, in der Tat! Wie sind wir betrogen! — Es ist Eichelsaat!*

4. Vor vielen Jahren wollte eine Dampfergesellschaft in Liverpool ihre Baulichkeiten erweitern und zu diesem Zwecke auch ein kleines Stück Land erwerben, das einer unverheirateten Dame von ungewissem Alter gehörte. Diese verkaufte das Grundstück zu sehr niedrigem Preise, aber mit der Klausel, daß ihr und ihrer Begleiterin *auf Lebenszeit das Recht freier Fahrt auf den Dampfern der Gesellschaft* eingeräumt werde. Am Tage nach der Unterzeichnung des Vertrages verkaufte sie ihre Möbel, vermietete ihr Haus und ging an Bord des ersten abgehenden Dampfers, der der Gesellschaft gehörte, ohne sich um das Ziel seiner Fahrt zu bekümmern. Bis zu ihrem Tode lebte sie dauernd auf einem Schiffe der Gesellschaft, stets in Begleitung einer Dame, die sie durch Anzeigen gefunden hatte und deren Reisegeld sie einsteckte. Man hat ausgerechnet, daß sie auf diese Weise mehr als 40000 ℳ gewonnen hat. Die Gesellschaft hat ihr mehrmals hohes Abstandsgeld geboten, wurde von der geschäftskundigen Dame aber stets abgewiesen. Erst nach Verlauf vieler Jahre starb das alte Fräulein, das für die Steam-Packet-Company lange Zeit der Gegenstand tiefen Kummers gewesen war. Was ist über die richtige Behandlung dieses Tatbestandes zu bemerken?

5. Als Rom nach dem Kriege um Sizilien mit Karthago Frieden schloß, wurde in den Vertrag die übliche Bestimmung über die Mitkämpfer aufgenommen: Die Vertragschließenden verpflichteten sich, mit den beiderseitigen Verbündeten und untertänigen Gemeinden nicht in Sonderbündnisse zu treten oder Krieg zu beginnen oder in deren Gebiete Hoheitsrechte auszuüben oder Werbungen vorzunehmen. — Das geschah im Jahre 513 der Stadt. Etwa fünfzehn Jahre später schlossen die Römer, in Besorgnis der inzwischen in Spanien angewachsenen karthagischen Macht, unter anderen mit Sagunt ein Bündnis. Es war die Stadt, auf welche dann, wie jedermann weiß, Hannibal seinen erobernden und zerstörenden Angriff machte. Lag darin eine Verletzung des Friedensvertrages? Umfaßte er bloß die Bundesgenossen zur Zeit seines Abschlusses oder auch alle späteren?

6. In einer Streitsache handelte es sich um die Bestimmung eines Mietsvertrages, die besagte: *Bauliche Änderungen dürfen ohne Einwilligung des Vermieters nicht vorgenommen werden; sollte dies aber mit Erlaubnis des Wirtes geschehen, so muß alles, was niet- und nagelfest ist, beim Ausziehen dem Hause verbleiben.* — Als dann der Mieter auszog, verlangte er von dem Vermieter eine Entschädigung für verschiedene kostspielige Einrichtungen. Der Vermieter verweigerte dies. In dem Vertrage stände nichts davon, sagte er; wollte man ihm das zumuten, so hätte der Mieter so teuere Verbesserungen anbringen können, wie er, der Vermieter, sie nie getroffen haben würde, und die für die Sache und für ihn viel zu wertvoll, also eigentlich wertlos seien. Cf. l. 25 D. de pigner. act. (13, 7). Wie ist zu erkennen?

XXVI

1. Sind nachstehende Willenserklärungen formell zutreffend abgegeben?

a) Eine *faksimilierte* Unterschrift auf einem Reichskassenschein oder unter einem eigenhändig geschriebenen Testament.

b) Bei einer Geldzahlung bat der Gläubiger, der eine schlechte Handschrift führte, einen gerade anwesenden Freund, für ihn die Quittung zu schreiben und seinen, des bezahlten Gläubigers, Namen darunter zu setzen.

c) Ein Analphabet setzt drei ††† als seine Unterschrift hin, und der Notar oder der Polizeikommissar beglaubigt das Handzeichen.

d) Ein Kaufmann schreibt auf einen ihm in französischer Sprache zugehenden Wechsel: *Angenommen.* — Für einen Amerikaner, der in Berlin studieren will, aber zurzeit nur englisch versteht, hat ein Landsmann zwei Zimmer monatweise gemietet. Dem Hauswirt behagt aber sein Gast nicht, und er kündigt ihm schon am nächsten 15. die Wohnung durch einen deutsch geschriebenen Brief. (Cf. § 1 I. de verborum obligatione 3, 15.)

2. Der Postbote bringt dem Oberlehrer Franzen einen eingeschriebenen Brief. Es ist nur dessen Ehefrau Anna geb. Kunter zu Hause. Der Beamte händigt ihr den Brief aus und bittet um Empfangsbescheinigung. Wie hat sie rechtlich wirksam zu unterzeichnen? Gilt das gleiche, wenn ein Prokurist für sein Geschäftshaus eine bindende schriftliche Erklärung abzugeben hat?

3. Sind folgende Willenserklärungen rechtlich in Ordnung?

a) Ein Geschäftsführer einer *Gesellschaft mit beschränkter Haftung* hatte eine wechselmäßige Zeichnung für die Gesellschaft abgegeben, während diese nur von zwei Geschäftsführern gemeinschaftlich verpflichtet werden konnte. Nachträglich erkannte die Gesellschaft durch besonderes Schreiben die verbindliche Kraft der Unterschrift an.

b) Durch notariellen Vertrag hatte V. dem K. sein Haus verkauft (BGB 313). Dann kommen sie in mündlicher Abrede überein, jenen Vertrag wieder aufzuheben.

c) Oder: Sie bestimmen nachträglich durch Briefwechsel eine Stundung des Kaufpreises um sechs Monate.

4. Illo: Wir setzen eine Formel auf, | Worin wir uns dem Herzog insgesamt | Verschreiben, sein zu sein mit Leib und Leben, | Nicht unser letztes Blut für ihn zu sparen; | Jedoch der Eidespflichten unbeschadet, | Die wir dem Kaiser schuldig sind. Merkt wohl! | Die nehmen wir in einer eignen Klausel | Ausdrücklich aus, und retten das Gewissen. | Nun hört! Die also abgefaßte Schrift | Wird ihnen vorgelegt vor Tische, keiner | Wird daran Anstoß nehmen — Hört nun weiter! | Nach Tafel, wenn der trübe Geist des Weins | Das Herz nun öffnet und die Augen schließt, Läßt man ein unterschobnes Blatt, worin | Die Klausel fehlt, zur Unterschrift herumgehn. (Aus Schiller, Wallenstein: Die Piccolomini.)

Fragen: Wird jemand, der eine rechtlich bedeutsame Urkunde unterschrieben hat, nach seinem Belieben mit dem Vorgeben gehört, daß mündlich etwas anderes beredet worden sei, als in der Urkunde steht? Wo läuft die Grenze? Wer hat für sein Vorbringen die Beweiskraft? Was wird die sachliche Folge einer feststehenden Abweichung des Verabredeten vom Niedergeschriebenen sein?

5. Der Handarbeiter Friedrich W. verkaufte unter Beitritt seiner Frau mittels privatschriftlichen Vertrages seine Grundstücke B. II Bl. 75 des dortigen Grundbuches an seinen Schwiegersohn Theodor K. und dessen Frau Emma geb. W. für 2400 ℳ und einen näher bestimmten Auszug. In § 2 des Vertrages war bestimmt, daß auf dem verkauften Grundbesitze für den Verkäufer und seine Frau 1200 ℳ als eine zu 4% verzinsliche Kaufgeldhypothek eingetragen werden sollten, daß der beim Tode des einen vorhandene Rückstand auf den Überlebenden allein überzugehen habe, und daß das beim Tode des zuletzt Versterbenden noch Übrige der Mitkäuferin Emma K. als elterliches Erbteil zufallen solle. Die Auflassung des Grundbesitzes fand noch am Tage des Vertragsschlusses statt. Wie steht es mit der Gültigkeit der genannten Vertragsbestimmungen? (BGB 313; 2276; 2301.)

6. *D.. Unterzeichnete bestellt hierdurch bei der Buchhandlung von Schröder .. Exempl. Marlitts Gesammelte Romane und Novellen. Neue illustrierte Ausgabe. Vollständig in ca. 70 Lieferungen à 40 ₰ (alle 14 Tage eine Lieferung). Ort und Datum: .. Name und genaue Adresse: ..* Mit vorstehendem Zettel fand N. eines Tages die erste Lieferung des Werkes in seinem Briefkasten an der Korridortüre vor. Mit Bleistift stand besonders vermerkt: Preis 40 ℛℳ.

a) Was bedeutet rechtlich die *Subskription* auf ein Lieferungswerk? b) Muß N. zahlen? und wieviel? c) Er will der Buchhandlung Nachricht geben, daß sie das Heft abholen soll, vergißt es aber. Rechtsfolge? d) Der Auslaufer kommt nach acht Tagen, aber das Heft findet sich nirgends mehr. e) N. hat es aufgeschnitten und gelesen. f) Er hat es seinen Kindern gegeben, welche die Bilder herausgeschnitten haben. g) Er hat es an seinen Freund X. verschenkt. h) Kommt etwas darauf an, ob N. mit dem zusendenden Buchhändler persönlich bekannt ist oder nicht? i) Wie sind die Fragen zu beantworten, wenn seitens der Buchhandlung vermerkt war: *Nicht Gewünschtes erbitte baldigst zurück;* oder: *Falls nicht binnen 14 Tagen Rücksendung erfolgt, werden wir Ihnen auch die folgenden Lieferungen senden;* oder: *Durch Annahme von Lieferung 1 tritt Verpflichtung zum Bezuge des ganzen Werkes ein?*

7. X. hat einen Arzt, der ihn im vergangenen Jahr in einer schweren Erkrankung behandelt hat, mehrfach um Zusendung einer Rechnung vergeblich ersucht; schließlich rät ihm jemand, dem Arzte nochmals zu schreiben und einen bestimmten Termin zu setzen, bei dessen Verstreichen er annehmen werde, daß der Arzt auf das Honorar verzichte.

Ein eingeschriebener Brief dieses Inhaltes geht an den Arzt ab, dieser regt sich nicht. — Folge?

8. In Schweizer Gasthöfen findet sich zuweilen in den Fremdenzimmern angeschlagen: *Wenn der Reisende die Mahlzeiten nicht im Hotel einnimmt, so erhöht sich der Preis dieses Zimmers, auch wenn er vertragsmäßig vereinbart ist.* Rechtliche Wirkung?

9. Tatbestand: Der Kläger hat dem Beklagten, dem er ein Warenlager verkauft, darüber eine Rechnung zugestellt und darin die Preise festgesetzt, die er für die vertragsmäßig bestimmten *(die laufenden billigsten)* erachtete. Beklagter hat diese zu hoch gefunden, sie ermäßigt und sodann nach Voraussendung des Verzeichnisses der vorgenommenen Ermäßigungen das hiernach berechnete Kaufgeld dem Kläger übermacht, der es annahm. Jetzt klagt der Verkäufer den Rest des von ihm seinerzeit angesetzten Kaufpreises ein. Beklagter hat sich auf Erörterungen über die Höhe der geforderten Preise auf Befragen des Gerichts nicht eingelassen, sondern lediglich geltend gemacht, daß Kläger auf den zuerst geforderten Preis stillschweigend verzichtet habe. Das Gegenteil würde *Treu und Glauben* widersprechen. Wie ist zu erkennen?

XXVII

1. Wie sind die folgenden Fälle juristisch zu beurteilen?

a) Die Prinzessin von Schaumburg-Lippe hatte, auf einer Eisenbahnfahrt begriffen, beim Bahnhofsrestaurateur in Bingerbrück telegraphisch ein Abendessen zu zwei Gedecken bestellt. Als nun der Zug auf der Station Halt gemacht hatte, kam zum großen Erstaunen der Reisenden die ganze Kellnerschar mit 22 Gedecken anmarschiert. Die alsbaldige Untersuchung ergab, daß der Telegraphenbeamte statt der Zahl 2 die Ziffer 22 aufgenommen hatte.

b) Eine Schneidersfrau wollte einem auf dem Hofe spielenden Leiermann ein Zweipfennigstück spenden. Sie entnahm ihrer Geldtasche eine Münze, wickelte sie in Papier und warf sie hinab. Nachträglich sah sie ihr Portemonnaie nochmals nach und entdeckte zu ihrem Schrecken, daß sie dem Orgelspieler statt des Zweipfennigstückes ein Zehnmarkstück hinabgeworfen hatte.

c) Der Besitzer eines Hotels, welcher die Gewohnheit hatte, statt Mark Meter zu sagen, beauftragte seinen Hausdiener, in der Kunstgärtnerei für einen gewissen Zweck ein Tafelbukett zu einem *Meter* zu bestellen. Dienstbeflissen führt der Beauftragte den Befehl peinlichst aus und erscheint am Abend zu aller Erstaunen mit einem ein Meter hohen und dementsprechend umfangreichen Bukett, das indessen verschiedene *Meter* kosten sollte.

d) Ein italienischer Kaufmann schrieb an seinen Korrespondenten in Ostindien, er möge ihm einen oder zwei Affen *(una o due simie)* besorgen. Dieser aber las das 1 o 2 für hundert und zwei und sandte diese letztere Anzahl Affen.

e) Als 1892 die Einweihung der Wittenberger Schloßkirche erfolgte, hatte eine Engländerin vor dem Feste mit der Eigentümerin des Gasthofes zum *Adler* in Wittenberg schriftlich wegen Überlassung eines zweifenstrigen Zimmers für den 30. und 31. Oktober verhandelt. Die Wirtin hatte der Dame und deren Gesellschafterin ihr bestes nach dem Markte gelegenes Zimmer für 250 ℳ auf zwei Tage zur Verfügung gestellt, und diese hatte beides angenommen und gut geheißen. Als die Engländerin aber ankam, da stellte es sich heraus, daß sie die 250 ℳ für 2 ℳ 50 ₰ gelesen hatte.

2. In welcher Art sind nachstehende Mißverständnisse rechtlich zu regeln?

a) Als in einer größeren Industriestadt die Taxameterdroschken gerade eingeführt waren, kamen ein paar Landleute in die Stadt, um Einkäufe zu machen und bemerkten auch mit Staunen den neuen Wagen. Ihre Neugierde ließ sie näher treten und als der freundliche Kutscher einladend auf das Schild *Frei* wies, stiegen die beiden ein. Die Fahrt ging durch die Stadt und man kam am Ziele an. Die Fahrenden stiegen aus, dankten dem Führer und wollten ins Haus treten, als sie des Kutschers Stimme vernahmen, der Zahlung verlangte. Der eine aber sagte: *Ja, kostet das denn etwas? Auf dem Schild steht doch Frei, und so glaubten wir, freie Fahrt zu haben.*

b) Am Schalter des Bahnhofes löste ein Fahrgast eine Fahrkarte mit den Worten: *Nach X. vierter.* Ein hinter ihm stehender Mann verlangt darauf: *Dasselbe in Grün!* Als ihm nun der Beamte eine Fahrkarte zweiter Klasse ausfertigt, sagte er: *Ich will doch vierter Klasse fahren.* Der Beamte nahm aber die Fahrkarte nicht mehr zurück, sondern sagte: *Sie haben eine grüne Fahrkarte verlangt, also müssen Sie diese auch behalten.*

c) Ein musikalisch veranlagter Landbewohner will sich, weil seine alte Geige unbrauchbar geworden war, ein neues Instrument zulegen. Gelegentlich einer im Dorfe stattfindenden Tanzmusik wendet er sich deshalb an den die Geige spielenden Musikanten, der auch dem vorgeschlagenen Handel nicht abgeneigt ist und auf die Frage nach dem Preise 5 ℳ fordert, worauf der Käufer erwidert: *Wat, 5 Mark wist Du hewwen? 2 Daler will ick Di gewen, äwer miehr keinen Pfenning.* Ohne viel Besinnen begnügt sich der Musikant mit dem unerwartet erhöhten Preise.

d) Der Primaballerina des Wiener Hofopernhauses Fräulein Vergé hatte ein Wiener Theateragent für das *Budapester Ballett* ein glänzendes Engagement vermittelt; und von frohen Hoffnungen bewegt, reiste sie nach Budapest, um sich pflichtgemäß dem Intendanten der Oper zur Verfügung zu stellen. Dort zeigte sich jedoch, daß zwar ein ganz regelrechter Engagementsvertrag bestand, der für das *Budapester Ballett* abgeschlossen war, nur daß leider unter *Budapester Ballett* nicht das Ballett der Königlichen Oper, sondern dasjenige von — Somossys Orpheum verstanden war.

3. Ein Bauunternehmer hat durch Vermittelung eines Mäklers Bauland gekauft und kommt nun mit diesem wegen der zu zahlenden Vergütung in Streit. Er behauptet, daß er ihm zwar eine Provision von 1 ℳ für den Quadrat*fuß* der gekauften Fläche brieflich zugesichert, daß dies aber ein Schreibfehler gewesen sei und es Quadrat*rute* habe heißen sollen.

a) Kann er sich darauf mit Erfolg berufen?

b) Würde es von Bedeutung sein, falls der Mäkler den Fehler durchschaut, ihn aber in seiner Antwort nicht gerügt hätte?

c) Falls obige Parteien durch den Fernsprecher verhandelt und sich angeblich dabei falsch verstanden hatten: wer hat die Beweislast?

4. A. gibt dem B. Geld in der Absicht, es ihm zu schenken. B. nimmt das Geld in der Meinung, es sei ihm bloß dargeliehen. Später erfahren beide, was jeder im Sinne hatte, und erklären sich nun zu gleicher Zeit mit dem vom andern Gewollten einverstanden. Ist nun eine Schenkung oder ein Darlehen anzunehmen?

5. M. tritt mit N. über dessen Reitpferd in Kaufunterhandlung; N. fordert 800 ℳ, M. will nur 600 ℳ geben. Beide trennen sich, werden aber bald darauf anderen Sinnes: M. will 800 ℳ geben, N. nur 600 ℳ haben, und jeder von ihnen benachrichtigt den andern schriftlich hiervon. Auf der Mitte des Weges treffen die Boten zusammen und wechseln gegenseitig die Briefe aus. M. will nun das Pferd für 600 ℳ haben, N. dagegen es nur für 800 ℳ geben. Wie ist zu entscheiden?

6. Ein Schweinehändler veräußerte an einen Bauern einige zwanzig Stück Schweine unter scheinbar sehr günstigen Bedingungen für den Käufer. Der Verkauf wurde dahin abgeschlossen, daß das erste Schwein nur 1 ₰ kosten, dagegen für jedes nächstfolgende der doppelte Preis des vorherigen gezahlt werden sollte. Natürlich weigerte sich nach angestellter Berechnung der Käufer, den Betrag, welcher für das 21. Schwein schon die Höhe von 10485 ℳ 76 ₰ erreicht, zu zahlen, und mußte der seltsame Kauf, da eine Einigung nicht zustande kam, die zuständige Gerichtsbehörde beschäftigen. Mit welchem Ergebnisse wohl?

7. H. L., durch Veröffentlichung guter Feuilleton-Artikel bekannt geworden, wird vom Verleger C. aufgefordert, in die Redaktion einer Zeitschrift einzutreten. Die brieflichen Verhandlungen führen zur Einigung. Bei der Vorstellung zeigt sich, daß C. mit *Helene* L. paktiert hat. Er will nun vom Vertrage abgehen. (Cf. l. 11 § 1 D. de C.E. (18, 1). Ist er dazu befugt?

8. Seume und Abel handelten um den Verkauf von 10 Malter Getreide. Seume, aus Böhmen, forderte 26 öst. fl. per Malter und Abel erbot sich, dem Seume eine Forderung an X. von 607 fl. gegen Herausgabe des Überschusses nach Abzug des Kaufpreises für das Getreide abzutreten. Abel berechnete auf seinem Papiere den von Seume zu zahlenden Überschuß (Kurs 100 fl. = 175 ℳ) auf 507 ℳ 25 ₰, und Seume erklärte, es solle so gehandelt sein. Nachmals sagt Abel, daß er sich um 100 ℳ geirrt habe, und weigert wegen des Rechenfehlers Vertragserfüllung. Mit Recht?

9. In Hameln wurde vor kurzem ein Rechtsstreit wegen Lieferung eines Kubikmeters Schweinefleisch zum Kaufpreis von 100 ℳ anhängig. Die Parteien hatten diesen ungewöhnlichen Vertrag unter Handschlag geschlossen, wobei der versprechende Schlachter keine Ahnung hatte, daß ein Kubikmeter Schweinefleisch einen Wert von etwa 800 ℳ darstelle, während dem anderen Kontrahenten dieses sehr wohl bekannt war. Da letzterer, wie erwähnt, jetzt auf Lieferung jenes Quantums gegen Zahlung der 100 ℳ geklagt hat, so fragt es sich: welches Urteil das Gericht fällen muß?

10. Der Arzt verordnet einem Knaben *Portwein*; dieser bestellt irrtümlich *Sherry*. Er will seine Erklärung anfechten, während der Weinhändler sich bereit erklärt, Portwein statt des bestellten Sherry zu liefern. Wer ist im Rechte?

11. Ein Privatmann kauft ein Haus, das die Hälfte einer Doppelvilla ist. Es erfolgte auch die gerichtliche Auflassung, und der Besitzer zog in das von ihm gekaufte Haus Nr. 11 ein, für das er in der Zwischenzeit noch erhebliche Aufwendungen gemacht hatte, um es instand zu setzen. Dann stellt sich heraus, daß ihm das Haus Nr. 11, das er tatsächlich gekauft hat, im Grundbuche nicht zugeschrieben worden war, sondern das Haus nebenan, Nr. 12. Der Verkäufer hatte sich im Grundbuche über die Hausnummer nicht genügend unterrichtet. Er hatte das Grundstück Nr. 11 verkauft, aber die Grundbuchnummer vom Haus Nr. 12 im Kaufvertrage angegeben. Der Käufer hat nun die Aufwendungen für das Haus Nr. 11 für einen anderen besorgt, und dieser andere verlangt noch die Miete für die Zeit der Benutzung dieses Hauses. Dazu kommt noch die Verwirrung, die dem Staat und der Stadt gegenüber mit dem Stempel, der Umsatzsteuer u. dgl. angerichtet ist. Wie ist dies alles juristisch begründet zu lösen?

12. Als alte Berliner Geschichte wird zuweilen erzählt, daß ein Passant auf eine am Halteplatz stehende Droschke mit der Frage herantritt: *Kutscher, fahren Sie?* Wenn der Angeredete dann dies bejaht, von seinem Sitze herabklettert und sich zur Fahrt bereit macht, so wendet sich jener ab und sagt: *Ich gehe!* — Ist damit die Sache erledigt? Was für juristische Erwägungen können sich noch daran knüpfen? Wie steht es, wenn der Kutscher einen anderen Fahrgast, der unmittelbar nach jenem Fragenden sich gemeldet, nun weggeschickt hat?

13. Nach der *Verfassung der Feuerversicherungsbank für Deutschland zu Gotha* § 41 Abs. 3 verliert der Versicherte seine Ansprüche auf Schadenersatz gegen die Bank, wenn er auf die versicherten Gegenstände bei einer andern Anstalt Versicherung nimmt, ohne der Bank davon Anzeige zu machen. — In einem kürzlichen Streitfalle, in dem dieser Tatbestand verwirklicht war, berief sich der Versicherte darauf, daß er diese Sonderbestimmung nicht gekannt habe; sie sei ihm von dem Agenten nicht mitgeteilt worden, und er habe überhaupt kein Exemplar der Statuten erhalten. Dagegen legte die Bank den von dem Versicherten unterschriebenen Antrag vor, in dem jener erklärte, von den satzungsmäßigen Bedingungen der Versicherten genaue Kenntnis genommen zu haben. — Wie ist zu urteilen?

14. F. hat sich laut schriftlichen Vertrages gegen M. und N. verbindlich gemacht, das Hofgut des A. zu kaufen; es sollten aber M. und N. das Geld hergeben, und F. nur als Scheinkäufer auftreten und das Gut an jene abliefern. F. schließt mit A. den Kauf, ohne von M. und N. etwas zu sagen. Von A. auf das Kaufgeld belangt, beruft er sich auf Simulation. Was ist die Folge?

15. In einem Kursus, den eine Handwerkskammer veranstaltete, ließ der Vortragende die Teilnehmer zur Übung *Wechsel* schreiben. Er nahm diese an sich, angeblich zur Durchsicht, in der Tat aber, um sie zu seinen geschäftlichen Zwecken zu benutzen und in Umlauf zu setzen. Drei Monate darauf wurden sie den Schreibern zur Zahlung präsentiert.

Müssen die *Übungsakzeptanten* diese Wechsel nun einlösen? Wie steht es, wenn ein vertrauensseliger Geschäftsfreund einen Blankowechsel für seine kleine Schuld ausgestellt hatte, und der Inhaber die Urkunde mit einer viel höheren Summe später ausfüllt?

XXVIII

1. Sind folgende Willenserklärungen rechtlich in Ordnung?

a) Einsteigen in die Straßenbahn in der falschen Meinung, daß sie in die Nähe einer bestimmten Straße führe.

b) Verkauf von Waren an jemanden in angesehener Stellung, der in Wahrheit bereits überschuldet und zahlungsunfähig ist.

c) Ein Hamburger Handelshaus verkauft an ein Haus in Rio de Janeiro kommissionsweise 200 Zentner Klippfische für 32 ℳ die Kiste, weil ihm diese Summe als gegenwärtiger Marktpreis von Bergen gekabelt worden war. Das Telegramm war aber verstümmelt, es hatte „33 ℳ" heißen sollen.

d) Ein Dritter leiht dem Verkäufer, ohne dessen Wissen, falsche Gewichte, um den Käufer zu schädigen; — oder: er bedient sich selbst falscher Gewichte und gibt sie auf Bitten der andern stillschweigend hin, um nicht zu verraten, daß seine Gewichte unrichtig sind; — oder: er tut es in scherzhafter Absicht.

e) Ein Haus ist von der Straße durch eine Wiese getrennt. Für das Haus ist im Grundbuch ein Gangrecht über die Wiese eingetragen. Der Eigentümer verkauft das Haus, und Käufer und Verkäufer nehmen an, daß die Wiese wegen der Dienstbarkeit nicht bebauungsfähig sei. Nun wird sie doch mit einem hohen Gebäude besetzt, das jenem Hause Licht und Aussicht verbaut, da nur der erwähnte Fußpfad frei bleibt.

f) Ein alter Mann wird durch Schmeicheleien zur Enterbung seines nächsten Verwandten, eines Vetters, gebracht; — oder: der Erbschleicher bringt den schwachen Mann durch Drohungen dazu; — oder: durch die Behauptung, daß jener Vetter ihm feindlich gesinnt sei und es betätigt habe, — sei es, daß diese Behauptung tatsächlich begründet, — oder aber erlogen war.

g) Ein Vermieter verlangte ausdrücklich für die zu vermietende Wohnung einen kinderlosen Mieter, der betreffende Mieter eine trockene Wohnung. Sie schlossen auf Grund dahingehender wechselseitiger Versicherungen, die aber falsch waren, den Mietvertrag ab.

2. Zur Wiederherstellung der Liebfrauenkirche in A. wurde eine Lotterie veranstaltet. Bei der Ziehung wurde seitens des Notars, der die Ziehungen der Lotterie zu leiten hatte, insofern ein Versehen gemacht, als statt der festgesetzten 180000 Lose nur 179500, also 500 zu wenig, in das Glücksrad eingezählt wurden. Dieser Mangel hat sich erst nach der Ziehung ergeben. Es wurde daraufhin keine amtliche Gewinnliste ausgegeben; und die Ziehung ist demnächst von der Behörde für ungültig erklärt worden. Hierdurch entstanden aber für viele, deren Lose gewonnen hatten, Verwickelungen, indem sie bereits mit Rücksicht auf jenes Ergebnis Rechtsgeschäfte abgeschlossen haben. Konnten sie diese rückgängig machen? — Humoristisch war die Sache mit einem biederen Landmann dortiger Gegend, dessen Los mit einem größeren Gewinn (500 ℳ) herausgekommen war. In der Freude seines Herzens verjubelte er bei einem Restaurateur 15 ℳ, blieb diese aber schuldig und versprach, sie bei Abholung des Gewinnes zu bezahlen. Die letztere Voraussetzung war hinfällig geworden, wer zahlte nun?

3. Der Privatmann A. hat in einem notariellen Testament seiner Nichte B. seinen ganzen Nachlaß mit der Verpflichtung vermacht, seinen zwei Neffen eine jährliche Leibrente zu hinterlassen. Sein Neffe C., Student der Medizin, sandte ihm ein Telegramm, daß er das Physikum glücklich bestanden habe. Am folgenden Tage errichtete A. ein eigenhändiges Testament, in welchem er *infolge des von meinem Neffen C. bestandenen ersten medizinischen Examens* sein früheres Testament dahin abänderte, daß er nun seinen Neffen C. und seine Nichte B. zu Haupterben seines Vermögens zu gleichen Teilen einsetzte, die anderen Bestimmungen seines Testaments aber aufrecht hielt. — Die B. focht das Testament an, weil C. das tentamen physicum nicht bestanden hätte. Er habe das Examen in zwei Fächern nachmachen müssen; was dem A. bis zu dessen Tode unbekannt geblieben sei. — Von C. wird entgegnet, daß er durchaus nicht die Absicht gehabt habe, auf die letztwilligen Verfügungen seines Oheims einzuwirken, von denen er damals keine Kenntnis erhalten. Er habe vielmehr nur seinem Verwandten ein Zeichen seines Zusammenraffens und der Besserung gegenüber früherem leichtsinnigen Wandel geben wollen. — Wie ist zu entscheiden?

4. Was kann in den kommenden Tatbeständen der Geschädigte rechtlich machen?

a) Frage: Mein Haus habe ich am 12. d. M. gekauft, und am 15. erfahre ich, daß die eingetragene 2. Hypothek zum 1. Juli gekündigt ist, was mir der Verkäufer verschwiegen hat.

b) Berlich hatte eine Urkunde unterschrieben und in dieser sich für Rommel verbürgt. Als er später deshalb von dem Gläubiger belangt wird, setzt er der Klage entgegen, daß letzterer ihn zum Unterschreiben der Bürgschaftsurkunde nur durch die arglistige Vorspiegelung verleitet habe, daß Berlich dadurch nicht haftbar werde, sondern Rommel der Schuldner bleibe.

c) In dem Mietvertrage hat der Mieter wahrheitswidrig versichert, daß die von ihm in die Wohnung eingebrachten Sachen sein Eigentum seien.

d) Ein Gastwirt fand im Geldbehälter seines vor dem Lokale aufgestellten Schokoladenautomaten fünf dänische 2-Örestücke, auf die der Apparat eben soviele Schokoladentafeln herausgegeben hatte, weil die genannte Münze unserem 10 Pfennigstücke an Gewicht und Größe fast genau gleicht, dabei jedoch nur einen Wert von $2^1/_2$ ₰ hat. Der Wirt, der das fatale Kupfergeld nicht im Hause behalten wollte, schenkte es einem vorübergehenden Jungen. Wer beschreibt aber seine Überraschung, als er nach einigen Minuten, während welcher er aus dem Gastzimmer die neue Füllung für den Automaten besorgte, wieder fünf 2-Örestücke im Geldbehälter des Apparates fand.

5. Der Landwirt Klinnchen war der *Deutschen Agrarbank e. G.* als Mitglied beigetreten. Er war dazu durch arglistige Täuschung des Vorstandes der Genossenschaft über deren wirkliche Vermögenslage veranlaßt worden. Bald danach fällt die Genossenschaft in Konkurs. Die Gläubiger wollen sich an die Mitglieder halten, die gesetzlich als Gesamtschuldner haften. Wie ist die Rechtslage des Klinnchen gegenüber: Genossenschaft; — Vorstand; — Gläubigern?

6. Wie ist über das in folgenden Fällen eingeschlagene Verfahren juristisch zu urteilen? Welche Rechtsfolgen kommen in Frage?

a) Bei einem ungewöhnlichen Unwetter, das in einer Nacht über einer Großstadt ausbrach, erhöhten sich die Droschkenpreise bis in das Abenteuerliche. Die Kutscher weigerten sich, bei dem wütenden Sturme zu fahren und konnten oft nur durch das Versprechen des Fünffachen des Taxpreises zur Fahrt bewogen werden.

b) Ein Handelsmann traf auf einem Gutshofe die Besitzerin und deren Schwägerin allein an. Als jene seine Verkaufgebote abwiesen, zog er ein Messer und setzte dessen Spitze auf die Brust eines wenige Wochen alten Kindes der Besitzerin mit der Drohung, er werde Mutter und Kind erstechen, wenn sie nichts abkauften. Durch diese Drohung erschreckt, kamen die Frauen seinem Wunsche nach, worauf der Bursche das Weite suchte.

c) A. hat dem B. widerruflich ein Gangrecht erlaubt. Dann sucht er den B. zum Abschlusse eines Kaufvertrages über ein Pferd zu bewegen, wobei er dem widerstrebenden B. gegenüber die Drohung anwendet, daß er sonst jenes Gangrecht widerrufen werde. So versteht sich B. zu dem Kaufe.

d) Ein junger Schauspieler begehrte von dem Direktor einen Vorschuß von 200 ℳ, erhielt aber abschlägigen Bescheid. *Gut,* sagte er, *dann trete ich heute Abend nicht auf.* Da gab ihm der Direktor die 200 ℳ, bedeutete ihm aber, daß er wegen Erpressung Anzeige gegen ihn erstatten werde. *Aber, Herr Direktor, so schauen Sie doch den Theaterzettel an, ich habe heute überhaupt nicht aufzutreten.*

e) Als kürzlich ein Mieter mit der Miete in Rückstand geriet, erschien plötzlich der Hauswirt mit geladenem Revolver in der Wohnung des Saumseligen und drohte, ihn niederzuschießen, wenn er nicht sofort zahle. Der Mieter kam zitternd und bebend seiner Verpflichtung nach.

7. Zwei Kaufleute kommen wegen einer von dem ersten dem zweiten in Kommission gegebenen Quantität Sirup in Differenzen. Da der Empfänger die Ware nicht behalten und nicht bezahlen will, wie er nach der Behauptung jenes zufolge ihres Vertrages verpflichtet sei, so teilt ihm sein Gegner mit, daß er die behauptete Forderung in den gelesensten Lokalblättern der Stadt und des Kreises des Empfängers zum Verkaufe ausbieten werde; *sollte ich binnen acht Tagen ohne Antwort sein, so darf ich mich wohl Ihrer freundlichen Zustimmung zu der oben erwähnten Veräußerung Ihrer Schuld versichert halten.* — Ein anderer Brief in der mittlerweile immer gereizter werdenden Korrespondenz lautete: *Wenn Sie bis 1. Oktober d. J. Ihre zu Unrecht von Ihnen bestrittene Schuld bei mir nicht getilgt haben, so lasse ich dieselbe durch die Schutzgemeinschaft für Handel und Gewerbe in Ihren dortigen Blättern als zu verschenken annoncieren. Dies zur Notiz.* — Wenn der Empfänger, um sich Unannehmlichkeiten zu entziehen, auf den ersten — oder auf den zweiten — Brief hin seinen Widerspruch aufgegeben und bezahlt hätte: könnte er es später nicht doch wieder rückgängig machen?

8. Auf den Markt kam eines Tages eine Bäuerin, deren Butterwecken zwar sehr vollgewichtig aussahen, es aber, wie die Bäuerin wohl wußte, nicht waren. Unglücklicherweise war an dem Tage Marktrevision. Schnell steckte die Bäuerin ein Fünfmarkstück in die duldsame Masse, die nun für vollgewichtig befunden wurde.

Aber ehe die Bäuerin das Fünfmarkstück wieder aus dem Butterwecken herausfingern konnte, erschien eine Käuferin, die die vorhergehende List beobachtet hatte, und fragte nach dem Preise der Butter. Sie zahlte den geforderten Preis ohne Zögern, nahm das Pfund Butter und hatte für das innige Flehen der Bäuerin, ein anderes Pfund Butter zu nehmen, nur ein höhnisches Lächeln. — Ein Volksanwalt, den die also geschädigte Verkäufern befragt, gibt ihr diesen Rat: Sie solle drei Monate warten, dann sei die Polizeiübertretung verjährt, und hierauf könne sie die Käuferin auf Rückgabe von 5 ℳ nach BGB 123 verklagen. Wie wäre danach die juristische Begründung der Zivilklage zu denken? Und gibt es nach dem obigen Tatbestand keine ausreichende Verteidigung dagegen?

9. Können nachstehende Leistungen und Verpflichtungen von dem nun dadurch Bedrückten rückgängig gemacht werden?

a) V. bietet einen Posten feinen Rheinweins an, *solange der Vorrat reicht.* K. bestellt danach und sendet den verlangten Preis durch Postanweisung gleich mit. Inzwischen hatte V. den gesamten Vorrat veräußert.

b) Die Rechnung eines Installationsgeschäftes wird von dem Besteller in ihrer Höhe beanstandet. Nach verschiedenen Verhandlungen erklärt sich der Unternehmer zu einer Herabsetzung bereit, *da ich voraussetze, daß Sie weiterhin mein Kunde bleiben.* Der Besteller wendet sich das nächste Mal gleich an ein anderes Geschäft.

c) A. kauft dem B. eine Sodawasserbude gegen sofortige Zahlung des Preises ab, unter der Voraussetzung, daß die Polizeiverwaltung ihm die Aufstellung an einem bestimmten Platze gestatten werde. Dies geschieht aber nicht.

d) Der Tod der sehr begabten Schauspielerin Vilma Illing hat Anlaß zu einer interessanten Rechtsfrage gegeben. Die Künstlerin, hatte mit der Intendanz des Stadttheaters zu Frankfurt a. M. einen fünfjährigen Vertrag abgeschlossen. Direktor Neumann-Hofer wollte die interessante Schauspielerin für das Lessingtheater engagieren. Er setzte sich mit der Frankfurter Intendanz in Verbindung, und diese willigte gegen Zahlung einer Abstandsumme von 20 000 ℳ in die Lösung des Vertrages. Vilma Illing wurde also Mitglied des Lessingtheaters, konnte aber infolge ihrer tödlichen Erkrankung nicht ihr Engagement antreten. Die Künstlerin ist tot, die Frankfurter Intendanz verlangt nun von Direktor Neumann-Hofer 20 000 ℳ, und es entsteht die Rechtsfrage, ob der Direktor des Lessingtheaters, der all die Voraussetzungen und Hoffnungen, die er für seine Bühne mit diesem Engagement verknüpfte, vernichtet sieht, zur Zahlung der Summe verpflichtet ist.

10. Der Kaufmann Reil kaufte am 24. Februar von dem Gärtner Hoppe ein Grundstück für 6000 ℳ. Er übernahm im Vertrage die auf das Grundstück entfallenden Straßenanlagekosten, nachdem der Bürgermeister der Stadt auf Befragen diese Kosten auf 530 ℳ angegeben hatte. Am 20. März erfolgte die Auflassung und Umschreibung des fraglichen Grundstücks. Als Reil aber Anfang April um Erlaubnis zur Erbauung eines Wohnhauses auf dem fraglichen Grundstücke nachsuchte, erhielt er am 8. April vom Magistrate den Bescheid, daß sie erteilt werden sollte, sobald er die Straßenanlagekosten mit 3680 ℳ gezahlt haben werde. — Nun klagt Reil gegen Hoppe mit dem Antrage, den Vertrag vom 24. Februar für aufgehoben zu erklären. Er habe das Grundstück nur unter der Voraussetzung der oben angegebenen geringen Straßenherstellungskosten gekauft, die jetzt ermangele, und sei also in einem wesentlichen Irrtum über die Bauqualität der Kaufsache gewesen, welcher Irrtum zur Auflösung des Vertrages berechtige. Beklagter erwidert, daß Kläger die Lehren von Voraussetzung und Irrtum rechtsirrtümlich vermenge. Es stehe vielmehr so, daß sie beide in der gleichen entschuldbar falschen Annahme sich befunden haben, ein schädlicher Dissens unter ihnen, den Vertragschließenden, also gar nicht vorhanden gewesen sei. — Der Fall ist begründet zu begutachten.

XXIX

1. Unter welche juristischen Begriffe sind folgende Rechtsgeschäfte zu fassen:

a) Die Erklärung des Eigentümers, daß er einem anderen eine bestimmte Sache um einen von diesem angebotenen Preis käuflich überlassen wolle, wenn im gegenwärtigen Augenblicke sein dazu befugter Bevollmächtigter sie nicht schon an einen Dritten verkauft haben sollte.

b) Eine Feuerversicherungspolize enthält die Bestimmung: daß alle nicht innerhalb sechs Monaten nach einem etwaigen Brande entweder festgestellten oder eingeklagten Entschädigungsansprüche erloschen seien.

c) Ein Käufer von Steinen soll nach dem Kaufvertrage den Preis erst dann bezahlen, wenn er von dem Bauherrn, zu dessen Neubau die Steine angeschafft waren, seine Forderung für diese und die zugleich geleistete Maurerarbeit ausgezahlt erhalten haben würde.

d) Einer der größten rheinischen Industriellen, der vor einiger Zeit gestorben, hat seinen drei Söhnen sein Weltgeschäft und 30 Millionen hinterlassen. In dem Testament befindet sich aber die merkwürdige Klausel, daß, wenn einer der Söhne

Reserveoffizier wird, er der Teilhaberschaft am Geschäft verlustig geht.

e) Die Eltern einer Braut geben dieser eine Aussteuer von 2500 ℳ, und zwar 1000 ℳ sofort, je 500 ℳ zu Lichtmeß der folgenden zwei Jahre und den Rest *zu der Zeit, wenn die Eltern ihr Hofgut an eins ihrer Kinder abgeben.*

f) Ein Gläubiger hat einen Vorschuß auf eine noch zu liquidierende Forderung erhalten, vorbehaltlich der Zurückzahlung des etwa zu viel Erhaltenen.

g) *Ich setze den X. zu meinem alleinigen Erben ein, wenn er bis zu meinem Tode sein religiöses Bekenntnis geändert haben und zum katholischen Glauben übergetreten sein sollte.*

h) A., der sich in bedrängten Vermögensverhältnissen befindet, hat von seinem Bruder B. ein verzinsliches Darlehen von 500 ℳ erhalten und in dem darüber ausgestellten Schuldscheine die Rückzahlung dieser Summe, *sofern seine Vermögensverhältnisse es ihm möglich machen sollten,* versprochen.

i) Unter den Bedingungen eines Versteigerungsprotokolles fand sich: *Es wird eine dreimal vierundzwanzigstündige Zeit zur Erteilung der Genehmigung vorbehalten, jedoch ist der Käufer an sein Gebot gebunden.*

k) Als Beethoven 1809 sich mit dem Gedanken trug, Wien für immer den Rücken zu kehren, vereinigten sich Erzherzog Rudolf, Fürst Lobkowitz und Kintsky, ihm unter der Bedingung, Wien nicht zu verlassen, eine Leibrente von 4000 Gulden auszusetzen.

2. Ein Testator verordnet: sein ältester Bruder A. solle als Haupterbe sein gesamtes Vermögen bekommen und jedem seiner beiden Geschwister B. und C. als Vermächtnis 5000 ℳ, beiden jedoch erst dann herauszahlen, *wenn der jüngste Bruder C. ein Gewerbe für eigene Rechnung zu betreiben anfängt.*

a) Wenn C. vor Eintritt dieses Zeitpunktes stirbt, wann ist dem B. seine Abfindung auszuzahlen?

b) Können die Erben des C. etwas fordern?

c) Können Gläubiger des B. oder des C. deren Anwartschaft pfänden lassen?

d) Was gilt, wenn C. kein Gewerbe betreiben will oder es nicht kann?

3. M. und N. schließen einen Kaufvertrag, — der M. hatte gemeint unter einer Bedingung, N. ohne eine solche. Daß beide in diesem jeweiligen verschiedenen Glauben gewesen waren und demnach ein Mißverständnis obgewaltet hatte, läßt sich hinterher beweisen. Ist der Kaufvertrag gültig zustande gekommen?

4. Einer aus einem Tausche über Ochsen angestellten Klage setzte der Beklagte die vom Kläger bestrittene Behauptung entgegen, daß der Handel nur *auf Probe* geschlossen sei und er die Ochsen nicht annehmbar befunden habe. Wem fällt die Beweislast zu?

5. Bei dem Kaufe einer Maschine war die Bedingung hinzugefügt, daß der Verkäufer sie zurücknehmen müsse, falls die zum Binden von Garben bestimmte Maschine auf dem bergigen Terrain des Pachtgutes des Käufers nicht gehe. Was liegt hier rechtlich vor? Wer hat zu beweisen, falls der Verkäufer die Hinzufügung jener Bedingung leugnet? Oder: wenn sich Streit darüber erhebt, ob die Maschine wirklich nicht geht?

6. A. vermacht dem B. 400 ℳ und einen Hund mit der Bedingung, daß B., solange der Hund lebt, nur die Zinsen von den 400 ℳ, nach dem Tode des Tieres aber das Kapital selbst ausgezahlt erhalten soll. Bald nach dem Ableben des A. verläuft sich der Hund, kann auch nicht wiedergefunden werden. B. verlangt nun die 400 ℳ; die Erben des A. aber wünschen zuvor den Nachweis, daß der Hund tot sei. Können sie dieses mit Fug tun? Und wie ist dem B. etwa zu helfen?

7. Vor kurzem starb in Cremona Dr. Taddei, ein Sonderling, dessen Schrullen wiederholt Stoff zum Lachen gegeben hatten. Das Testament des sehr vermögenden alten Mannes setzte den einzigen Neffen des Verstorbenen zum alleinigen Erben ein, knüpft diese Verfügung jedoch an die Bedingungen, daß der Leichenwagen in rot und weiß drapiert werde, daß eine Musikbande abwechselnd lustige und patriotische Weisen beim Begräbnisse aufspielen solle, schließlich, daß die Leiche verbrannt werde, worauf der Erbe lachend die Asche in alle Winde zu streuen habe. Sollten die Bedingungen nicht erfüllt werden, so habe das ganze Vermögen den Wohltätigkeitsanstalten Cremonas zuzufallen. Der Erbe bot selbstverständlich alles auf, um das sonderbare Begräbnis zu ermöglichen, allein die Geistlichkeit wollte davon nichts wissen, und Taddei erhielt unter dem lauten Protest des Erben ein christliches Begräbnis. Wohltätigkeitsanstalten der Stadt leiteten nun Schritte zur Erlangung der Erbschaft ein, während der Erbe das Gut für sich beanspruchte, weil er sich bereit erklärt hätte, die Bedingungen des Testamentes zu erfüllen. — Wie ist dieser Rechtsstreit nach unserem bürgerlichen Rechte zu schlichten?

8. Protagoras aus Abdera hatte sich mittels Vertrages verbindlich gemacht, den Euathlus, einen reichen Jüngling, in der Redekunst überhaupt, sowie in der Kunst der Advokaten besonders zu unterrichten. An Honorar waren 20 Talente bestimmt, von denen die Hälfte beim Beginne des Unterrichtes, die zweite Hälfte nach dessen Abschlusse, sobald der junge Mann den ersten Prozeß gewonnen haben würde, bezahlt werden sollte. — Der Unterricht fand statt, nachdem die erste Hälfte des Lohnes bezahlt war; er wurde beendet, Euathlus bezahlte aber nichts weiter und übernahm überhaupt keinen Prozeß, weder für sich, noch für andere, obgleich er die erlangte Kunst durch gelegentliche Erteilung von Rechtsrat ausübte. — Endlich klagte Protagoras, dem die Zeit zu lange wurde, auf Zahlung der 10 Talente. Er sagte: Beklagter muß mich unter allen Umständen bezahlen. Denn entweder wird er verurteilt, so muß er auf Grund des rechtskräftigen Urteiles leisten, oder er gewinnt den Prozeß, so muß er in Gemäßheit unseres Vertrages zahlen. — Dagegen meinte Euathlus: Ich brauche in keinem Falle zu leisten. Entweder ich verliere den Prozeß, so habe ich wegen unserer Vertragsberedung nicht zu zahlen, oder Kläger wird mit seiner Klage abgewiesen, so brauche ich wegen des absolvierenden Erkenntnisses nichts zu geben. — Wer war im Rechte?

9. Herr Chicot, der Gastwirt von Epreville, hatte der Mutter Magloire schon lange in den Ohren gelegen, daß sie ihm ihr kleines Besitztum, das an seine Ländereien stieß, verkaufe. Sie hatte sich aber stets geweigert. Nun beredete er sie, daß er ihr monatlich 170 ℳ bis an ihr Lebensende zahle, dafür solle nach ihrem Tode der Hof an ihn fallen. Nahe Verwandte hatte sie nicht. Die alte Frau, die jetzt 72 Jahre zählte, strich vergnügt ihre Rente ein, und Herrn Chicot dauerte die Sache zu lange. Da bewirtete er sie einmal bei sich, setzte ihr einen guten Likör vor, schaffte ein Fäßchen davon in ihr Haus und verführte so die Alte zum Trunk. Eines Tages blieb sie ganz betrunken im Schnee liegen und starb daran. (Aus MAUPASSANT, Novellen: Das Fäßchen.) — Wie ist hierüber nach bürgerlichem Rechte zu urteilen?

10. Ein Fabrikant hatte ein Patentrecht gekauft, aber nur unter der Bedingung, daß ein bestimmter Techniker mindestens ein Jahr lang noch in seinem Dienste bleibe. Nach einiger Zeit merkt er, daß dieser Techniker unzuverlässig und untreu sei; und er kündigt ihm (BGB 626). Nun klagt der Verkäufer den Kaufpreis ein. Der Fabrikant beruft sich auf den Ausfall der Bedingung. Sein Gegner erwidert aber, daß dieser Ausfall ja von dem Beklagten in voller Absicht selbst herbeigeführt worden sei. Entscheidung?

11. In welcher rechtlichen Art sind folgende nötige Rückführungen zu bewerkstelligen?

a) Im Sommer 1905 meuterten die Matrosen des Kriegsschiffes *Fürst Potemkin* vor Odessa und blockierten die Stadt, nach der auch von Deutschland aus ein schwunghafter Getreidehandel betrieben wird. Nach den im internationalen Verkehre üblichen Vertragsbestimmungen wird jeder Vertrag auf Getreideverladung aufgehoben, falls die Verladung durch Ausfuhrverbot, Blockade oder Feindseligkeiten verhindert ist.

b) *Garantie: Kostenfreie Zurücknahme jeder Sendung (verkaufter Butter), falls dieselbe nicht gefällt.*

c) Ein Tischler, der bei der Ortskrankenkasse als krank angemeldet war und infolgedessen als *kranker Mann* seinem Berufe nicht nachgehen konnte, hatte, um sich die Langeweile zu vertreiben, seine Tätigkeit auf ein anderes Gebiet verlegt. Durch eine Zeitungsmitteilung erhielt die Verwaltung der Ortskrankenkasse Kenntnis, daß ihr Schutzbefohlener bei dem Athletenklub in Nürnberg im Preisringen sich einen Preis geholt hatte.

d) Der französische Züchter Armand Grassier zahlte einem Lyoner Züchter für das Ei eines Perlhuhnes, das nur halb so groß als gewöhnlich war, 2000 Fr., unter der Bedingung, daß es sich ausbrüten lassen würde. Letzteres wurde nicht erreicht.

12. Ein Landwehroffizier wünscht sich für den Fall, daß innerhalb der nächsten zwei Jahre, während deren er voraussichtlich noch der Landwehr angehören wird, ein Krieg ausbricht, eines Pferdes zu versichern. Zu diesem Zwecke kauft er unter der Bedingung einer Mobilmachung während der Zeit, da er in der Landwehr sich befinden würde, ein Pferd, das ihm vorgeführt und in jenem Sinne übergeben wird, nach dem aber natürlich beim Verkäufer verbleibt. Nach einiger Zeit verpfändet der letztere das Pferd.

Wenn nun ein Krieg ausbricht: a) Welche rechtliche Wirkung hat jetzt dieser letzte Umstand? b) Bleibt das Pfandrecht bestehen oder nicht? c) Wem kommt das von der betreffenden Stute inzwischen geworfene Füllen zu? Ist der Zeitpunkt von dessen Geburt dabei von Belang?

XXX

1. Sind in diesen Tatbeständen bindende Abschlüsse von Verträgen gegeben?

a) V. hatte dem K. ein Paar Pferde zuerst um 450 ℳ und hiernächst, nach einem Gebote des K. von 400 ℳ, um 425 ℳ angeboten. Ein zweites durch einen Postillon als Zwischenträger von K. gemachtes Gebot von 412 ℳ wurde abgelehnt. Nun ließ K. dem V. sagen, er wolle die Pferde um die geforderten 425 ℳ nehmen.

b) X. fährt zu einem Schützenfest und bestellt in einem Gasthof, in dem er schon häufig gewohnt hat, ein Zimmer. Als er aber ankommt, hat der Oberkellner das für X. vorbehaltene Zimmer irrtümlich einem anderen Gast eingeräumt.

c) Nachdem A. und B. bereits einige Zeit ohne Ergebnis über den Verkauf von aufstehendem Holz in einem dem B. gehörigen Walde unterhandelt hatten, telegraphierte B. an einem Sonntage: *Erlasse Ihnen Wald für 137000 ℳ, wenn umgehend Annahme erfolgt.* Diese Depesche erhielt A. um 7 Uhr abends. Er antwortet, und zwar annehmend, mit Telegramm um 11 Uhr des anderen Vormittags.

d) W. versprach am 28. Juni dem J. 200 Zentner Rüböl käuflich zu liefern, wenn J. dieses Angebot binnen acht Tagen annehmen werde. J. gab am 5. Juli einen eingeschriebenen Brief mit Annahmeerklärung zur Post, der aber erst am 8. Juli dem W. von der Post ausgehändigt wurde.

e) Im vorigen Falle war die Verspätung dadurch geschehen, daß W. ein verschließbares Fach auf der Post hatte und die an ihn gerichteten Sendungen durch seine Leute dort abholen ließ, diesmal aber durch Versehen des Angestellten der Brief mit dem Ankunftsstempel des 6. Juli erst am 8. Juli in die Hand des W. gelangte.

2. Front de Boeuf hatte auf seinem Schlosse Torquilstone neben anderen Reisenden auch den Juden Isaak von York gefangen gesetzt und verlangte von ihm 1000 Pfund Silber als Lösegeld. Als Isaak sich hartnäckig weigerte, und der Ritter ihn grausam martern lassen wollte, ertönte der Klang eines Horns vor dem Schlosse, und es ließen sich Stimmen hören, die Sir Reginald riefen, der mit seinen Sklaven schnell den Kerker verließ. (Aus Scott: Ivanhoe.) — Wenn Isaak schon eine Schuldverschreibung ausgestellt und unterschrieben, aber sie noch in der Hand gehabt und dann behalten hätte, als der Ritter abgerufen wurde: wäre nach unserem Rechte (BGB 780) ein Vertrag schon geschlossen?

3. Auf einem kaufmännischen Kontor erscheint am 1. März der Postbote, um einen eingeschriebenen Brief abzugeben, der Buchhalter erklärt aber, daß heute von ihnen Postsendungen nicht angenommen würden, worauf der Beamte sich wieder entfernte, ohne den Brief hervorgeholt zu haben. Die Erklärung dieses merkwürdigen Benehmens lag in folgendem: Die fragliche Firma hatte einer anderen ein Angebot gemacht, an das sie bis zum 1. März gebunden sein wollte, das sie aber bei sich bald bereute. Deshalb entschloß sie sich, alle Schreiben mit möglicher Annahme bis zum 2. März nicht anzunehmen. War sie dadurch allen unbequemen rechtlichen Folgen entrückt? Wie hätte es gestanden, wenn der Einschreibebrief die Kündigung eines gemieteten Grundstückes enthielt, die spätestens an diesem Tage zu geschehen hatte?

4. Der Kaufmann Ostling bestellt von Hamburg aus eine Sommerwohnung für zwei Monate in Eisenach, und zwar bei denselben Vermietern und unter denselben Bedingungen, wie in dem letztvergangenen Jahre. Sein Brief kommt am 16. Juni an. Die Vermieter anworten zustimmend am 18. Juni. Zwei Stunden, nachdem sie diesen Brief zur Post gegeben haben, kommt ein Schreiben des Ostling, daß er die Wohnung nicht haben wolle.

Der Brief war vom 17. Juni datiert und nach dem Poststempel an demselben Tage von Hamburg abgegangen.

Ist Ostling verpflichtet, den Mietvertrag zu erfüllen oder nicht?

5. Ein Pariser Diamantenhändler gab einem Kaufmann in London den Auftrag: *Ich möchte, daß Sie mir zwei schöne Steine besorgen.* Nachdem er ihm dann die nötigen Anweisungen gegeben hatte, fügte er hinzu: *Wenn Sie sie finden, schicken Sie die Steine nach Paris und sagen mir sogleich Ihren letzten Preis, damit das Geschäft gemacht wird, ohne daß ich zu handeln brauche.* Die Steine kommen an. Sie sind ganz nach Wunsch, und der Londoner Händler verlangt 35000 Franken. Einige Tage später kommt ein Brief und eine Schachtel. Der Brief des Pariser Kaufmannes lautete: *Die Steine passen mir vollkommen, aber ich finde den Preis zu hoch. Darum schicke ich sie zurück. Benachrichtigen Sie mich, ob Sie sie mir für 30000 Franken lassen können, und schicken Sie mir in diesem Falle die richtig versicherte Schachtel zurück, ohne sie zu öffnen.* Nach einigem Überlegen kommt der Londoner Händler zu dem Entschluß, daß er die Steine für diesen Preis nicht lassen kann. Er öffnet also die Schachtel. Aber in dieser waren keine Steine zu finden, statt derer jedoch — ein Billett mit den Worten: *Ich nehme sie auch so. Schicken Sie die Faktur!* — Würde nach unserem BGB der Engländer verpflichtet sein, dem andern die Steine zu belassen?

6. Ein Händler stellte einen festen Antrag auf Ankauf eines Pferdes. Der Eigentümer antwortete mit Schreiben vom 17. April: *Betreffs Brunsviga zur gefälligen Nachricht, daß der feste Preis der Stute 3500 ℳ ist, mit der Bedingung, daß sie in Hamburg zur Hälfte für Sie, zur Hälfte für mich läuft...* Auf diesen Brief telegraphierte der Antragsteller am 23. April: *Mit ihren Bedingungen einverstanden kaufe Brunsviga. Brief folgt.* Nachdem das Pferd am 27. April in Hamburg gelaufen und einen Preis gewonnen hatte, telegraphierte der Antragsteller am 29. April: *Sende so möglich Brunsviga Donnerstag liebst mit Jungen, der bleiben kann.* Der Eigentümer antwortete noch an demselben Tage durch Depesche: *Komme eben von Hamburg und fand Telegramm vor. Sie sagten Brief folgt, habe bis heute noch keinen endgültigen brieflichen Bescheid und selbstredend habe ich nicht verkauft.* Wie ist hierüber zu erkennen?

---

7. Wie sind folgende Bekanntmachungen, Aufforderungen, Mitteilungen usw. juristisch aufzufassen und zu behandeln?

a) Kaufmann A. schreibt an B.: *Können sie 10 Oxhoft Spiritus* (genau angegebener Qualität zu fest bezeichnetem Preise) *brauchen?*

b) *Den uns durch unsern Herrn Willer mündlich erteilten Auftrag auf Fleischhackmaschinen haben wir dankend in Nota genommen und werden denselben baldigst zur Ausführung bringen.*

c) K. erhält von G. einen eigenhändig geschriebenen Preiskurant und bestellt nach diesem, allerdings erst nach sechs Monaten, gewisse Holzquantitäten einer in jener Liste verzeichneten Art.

d) *Ein Gelehrter, der den 1. Juli mit seiner Tochter in seinem Wagen mit eigenen Pferden ins Bad Maulbronn abreiset, wünscht einige oder mehrere Reisegesellschafter.* Dieses ließ der verwittibte ausübende Arzt und anatomische Professor Katzenberger ins Wochenblatt setzen. (Aus Jean Paul, Dr. Katzenbergers Badereise.)

e) Ein *Schlawitzer* bringt auf einem Jahrmarkte seine Ware in der Art an den Mann, daß er z. B. ein buntes Tuch für 100 ℳ ausbietet und dann schnell bis auf 50 ₰ herabgleitet. Die Umstehenden greifen bloß danach, sobald der Preis ihnen zusagt.

f) Bitte um Zusendung von Mustern und Proben aus einer Seidenfabrik. — Eine Dame ersucht ein ihr bekanntes Konfektionsgeschäft um Zusendung von Kindermänteln zur Ansicht.

g) Mittagessen im Wartesaal des Bahnhofs: auf dem Tische stehen verschiedene Sorten Wein für die Reisenden.

h) Aufforderung zu einem Festessen vermittelst eines Zirkulars in einem bestimmt abgegrenzten Kreise von Personen.

i) Veröffentlichung eines Theaterzettels oder eines Konzertprogrammes oder einer Zirkusanzeige unter Angabe der Preise der Plätze. Oder Veranstaltung eines Maskenballes gegen Eintrittsgeld; dann wird eine Maske des Abends nicht zugelassen: ihres Äußern wegen, — oder weil der Saal überfüllt ist, — oder ohne Angabe von Gründen.

k) Ein Verein gegen Bettelei, für Volkswohl usw. fordert durch gedruckten Brief zum Beitritt auf und legt eine Postkarte bei, die gleichfalls die Beitrittserklärung vorgedruckt enthält und nur unterschrieben zurückzugehen braucht. — Oder in dem Briefe heißt es: Bei Ausbleiben einer Antwort in 14 Tagen wird angenommen, daß Sie Mitglied sein wollen.

l) Ein fliegender Buchhändler verteilt in einem Restaurant Bücher auf den einzelnen Tischen, damit die Gäste selbige ansehen und sie sich beliebig aneignen können. — Ähnlich scheint es zu sein, wenn eine Sortimentsbuchhandlung einem ihrer ständigen Kunden Neuheiten des Büchermarktes zur Ansicht in das Haus schickt.

m) Ein Gast bestellt in einem Restaurant Speisen und Getränke. Der Kellner verweigert im Auftrage des Wirtes — aus persönlichen Gründen — die Verabfolgung; fordert vielleicht sogar zum Verlassen des Lokales auf.

n) Öffentlicher Aufruf mit Bitte um Geldbeiträge für ein zu errichtendes Denkmal oder für Notleidende; — jemand sendet einen Betrag an die Sammelstelle ein.

o) Eine englische Firma hat eine Ansichtskarte herausgegeben, die den Absender auf 24 Stunden mit 10000 ℳ für den Todesfall versichert, falls der Versicherte bei Benutzung irgend eines öffentlichen Transportmittels ums Leben kommt. Der Versicherungsparagraph befindet sich auf der Vorderseite der Karte und muß vom Absender mit Tinte unterschrieben werden.

p) Wertheim hatte dem Kaufmann Heinemann eine Urkunde übergeben, derzufolge er bis zur Höhe einer bestimmten Summe die Bürgschaft für ihn als Selbstschuldner zu übernehmen erklärte. Ein bestimmter Gläubiger, demgegenüber die Bürgschaft übernommen wäre, war in der Urkunde nicht bezeichnet, vielmehr lautete diese auf Inhaber. Heinemann kontrahierte darauf eine Schuld bei der Firma Michael Katzenstein und übergab zur Sicherung den von Wertheim ausgestellten Bürgschaftsschein.

8. *Nutzholz-Verkauf. Auf dem Forstreviere Möllendorf, Schlag Holzteichberg, sollen am Mittwoch, den 10. Februar 19.., von vormittags 10 Uhr ab im Gasthofe zu Möllendorf meistbietend verkauft werden: 34 Eichen = 23,61 fm, 90 Rotbuchen = 49,00 fm.*
Neu-Asseburg, den 1. Febr. 19.. Der Revierförster.

a) Wie ist diese Ankündigung juristisch zu charakterisieren?

b) Welche Rechtswirkung kommt den einzelnen Geboten der Kauflustigen zu?

c) Welche insbesondere demjenigen des Meistbietenden?

d) Darf der Revierförster zwischen den einzelnen Bietern wählen?

e) Besteht ein juristischer Unterschied zu folgender Ankündigung: *Die letzten 8 Fässer anerkannt vorzüglichen Weißweins (Rheinwein) kommen Sonnabend, den 28. November, nachmittags 3 Uhr à tout prix zur Versteigerung im Speditionsgeschäft, Bahnhofstraße 19.*

9. Welches ist die zutreffende rechtliche Behandlung nachfolgender Rechtsgeschäfte? Mit welchen Rechtsfolgen sind die einzelnen ausgestattet? Wie würde sich jeweils die Zwangsvollstreckung gestalten?

a) X. verspricht dem Y. einen Wechsel über 1000 ℳ zu akzeptieren.

b) Jemand tritt mit einem Gutsbesitzer in Verhandlungen über den Ankauf des Gutes und läßt sich schließlich von ihm versprechen, daß der Besitzer drei Tage lang warte und in dieser Zeit mit dritten Kauflustigen in gar keine Vertragsverhandlungen sich einlasse.

c) Eisabonnement: Regelmäßiger Bezug von Eis für Eisschränke während des Sommers — entweder mit Vorausbezahlung für den ganzen Sommer, oder für einen Monat, oder mit Bezahlung jeder Lieferung, oder mit hinterheriger monatlicher Abrechnung.

d) Bei Eröffnung eines Kontokorrentes verpflichtet sich der eine, für den jedesmaligen Saldo zu seinen Gunsten von dem andern Zigarren zu entnehmen.

e) Seeversicherung mit folgender Klausel: *Wenn das Schiff eine andere Bestimmung bekommen sollte, nehmen wir an, durchlaufend im Risiko zu bleiben, doch soll alsdann die Prämie durch gegenseitiges Übereinkommen oder nötigenfalls durch Arbiter reguliert werden.*

f) *Vertrag. § 1: Herr S. überträgt hierdurch dem Herrn L. den Neubau seiner beabsichtigten Anlage .. nach Maßgabe der im Auftrage des Herrn S. anzufertigenden und von demselben zu genehmigenden Zeichnung ..*

g) Ein Gutsbesitzer hatte, um die auf seinem Gute haftenden Schulden abzustoßen, bei einer Rentenanstalt ein Kapital von 60000 ℳ zu 4 % verzinslich, unter dem Versprechen erster Hypothek, gesucht und von der Direktion zugesagt erhalten. Als aber das Geschäft zum Vollzuge kommen sollte, wurde es von seiten des Kapitalsuchers verweigert.

h) Eine Firma sucht einen Buchhalter durch Inserat in der Zeitung und fordert die sich Meldenden auf, sich persönlich vorzustellen, will dann aber denen, die die Stelle nicht erhalten, die Reisekosten nicht ersetzen.

10. Der Vorort einer größeren Stadt hat mit einer Aktiengesellschaft einen Vertrag auf 40 Jahre geschlossen, wonach die letztere unter genaueren Bestimmungen eine Gasanstalt errichtet. Die Gemeinde verpflichtet sich während der Dauer des Vertrages weder selbst Gas an Dritte zu liefern, noch einem anderen Unternehmer dies zu gestatten. *Für jede andere Beleuchtungsart erhält die AG. in jener Zeit die Vorhand.* — Nach einigen Jahren wird der Vorort in die benachbarte Großstadt eingemeindet. Die Stadt möchte ihr großes Elektrizitätswerk zur Beleuchtung der Vororte verwenden, da sie die bis zur seitherigen städtischen Grenze laufenden Kabel dann lediglich zu verlängern hätte. Es fragt sich: Was für eine rechtliche Bedeutung kommt der angeführten Vertragsklausel zu? Welche notwendigen Folgen ergeben sich aus der zutreffenden juristischen Konstruktion?

XXXI

1. In den folgenden Fällen erscheint im Verhandlungstermine vor dem Gerichte nur der Kläger. Beim Aufruf der Sache tritt er auf, trägt die jeweils angegebene Klage vor und beantragt gegen den nicht erschienenen Beklagten das Versäumnisurteil nach ZPO 331. Wie wird in den einzelnen Fällen das Gericht zu entscheiden haben?

a) Der Beklagte kaufte und empfing von mir zwei Pfandbriefe der Meininger Hypothekenbank . . . und versprach Zahlung des damaligen Kurswertes am folgenden Tage. Ich hatte dem Beklagten, um ihn zu dem Kaufe zu bewegen, angegeben, daß die Pfandbriefe zu jener Reihe gehörten, die vor 1915 nicht kündbar seien; dies war freilich nicht der Fall, aber die Auslosung ist jetzt eine so langsame, daß ich nicht glaube, daß Beklagter geschädigt ist. Da er trotzdem in Güte nicht zahlt, beantrage ich . . .

b) Mein Vetter, der 13jährige E. M., hat mir vor kurzem in Rechtsabsicht fest versprochen, zum Andenken an seinen verstorbenen Vater dessen Schreibtisch zu schenken [*oder*: billig zu verkaufen]; ich habe das dankend angenommen, dann aber von dem Vormunde die Nachricht erhalten, daß daraus nichts werden könne und ich verzichten möge. Dazu habe ich aber keinen Grund; sondern erhebe Klage . . .

c) Über meinen Vater ist vor vierzehn Tagen Konkurs eröffnet worden. Allein noch acht Tage vorher, also zu der Zeit seiner vollen Verfügungsgewalt über sein Vermögen, hat er mir, laut beiliegender notarieller Urkunde, die Summe von 10000 ℳ zwecks bessern Betriebes meiner Studien schenkungsweise überwiesen und diese Summe am Tage nach der Konkurseröffnung um 2000 ℳ erhöht. Der heute hier nicht erschienene Konkursverwalter hat sich aber geweigert, diese Forderung bei Verteilung der Masse zu berücksichtigen, und klage ich . . .

2. Ein Schiffskapitän hatte beim Herumschlendern in der Hafenstadt seinen Mantel einem Burschen zum Tragen gegeben; als dieser ihn schließlich zurückgab und mit seinem Trinkgeld davonging, redete ein dabei stehender junger Mensch dem Kapitän ein, daß jener Bursche soeben erst aus dem Choleraspital entlassen worden sei. Sofort warf der Kapitän den Mantel weit von sich und eilte davon; worauf der andere lachend das Kleidungsstück an sich nahm. Konnte der Kapitän eine Anfechtung vornehmen, oder steht im Wege, daß zwei ganz getrennte Akte (Dereliktion und Okkupation) in Frage sind?

3. Brems hat seinem frühern Prinzipale Exter bei seinem Austritte aus des letztern Geschäft unter hoher Vertragsstrafe versprechen müssen, daß Brems auswandern und dem Geschäfte des Exter in Deutschland niemals Konkurrenz machen solle. Brems empfindet später über diesen Vertrag Reue. Er hält ihn auch für ungültig; möchte aber gern juristisch darüber belehrt sein: wie er sich rechtlich zu verhalten habe? und ob, und auf welche Weise, er den ihm lästigen Vertrag beseitigen könne? — Umgekehrt: Könnte nicht der Prinzipal etwas von der Bindung des Brems retten; etwa eine *Konversion* durch das Gericht herbeiführen?

4. Es ist jemand durch arglistige Täuschung veranlaßt worden, eine Sache zu kaufen. Er macht von dem gesetzlichen Rechte Gebrauch, den Vertrag anzufechten; später aber wird er, da diese Sachen inzwischen im Preise bedeutend gestiegen sind, anderen Sinnes und will nunmehr bei dem Kaufe bleiben. Hat der Verkäufer ein Recht, die Rückgabe der Sache gegen Erstattung des Kaufpreises zu verlangen? Cf. l. 41 D. minor. (4, 4).

5. A. ist durch widerrechtliche Drohung dazu gebracht worden, zwei Ringe und eine goldene Taschenuhr dem B. zu überlassen; auch hat er ihm ebenso ein Sparkassenbuch, sowie einen Schuldschein des B. quittiert ausliefern und ein schriftliches Versprechen auf Zahlung von 500 ℳ abgeben müssen. B. schenkt den einen Ring der C., welcher er die Geschichte erzählt. Die übrigen Wertsachen verkauft er dem nichts ahnenden D. und überträgt die Schuldurkunde über 500 ℳ dem E. Mit dem Sparkassenbuche holt er die Hälfte des eingezahlten Geldes von der Kasse ab; sodann verpfändet er das Buch dem Gastwirt F. für eine Zechschuld. — Jetzt werden von A. seine damaligen Erklärungen angefochten. Was für rechtliche Wirkungen treten ein?

6. Ein Bauspekulant hatte einen kleinen Kapitalisten zum Ankaufe eines Anwesens bestimmt, indem er ihm arglistig die falsche Tatsache vorspiegelte, daß von der städtischen Verwaltung die Anlegung einer Straße beschlossen sei, durch die jenes Grundstück eine nahe und bequeme Verbindung mit der inneren Stadt erhalten haben würde. Der Kaufvertrag war am 1. April notariell abgeschlossen worden. — Der Käufer, der nur durch diese Aussicht zu jenem Handel bewogen worden war, fand aber nachher trotz der mangelnden direkten Verbindung mit der Stadt Gefallen an dem erkauften Hause; er sprach sich dahin aus, daß er mit dem Kaufe ganz zufrieden sei und es bei ihm belassen wollte, teilte dieses auch unter dem 9. September dem Verkäufer mit. — Im Mai des folgenden Jahres entdeckt jedoch der Käufer, daß das Haus an verschiedenen Teilen ganz mangelhaft gebaut war; er will nun die Wandelungsklage anstellen. Der Verkäufer schützt die Einrede der Verjährung vor. (BGB 477.) Ist diese begründet?

XXXII

1. Welches ist die Rechtsstellung nachstehender dritter Personen hinsichtlich der Geschäfte der jeweils endgültig Beteiligten?

a) Vormund. — b) Bedienter. — c) Spediteur. — d) Briefträger. — e) Handlungsgehilfe. — f) Börsenmakler. — g) Köchin, auf dem Markte einkaufend. — h) Frachtfuhrmann. — i) Prokurist. — k) Dolmetscher. — l) Testamentsvollstrecker. — m) Kommissionär. — n) Stellenvermittelungsbureau. — o) Kellner; insbesondere Zahlkellner. — p) Vereinsvorstand. — q) Rechtsanwalt. — r) Notar. — s) Kassierer. — t) Kassenbote. — u) Auktionator. — v) Solennitätszeugen. — w) Gesellen und Lehrlinge. — x) Sortimentsbuchhandlung. — y) Ökonom eines geselligen Vereins (e. V.) — z) Geschäftsführer, der den einer AG. gehörigen Gasthof verwaltet.

2. Ein volljährigär Student, dessen Eltern schon verstorben sind, verfällt in eine schwere Krankheit. Er bevollmächtigt in eigenhändigem Testamente die Verbindung, der er angehört, seine Angelegenheiten nach seinem Tode zu ordnen. Die ihm gehörigen Sachen sollen verkauft, die vorhandenen Schulden gedeckt werden, der Rest je zur Hälfte seinem Bruder und der Verbindungskasse zufließen. Nach seinem Hinscheiden beschließt der Konvent, die Vertretung zu übernehmen. Da in dem Nachlasse mehrere Gegenstände persönlichen Gedenkens sind, mit Abzeichen der Verbindung, so wird beschlossen, diese Sachen zu einem angemessenen Preise für die Verbindung zu erwerben, den Betrag der Kasse zu entnehmen und nach dem Willen des Verstorbenen zu verwenden. Ist das rechtlich ohne weiteres zulässig?

3. Frau Zachmann war Inhaberin eines Dachdeckereigeschäftes. Ihr Ehemann war als Geschäftsführer bei ihr tätig. Vor kurzem schloß er mit dem Bauunternehmer Streblow einen schriftlichen Vertrag ab. Als letzterer nicht zahlte, verklagte Frau Zachmann den Streblow. Der Beklagte leugnete, daß er beim Vertragsschlusse das Vertretungsverhältnis gekannt habe. Wer hat die Beweislast? Wie ist, je nach dem Ergebnisse des Beweises, in der Sache zu erkennen?

4. Einzelfragen aus dem geltenden Rechte der Stellvertretung:

a) Kann ein Sextaner die Auflassung eines Grundstücks in Vertretung des Eigentümers vornehmen?

b) Wenn der Pächter eines Landgutes mit Inventar alle dortigen Mobilien, gleichviel ob sie ihm oder dem Verpächter gehören, auf seinen Namen gegen Feuer versichert: kann dann bei Brandschaden der Verpächter gegen die Versicherungsgesellschaft auftreten?

c) A. kauft von B. ein Pferd. Um es billiger zu bekommen, gibt er an, es für C. zu erwerben, dem es B. aus persönlichen Gründen billiger abzulassen geneigt ist. Folgen?

d) Der polnische Agitator Biedermann hat die *Polenbank* gegründet, die sich vornehmlich mit dem Kaufe und Verkaufe großer Güter beschäftigt und dahin arbeitet, möglichst viel Grundbesitz in polnische Hände gelangen zu lassen. Biedermann hat eine Reihe von bezahlten Agenten mit deutschen

Namen, die die Grundstücke auf ihren Namen, aber für seine Rechnung und mit seinem Geld erwerben. Wegen der Vorspiegelung der falschen Tatsache, daß er Selbstkäufer sei, entstand gegen einen Agenten ein Strafprozeß. Wie steht es mit dieser Frage zivilrechtlich?

5. Ein Kaufmann aus Magdeburg hat seinen in der Altmark lebenden Bruder, einen Landwirt, bevollmächtigt, für ihn und auf seinen Namen ein bestimmtes Quantum Obst zum Zwecke der Weiterveräußerung von einem Gutsbesitzer käuflich anzuschaffen. Es fragt sich, ob dieses Kaufgeschäft nach Handelsrecht oder nach dem BGB zu beurteilen ist (HGB 345)?

6. Häberlin hat den Claudius beauftragt, in seiner, des ersteren, Vertretung einen alten Kleiderschrank von einem Händler zu erstehen; der Kaufpreis solle bis 28 ℳ betragen dürfen. Claudius kauft einen Schrank für 21 ℳ, übersieht aber in schwer begreiflicher Unachtsamkeit, daß derselbe morsch und wurmstichig ist. Kann Häberlin dem Antiquar gegenüber einen Anspruch erheben?

7. Ein geistig Kranker war entmündigt, sein älterer Bruder ihm zum Vormund bestellt worden. Dieser, der selbst in bedrängten Verhältnissen lebte, führte aber seine Obliegenheiten nicht einwandfrei. Sein jetziger Mündel hatte eine Kolonialwarenhandlung betrieben und daraus rechtsgültig einem Krämer auf dem Lande noch Waren zu liefern. Der Vormund nimmt jetzt die Erledigung dieses Geschäftes vor, übermittelt aber schlechte Sachen, mit heimlichen Mängeln, die er kannte. Dazu schädigte er den Krämer noch dadurch, daß er ihn zu einer weiteren Bestellung aus der Handlung durch arglistige Täuschung über die Beschaffenheit der beredeten Ware bewog. Der Krämer fragt nun an, ob er gegen den Entmündigten, der ein wohlhabender Mann sei, auf Entschädigung klagen solle?

8. S. trifft bei dem Förster D. einen Dachshund, wie ihn sich einer seiner Freunde, M., seit längerem gewünscht hat. S. kauft den Hund von D. für den M. mit dem Bemerken, daß diesem es schon genehm sein werde. Ist hierdurch bereits eine rechtliche Beziehung entstanden? Was hat M. zu tun, wenn D. nachmals — sei es mit ohne Bewilligung des S. — von dem Handel zurücktreten will, M. ihn aber aufrecht erhalten möchte?

9. Ein im Dienste des Botanikers Chodat angestellter Hilfsarbeiter hat in Genf auf den Namen seines Professors die unglaublichsten Bestellungen gemacht. In einer Druckerei 2000 Visitenkarten, bei einem Möbelhändler eine Zimmereinrichtung, bei einem Schlachter Schinken und Würste, bei anderen 200 Flaschen Clos du Rocher und 3 Faß Pilsener, angeblich für ein Studentenbankett, schließlich ein Automobil. Sind diese Verträge für die Beteiligten gültig? Ist es von Interesse, ob ein Lieferant bei Chodat angefragt und keine Antwort erhalten hat? Was für Ansprüche kommen nach unserem Rechte in Frage?

10. In dem Nachlasse des U. befand sich eine hypothekarisch gesicherte Forderung gegen S. Hierfür galt vertragsmäßig eine halbjährige Kündigungsfrist. Die Erben des U. waren seine zwei Kinder X. und Z. Vor sieben Monaten kündigte X. namens der Erbschaft dem S. die Hypothek. S. rührte sich nicht. Jetzt hat ihm auch Z. geschrieben, daß er mit der damaligen Kündigung einverstanden sei. S. aber weigert sich, danach die Kündigung gelten zu lassen. (BGB 2039; 2040.) Wie steht es rechtlich damit?

XXXIII

1. Wer hat im folgenden den entstandenen Schaden zu tragen?

a) Ein bei einem Spediteur als Rollkutscher beschäftigter Arbeiter hat mit dem durch ihn geführten Fuhrwerke des ersteren einen Straßenbahnwagen unvorsichtigerweise beschädigt.

b) Beim Herunterlassen einer Markise vor dem Schaufenster eines Ladens verfährt der Angestellte des Kaufmannes so ungeschickt, daß einem Vorübergehenden der Hut vom Kopfe geschlagen und beschädigt wird.

c) Ein Maschinenfabrikant hatte sich beim Verkaufe einer Dampfmaschine dem kaufenden Gutsbesitzer gegenüber verpflichtet, einen von diesem zu bezahlenden Monteur zur Anlernung der Leute des Käufers zu stellen. Der technisch tüchtige Monteur kam aber von der Reise in trunkenem Zustande an und brachte bei dem vergeblichen Versuche, Gang und Bedienung der Maschine zu zeigen, diese sogar in Schaden.

d) Der Vizewirt eines Miethauses hatte von dem Eigentümer Auftrag erhalten, dem Mieter X. zu kündigen, da er die betreffende Wohnung dem Y. vermietet habe. Der Beauftragte versäumt jedoch die rechtzeitige Kündigung, und Y. kann nun nicht einziehen.

2. Der Kaufmann W. nahm in einer Badeanstalt ein russisches Bad und wurde schließlich von dem Badewärter mit einem Rohrwisch abgerieben, welcher kurz vorher bei einem anderen Badegast benutzt worden war, der an Flechten litt. W. hat den Badewärter darauf aufmerksam gemacht, wurde aber von ihm beruhigt. Jetzt hat sich auch bei W. eine Flechte gezeigt, so daß er in ärztliche Behandlung hat treten müssen. W. will die Badeanstalt ersatzpflichtig machen.

Mit welcher rechtlichen Begründung wird dies möglich sein?

3. Vor einigen Jahren brannte ein Teil des noch aus dem Mittelalter stammenden Schlosses Rammelburg bei Wippra ab und zwar der damals von einem Amtsrat als Mieter bewohnte Flügel. Die

Besitzerin des Schlosses verklagte darauf den Amtsrat auf Wiederherstellung des Schlosses mit der Behauptung, daß das Feuer durch eine Nachlässigkeit der Dienerschaft des Mieters entstanden sei.

Ist die Klage nach unserem bürgerlichen Rechte begründet? Würde in gleichem Sinne zu entscheiden sein, wenn der Mieter von der Feuerversicherungsgesellschaft, bei der er versichert war, den Brandschaden an seinem Mobiliar ersetzt verlangt, und jene sich auf Schuld der Dienstboten bei Erregung des Feuers beruft?

Wie dann, wenn der Privatsekretär des Amtsrates in schuldhaftem Leichtsinn den Brand verursacht hatte?

4. Wer haftet in unserem Gastwirtsgewerbe für nichtbezahlte Zechen: der Wirt oder der Kellner? Letzterer erhält am Büffet Speisen und Getränke gegen Marken, mit denen er mit dem Wirte abrechnet; und nun erweist sich der Gast als zahlungsunfähig, oder er hat sich heimlich entfernt.

5. Ein Dienstbote (D.) war wegen Unredlichkeit entlassen worden. Bald darauf läuft bei der Herrschaft (H.) eine Rechnung des Krämers K. von 24 ℳ für geliefertes Petroleum, und eine solche des Schuhmachers S. von 18 ℳ für gefertigte Stiefel, Reparaturen und dgl. ein. D. war aber von H. stets mit dem betreffenden Kaufpreise zu K., sowie eines Tages mit 18 ℳ zu S. geschickt worden, auch von letzterem mit der Erklärung zurückgekommen, daß S. die Schuld in seinem Buche gestrichen habe.

Wie gestaltet sich das Rechtsverhältnis von H., D., K. und S.?

XXXIV

1. Grah hat für Döring unbevollmächtigt eine Sache gekauft und sie sich am Verkaufstage, dem 1. Mai, für Döring übergeben lassen. Am 12. Juni genehmigt Döring den Kauf. Es fragt sich, ob Döring schon vom 1. Mai oder erst vom 12. Juni den Kaufschilling verzinsen muß? (BGB 452.)

2. Für Durhardt war auf dem Hause des Pfeffer eine Hypothek von 7000 ℳ eingetragen. Durhardt tritt diese formgerecht an Schlag am 4. Januar ab und bewilligt die Umschreibung. Diese erfolgt aber erst am 2. März. Von wann ab kann Schlag über die Hypothek weiterverfügen? (BGB 185; 873; 1154.)

3. Die Fleischerinnung zu Breslau besaß einen wertvollen goldenen Becher, den sie für 15000 ℳ an den Münchener Kunsthändler Stern verkaufte. Dagegen erhob der Breslauer Magistrat als Aufsichtsbehörde Einspruch, so daß die Innung auf Rückgabe des inzwischen weiterverkauften Bechers Klage erheben mußte. Welche Bestimmungen des BGB kommen hier in Frage?

4. Vor längeren Jahren erhob die Stadt Gießen gegen ihren Syndikus, den Advokaten Dr. Sundheim, Klage auf Aberkennung von Gehaltsansprüchen, da bei den städtischen Akten sich eine Urkunde fände, in welcher der Beklagte auf seinen Gehalt verzichtet hätte. Beklagter gab dagegen an, daß, nachdem er dem Andrängen einer Volksversammlung, auf seinen Gehalt als Syndikus zu verzichten, widerstanden, am 13. Juni 1848 eine Anzahl von Bürgern der Stadt ihm in das Haus und auf die Stube gerückt wäre, von ihm die Ausstellung einer Urkunde über Verzicht auf den Gehalt verlangt und diese auch erhalten hätte. Erst von diesen unbevollmächtigten Bürgern wäre der Bürgermeister von dem Geschehenen benachrichtigt worden; gegen dessen Verfügung, daß der Gehalt nach einem nunmehrigen entsprechenden Beschlusse des Gemeinderates nicht weiter auszuzahlen wäre, hätte er, Beklagter, sofort protestiert. — Wie war (nach dem Rechte des BGB) zu entscheiden?

5. Die Vorschußkasse zu Grünberg erhebt Klage gegen die unverehelichte Ida Alt auf Zahlung eines Darlehens von 500 ℳ, welches laut Schuldscheins ihr Vater Philipp Alt für sie aufgenommen hatte. Der Schein war unterschrieben: *Für meine Tochter Ida, Philipp Alt; — für vorstehende Schuld verbürge ich mich als Selbstschuldner, Konrad Diehl.* In dem ersten Termine bestritt Ida Alt, das Darlehen jemals ausbezahlt erhalten zu haben. In dem daraufhin zur Beweiserhebung anberaumten Termine erscheint sie aber und erklärt: *Ich erkenne die klägerische Forderung an und verspreche Zahlung.* Bald darauf stellt sie sich aber als zahlungsunfähig heraus. Nun verklagt die Vorschußkasse den Bürgen Konrad Diehl. Der entgegnet: Ida Alt habe niemals das Darlehen erhalten, sondern Philipp Alt habe den Schuldschein, den er, der Konrad Diehl, bereits zur Verfügung der Ida Alt unterschrieben hatte, seiner Tochter entwendet, ihn heimlich unterschrieben und das Geld ohne Wissen und ohne Auftrag der Ida Alt erhoben und für sich verbraucht. Deshalb habe auch die Tochter zuerst das Darlehen bestritten und später, nur um ihren Vater vor krimineller Anklage zu schützen, das Anerkenntnis vorgenommen.

Es sind die *rationes dubitandi et decidendi* auf Grund der hier maßgeblichen Lehre klarzustellen und ist danach der Rechtsfall zu beurteilen.

XXXV

1. Wie steht es mit der Frage des Verschuldens und der Beweislast in folgenden Fällen?

a) M. bringt dem N. ein von diesem entliehenes Buch beschmutzt und zerrissen zurück.

b) Ein Fenster des A. wird von B. eingestoßen.

c) Ein Gesellschafter hat ein in gemeinsamem Interesse auszuführendes Geschäft saumselig abgewickelt und dadurch die Gesellschaft geschädigt, behauptet aber jetzt, daß er dabei vollständig den in seinem Hause seit langem üblichen Geschäftsgang beobachtet habe.

d) X. hat bei Y. Säcke mit Mehl — in einem Falle gegen Bezahlung, in dem anderen unentgeltlich — in Verwahrung gegegeben; bei der Rückgabe findet sich, daß jene durch Feuchtigkeit verdorben sind.

e) Eine Ladung Tabak wurde dem Schiffer in Mannheim unversehrt übergeben, in Mainz in sehr schadhaftem Zustande von ihm abgeliefert. — Cf. l. 3 § 1 D. nautae etc. (4, 9); RGes vom 20. Mai 1898, 7; 58.

2. Liegt in den nachstehenden Fällen *höhere Gewalt* vor? (HGB 456; RGes vom 7. Juni 1871, 1.)

a) Ein Eisenbahnzug verunglückt, weil in verbrecherischer Weise eine die Weiche festhaltende Vorrichtung aufgerissen worden war; — oder: weil infolge von Frost ein Radreifen an der Lokomotive gesprungen war und dadurch eine Entgleisung herbeigeführt wird.

b) Durch scheu gewordene Pferde vor einem Lastwagen, die in einen Straßenbahnwagen hineinrannten, wurde einem in dem Straßenbahnwagen sitzenden Fahrgaste von der Deichsel des Wagens der rechte Unterschenkel zerschmettert.

c) Auf einer in Ausbesserung befindlichen Strecke des Bahndammes wurde ein Arbeiter durch eine aus dem Zuge geworfene Glasflasche so erheblich verletzt, daß er blutüberströmt zusammenbrach und dauernd arbeitsunfähig wurde. — Ein Reisender wurde infolge der Überfüllung der Wagenabteile ohnmächtig. Daraus entwickelten sich weitere organische Störungen, die eine Beschränkung seiner Erwerbsfähigkeit mit sich führten.

d) Eine Quantität Baumwolle war während des Eisenbahntransportes auf dem Bahnhofe einer Zwischenstation in Brand geraten und zerstört. Die fraglichen Wagen mit Baumwolle hatten zur Zeit der Entstehung des Brandes ohne Lokomotive auf einem Nebengeleise gestanden, und die Entzündung der Baumwolle war dadurch veranlaßt worden, daß Funken aus der vorbeifahrenden Lokomotive eines anderen passierenden Zuges auf die Baumwollenballen geschleudert wurden, und zwar infolge eines damals herrschenden, ungewöhnlich heftigen Südwestwindes, der so stark war, daß sich die ordnungsgemäß beschaffenen und befestigten Wagendecken an den Seiten in die Höhe gehoben hatten, und auf diese Weise eine Entzündung der Ballen durch jene Funken ermöglicht wurde.

e) Bei dem großen Ausstand der Eisenbahnbediensteten der

Schweizer Nordostbahn sind viele Waren zu spät, andere gar nicht, oder in ganz verdorbenem Zustande bei den Empfängern angekommen. Der ganze Betrieb stand still; bis die Gesellschaft teils freiwillig den Forderungen des ausständigen Personals nachgab, teils durch Schiedsspruch des dazu bestellten Bundesrates Dr. Zemp verurteilt wurde.

XXXVI

1. Ist folgender Gebrauch von Rechten grundsätzlich ohne Bedenken?

a) Ein Kanadier, der *von Europas übertünchter Höflichkeit* noch nicht berührt war, suchte bei der Heimkehr aus der Stadt in heftigem Unwetter Unterstand und Schutz im Hause eines weißen Pflanzers. Der aber jagte ihn weg, stieß ihn in Nässe und Kälte hinaus und gab ihn dem Mangel an Zehrung anheim.

b) Eine israelitische Gemeinde hatte die Synagoge dicht an eine Schlosserwerkstatt angebaut. Durch die Ausübung des Gewerbes durch den Nachbar wurde jene im Gottesdienste oft gestört.

c) Von einem Gutsbesitzer wird auf seinen Grundstücken eine Kolonie slawischer Arbeiter angelegt, die sich als Plage für die Nachbarschaft erweist.

d) Fourier erzählt, daß er als Handlungsgehilfe in Toulon zur Zeit einer Hungersnot im Auftrage seines Prinzipals Wagenladungen von Reis und Weizen nächtlicherweile im Hafen habe versenken müssen, damit die Preise weiterhin noch in die Höhe gingen.

2. A. hat im Saaletal ein Waldgrundstück erworben und dort eine Villa errichtet. Am Bergabhang zwischen diesem Grundstück und der Landstraße besitzt B. einen schmalen Streifen steinigen Landes, das zu jedem Pflanzenanbau ungeeignet ist. A. will diesen kaufen, aber B. hält zu hoch im Preise. Es fragt sich, wie in den dann kommenden Verwicklungen zu entscheiden ist?

a) A. erwirbt schließlich gegen gute Zahlung das Recht, über jenen Streifen zu gehen und mit Pferden zu fahren. Dann schafft er sich ein Automobil an, dessen Fahrt dort B. nicht dulden will, obgleich es dem Steinboden keinen Schaden tun würde.

b) Ebenso verbietet B., daß eine von A. angelegte Rodelbahn auf dem Streifen endigt, obschon letzterer zurzeit wüst daliegt und die Bahn ohne jenen Ausgang des Bergabhanges wegen nicht gut ausführbar ist.

3. Ein Abderit, namens Pamphus, besaß ein Landgut, dessen vornehmste Annehmlichkeit darin bestand, daß es auf der südwestlichen Seite eine herrliche Aussicht über ein schönes Tal hatte, welches zwischen zwei waldigen Bergen hinlief, in der Ferne immer schmäler wurde und sich endlich in das Ägäische Meer verlor. Pamphus pflegte oft zu sagen, daß ihm diese Aussicht nicht um 100 attische Talente feil wäre; und er hatte um so mehr Ursache, sie so hoch zu taxieren, da das Gut an sich selbst so unerheblich war, daß ihm niemand, der bloß auf den Nutzen sah, 5 Talente dafür würde gegeben haben. Unglücklicherweise fand ein ziemlich begüterter abderitischer Bauer, der auf eben dieser südwestlichen Seite sein Nachbar war, sich veranlaßt, eine Scheune bauen zu lassen, die dem guten Pamphus einen so großen Teil seiner Aussicht entzog, daß der Wert seines Landgütchens, seiner Rechnung nach, wenigstens um 80 Talente dadurch gemindert wurde. Pamphus wandte alles mögliche an, den Nachbar in Güte und Ernst von einem so fatalen Bau abzuhalten. Allein der Bauer bestand auf seinem Recht, seinen erbeigentümlichen Grund und Boden zu überbauen, wo und wie es ihm beliebte. Es kam also zum Prozeß. (Aus Wieland, Geschichte der Abderiten: Der Prozeß um des Esels Schatten.)

Was ist hierüber auf Grund unseres bürgerlichen Rechtes zu bemerken? Welche Gesetzesbestimmungen kommen in Frage? Steht Verletzung des Eigentums oder Verbot der Rechtsausübung oder Schädigung gegen *die guten Sitten* zur Erörterung? Wie ist überall zu entscheiden?

XXXVII

1. Unter welchem juristischen Gesichtspunkte sind folgende Vorfälle zu beurteilen? Welche Gesetzesbestimmungen aus unserem bürgerlichen Rechte kommen in Anwendung?

a) Ein Gutspächter hatte in seinem Teiche eine Fischzüchterei angelegt, die aber nur wenig einbrachte, da seine Nachbarn ihre Enten auf jenen Teich trieben. Der Pächter ließ eine Anzahl Enten totschießen.

b) Am 23. Juli suchte der Sohn des Landwirtes Franz den Knecht seines Vaters auf dem Acker auf, um sich vom Fortschreiten der Arbeit zu überzeugen. Er glaubte, dem Knechte über die Güte seiner Arbeit Vorwürfe machen zu müssen, und dieser trat ihm energisch entgegen. Erregt packte Franz nun den Arbeiter, erhielt aber unversehens von ihm einen Schlag mit der Sense, so daß eines seiner Augen verloren ging.

c) In einem Berliner Spezialitäten-Theater sollte kürzlich gerade die Vorstellung beginnen. Das Lokal war bereits halb gefüllt, als ein in den vordersten Reihen sitzender Mann aufstand und mit lauter Stimme rief: *Nu man los!* In demselben Augenblick erhoben sich etwa 30 Leute von ihren Sitzen, trugen die beiden vor der Bühne stehenden Konzertflügel davon und erreichten, da niemand ihnen Widerstand entgegenzusetzen wagte, auch glücklich die Straße. Jener Mann war ein Pianofortefabrikant, der wegen Nichtbezahlung seiner Instrumente die Rückbeförderung auf diese Weise hatte bewerkstelligen lassen.

d) In den Ländereien eines Gutes liegt ein Wassertümpel, der von der Dorfjugend als bequeme Badegelegenheit benutzt wird. Durch das Zertreten des Getreides und des Wiesengrases wurde dem Besitzer einiger Schaden zugefügt, und er gab sich Mühe, die badelustigen Kinder abzufassen, um ihre Bestrafung herbeizuführen. Da ihm dies nicht gelingen wollte, beauftragte er eines Tages, als wieder einige Mädchen badeten, zwei seiner Knechte, sich an den Tümpel zu schleichen, die Kleider der Mädchen fortzunehmen und auf das Gehöft zu bringen. Mit seltenem Diensteifer führten die Knechte diesen Befehl aus, und die Mädchen waren genötigt, nackt, wie sie aus dem Wasser kamen, auf den Gutshof zu gehen, um ihre Kleider in Empfang zu nehmen.

e) Ein katholischer Priester, namens Compagno, wurde von Räubern in der Provinz Girgenti gefangen genommen und in der Scheune eines Dorfes hinter einem eigens errichteten hölzernen Verschlag verborgen; daraus konnte er schließlich nicht ohne Hindernisse entrinnen. Seine Aussage vor dem Geschworenengericht in Palermo lautete wörtlich: Als ich mich dem Ausgang meines Käfigs näherte, der unverriegelt war, und die Augen in der herrschenden Dunkelheit anstrengte, gewahrte ich in einem Winkel zusammengekauert meinen Wachtposten mit der Flinte zwischen den Füßen ruhig schnarchend. Mein erster Gedanke war zu fliehen; nach wenigen Schritten aber entdeckte ich zwei Flinten an die Mauer gelehnt. Ich nahm eine Doppelflinte, bemerkte, daß sie geladen war und wollte vorerst den schlafenden Räuber in die Füße schießen, aber dann sagte ich sofort zu mir selber: Wenn er nur verwundet ist, kann er mit dem Revolver im Gürtel nach mir schießen und mich töten. Da machte ich das Zeichen des Kreuzes, bat Gott um Verzeihung, segnete den Räuber, der sich unmittelbar vor Gottes Thron befinden sollte, mit der Hand, und mit den Worten: *Ego te absolvo a peccatis tuis* ließ ich die beiden Schüsse auf sein Gehirn knallen.

2. Sind nachstehende Verfügungen über fremde Sachen rechtlich gestattet?

a) Ein Beamter ließ sich von Freunden überreden, von einem Sonntagsausfluge noch mit nach Berlin zu fahren und sich zu vergnügen. Er kehrte nachts in einem Gasthofe ein. Am andern Morgen fehlten die Stiefel, die er vor die Tür gestellt hatte.

Als er klingelte, kam der Oberkellner und erklärte, daß er ihnen unbekannt sei, und sie deshalb, da er kein Gepäck bei sich führe, seine Stiefel bis zur Begleichung der Rechnung zurückbehalten müßten.

b) Vor kurzem entstand in Kalifornien ein furchtbarer Waldbrand, genährt von einem heftigen Sturm, der die Flammen mit ungeheurer Geschwindigkeit wie eine riesige Feuermauer durch den Wald jagte. Mitten im Walde befand sich eine Anzahl Gebäude, die den Zwecken des Weinbaues dienten, und es wurden nun lebhafte Anstrengungen gemacht, diesen wichtigen Punkt zu retten, aber vergebens. Plötzlich versagte sogar das Wasser, da die Leitung durch niederstürzende Baumstämme zerstört worden war. Da kam einer auf den Gedanken, den Weinvorrat eines Händlers zum Löschen zu benutzen. Der Erfolg war wunderbar, da der Wein das Feuer noch wirksamer bekämpfte als Wasser, weil er gerade in der stärksten Gärung begriffen war und somit beträchtliche Mengen von Kohlensäure enthielt. 18000 Liter Wein wurden verbraucht, aber die Gebäude in der Tat dadurch gerettet. Der Schaden belief sich auf 40000 ℳ, da der Wein von einer besonders guten Ernte stammte, bei Verlust der Gebäude aber wäre er um vieles größer gewesen.

3. Vor einiger Zeit wurde die Frage streitig: ob jedermann berechtigt ist, Hunde, die gegen polizeiliche Vorschrift ohne Maulkorb herumlaufen, einzufangen und für Fanggeld zum Wasenmeister zu bringen. Welches ist die richtige Ansicht? Gilt das gleiche für wildernde Hunde, die der Jagdpächter im Walde antrifft? Oder für Katzen, die sich in die Speisekammer des Nachbars zu schleichen pflegen?

4. Einem Juristen wird folgende Rechtsfrage vorgelegt: Ich habe einen großen, von Gebäuden eingeschlossenen Hühnerhof, und es macht mir Vergnügen, meine Hühner auf dem Hofe selbst zu füttern. Sobald ich aber das Futter ausstreue, kommen von der nahen und entfernten Nachbarschaft eine große Menge fremder Tauben, stürzen sich begierig auf das Futter und fressen es trotz öfteren Verscheuchens leider mindestens zur Hälfte meinen Hühnern weg. Wie kann ich mich von diesen geflügelten Dieben befreien? Ist mir hier Selbsthilfe gestattet, indem ich die beharrlichen ungebetenen Gäste einfangen oder erschießen lasse?

5. Der Zuckerfabrikant Ernst Marstaller hatte seit Jahren darunter zu leiden, daß unzählige, verschiedenen Bienenzüchtern gehörige Bienen in seine Fabrikräume eindrangen und besonders im Frühjahre und Herbst beim Mangel anderer Nahrung die Zuckerwaren teilweise anfraßen, teilweise verunreinigten, auch mehrmals in der Fabrik beschäftigte Arbeiter stachen. Daraufhin ließ

Marstaller außerhalb der eigentlichen Fabrikräume, im Hofe, auf den Dächern, Fenstergesimsen usw. seines Fabrikanwesens Kisten und Teller mit flüssigem Zucker aufstellen, der zwar keinerlei schädliche Stoffe enthielt, durch dessen Genuß aber trotzdem Tausende von Bienen zugrunde gingen und zwar einfach infolge Überfütterung. Die Bienenzüchter, die ihren Schaden auf ungefähr 600 ℳ berechneten, klagten gegen Marstaller auf Ersatz. — Steht dieser Rechtsfall dem vorhergehenden vollständig gleich? Welche Entscheidung ist für ihn nach den hier maßgeblichen Bestimmungen unseres bürgerlichen Rechtes geboten?

XXXVIII

1. Wie sind in den kommenden Tatbeständen die Behauptungen der Parteien juristisch zu bestimmen?

a) Auf erhobene Darlehnsklage hat Beklagter zwar den Empfang des Geldes eingeräumt, behauptet aber, daß ihm solches vom Kläger habe geschenkt werden sollen; was dieser bestreitet.

b) In einem anderen Darlehnsprozesse beantragt der Beklagte Abweisung der Klage, weil er schon bezahlt habe; — oder: weil ihm die Schuld vor kurzem vom Kläger erlassen worden sei. Der letztere stellt beides in Abrede.

c) A. behauptet, daß er eine Rechnung irrtümlich zum zweiten Male bezahlt habe. Der Empfänger B. entgegnet, daß die zweite Zahlung in Schenkungsabsicht gemacht worden sei.

d) Gegen eine Klage aus Leihvertrag wird vorgebracht, daß man bloß im Scherze miteinander gesprochen habe, und daß auch der Kläger vor kurzem selbst vertragsmäßig verzichtet habe.

e) G. klagt auf Rückzahlung eines Darlehns; der Schuldner S. beruft sich auf einen kürzlich abgeschlossenen Stundungsvertrag. G. entgegnet, daß er zu dieser Stundung dadurch verleitet worden sei, daß S. ihm seine Vermögenslage ungünstiger dargestellt habe, als sie in Wirklichkeit gewesen sei; S. bestreitet dieses.

f) Ein Käufer wendet gegenüber der Kaufgeldforderung ein, daß ihm der Verkäufer beim Vertragsschlusse 10 % Skonto bewilligt habe; von welcher Beredung letzterer nichts wissen will.

g) *Actio legis Aquiliae:* Beklagter bestreitet, schuldhaft gehandelt zu haben. Kläger erwidert, daß jener dieses späterhin selbst vertragsmäßig und schriftlich anerkannt habe (BGB 781); worauf Beklagter vorbringt, daß er damals sinnlos betrunken gewesen sei.

2. Wem liegt nachstehend der Beweis der jeweils bestrittenen Tatsachen ob?

a) X. verklagt den Y., weil er dem inzwischen verstorbenen Vater des Y. einen Krug geliehen hätte, den jener vor seinem Tode in beschädigtem Zustande, halb zerbrochen, zurückgegeben. Y. entgegnet: Er müsse wegen Nichtwissens in Abrede stellen, daß sein Vater den Krug erhalten habe; sollte dieses aber der Fall gewesen sein, so habe er ihn gewiß auch ganz richtig und unversehrt zurückgegeben; wenn das anders gewesen wäre, so hätte derselbe sicherlich keine Schuld an der Beschädigung gehabt.

b) O. hat dem P. ein Hofgut in Pacht gegeben, welches P. infolge hiervon seit sechs Jahren inne hat. Jetzt klagt O. gegen P. auf Räumung des Pachtgutes, weil der Pachtvertrag auf sechs Jahre abgeschlossen worden sei und daher nun sein Ende erreicht habe. P. leugnet, daß der Pachtvertrag nur auf sechs Jahre eingegangen gewesen sei, dies sei vielmehr auf zwölf Jahre geschehen.

c) Als K. den M. auf Zahlung aus einem zwischen ihnen stattgehabten Kaufgeschäfte verklagt, setzt M. dann unter Widerspruch des K. entgegen, daß er jenen Kauf nicht in eigenem Namen abgeschlossen habe, sondern als Stellvertreter des Q. dem K. gegenüber aufgetreten sei.

d) Der Referendar Lüder hatte von dem Pferdeverleiher Sporleder einen Rotschimmel zu einem Spazierritte gemietet, das Pferd aber erst spät am Abend, auf dem Rücken stark gedrückt, zurückgebracht. Sporleder stellte Klage an, weil das Pferd, das am Nachmittage wieder abzuliefern gewesen wäre, durch die erwähnte schuldhafte Beschädigung des Reiters mehrere Tage hätte still stehen und mit Medizin versehen werden müssen, sowie deshalb, weil der Sattel durch Lüder gleichfalls beschädigt worden wäre. — Der Beklagte, der das Pferd auf den ganzen Tag ohne zeitliche Beschränkung gemietet zu haben behauptete, leugnete alle Beschädigung des Sattels, sowie alles Verschulden von seiner Seite und meinte vielmehr, daß der Grund des erlittenen Druckes in einem Fehler des Sattels gelegen habe.

3. Ein Hamburger Kaufmann hatte von einem Stralsunder Geschäftsfreunde Waren empfangen und zur Zahlung des Kaufpreises einen Geldbrief im deklarierten Betrage von 576 ℳ abgeschickt, worin sich aber nach Versicherung des Empfängers, welcher den Brief ohne Beanstandung annahm und Quittung darüber erteilte, nur 526 ℳ befunden haben sollten. Welche der beiden Parteien würde bei ausbrechendem Streite beweispflichtig sein?

4. Auf Grund gepflogener Verhandlung stellte das Amtsgericht folgenden Tatbestand fest: Der Beklagte hat in der Zeit vom 18. Januar bis 30. April im Hause des Klägers eine Wohnung innegehabt, die ihm durch einen, an dem 18. Januar zwischen den

Parteien geschlossenen Vertrag von dem Kläger für einen Zins von 18 ℳ vierteljährlich vermietet worden war. Der Kläger hat auf Zahlung von 10 ℳ nebst 4% Zinsen seit dem 1. Mai geklagt, weil der Beklagte auf den Mietzins für das vor dem 1. Mai gelegene Vierteljahr mit 10 ℳ im Rückstande geblieben sei. Der Beklagte hat geltend gemacht, es sei ihm bei dem Abschlusse des Mietvertrages der Zins für das erste Vierteljahr der Miete erlassen worden. Der Kläger hat dies bestritten. Wie ist das Parteivorbringen rechtlich zu ordnen?

5. Im vergangenen Herbst, als Möglich noch in Diensten des Will stand, ertrank ein der Führung des Möglich anvertrautes Pferd unter der Brücke bei Wetzlar in einer Untiefe der Dill. Will klagte auf Schadensersatz. Der Tod des 400 ℳ werten Pferdes sei durch das Verschulden des Möglich insofern herbeigeführt worden, als Möglich, ohne dem angespannten Pferde das Leitseil anzulegen, durch die Dill gefahren, auch, indem das Pferd mit dem Wagen an dem jenseitigen Ufer angekommen, mit der Peitsche dergestalt auf den Kopf des Pferdes losgeschlagen, daß dieses sich ganz kurz umgedreht, mit dem Wagen wieder in die Dill zurück nach der Brücke zu gegangen, in die unter der Brücke befindliche Untiefe gefallen und dort ertrunken sei. — Der Beklagte bestritt die Ausführungen des Klägers. Unter abweichender Darstellung des Sachverhaltes machte er geltend, das Pferd sei ohne sein Verschulden in der Dill ertrunken. — Was hat der Kläger, und was hat der Beklagte zu beweisen? Und welches wird der Ausgang des Rechtsstreites sein, wenn die Beweisaufnahme das Verhalten des Beklagten bei dem fraglichen Verfalle ganz im Dunkeln läßt?

XXXIX

1. In welchem Zeitpunkte tritt die Volljährigkeit jemandes ein, der am 1. Januar 1900 mittags 12 Uhr geboren ist?

2. Vor einem Amtsgerichte wird ein junger Mensch als Zeuge vernommen. Als er nach seinem Alter gefragt wird, antwortet er: Heute ist mein sechzehnter Geburtstag. Kann der Zeuge vereidigt werden? Kommt etwas darauf an, ob er um 4 Uhr morgens oder vielleicht um 11 Uhr abends zur Welt gekommen ist? ZPO 393.

3. In einem Testamente ist bestimmt, daß eine vermachte Summe zunächst zinsbar angelegt und mit allen Erträgnissen *am Ende des zweiten Jahrzehntes dieses Jahrhunderts* dem Vermächtnisnehmer ausgezahlt werden soll. Wann wird das Vermächnis fällig?

4. Ehrenpfort kaufte am Mittwoch 3. Februar morgens zwischen 11 und 12 Uhr durch notariellen Akt von Böhm dessen Wohnhaus; die Wirksamkeit des Kaufes wurde aber davon abhängig gemacht, daß der Käufer innerhalb acht Tagen *von heute an gerechnet* auf das Kaufgeld 1600 ℳ an den Vertreter des Böhm einzahle. — Als Ehrenpfort am Donnerstag, 11. Februar, das Geld abliefern wollte, wurde er von dem Geschäftsführer des Verkäufers bedeutet, daß dieses bereits verspätet sei und nicht mehr angenommen zu werden brauche. Er wünscht zu wissen, ob dieses sich wirklich so verhält?

5. Ein Ingenieur ist in einer Maschinenfabrik angestellt, mit der Verpflichtung: *während vier Monaten im Jahr* für die Fabrik zu reisen. Darf sich die Fabrikleitung vier der längsten Monate nach Belieben aussuchen?

6. In einem Mietvertrage hieß es: *Nach erfolgter Kündigung hat der Mieter dem Vermieter und in dessen Begleitung auch Fremden den Eintritt in sämtliche Räume zur Besichtigung jederzeit zu gestatten.* Kann danach Öffnung der Wohnung morgens 7 Uhr verlangt werden? Oder: abends 11 Uhr? Oder: mittags zwischen 12 und 1 Uhr, während die Frau dem Manne das Essen auf den Arbeitsplatz trägt und niemand in der kleinen Wohnung der Arbeiterfamilie verbleibt? Oder: am Sonntage? Oder: am ersten bis dritten Pfingstfeiertage?

XL

1. Nach dem Inhalte eines Schuldscheines war der Gläubiger befugt, jederzeit, vom Tage der Ausstellung an über die geliehene Summe zu verfügen. Von welchem Zeitpunkte an würde jene Forderung einer Verjährung unterliegen?

2. Vor kurzem wurden in Mittenwalde in der Mark verschiedene alte Urkunden gefunden, von denen einige sich als Schuldurkunden über noch nicht bezahlte Rückstände herausstellen. Die eine ist von Kurfürst Joachim II. ausgestellt und betrifft ein Darlehn, das er von der Stadt Mittenwalde erhalten. Die Urkunde, datiert *am Mittwoch In Ostern nach Christy im Jahre 1549,* lautet über 700 Gulden *vertzinst mit sechs Gulden muntz auf 100 gulden, den gulden zu 18 silbergroschen oder muntz der Neuen Dreyer.* Daß jemals etwas bezahlt worden ist, ist nicht nachweisbar. In welcher Art würde diese Sache nach dem 1. Januar 1900 rechtlich zu erledigen sein, namentlich in der Frage nach der Verjährung?

3. Im Jahre 1634 erhielt die schwedische Regierung, welche sich in dringender Verlegenheit befand, von dem Lübecker Kaufmann Jacob Krieves ein Darlehn von 68500 Talern, das mit 6 v. H. bis zur erfolgten Rückzahlung zu verzinsen war. Diese sollte zwei Jahre nach geschehener Kündigung erfolgen. Der Originalschuldbrief, welcher übrigens erst am Weihnachtsabend 1636 ausgefertigt ist, befindet sich im Besitze des Gutsbesitzers

Freiherrn Kuno von der Kettenburg, der nunmehr die Zahlung des erwähnten Betrages nebst Zinsen, zusammen über vier Millionen Kronen, fordert. Wie ist hierauf die Verjährungslehre des BGB anzuwenden?

4. Ein in Vermögensverfall geratener Kaufmann hatte von einem Rentner ein Darlehn aufgenommen, unter Hingabe einer wertvollen Sache zu Faustpfand. Erst nach langen Jahren gelingt es ihm, die Schuld in Abschlagszahlungen zu tilgen. Der Gläubiger aber weigert Rückgabe der Pfandsache, weil seit der Verpfändung mehr als 30 Jahre verflossen seien. Welche *actio* steht hier in Frage? Was gilt über deren Verjährung?

5. Vor einer überseeischen Reise hatte ein Seemann seinem Freunde mehrere Waffen zur Aufbewahrung gegeben. Erst nach mehr als 30 Jahren kehrt er zurück und verlangt von den Erben des inzwischen verstorbenen Freundes jene Sachen heraus. Diese weigern sich, weil der Anspruch verjährt sei; er hält entgegen, daß er ja jetzt erst fordere, auch wegen Abwesenheit sein Recht gar nicht habe geltend machen können. *Quid iuris?*

6. In einem Notfalle hatte A. einen alten Familienschmuck verkauft, sich dabei aber ein Wiederkaufsrecht vorbehalten (BGB 497). Er selbst kommt nicht dazu, es auszuüben. Können dies jetzt noch seine Nachkommen? Oder verjährt das Recht von bestimmtem Zeitpunkte an?

7. Ein uneheliches Kind hat seither von seinem mutmaßlichen Erzeuger Alimente erhalten, und zwar in halbjährlichen Raten. Seit dem 2. Februar, woselbst wieder eine fällig gewesen wäre, ist keine mehr erfolgt. Wie steht es da mit der Verjährung?

8. Ein Gutsbesitzer hat mit einem Oberschweizer ausgemacht, daß der Dienstlohn des letzteren im Geschäfte des Arbeitgebers gegen Verzinsung stehen bleiben soll. Ist diese Vereinbarung auf den Lauf der Verjährung von Einfluß? Vgl. BGB 196:8; 208; 225.

9. G. fordert von S. einen angeblich ungetilgten Rückstand einer älteren Schuld; S. bestreitet diese Forderung. Da G. jedoch in seinem Drängen nicht nachläßt und verschiedene Beweisstücke beibringt, so läßt sich S. mit ihm in Vergleichsverhandlungen ein. Diese scheitern aber, und die Sache bleibt wieder liegen.

Nach Jahren bringt der Erbe des inzwischen verstorbenen G. die Angelegenheit wieder zur Sprache. Jetzt beruft sich S. kurzerhand auf die inzwischen eingetretene Verjährung. Der fordernde Erbe entgegnet, daß seit dem fruchtlosen Verlaufe der erwähnten Vergleichsverhandlungen keineswegs eine neue Verjährung sich vollendet habe. Wie ist zu erkennen?

10. Der Kaufmann Spier fordert von dem Rentner Franquet 602 ℳ für Waren, die er zur Weihnachtszeit 1907 geliefert hat, während letzterer die bereits geschehene Zahlung dieser Schuld behauptet. Spier erhebt endlich Klage bei dem Amtsgericht; die Zustellung erfolgt am 4. Dezember 1909. In dem Termine beantragt Franquet Klagabweisung wegen Unzuständigkeit des Gerichts, welchem Antrage das letztere Folge gibt. — Nun klagt Spier vor dem Landgericht mittels einer am 6. Januar 1910 dem Beklagten zugestellten Klage. Der Anwalt des Franquet macht jetzt Verjährung zugunsten seines Klienten geltend, die inzwischen am 31. Dezember 1909 eingetreten sei. Der klägerische Vertreter widerspricht dem, unter Hinweis auf die im Dezember schon vorhandene Rechtshängigkeit. — Entscheidung?

Würde es von Einfluß sein, wenn Spier zunächst am erwähnten 4. Dezember dem Franquet einen Zahlungsbefehl durch das Amtsgericht hätte zustellen lassen?

Oder: wenn die Bestellung der Waren am 30. Dezember vor 2 Jahren, ihre Lieferung aber erst am folgenden 2. Januar erfolgt wäre?

Falls in einem oder dem andern Falle die Verjährung unterbrochen wäre: von wann ab würde eine neue Verjährung beginnen?

11. Vaupel war am 10. November 1906 durch Schuld des Talle von dessen Automobil überfahren worden. Er verlangt als Schadensersatz Kurkosten in Höhe von 200 ℳ. Talle findet dies zu hoch. Darauf klagt Vaupel jene Summe ein. Die Klage wird am 8. November 1909 zugestellt. In dem Verhandlungstermin vom 25. November 1909 erhöht der Kläger seine Forderung auf 250 ℳ. Der Beklagte bestreitet nach wie vor die Höhe der eingeklagten Summe und erachtet das nachträgliche Vorbringen als verjährt. Mit Grund?

12. Barth hatte von Purgold im Herbste v. J. auf Bestellung Röhren geliefert erhalten; mittels Briefs vom 18. November sie aber dem Verkäufer wegen Mangels zugesicherter Eigenschaften zur Verfügung gestellt, unter dem Anfügen, daß er die Röhren für seinen Anspruch auf Schadensersatz zurückbehalten werde. Am 1. August d. J. erhebt Barth eine Schadensersatzklage wegen der geschehenen schlechten Lieferung; worauf sich der Beklagte auf BGB 477 beruft. Der Kläger erwidert, daß die Verjährung, da er ein Zurückbehaltungsrecht seither ausgeübt, gehemmt und unterbrochen worden sei. Wie ist zu erkennen?

Cf. l. 7 § 5 C. de praescript. XXX vel XL ann. (7, 39).

13. Der Gutsbesitzer Frydag klagt gegen seinen Pächter Quetsch auf rückständigen Pachtzins, der schon vor fünf Jahren hätte bezahlt werden sollen. Auf die Eiwendung des Quetsch, daß die Forderung verjährt sei (BGB 197), bringt der Kläger vor, daß er nicht früher habe klagen können, da er einer Zurückweisung gewärtig sein mußte; auf dem Pachthofe wären verschiedene notwendige Reparaturen, die ihm, dem Frydag, obgelegen hätten, vorzunehmen gewesen; er wäre aber wegen schlechter Vermögensverhältnisse bis zum verflossenen Jahre, wo er sie ausgeführt, nicht dazu imstande gewesen. Solange eine Einrede gegen eine Forderung bestehe, laufe keine Verjährung. Wie hat hiernach die gerichtliche Entscheidung zu lauten?

14. Die bayerische Regierung der Pfalz, als Rechtsnachfolgerin der geistlichen Administrationskellerei Mechtersheim, geriet 1819 mit den Erben eines Schullehrers Andreas Nuß in einen Rechtsstreit, in welchem die Regierung behauptete, der Erblasser des Beklagten habe 1788 ein Kapital von 200 fl. von fraglicher Administration entliehen. Beklagter schützt Verjährung vor. Klägerin aber berief sich auf Unterbrechung und Stillstand derselben vermöge der vormaligen Kriege, in denen eine Abwickelung solcher Geldangelegenheiten nicht wohl möglich gewesen; im besonderen aber gereiche es ihr, der Klägerin, nicht zu der vom Verjährungsrechte geforderten Schuld, wenn sie infolge der langwierigen Ordnung und Abrechnung, die bei der Übernahme der Regierung notwendig waren, erst jetzt zu der Geltendmachung des obigen Postens schreiten könne. — Wie würde über diesen Rechtsstreit nach dem Rechte des BGB zu befinden sein?

Zweites Buch.

Recht der Schuldverhältnisse.

I

1. X. leiht von der Universitätsbibliothek ein Buch und gibt es dann zur Benutzung an Y., der zur Entnahme von Büchern dort nicht berechtigt ist. Rechtsfolge?

Macht es einen Unterschied, ob X. gleich in der Absicht das Buch holte, um es dem Y. zu geben oder nicht?

Wenn X. einen Bürgen (B.) für sich hat stellen müssen: haftet B. auch für Y.? Oder für die Erben des X.? Und ist es gleichgültig, ob eine Beschädigung des Buches zu Lebzeiten des X. durch diesen oder nach seinem Tode von seinem Erben schuldhaft geschieht?

Wie steht es, wenn X. das Buch verliert und Z. es findet und nicht herausgeben will?

2. An wen hält sich der Eigentümer eines Grundstückes, wenn der Nießbraucher des letzteren es einem anderen zur Nutzung überläßt? Konnte diese Überlassung der Ausübung des Nießbrauches nach römischem Rechte nicht in rechtlich verschiedener Weise geschehen? Wie ist es damit nach dem BGB?

Steht folgender Fall in Parallele: Der Gutsherr S. hat auf seinem Gute eine Hypothek der Landschaft seiner Provinz von 110 000 ℳ zu 4 % verzinslich stehen; er verkauft das Gut an K. und dieser nach einiger Zeit an L. An wen hält sich die Gläubigerin wegen fälliger Zinsen, wenn sie vor dem ersten oder dem zweiten Verkaufe oder nach dem letzteren fällig werden?

3. Dem Mieter einer dem E. gehörigen Wohnung werden von X. schuldhaft Fenster eingeworfen. Wie steht es mit der Berechtigung auf Schadensersatz?

4. K. hat von V. eine Kuh gekauft, welche auf dem Transporte zu dem K. durch ledigliche Schuld des X. so beschädigt wird, daß sie zugrunde geht. Nach BGB 447 muß K. trotzdem den vollen Kaufpreis zahlen. Kann er sich wegen dieses Schadens nun nicht an den X. halten? Oder an die Versicherungsgesellschaft, bei der V. den Transport versichert hat?

5. Der Student Socken will bei Gisecke ein Fahrrad kaufen. Eines von der Art, wie er sie gerade wünscht, ist nicht auf Lager. Gisecke übernimmt es, dem Käufer ein solches von der Fabrik zu besorgen; in acht Tagen könne Socken es abholen. — Das Rad kommt an und wird von Gisecke für den Käufer bereit gestellt. Während einer vorübergehenden Abwesenheit von ihm verkauft sein Geschäftsführer, der zu solchen Verkäufen allgemeine Vollmacht besitzt, jenes Fahrrad an den Kaufmann Richnoff. Dieser bezahlt und nimmt das Rad mit sich. Welches ist die Rechtslage unter den angeführten Personen?

6. Titius verkaufte sein Haus an Gaius. Der es mietweise bewohnende Maevius blieb noch sieben Monate in selbigem, ohne das mindeste mit dem Käufer zu verabreden, und ließ sich demnächst bewegen, auszuziehen. Er wollte aber dem Gaius keine Miete entrichten, weil ihm wegen des nicht erfüllten Pachtkontraktes ein Anspruch auf das Interesse zustehe. Gaius belangt ihn darauf *actione locati.* Es wurde sein Klagerecht in Zweifel gezogen. *Quid iuris?* (Aus Strube, Rechtliche Bedenken, 1761 fg.)

7. Mennicke hat an Lauffs ein Haus zum Wirtschaftsbetriebe vermietet. Lauffs vermietet es weiter an Zander, dem er zugleich sein Wirtschaftsinventar verkauft; und zwar sollen für die Untermiete dieselben Bedingungen gelten, wie für die Hauptmiete. Unter diesen steht, daß Mennicke in keinem der benachbarten, ihm gehörigen Häuser ein Konkurrenzgeschäft errichten dürfe. Nun tut Mennicke dies doch. — Zander will gegen ihn klagen, sein Anwalt belehrt ihn aber, daß er in keinem Rechtsverhältnisse zu Mennicke stehe; es wird deshalb eine Vollmacht an Lauffs geschickt, der sie unterschreibt. Der Prozeß beginnt, aber eines Tages schließt Zander mit Mennicke einen Vergleich ab, und der Prozeß bleibt liegen. — Jetzt möchte Lauffs gern die Kosten, welche er vorgelegt, ersetzt haben. Kann er sie von Zander fordern? Am liebsten wäre es ihm, wenn er die Ehefrau des Zander, welche sich für alle Verbindlichkeiten des letzteren aus dem Mietvertrage selbstschuldnerisch verbürgt hat (BGB 773:1), belangen könnte. Geht dieses an?

II

1. Auf welchem Wege Rechtens können folgende Verpflichtungen durchgesetzt werden?

a) *Itzt bist du nur ein schlechter Prahler. Da hast du bare funfzig Taler, Nur unterlasse den Gesang. Das Geld hat einen bessern Klang.* (Aus Hagedorn, Johann der Seifensieder.)

b) Der Mieter einer Wohnung richtet sie zu einer Wirtschaft mit öffentlichen Dirnen ein (BGB 553); — bleibt auch zweimal mit der Zahlung des fälligen Mietgeldes im Rückstande (BGB 554).

c) X. macht sich verbindlich, auf seinem tiefer gelegenen Grundstücke einen von dem oberen kommenden Graben rein zu halten.

d) In dem Familienstatut eines standesherrlichen Hauses war ein Familienrat eingesetzt worden, welchem die beiden Stammeshäupter und ein von ihnen zu wählendes rechtsgelehrtes Mitglied angehören sollten. Nach dem Wegfalle eines Mitgliedes der letzteren Klasse entstand Streit über dessen Wiederwahl, worauf der eine Majoratsherr gegen den anderen gerichtliche Klage erhob, um ihn zur Vornahme einer gemeinsamen Wahl zu zwingen.

e) Ein Schriftsteller verpflichtet sich, das Manuskript für einen Artikel in einem Sammelwerke an einem bestimmten Tage abzuliefern (RGes vom 19. Juni 1901, 1; 10; 11).

f) Wolzogens Buntes Theater, G. m. b. H., klagte gegen Kapellmeister Strauß und Sängerin Bradsky, weil diese sich durch Vertrag verpflichtet hätten, für jenes Theater zu spielen und während der Dauer der Verträge auf keiner anderen Bühne aufzutreten. Gegen beides hätten die Beklagten gehandelt.

2. Der Schlosser Uthke und der Arbeiter Bergens hatten sich am 6. April mit einem Handwagen nach einem Kohlenplatz begeben, um Kohlen zu holen. Da viel zu tun war, so gestattete ihnen der Anweiser Briesemeister, das Beladen ihres Wagens selbst zu besorgen. Sie fuhren dann mit dem beladenen Wagen davon, ohne den verabredeten Preis von 2 ℳ 40 ₰ zu zahlen. Das Gericht nahm an, daß weder *Diebstahl*, noch *Unterschlagung*, noch *Betrug* vorläge. Können die beiden aber nicht wegen *Vertragsbruches* herangezogen werden?

3. Wie hat der Schuldner nachstehend die Leistung zu bewirken?

a) Die Miete endete am 30. Juni. Am 1. Juli vormittags traten bei der Frau des Mieters, die guter Hoffnung war, die Wehen ein. Der Gerichtsvollzieher erschien und verlangte die Räumung. Es stand der neue Mieter mit seinem Mobiliar schon vor der Tür (BGB 556; ZPO 721).

b) Ein ländlicher Arbeiter meldete sich zur Hilfe beim Ausdreschen mittels Maschine. Da er mit der letzteren nicht genau Bescheid wußte, wurde er verletzt. Der Gutsherr meinte, daß es Sache des Tagelöhners gewesen, sich die nötigen Kenntnisse zu verschaffen, der Arbeiter hielt den Arbeitgeber zur Belehrung für verpflichtet (BGB 618).

c) Der Kaufmann B. in Halle hatte sich für eine Schuld des in Dortmund wohnenden A. bei dem zu Cassel ansässigen G. verbürgt. A. verzieht nach Amsterdam (BGB 767).

d) Ein Unternehmer hatte den Bau einer Eisenbahn zwischen zwei Städten versprochen und dabei wieder Teile der Bauten an einen anderen Unternehmer durch drei verschiedene Verträge mit unterschiedlichem Inhalte übertragen. Die beiden kamen in Streit. Der erstere, auf Zahlung belangt, wollte diese hinausschieben, bis der zweite ihm alle Zeichnungen, Pläne und Anschläge zurückgegeben, die dem ersten Hauptunternehmer gehören (BGB 273).

e) Sachen eines in die Ferien reisenden Freundes hatte ein Student in Verwahrung genommen. Es bricht in seiner Wohnung ein Brand aus, und er kann seine eigenen und die ihm anvertrauten Gegenstände nicht alle, sondern sie nur teilweise retten (BGB 690).

f) Der Gutsbesitzer X. wird von seinem Nachbarn Z. belangt, weil er das Wasser des beide berührenden Flusses widerrechtlich gestaut und dadurch den Z. geschädigt habe. X. entgegnet, daß dieser Schaden des Z. ganz geringfügig gewesen sei (BGB 226; 320, 2; 616).

4. Vor dem Gewerbegerichte klagt der Arbeiter Wanten 36 ℳ rückständigen Lohn von dem Fabrikanten Schad ein. Dieser entgegnet, daß Wanten mit ihm in Streit gekommen sei und aus Rache eine Maschine boshaft beschädigt habe. Der Kläger beruft sich demgegenüber auf die Unzulässigkeit der Aufrechnung gegen eine Forderung aus Arbeitslohn (BGB 394; ZPO 850, 1). Der Beklagte leugnet die Anwendbarkeit dieser Gesetzesbestimmungen auf den vorliegenden Tatbestand. Wer ist im Rechte?

III

1. Sind nachstehende Leistungen einem Rückforderungsrechte ausgesetzt?

a) H. findet in dem Nachlasse seines Erblassers T. Schriftstücke, aus denen hervorgeht, daß T. ein Darlehn von 3000 ℳ von G. erhalten und noch nicht zurückbezahlt habe. Er tilgt die Schuld. Nachmals erfährt er, daß G. den T. schon vor drei Jahren verklagt hatte, damals aber durch Versäumnisurteil rechtskräftig abgewiesen worden war.

b) Der Graf v. P. hatte der Witwe seines Sohnes einen Witwengehalt von jährlich 4500 ℳ ausgesetzt und war dieser — wie es die Gräfin nannte — *Anstandspflicht* zweimal nachgekommen.

c) Die unverehelichte K. klagt gegen ihren Vetter B.: Der Vater des letzteren habe aus Pietät gegen seinen verstorbenen Bruder, den Vater der Klägerin, ihr eine jährliche Rente ausgesetzt, da er sich für *moralisch verpflichtet* erachtet habe, das gänzlich mittellose Kind seines einzigen Bruders nicht dem Mangel zu überlassen, während er selbst in guten Verhältnissen lebte. Rechtliche Formalitäten waren bei diesem ernstlich abgegebenen und angenommenen Versprechen nicht gewahrt worden.

d) Ein Vater hat, so wie es in seiner Gegend und seinem Berufskreise ganz allgemein Brauch und Sitte ist, seinem volljährig gewordenen Sohne ein Kapital zur Einrichtung und zum ersten Betriebe einer Papierhandlung überlassen (BGB 1624).

e) Über den Kaufmann C. war der Konkurs eröffnet und durch einen Zwangsvergleich nach KO 179 ff. abgeschlossen worden. KO 193 bestimmt: *Der rechtskräftig bestätigte Zwangsvergleich ist wirksam für und gegen alle nicht bevorrechteten Konkursgläubiger* ... Trotzdem bezahlt C., nachdem er später wieder in bessere Verhältnisse gelangt ist, die nachgelassenen Forderungen so viel wie möglich nach, da er sich hierzu, wie er einem Geschäftsfreund bemerkt, für *sittlich verbunden* erachtet.

f) Ein in Paris ausgestellter und zahlbarer Wechsel war am Verfalltage nicht eingelöst worden. Der Inhaber ließ am zweiten Tage nachher Protest erheben, obgleich der Code de commerce Art. 162 spätestens den der Zahlungsweigerung nächstfolgenden Tag hierfür vorschreibt, und schickte den Wechsel mit Protesturkunde an seinen Vormann, den Indossatar G. zurück, der ihn auch einlöste, da nach der deutschen Wechselordnung Art. 41 der Protest erst am zweiten Werktage nach dem Zahlungstage nötig ist. Später erfährt G., daß er gar nicht hätte zu bezahlen brauchen, und verlangt nun das Gezahlte mit der *condictio indebiti* zurück.

2. Bei der Abnahme einer Rechnungslegung über die Vermögensverwaltung eines Vormundes (BGB 1840) entdeckt der Amtsrichter, daß der Vormund verschiedene verjährte Schulden des Mündels bezahlt hat. Der Vormund macht geltend, daß es Rechnungen gewesen seien, deren Betrag nicht zu beanstanden war; die fraglichen Kleider und Waren seien dem Mündel doch geliefert worden. So habe er sich nach BGB 1804 für berechtigt gehalten, die sachlich richtig stehenden Anforderungen jener Handwerker zu befriedigen. Der Amtsrichter ist aber im Zweifel, ob dieser Paragraph zutreffe. Ist das Bedenken begründet?

3. Eine Kirchengemeinde hatte Steuern ausgeschrieben; die Mitglieder hatten bezahlt. Dann wurde festgestellt, daß jenes nach dem öffentlichen Rechte des dortigen Bundesstaates nicht rechtsgültig gewesen; die Zahlenden stellten *condictio indebiti* an. Was ist hierzu juristisch zu bemerken?

4. Ein Dienstherr hatte in einem von ihm unterschriebenen Schriftstücke erklärt, *daß er seiner Wirtschafterin aus Dankbarkeit und als Entschädigung für die ihm geleisteten langjährigen treuen und uneigennützigen Dienste, sowie für die aufopfernde Pflege während seiner wiederholten Krankheiten 2000 ℳ schenke.* Welche juristischen Begriffe haben hierbei Anwendung gefunden? Und was für Rechtsfolgen können sich an diesen Tatbestand anknüpfen?

IV

1. Wie steht es mit der Gültigkeit nachfolgender Rechtsgeschäfte und den daraus entspringenden Rechten und Pflichten?

a) *Mein Erbe soll meinem Freunde X. die vor dem Tore gelegene Villa ... lebenslänglich zur unentgeltlichen Benutzung überlassen.* Das betreffende Haus hat aber dem Erblasser gar nicht gehört.

b) Eine Apotheke bestellt bei einer Arzneimittelhandlung 200 Kasten des Heilmittels *Germanol.* Die Handlung liefert aber nicht und erklärt auf Mahnung, daß diese Warensorte von ihr nicht mehr geliefert werden könne, weil die Fabrik, deren Geheimnis die Herstellung gewesen, unmittelbar nach dem Tage obiger Bestellung abgebrannt sei.

c) O. schließt mit N. einen Kaufvertrag über ein dem O. gehöriges, in der nahen Stadt belegenes Haus, und zwar in aller Form Rechtens. Am nächsten Tage erfahren sie, daß das Haus zur Zeit des Vertragsschlusses gerade abgebrannt war.

d) In einem gleichen Falle war jedoch durch das Feuer nur der Dachstuhl zerstört worden.

e) Roding, welcher im Begriffe ist, sich ein Haus zu bauen, wird mit Harpprecht einige, ihm nach Verlauf zweier Jahre, wo solches fertig sein soll, es zu vermieten. Der Bau wird aber nicht fertig.

f) A. hat fälschlich die Nachricht von dem Tode seines ausgewanderten Bruders B. erhalten. Er nimmt dessen in seiner Verwaltung verbliebenes Vermögen nun für sich und verkauft die gesamte Erbschaft um runden Preis an C. Da kehrt der totgeglaubte Bruder zurück.

g) J. verkauft dem K. eine Forderung an L., welche ihm von dem angeblichen Zessionar H. des Gläubigers G. abgetreten war, während der Zessionsschein von G. an H. von letzterem gefälscht war; — oder während die Schuld von L. an G. schon bezahlt war.

h) V. überträgt an W. einen Wechsel, der mangelnder gesetzlicher Formalitäten halber nichtig ist.

2. In einem Kaufvertrage hatte sich der Verkäufer verpflichtet, das veräußerte Grundstück *hypothekenfrei* aufzulassen. Der eine seiner Hypothekengläubiger ließ sich auch zur Ablösung der Hypothek bewegen; ein zweiter, dessen hypothekarisches Recht noch fünf Jahre unkündbar stand, aber nicht.

Welche Gesetzesbestimmungen finden hier Anwendung?

3. Der Händler Peters vermietete an Ihde im Februar einen Lagerplatz, und zwar vom 1. Mai ab. Diesen Platz hatte damals ein gewisser Gerd in Miete, die vertragsmäßig nur halbjährig gekündigt werden konnte. Peters eröffnete dies dem Ihde; und beide begaben sich nun zu Gerd, um ihn zu bestimmen, freiwillig eine Kündigung zum 1. Mai anzunehmen. Beide glaubten, daß ihnen dies gelungen sei. Sie hatten aber den Gerd falsch verstanden. Er hatte in Wirklichkeit es verweigert und beschwor dieses in einem gegen ihn angestrengten Räumungsprozesse.

Nun glaubte Peters nach BGB 306 oder doch nach BGB 275 von der Verpflichtung zur Leistung frei zu sein, während Ihde BGB 280, sowie 307 und 308 angewandt wissen wollte.

Wer von ihnen hat die richtige Ansicht?

4. Im April d. J. brach in H. ein allgemeiner Ausstand der Maurergesellen aus, welche einen Stundenlohn von 50 ₰, Verkürzung der Arbeitszeit und einige sonstige ihnen günstigere Arbeitsbedingungen forderten, indes die Meister davon fast nichts zu bewilligen bereit waren. Die Folge war, daß die Maurermeister und Bauunternehmer die von ihnen übernommenen Bauten nicht zur rechten, vertragsmäßig beredeten Zeit den Bestellern zur Verfügung stellen konnten. Konnten die Besteller der Bauten die Maurermeister auf Schadensersatz belangen? Und die regelmäßig für Verspätung ausbedungene Vertragsstrafe einfordern?

5. Ein Maler (M.) hatte eine von ihm gefertigte Rembrandtkopie bei einem Bekannten (B.) in Verwahrung gegeben. Ein Kunstliebhaber (L.), der das Bild auf einer Ausstellung gesehen hatte, besucht ihn und bietet einen sehr hohen Kaufpreis; sie werden handelseinig. Als aber der Maler zu B. kommt, war durch dessen Kinder, auf welche nicht sorgsam genug achtgegeben worden war, das Bild verkratzt und erheblich beschädigt worden.

Haftet B. dem M.? Haftet dieser dem L.?

Wenn eine dieser Fragen bejaht würde: wie hoch ist die Ersatzsumme: ist es der von L. gebotene Preis oder nur ein durch Sachverständige objektiv zu schätzender Wert?

6. Eine Schiffahrtsgesellschaft hatte einer Handlung am 2. August einen bestimmten Schleppdampfer vertragsmäßig zu stellen. Am 1. August erhielt sie von dem Schiffsführer die Nachricht, daß jener Dampfer Havarie erlitten und für die erste Zeit dienstuntauglich sei. Der Vorstand der Gesellschaft beruhigte sich dabei. Als später die Handlung, die am 2. August vergebens auf den Dampfer gewartet hatte, auf Schadensersatz klagte, so berief sich die Beklagte auf BGB 275, während die Klägerin BGB 280 anzog. Wie ist hier richtigerweise zu erkennen?

V

1. Ein Gutsbesitzer ist stark in Vermögensverfall gekommen und erheblich überschuldet. Einer seiner Gläubiger kauft die sämtlichen ausstehenden Forderungen auf, so daß dem Aktivvermögen des Schuldners von 220000 ℳ eine Schuldenlast von 265000 ℳ gegenübersteht. Welches ist der juristische Weg zur Regelung dieser Angelegenheit? Und auf welche rechtliche Art und Weise kann jener Gläubiger zu seiner vollen oder teilweisen Befriedigung gelangen?

2. Als sich A. vor zwei Jahren verlobte, versprach ihm sein Vater B. bei seiner Verheiratung eine Ausstattung von 10000 ℳ zu geben. Am 15. Mai v. J. erfolgte die Verehelichung des A. und die Zahlung der letztgedachten Summe an ihn. Am 16. März d. J. fällt B. in Konkurs. Der Konkursverwalter glaubt, von A. die 10000 ℳ zurückfordern zu können. Der Vater B. wäre bei der Zahlung der Ausstattung schon in unzureichender Vermögenslage gewesen. Er hätte jenes bei der Verlobung abgegebene Versprechen nicht zu erfüllen brauchen und könne wegen der jetzigen Verarmung so wie so alles Geschenkte anfechten und rückgängig machen; um so mehr, als keine Formalitäten bei jenem Versprechen gewahrt worden wären.

Es ist dem Konkursverwalter ein Gutachten darüber abzugeben: ob er wohl mit Erfolg gegen A. vorgehen könne; worauf gestützt und für welche Summe?

BGB 518; 519; 528; 529; 1624. KO 32.

3. Der Fabrikant Otto hatte vor zwei Jahren dem Auswärtigen Amte in Berlin 50000 ℳ als Beitrag zur Ausrüstung einer Expedition zur Bekämpfung der Syphilis unter den Eingeborenen der deutschen Südseeinseln zur Verfügung gestellt. Nachdem Otto in Konkurs geraten ist, hat das Auswärtige Amt die Summe mit Zinsen an die Konkursmasse zurückgezahlt. Jetzt verlangen sie die Verwandten des Otto für den Gemeinschuldner heraus. Sie berufen sich auf KO 1. Die genannten 50000 ℳ seien zu der kritischen Zeit nicht Eigentum des Otto gewesen. Gegen die Berufung des Konkursverwalters auf BGB 528 sei auf BGB 529 zu verweisen. Welche Entscheidung ist zu treffen?

VI

1. Ein Bierhändler hat einem Privatmanne zu einer Festlichkeit 50 Flaschen Münchener Bier zu liefern versprochen. Am Morgen des betreffenden Tages kommt ein Bote mit 40 Flaschen und dem Ausdrucke des Bedauerns, daß der Verkäufer wegen Ausbleibens eines bestellten großen Fasses heute nicht mehr Bier liefern könne.

a) Ist der Besteller verpflichtet, die 40 Flaschen anzunehmen?

b) Oder umgekehrt, wäre er berechtigt, jedenfalls die 40 Flaschen zu fordern, wenn der Verkäufer 50 nicht liefern kann?

c) Muß der Besteller späterhin noch 10 Flaschen nachnehmen?

d) Oder umgekehrt, kann er es später verlangen, auch wenn der Preis des nun eingetroffenen Bieres aufgeschlagen ist?

2. Einem Kaufmanne werden gleichzeitig eine *en comptant* zahlbare Rechnung über 2300 ℳ für gelieferte Waren von X. und ein fälliger Wechsel über 1500 ℳ von Y. zur Zahlung vorgelegt. In der Kasse befinden sich aber gerade nur 3000 ℳ. Kann er diese unter X. und Y. verhältnismäßig teilen? — Die Wechselforderung erscheint ihm drückender und auch einheitlicher: er möchte also diese gern voll bezahlen und bietet X. 1500 ℳ abschlägig an, was X. anzunehmen sich weigert. Mit Recht? Von welcher Summe können X. oder Y. Verzugszinsen berechnen, falls ihnen je eine Teilzahlung angeboten wurde?

3. Ein Fleischermeister hat von einem seiner Kunden gegen 700 ℳ rückständiges Kaufgeld zu fordern. Da er gütlich keine Zahlung erhält, muß er den Prozeßweg beschreiten. In dem Städtchen ist nur ein Amtsgericht. Er klagt deshalb, um Kosten zu sparen und kürzer den Prozeß zu führen, vorerst 600 ℳ ein. Der Schuldner schützt Unzuständigkeit des Gerichtes vor und beruft sich auf BGB 266. Der Kläger entgegnet, daß er nach BGB 241 in der Verfügung über die geschuldete Leistung souverän sei. Wie ist zu entscheiden?

4. Tatbestand: Kläger verlangt als Rechtsnachfolger des früheren Verpächters eines in der Klageschrift näher bezeichneten Grundstückes dessen Herausgabe von der verklagten Stiftung, als Nachfolgerin des Pächters und als jetzige Besitzerin. Beklagte hat eingewendet, daß Kläger nur Herausgabe eines Anteiles begehren könne, da er seine Nachfolge in die Rechte des Verpächters nur zu einem Bruchteile nachgewiesen habe. Kläger aber macht geltend, daß er die Herausgabe des ganzen Grundstückes zu fordern berechtigt sei, weil die *obligatio tradendi fundum* unteilbar sei (cf. l. 72 D. de V. O. 45, 1). Entscheidung mit Gründen?

VII

1. Sind nachstehend wirksame Schuldverhältnisse gegeben? Welches ist die zutreffende rechtliche Behandlung der angegebenen Beredungen?

a) Ein Verkäufer behält sich vor, bei steigender Konjunktur den jetzt festgesetzten Preis nachträglich zu erhöhen.

b) Jemand erklärt auf eine dahingehende Einladung seinen Beitritt zu einem Vereine, dessen Satzung von dem Komitee erst noch entworfen und selbständig bestimmt werden soll.

c) *Hundert nützliche Gegenstände für nur 50 Pfennige,* so lautete ein in einer Berliner Zeitschrift erschienenes Inserat. Ein Neugieriger wollte der eigenartigen Sache auf den Grund gehen und sandte den geforderten Preis ein. Postwendend erhielt er die hundert nützlichen Gegenstände, nämlich hundert — Stecknadeln.

d) In Appenzell Inner-Rhoden besteht im Milch- und Käsehandel ein eigentümliches Zahlungssystem. Die Molkenhändler, *Grempler* genannt, die die Milchprodukte allwöchentlich auf den Märkten in St. Gallen und Altstätten feilbieten, bezahlen nämlich die *Sennen* erst nach Ablauf eines halben Jahres, ohne vorherige Vereinbarung, nach eigener Festsetzung auf der Grundlage eines allgemeinen Durchschnittspreises. Große Schwankungen kommen allerdings nicht vor, doch weiß der Produzent tatsächlich nicht, was er aus seiner Ware löst.

e) Geschäftsabschluß über Kohlenlieferung für den nächsten Winter, auszuführen *auf Abruf* zu den jedesmaligen Marktpreisen, wie sie von dem Syndikate dieses Produktionszweiges bestimmt werden.

f) Es verhandelten A. und B. über Verpachtung eines dem A. gehörigen Gutes an B. Da sie über den Pachtzins nicht ganz einig zu werden vermochten, so erklärten sie endlich: daß dessen Höhe nach dem Ermessen eines ihrer Gutsnachbarn festgesetzt werden sollte. Ein bestimmter Name wurde nicht genannt; wahrscheinlich dachten die Verhandelnden für sich dabei an verschiedene Personen.

2. Wie sind folgende Tatbestände richtig aufzufassen und durchzuführen?

a) Ein Kaufmann schrieb dem Bewerber um eine Stelle: *Ich habe mich entschlossen, Ihnen den fraglichen Posten in meinem Kontor zu übertragen und zwar mit einem Gehalte von 3600 ℳ. Gleichzeitig sage ich Ihnen noch Gehaltserhöhungen bis zu 4500 ℳ zu, sobald Sie sich, wie ich es wohl erwarten darf, nach meinem Wunsche eingerichtet haben werden.*

b) Der Geschichtsschreiber VALERIUS MAXIMUS berichtet in seinen *Factorum dictorumque memorabilium libri IX* von einer alten Sitte der Gallier: daß sie, an die Unsterblichkeit der Seele glaubend, ihre Schuldscheine über Darlehn auf Rückzahlung *in der Unterwelt* ausgestellt hätten.

c) Die Waldauer Braunkohlen-Industrie-Aktiengesellschaft lädt zu einer Zeichnung auf Schuldverschreibungen ein. In den Bedingungen heißt es: *Die Zuteilung, deren Höhe dem Ermessen der Zeichnungsstellen überlassen ist, wird nach Schluß der Zeichnung so bald als möglich erfolgen.*

3. Ein Handwerksmeister, der regelmäßig nur wenige Arbeiter beschäftigt, mietete zwei Gesellen. Die Beteiligten hatten dabei einen Vertrag unterschrieben, den der Dienstherr nach dem Muster einer älteren Fabrikordnung übernommen hatte. Darin hieß es: § 4: *Der Meister hat das Recht, Vergehen der Gehilfen durch Abzüge von deren Lohn zu bestrafen und haben sich die betreffenden Gesellen den gegen sie nach Maßgabe nachstehender Bestimmungen erkannten Strafen unweigerlich zu unterwerfen.* § 11. *Vergehen, die in diesem Reglement nicht vorgesehen sind, werden nach Ermessen des Meisters oder des ihn vertretenden Obergesellen mit einem Lohnabzuge bestraft.*

Wie sind diese Bestimmungen rechtlich aufzufassen? Was bedeutet insbesondere hier *Reglement*, — *Vergehen*, — *Strafen*? Steht die Gültigkeit des *Reglements* außer Zweifel?

Vgl. GO (Ges. v. 1. Juni 1891, 30. Juni 1900) 134a—h; 148, Nr. 1, Ziff. 11.

VIII

1. Zufolge eines formlosen Wunsches seines verstorbenen Vaters hat Dahms dem Crone versprochen, daß er ihm, als dem nächsten Freunde seines Erblassers, eines von dessen Reitpferden, m oder n, gegen einen bestimmten, außerordentlich billigen Preis überlassen werde. Crone nimmt dieses dankend an.

a) Wer hat die Wahl zwischen beiden Gegenständen?

b) Welchen Klagantrag würde Crone stellen müssen? Und wie würde das gerichtliche Urteil bei Verurteilung des Dahms lauten?

c) Dahms schreibt an Crone, er werde ihm m zusenden. Statt dessen kommt am anderen Tage n an, weil Dahms sich anders besonnen habe. Ist das zulässig?

d) Wenn Crone brieflich den Wunsch geäußert hätte, daß er m vorzöge, kann er das noch widerrufen, falls ihm die Lieferung von n dann genehmer werden sollte?

e) Was ist die Rechtsfolge, wenn m bald nach dem Tode des Erblassers zugrunde geht: α) durch Schuld des Dahms; β) oder durch Schuld des Crone, der das Pferd einmal probeweise geritten; γ) oder durch Zufall?

f) Wie ist es, wenn alsdann n auch noch zugrunde geht, und zwar auch wieder: α) entweder durch Schuld des Dahms; β) oder durch die des Crone; γ) oder durch Zufall?

g) Crone stirbt bald nach seinem Freunde unter Hinterlassung des Alefeld als Erben. Hat dieser einen Anspruch gegen Dahms?

h) Würde das gleiche, wie sub g), gelten, wenn von vornherein ein rechtsgültiges Vermächtnis zugunsten des Crone vorgelegen hätte?

2. Einem von zwei Miterben waren verschiedene Gegenstände von dem Erblasser zugewiesen, mit der Bestimmung, daß er die Hälfte ihres Wertes in Geld an den Miterben herauszuzahlen habe; dieser Wert soll nach Wahl des Bedachten entweder durch Verkauf der vermachten Gegenstände oder durch eine Abschätzung Dritter festgesetzt werden. Der Bedachte schreibt nun einen Brief an seinen Miterben, in welchem er auf dieses Wahlrecht verzichtet und jenem die Wahl überläßt. Welche Rechtsfolge tritt ein?

3. Haberkorn war verpflichtet, an Schlösser nach dessen Wahl jährlich entweder eine bestimmte Anzahl Kubikmeter Brennholz oder eine entsprechende Summe Geldes zu leisten. Schlösser hat lange Zeit hindurch immer das Geld gewählt. Steht ihm jetzt, nach 31 Jahren, noch frei, gelegentlich einmal die Naturallieferung des Holzes zu fordern?

4. Die Rheinisch-Cölnische Dampfschiffahrts-Gesellschaft war rechtskräftig verurteilt, einen mit Biegel & Cie. abgeschlossenen Lieferungsvertrag durch Annahme einer Quantität Saarkohlen zu erfüllen oder dieser Firma vollen Schadensersatz zu leisten. — In Verhandlungen zwischen den Streitteilen gab die Gesellschaft am 19. November die Erklärung ab, daß sie auf die Annahme der Kohlen nicht eingehen werde: womit sie zugleich bestimmte Anerbietungen hinsichtlich der zu leistenden Entschädigung verband, welche der Vertreter der Firma in Ermangelung näherer Vollmacht lediglich zur Kenntnis nahm. — Am 25. desselben Monats widerrief aber die Gesellschaft und forderte nun die Firma zur nachträglichen Erfüllung des Vertrages auf. Worauf diese jetzt sich nicht mehr einlassen will. — Entscheidung?

5. Die Firma Fangmann war durch rechtskräftiges Urteil schuldig erkannt, dem klagenden Handlungshaus Schmitz den Kaufpreis für eine Quantität Soda gegen Lieferung derselben bar zu bezahlen, und zwar im Betrage von 4,10 ℳ oder 4,70 ℳ für 100 Pfund, je nachdem sie, die Beklagte, die Lieferung in Newcastle oder in Hamburg verlange. Schmitz forderte den Gegner wiederholt auf, anzugeben, wohin er die Ware verfrachten solle; erhielt aber keine Antwort. Auf welchem Wege kann die nötige Wahlhandlung des Fangmann erzwungen werden? Und wie ist weiter die richtige Behandlung dieses Falles? BGB 263; 264; 300 ff.; 383 ff.; HGB 373; 374.

IX

1. Welches ist der richtige Erfüllungsort bei folgenden Schuldverhältnissen?

a) Eckhold aus Alsfeld entnimmt von Borchholten zu Fritzlar ein Darlehn von 409 ℳ, rückzahlbar mit Zinsen in drei Monaten. Nach Verlauf dieser Frist treffen beide auf einem Jahrmarkte zu Fulda zusammen, und Eckhold will hier das Darlehn zurückzahlen. Borchholten verweigert aber die Annahme des Geldes bei dieser Gelegenheit.

b) Der Anwalt A. in Halberstadt hat für X. in Harzburg die Verwaltung und schließliche Versilberung einer dem X. angefallenen Erbschaft durchgeführt. Er soll jetzt Rechnung legen (BGB 259), den baren Überschuß auszahlen und dem X. alle Erbschaftspapiere und sonstige Belege aushändigen.

c) Bei dem Verkaufe seines Hofes hat der Verkäufer die persönliche Verbindlichkeit übernommen, daß dem verkauften Hause weder durch ihn selbst, der das Nachbarhaus behielt, noch durch einen Erwerber dieses letzteren, die Fenster verbaut würden.

d) Ein Haus in Naumburg a. S., das dem Kaufmann Höfen in Torgau und dem Fabrikanten Rimmel in Halle a. S. zu gleichen Teilen gehörte, wurde von dem letzteren an dem Rentner Hubarth in Nordhausen verkauft. Dabei hatte sich Rimmel verpflichtet, die Genehmigung des Höfen zu dem in Nordhausen notariell geschlossenen Kaufvertrage nachzubringen. Dies war aber nicht zu erreichen.

2. An welchem Orte hat nachstehend die Leistung des Schuldners zu erfolgen?

a) Kauf an einem Stand in der Markthalle, den ein Bewohner eines benachbarten Dorfes gemietet hat.
b) Mit der Ware wird eine Rechnung übersandt und ohne Verwahrung angenommen, auf der ein Zahlungsort vermerkt ist.
c) Der Käufer verlangt die Wandelung, der Verkäufer erklärt sich damit einverstanden (BGB 465; 467).

2. Die Königliche Staatsanwaltschaft in Berlin bestellte kürzlich drei Pakete Zündhölzer (echte Schweden) bei einem Moabiter Kaufmann. Letzterer lieferte durch seinen Hausdiener die Ware unter Beifügung von zwei Rechnungsformularen zum üblichen Preise von 72 ℔. Jetzt erhielt der Lieferant eine vom Amtsgerichtspräsidenten unterzeichnete Verfügung, worin er angewiesen wird, sich die 72 ℔ für die Zündhölzer von der Königlichen Gerichtskasse I in der Jüdenstraße abzuholen, widrigenfalls ihm der Betrag auf seine Kosten und Gefahr durch die Post eingesandt werden würde. Welchen Weg nun der Kaufmann wählt, um den Betrag zu erhalten, er wird immer Schaden haben. Läßt er sich die 72 ℔ senden, so kostet dieses Verfahren 10 ℔ Porto und 5 ℔ Bestellgeld, so daß er 57 ℔ bar erhält; schickt er einen Boten nach der Jüdenstraße, so ist es auch nicht billiger. Der Selbstkostenpreis der Zündhölzer beträgt aber 58 ℔, so daß er im günstigsten Falle 1 ℔ zusetzt. Ist er rechtlich dazu genötigt?

Manche Versicherungsgesellschaften stellen eine entsprechende Forderung, wie jene Behörde. Sie verlangen, daß man sich sein Geld von der Gesellschaftskasse abholt und stützen dies auf ihre üblichen Bedingungen, in denen es heißt: *Die Zahlung der Entschädigung erfolgt nach Wahl des Versicherten am Sitze der Gesellschaft oder deren Generalagenturen.* Was ist hierüber zu bemerken?

4. Der Schneider Henselt hat dem Studierenden Moor aus X. während dessen Studienzeit auf der Universität Y. Kleidungsstücke käuflich geliefert und an dessen Anzügen Ausbesserungen vorgenommen. Moor verließ Y. und trat als Einjähriger in Z. ein. Henselt, der zunächst auf Kredit hingegeben, drängt jetzt auf Zahlung. Schließlich klagt er gegen Moor vor dem Amtsgericht Y. Moor schützt Unzuständigkeit des Gerichts vor, da Y. nicht mehr sein Wohnsitz sei und niemals Erfüllungsort gewesen wäre. Der Fall ist zu begutachten.

X

1. Wie steht es mit Gültigkeit und Fälligkeit von Leistungen, welche der Schuldner, wie folgt, verspricht?

a) *sobald er dazu in der Lage sei; — nach Gelegenheit; — wie es ihm passe und in seinen Kräften stehe;*

b) *gegen Ende Oktober;*

c) *nach Möglichkeit in jährlichen Raten; — in beliebigen Jahreszielen; — nach und nach;*

d) *nach dem Verkaufe des ererbten väterlichen Hauses; — wenn er, der Käufer, die erstandene Ware wird weiter verkauft haben; — auf Abruf;*

e) *baldtunlichst; — sobald der Gläubiger das Geld brauche; — auf Verlangen des Gläubigers; — Zahlung Kassa.*

2. Laut geschlossenen Vertrages sollte die Lieferung von 100 Zentnern Rüböl spätestens am 30. Oktober geschehen. Die Wagen mit dem Öl kamen auch an diesem Tage, aber erst abends gegen 7 Uhr vor dem Hause des Bestellers an. Dieser verweigerte die Annahme, weil die Lieferung verspätet sei.

Mit Recht?

3. Ein Bauer wollte einem Kriegsmanne sein Pferd abhandeln. Dieser wollte erst nicht und forderte 50 Kronen, während das Tier nur 25 wert war. Da sprach der Bauer: Nun wohl, ich will dir 45 Kronen zahlen, davon 25 bar, den Rest auf Sankt Nimmerstag. Der Landsknecht sagte: Ich bin's zufrieden, wenn ich nur den Heiligen kennte; steht er auch im Kalender? Freilich, erwiderte der andere, sonst wäre er kein Heiliger. — So bekam der Bauer das Pferd, der Landsknecht 25 Kronen und zog davon. Aber am nächsten 1. November kam er wieder und forderte 20 Kronen, denn heute wäre *Allerheiligen*, und da der Bauer selbst gesagt hätte, daß Sankt Nimmer im Kalender stände, er aber keinen besonderen Tag hätte, so müßte jetzt der rechte Zahltag sein. Der Bauer wollte das nicht anerkennen, so kamen sie vor den Amtmann. (Aus Wickram, Rollwagenbüchlein.)

---

4. Der Kaufpreis für gelieferte Waren war vertragsmäßig am 29. Juni zu zahlen, der Tag verstrich aber, ohne daß der Käufer seiner Verpflichtung nachgekommen wäre. Er wurde deshalb am folgenden Tage gemahnt. Als auch dieses fruchtlos blieb, so wiederholte der Verkäufer am 2. Juli die Mahnung, mit der Aufforderung, binnen drei Tagen spätestens zu erfüllen. Darauf sandte der Käufer eine kleine Summe abschläglich. — Nun klagt der Verkäufer auf den Rest mit Schadensersatz und Verzugszinsen. Der Beklagte wendet ein, daß er sich noch nicht *in mora* befinde. Da nach der eigenen Angabe des Klägers die Lieferfrist bis zum 5. Juli erstreckt worden sei, so sei dadurch und durch die Abschlagszahlung alles in eine neue Lage gekommen und es hätte, um Verzug herbeizuführen, jetzt erst noch einmal gemahnt werden müssen. Wie ist zu erkennen?

5. Im August und September 1892 wurde an der hamburgischen Grenze wegen der in Hamburg herrschenden Cholera der

Verkehr mit vielen Waren verboten. Namentlich wurden die Gemüsehändler in Altona und den Nachbarorten davon hart betroffen; sie verlangten deshalb von den hamburgischen Lieferanten Ersatz.

a) War dieser Anspruch rechtlich begründet? Welcher Rechtssatz kommt in Frage und zur Anwendung?

b) Steht der Fall demjenigen gleich, da jemand Geld zu einer Spekulation aufnimmt, inzwischen aber unverschuldeterweise bestohlen wird und deshalb an dem betreffenden Zahlungstage nicht leisten kann, sondern sich erst nach einiger Zeit die Mittel dazu zu verschaffen vermag?

6. Leitzmann verkauft sein an Motsch vermietetes Haus mit Zubehör und mehreren Gerätschaften dem Greifenclau mittels Vertrages vom 7. April, und zwar nach § 1 in dem Zustande, *worin sich alles jetzt befindet.* Im § 2 heißt es: *Die Übergabe des Hauses mit Zubehör geschieht am nächsten Michaelistermin, frei von jeglichem Besitz.* Dem Mieter Motsch wird nunmehr von Leitzmann zur Räumung auf Michaelis gekündigt. Beide kommen aber in einen weitläufigen Prozeß, infolgedessen die Räumung erst einige Zeit nach dem genannten Termine durch gerichtlichen Zwang bewirkt wird. — Nun klagt Greifenclau gegen Leitzmann auf Schadensersatz: einmal wegen verschiedener Beschädigungen, welche Motsch in der letzten Zeit dem Hause zugefügt, sodann wegen verspäteter Vertragserfüllung. Leitzmann entgegnet, daß er an beidem schuldlos sei, und der Käufer von der inzwischen erfolgten Eintragung in das Grundbuch an ja die Gefahr trage. (BGB 446, 2.) Welche Entscheidung ist abzugeben?

7. Über ein Haus wird nach BGB 313 ein Kaufvertrag abgeschlossen. Der Verkäufer fragt bei dem Erwerber an, welcher Tag ihm zur Vornahme der Auflassung (BGB 925) genehm sei, erhält aber keine Antwort. Wie steht es mit der Frage des Verzuges? Welche Rechtsbehelfe hat der Verkäufer?

8. Gegen einen Mieter wird Anklage nach StGB 289 (wegen verbotenen *Rückens*) erhoben: Der Vermieter hatte Sachen des Mieters wegen rückständigen Mietzinses zurückbehalten wollen, der letztere sie aber heimlich entfernt. Der Mieter verteidigt sich damit, daß er dem Vermieter das Mietgeld angeboten, dieser es aber nicht angenommen, sondern unberechtigterweise mehr gefordert habe. Die Beweisaufnahme ergibt die Richtigkeit dieses Vorbringens in allen Punkten. Wie ist begründet zu urteilen?

XI

1. Die Gemeinde N. war rechtskräftig verurteilt worden, gewisse von ihr in Rückstand gelassene Geld- und Naturalabgaben, letztere in alljährlich abzugebenden sog. Trift- und in sog. Kaufhämmeln bestehend, mit Verzugszinsen zu 4 % im Jahr an das Rechnungsamt E. zu bezahlen und abzuführen. Es entstand nun Streit über die gesetzlich richtige Ansetzung und Berechnung jener Verzugszinsen in Ansehung der Hämmel. Wie ist selbiger zu schlichten?

2. A. klagt gegen seinen Darlehnsschuldner B. drei halbjährige Termine rückständiger Zinsen ein, mit dem Antrage, den Beklagten zur Zahlung dieser, sowie von Verzugszinsen vom Tage der Klagezustellung an zu verurteilen. Im Termine bleibt B. aus. A. trägt die Klage vor und bittet um Urteil. Wie hat dieses zu lauten?

3. Der Vormund eines Minderjährigen hat von einer Mündelforderung die rückständigen Zinsen der letzten Jahre im Betrage mit 1200 ℳ und nächstdem auch das Kapital mit 15000 ℳ eingezogen, aber bei der Abrechnung nicht eingestellt. Sein ehemaliger jetzt volljähriger Mündel klagt nun auf Herausgabe nebst Verzugszinsen (BGB 1806; 1834). Wovon dürfen diese berechnet werden?

4. Schuldscheine: a) *Ich Endesunterzeichneter N. N. habe heute von L. L. in Geisa ein bares Darlehn erhalten mit 99 Reichstalern oder 297 Reichsmark. Diese genannte Summe verspreche ich Unterzeichneter in sechs Monaten an L. L. zurück zu bezahlen und verspreche eine Provision von 24 ℳ. Es macht sich N. N. verbindlich, diese genannte Summe ins Hypothekenbuch eintragen zu lassen; wo nicht, so kostet es jeden Tag eine Mark Provision, welches ich mit meiner Unterschrift anerkenne. N. N.* b) *Ich Endesunterzeichneter N. N. bekenne, daß ich von M. Stern von Geisa nochmals bar geliehen habe 10 ℳ 50 ₰, Diese verspricht Unterzeichneter in vier Wochen zu bezahlen außer der monatlichen Provision eine Extraprovision per Woche mit 20 Pfennig und so lange, bis die Provision mit der Hauptforderung bezahlt. Ferner hat N. eine Hose von M. Stern gekauft für 1 ℳ 20 ₰. N. N.*

a) Wie sind die hier angegebenen Leistungen und versprochenen Vergütungen rechtlich zu charakterisieren?
b) Sind sie rechtsgültig: nach römischen, — kanonischem, — früherem gemeinen, — seitherigem reichsgesetzlichen, — heutigem bürgerlichen Rechte?
c) Wieviel kann in jedem Falle der Gläubiger wirklich fordern?
d) Was ist die Folge, wenn der Schuldner bereits einzelnes — oder das Ganze — an den Gläubiger bezahlt hat.

XII

1. A. hat von B. eine an einem Flusse gelegene Wiese auf Grund eines Vermächtnisses, aber nur unter bestimmter Bedingung zu fordern. Ehe diese in Erfüllung geht, wird an der Wiese bei

Hochwasser ein nicht unbedeutendes Gelände angeschwemmt. Kann bei Eintritt der Bedingung A. auch die Anschwemmung fordern?

2. Ist nachstehender Fall dem sub 1 gleich zu behandeln:

B. hat eine Statue, an welcher ein Arm fehlt, an den A. verkauft und vor der Übergabe den zur Statue gehörigen Arm aufgefunden und angeschweißt, — und warum oder warum nicht?

3. M. und N. sind übereingekommen, zwei Parzellen zu besserer Abrundung ihres jeweiligen Grundbesitzes auszutauschen. Vor dem Vollzuge des Vertrages findet N. auf seinem Grundstücke eine in alten Kriegszeiten versteckte Kiste mit Silbersachen und alten Münzen. Als M. es erfährt, möchte er jenen Fund gern, ganz oder zur Hälfte, für sich beanspruchen. Hat er ein Recht darauf?

Wie steht es, wenn N. zu der angegebenen Zeit auf dem vertauschten Stücke Land noch Früchte eingeheimst oder jagdbares Wild erlegt hat?

4. Reitz hatte von Meisel eine Kuh und einen Ochsen gekauft und verabredet, daß Meisel die Tiere in einem Monate bei Gelegenheit eines größeren Viehtransportes überbringen solle. Meisel benutzt während dieses Monates eine an seinem Wohnorte veranstaltete landwirtschaftliche Ausstellung, um den Ochsen auszustellen, und erhält einen Preis. Nun schickt Meisel die Tiere durch die Bahn. Unterwegs wirft die Kuh ein Kalb. Reitz verlangt die Prämie und das Kalb mit heraus. Sind diese Ansprüche begründet?

5. Bei dem Amtsgericht L. läuft folgende Klage ein: *Am 6. November verkaufte ich dem Heinrich Vogel eine Kuh für 102 ℳ, um sie am 9. November spätestens zu liefern, und zwar sollte sie vom Beklagten bei mir abgeholt werden. Dieser ist aber am bezeichneten Tage nicht gekommen; und ist die Kuh am 20. November in meinem Stalle durch zufälliges Unglück krepiert. Da Vogel in Güte nicht zahlt, so muß ich auf den Kaufpreis nebst Verzugszinsen und meinen Unkosten Klage erheben. Ich lade usw. Löb Stern.* Im Verhandlungstermine erklärt der Beklagte, daß er an Stern vor kurzem 90 ℳ geschickt habe, weil dieser die Haut der Kuh im Werte von 12 ℳ für sich behalten; Kläger habe aber die gesandte Summe nicht angenommen. Auf Befragen des Amtsrichters meint der Kläger, daß er zu der geforderten Annahme rechtlich doch nicht verpflichtet sei. Wie hat das Gericht zu erkennen? Würde es von Einfluß sein, wenn die Kuh schon am 8. November verendet wäre? BGB 300; 302; 323; 324; 446.

6. Ein Müller verkauft sein Besitztum. Vor der festgesetzten Überlieferung muß er einen Teil der Grundstücke zur Erweiterung eines Gemeindeweges hergeben. Der Käufer fordert Abtretung der von der Gemeinde geschuldeten Entschädigung. Mit Recht? Wie wäre es, wenn er die Mühle nicht verkauft, sondern verpachtet hätte?

XIII

1. Wie sind folgende Beredungen juristisch aufzufassen?

a) Es soll ein armer Tischler einen kleinen Schrank anfertigen; der Besteller gibt ihm zur Ermöglichung der Materialbeschaffung ein Angeld.

b) Ein Matrose, der Dienst auf einem Handelsschiffe nimmt, erhält eine Heuer.

c) M. hatte von V. eine Wohnung auf drei Jahre für den jährlichen Preis von 1400 ℳ gemietet. In dem § 3 des Mietvertrages hieß es, *daß, sollte der eine oder der andere der beiden Vertragschließenden vor Ablauf der drei Jahre von dem Mietvertrag zurücktreten wollen, der Aufkündigende eine Entschädigung von 500 ℳ zu leisten habe.*

2. Der Gutsbesitzer Roth hatte der bei ihm in Stellung befindlichen Wirtschafterin Neumann erklärt, daß er sie auf ihren Wunsch ihrer vertragsmäßig übernommenen Dienstpflicht entlasse, wenn sie ihm eine Vertreterin stelle. Darauf veranlaßt die Neumann ihre Freundin Thomas, bei Roth zu erscheinen und sich für die Stelle anzubieten. Jetzt hat Roth die Neumann auf Vertragserfüllung und Schadensersatz verklagt, indem er behauptet, daß er mit der Thomas einen Vertrag nicht zustande gebracht habe. Die Beklagte weist darauf hin, daß Roth der Thomas 2 ℳ Mietsgeld gegeben habe, wonach die Angabe des Klägers hinfällig sei. Wogegen Roth angibt, daß er die 2 ℳ der Thomas mit der ausdrücklichen Erklärung gegeben habe, daß er sie ohne Dienstschein über ihre früheren Stellungen nicht miete, und sie ihm daher das Geld zurückgeben müsse, wenn sie den nicht beschaffe.

Da die Neumann diese damalige Zufügung in Abrede stellt, und ihr Anwalt eventuell behauptet, daß der Schein rechtzeitig dem Roth geliefert worden sei, so fragt es sich:

a) wie die verschiedenen Beredungen dieses Tatbestandes rechtlich zu charakterisieren sind?

b) welchem der Streitteile die Beweislast für die verschiedenen streitig gebliebenen Behauptungen zuzuweisen sei?

3. Während eines Neubaues hatte der Unternehmer Limbach dem Kaufmann Löwenstein einen Laden in dem neuen Hause vermietet. Es war genau verabredet, wie der mit zwei Schaufenstern versehene Laden auszustatten, insbesondere mit elektrischer Beleuchtung zu versehen sei; als Zeit des Vertrages waren 10 Jahre, als Mietpreis jährlich 3700 ℳ festgesetzt. Nachmals weigert Limbach Erfüllung des Mietvertrages, weil notarielle Abfassung des Vertrages vorbehalten, aber nicht erfolgt sei, und die Parteien sich über gewisse, von ihnen als wesentlich bezeichnete Nebenbestimmungen nicht geeinigt haben. Als solche werden angeführt: Tag der Fertigstellung und Überlieferug des Ladens, sowie Höhe der Vergütung über seine Beleuchtung. Löwenstein führt dagegen an, daß er bei der mündlichen Beredung dem Limbach fünf Mark Mietgeld gegeben habe, wodurch die jetzigen Einwendungen des Vermieters sich bereits erledigen. Wer ist im Rechte? BGB 125; 154; 336; 566; 580.

XIV

1. Es verpflichtet sich jemand zur Zahlung einer Geldsumme für den Fall, daß er eine bestimmte Sache nicht geben sollte.

Wann kann der Berechtigte die Geldsumme fordern? Und welche juristischen Begriffe gelangen bei zutreffender Charakterisierung jenes Versprechens zur Anwendung?

Wie verhält sich dazu folgender Fall: A. verkauft dem B. ein von ihm erfundenes Verfahren zur Kesselreinigung und übernimmt unter Zusicherung von 500 ℳ die Gewähr, daß dieses Verfahren in der Literatur seither noch nicht behandelt worden sei.

2. Wie steht es mit der Rechtsgültigkeit nachstehender Versprechen?

a) Der Mühlenbesitzer Hotopp klagt gegen den Müller Wallbrod auf Entrichtung von 3000 ℳ auf Grund eines zwischen den Parteien, jedoch ohne Beobachtung der nach BGB 313 erforderlichen Formvorschriften über eine Mühle geschlossenen Kaufvertrages, in welchem die gedachte Zahlung für den Fall, daß eine der Parteien den Vertrag brechen sollte, festgesetzt war.

b) Die Fleischer der Stadt Z. haben eine Vereinbarung getroffen, an Konsumvereine keinen Rabatt mehr zu gewähren, bei 300 ℳ Geldbuße an die Armenkasse für jedes Zuwiderhandeln.

c) In einem Verlöbnisvertrag unter hessischen Bauersleuten war verabredet: *daß, wenn vor der Hochzeit und vor dem gerichtlichen Abschlusse des Ehevertrages (BGB 1434) einer von beiden Teilen diesen Kontrakt nicht erfüllen wolle, der Zurücktretende schuldig sein solle, dem anderen Teile für Entschädigung und Beschimpfung 400 ℳ zu entrichten.*

d) Ein Fuhrmann hatte Steinfuhren aus einem Bruche übernommen. Falls diese nicht zu bestimmter Zeit erledigt wären, sollte für jeden Tag Strafe bezahlt werden: für den ersten 1 ₰, für den zweiten 2 ₰, dann 4, 8, 16 ₰ und so fort, an jedem Tage sich verdoppelnd. Die Abfuhr verzögerte sich um mehr als 4 Wochen, wonach die Strafe auf mehr als eine Million Mark angewachsen war.

3. Gelegentlich der bayerischen Jahrhundertfeier 1906 wurde daran erinnert, daß im Jahre 1813 Österreich den Bayern eine territoriale Verbindung zwischen dem rechtsrheinischen Bayern und der Pfalz und, solange Österreich diese nicht herzustellen vermochte, eine alljährliche Entschädigungszahlung versprach. Die betreffende Summe werde bis auf den heutigen Tag alljährlich von Österreich an Bayern gezahlt. — Wie ist jene Abrede juristisch aufzufassen? Kann sie von Rechtswegen jetzt noch geltend gemacht werden?

4. Zwischen einem Tabaksfabrikanten und dessen Werkmeister war ein Vertrag geschlossen, in dem der letztere sich verpflichtet hatte, während der Dauer des Vertrages und drei Jahre nach demselben in kein anderes Tabakgeschäft einzutreten, für den Fall der Zuwiderhandlung aber eine bestimmte Strafe zu entrichten. Nach Ablauf eines Jahres erfolgte der Austritt des Werkmeisters aus dem Dienste und sofort der Eintritt in ein anderes an demselben Orte befindliches Tabaksgeschäft. Worauf kann der frühere Dienstherr klagen?

5. Immler sollte dem Zumpe vertragsmäßig das Balkengerüst seines Stallgebäudes liefern; die Anlieferung des fertig bearbeiteten Bauholzes hatte spätestens am 31. August zu geschehen, und waren bei verzögerter Lieferung für jeden Tag 10 ℳ Strafe zu zahlen.

Als Immler späterhin Zahlung seiner Forderung verlangte, entgegnete Zumpe, daß die Lieferung sich um 80 Tage verzögert habe und daher vom Kläger 800 ℳ verwirkt seien, so daß die klägerische Forderung durch Aufrechnung habe getilgt werden können. Immler entgegnet, daß Zumpe den Bau trotz der verspäteten Lieferung ja angenommen habe. Entscheidung?

XV

1. Wie sind nachstehende Fragen des Schadensersatzes nach unserem bürgerlichen Rechte zu behandeln?

a) Peter Lotichius, der letzte neulateinische Dichter (*Poëmata*, 1561), gestorben 1580 als Professor der Medizin in Heidelberg, erhielt von dem König Heinrich III von Frankreich für eine glückliche Kur an einem Verwandten des Königs eine goldene Gnadenkette von kunstvoller Arbeit. Nach der letztwilligen Bestimmung des Eigentümers sollte die Kette in der Familie stets forterben, von dem Ältesten verwahrt sein und nur bei Hochzeiten oder Promotionen von Familienangehörigen der Braut oder dem jungen Doktor an diesem Tage umgehängt werden. — 1787 promovierte in Halle ein zu jener Familie gehöriger junger Mediziner, der als verzogenes Söhnlein geschildert wurde. Er wurde an seinem Ehrentage mit der Kette geschmückt; wollte sie dann aber nicht zurückgeben. In den Akten heißt es: Er verliebte sich so sehr in das goldene Altertum, daß er es nach der Feierlichkeit dem Ältesten des Geschlechtes zurückzusenden, sich durchaus weigerte, und als ihm, ob er schon über den wahren Metallwert eine ansehnliche Summe bot, nicht willfahrt und er mit gerichtlicher Hilfe bedroht wurde, das Kleinod in die Münze trug und es einschmelzen ließ, mit der Äußerung: weil er es nicht behalten dürfe, so solle es auch keines andern werden. Und mit diesem Bescheid sandte er die geschmolzene Masse dem Ältesten der Familie zu. — Nun gab es Lärm! Die Mitglieder des Geschlechts kamen zusammen; alle versicherten, daß ihnen das kostbare Andenken nicht um 10000 Taler feil gewesen wäre.

b) Zur Zeit des Harlemer Tulpenschwindels wurden um das Jahr 1600 für eine Zwiebel der seltenen Sorte *Semper Augustus* 13000 Gulden bezahlt. Dieses Exemplar wurde bei dem Besitzer durch einen Dritten aus Neid vorsätzlich vernichtet.

c) Anläßlich eines Ausmarsches der Feldartillerieschule Thun wurden im Dorfe Längerswyl mehrere Geschützsalven in unmittelbarer Kähe der Kirche abgegeben. Durch die Erschütterung und den Luftdruck wurde in einem Kirchenfenster eine bemalte altertümliche Scheibe zertrümmert, deren Wert von der Gemeinde auf mehr als 1000 Franken geschätzt wurde.

2. Der Fleischer Weller hat eines Tages statt des von ihm in dem Viehhofe gekauften und dort eingestellten Ochsen den von dem Fleischer Vaas ebenfalls dort eingestellten Ochsen abgeholt, geschlachtet und in seinem Geschäfte verwendet. Was muß er nun dem Vaas ersetzen: seinen, des Weller, Ochsen? — oder den Kaufpreis, den Vaas für den geschlachteten Ochsen bezahlt hat? — oder den höheren Wert, welchen das Tier zur Zeit des Schlachtens hatte? — oder sogar den Nutzen, den Vaas nach den damalgien Marktpreisen durch den Einzelverkauf des Fleisches hätte machen können? — oder vielleicht einen Vorteil, der gerade dem Vaas persönlich durch einen Gelegenheitskauf möglich gewesen wäre?

3. Der Restaurateur Maxen befragt einige bei ihm verkehrende jüngere Juristen: Die Brauerei König habe sich ihm verbindlich gemacht, ihm für das laufende Jahr seinen ganzen Bierbedarf zu liefern. Durch Druck einer dem Maxen verfeindeten politischen Partei liefere König seit kurzem nicht mehr, und anderswo habe Maxen nicht schnell und ausreichend genug Bier als Ersatz erhalten können. An jedem Hektoliter habe er vier Mark verdient; und da er gegen König klagen wolle, so möchte er zuvor wissen, ob er rechtlich alles berechnen könne, was er für gewöhnlich umgesetzt habe. — Die Befragten sind verschiedener Ansicht: Der eine bejaht die Frage, weil das zu ersetzende Interesse allen verursachten Schaden umfasse; während ein anderer zweifelhaft ist, da kein sicherer Nachweis vorliege, daß Maxen auch weiterhin so viel verkauft haben würde, wie bisher. — Welches ist die richtige Meinung?

Cf. l. 20 (19) D. de peric. et commod. rei venditae (18, 6), sowie l. 2 § 8 D. de eo quod certo loco (13, 4); auch l. 21 § 3 D. de A. E. V. (19, 1).

4. Eie reicher Kaufmann, der in einen Gasthof einritt, bestellte sich 12 gekochte Eier. Er konnte sie aber, als sie gebracht wurden, nicht verzehren, weil eben ein Eilbote eintraf, der ihn in einer dringenden Angelegenheit heim berief. Zehn Jahre nachher begab es sich aber, daß der Kaufmann wieder in demselben Gasthofe einkehrte. Da sagte er zu dem Wirte, er wäre heute nicht zum ersten Male in seinem Hause. Ja, sagte der Wirt, die Eier sind Euch angerechnet; ich habe Euch längst verklagt, und da Ihr hier seid, müßt Ihr mir morgen vor Gericht stehen. — Als sie nun andern Tages vor den Richter kamen, rechnete der Wirt ihm vor: Aus den 12 Eiern würden 12 Küchlein gekommen sein, die Küchlein würden wieder Eier gelegt haben, aus denen wieder Küchlein gekommen sein würden, und so fort, was zuletzt eine ungeheure Summe ausmachte, die der Wirt forderte und der Richter ihm zusprach. (Nach Simrock, Deutsche Märchen.) — Wie ist der Handel nach unserem Rechte begründet zu schlichten?

5. Ein Reisender war bei einer Eisenbahnfahrt getötet worden. Seine Witwe forderte vom Eisenbahnfiskus nach dem Reichshaftpflichtgesetze eine jährliche Rente von 700 ℳ, worin der durch den Tod des Ehemannes erlittene Vermögensschaden bestehe. Der Fiskus will aber von der geforderten Summe 200 ℳ abziehen, die der Klägerin als Pension von der Witwenverpflegungsanstalt, in die ihr Ehemann sie eingekauft hatte, nun bezahlt werden. Wer ist im Rechte?

6. A. bestellte in der Fabrik B. eine größere Anzahl Eisenbahnwagen, die zu bestimmten Terminen zu liefern waren, widrigenfalls es dem A. freistehen sollte, die fehlenden Wagen *auf Gefahr und Kosten der B. um jeden Preis auf die ihm am geeignetsten scheinende Art anderweitig zu beschaffen.* B. erfüllte den Vertrag nicht, und A. mußte deshalb von C. Wagen mieten und von D. solche käuflich beziehen. Er fordert daraufhin von B. Ersatz der an C. gezahlten Mietpreise, während B. darauf hinweist, daß infolge gefallener Eisenpreise A. von D. die Wagen um 25 % billiger bekommen habe, als er sie nach dem mit B. geschlossenen Vertrage erhalten haben würde.

Ist dieser Einwand zulässig?

---

7. Um ein verdrehtes Schloß zu öffnen, wird nach einem Schlosser geschickt. Er sendet seinen Lehrjungen, der das Schloß zurecht macht. Als er zu Ende ist, ersucht ihn die Hausfrau, einen großen Nagel, der in der Mitte des Zimmers aus dem Boden ragt und schon längst lästig war, zu beseitigen. Der Lehrling macht sich daran, hämmert darauf los und schlägt den Nagel in den Boden hinein, als plötzlich in dem unteren Stockwerke ein starker Fall gehört wird. Dort war der Kronleuchter, der an dem durch die Decke gedrungenen Haken von dem Tapezierer befestigt worden war, infolge des Eintreibens des Hakens herabgestürzt. Wer trägt den Schaden?

8. Die schlecht beaufsichtigten Kühe des Viereck haben auf einem mit Rüben bepflanzten Acker des Krelling durch Fressen und Zertreten Schaden angerichtet. Krelling ließ den in der benachbarten Stadt wohnenden Gerichtstaxator holen und den auf wenige Mark sich belaufenden Schaden abschätzen, wodurch Unkosten im Betrage von 11 ℳ entstanden. Ist Viereck verpflichtet, auch diese letzteren Kosten zu ersetzen?

9. Findeisen hat den Erbes bestohlen und wird von letzterem zivilrechtlich belangt. Muß Findeisen auch die Belohnung ersetzen, welche Erbes dem Entdecker des Täters zugesichert und ausbezahlt hat?

10. Tatbestand: Die Tochter des Klägers hat bei dem Beklagten, einem Landmanne, in Dienst gestanden. Während einer Krankheit der Frau des Klägers wurde das Schlafzimmer der beiden Dienstmädchen auch von den übrigen Hausgenossen, namentlich als Speisezimmer, mitbenutzt; in dieser Zeit hat der Beklagte eines Tages eine geladene und mit Zündhütchen versehene Doppelflinte dort über zwei Nägel im Balken unterhalb der Decke gelegt, ohne davon einem anderen Hausgenossen etwas zu sagen. Noch am selbigen Abend entdeckte ein 16jähriger Knecht die Flinte, nahm sie herab, und während er den Lauf auf die anwesende Tochter des Klägers richtete und an den Hähnen rührte, ging der Schuß los und verwundete das Mädchen am Arm. Der Beklagte wird auf Schadensersatz in Anspruch genommen, weil seine Handlungsweise schuldhaft die Verwundung veranlaßt habe. Beklagter stellt ein Verschulden in Abrede. Sicherungsmaßregeln hätten sich an der Flinte nicht anbringen lassen, und die Schüsse habe er bei dem sich oft wiederholenden Gebrauche nicht jedesmal herausziehen können; er habe auch geglaubt, das Gewehr gut genug versteckt zu haben und nicht erwarten können, daß der Knecht es finden und unbefugterweise damit spielen werde. Entscheidung mit Gründen?

11. In einem Prozesse war einer Partei der Haupteid zugeschoben, von ihrem Anwalte aber versäumt worden, darüber eine Erklärung abzugeben. Nach ZPO 452 wurde nun der Eid als verweigert angesehen, und jene Partei verlor den Prozeß. Daraufhin verlangt sie Ersatz wegen des Prozeßverlustes; indes der Anwalt leugnet, daß dieser Schaden d u r c h seine Unterlassung verursacht worden sei. Wie ist zu erkennen?

Ähnlich scheint es mit folgendem Rechtsstreite zu stehen: Spanien hatte seinerzeit bei der Clydebank Schiffbaugesellschaft vier Torpedobootzerstörer bestellt, die 1897 abgeliefert werden sollten. Es wollte diese Schiffe brauchen, um die Küste von Cuba abzusperren und die Einfuhr von Waffen und das Landen von Hilfsexpeditionen zu verhindern. Die Schiffe wurden nicht abgeliefert, inzwischen brach der spanisch-amerikanische Krieg aus, und Cuba ging verloren. Nun verlangt Spanien 67 500 £ Schadensersatz von jener Gesellschaft, weil es, wenn es die Schiffe rechtzeitig erhalten haben würde, den Aufstand auf Cuba hätte unterdrücken und die Einmischung der Vereinigten Staaten hätte verhindern können. *Quid iuris?*

12. Eine Schauspielerin war durch eine fallende Kulisse verletzt worden. Sie verlangte nicht nur Kurkosten und Ersatz der Gage während der Zeit der Heilung der Wunde, sondern auch Entschädigung wegen der Nervenaufregung, die ihr durch den von der Theaterleitung aufgedrungenen Prozeß bereitet worden. Das infolge der Verletzung auch aufgetretene Nervenleiden sei durch den Kampf um ihr Recht erheblich verschlimmert worden. Die verklagte Direktion glaubt hierfür nicht aufkommen zu müssen. Wie steht es damit?

13. Der Brothändler A. stand mit dem Bäcker B. seit längerem in Geschäftsverbindung, wobei er täglich in Kiepen Teig zu B. bringen und gegen ein Backgeld backen ließ. Späterhin merkt A., daß B. öfter von dem ihm gebrachten Teig verschiedene Quantitäten entnommen und sich angeeignet hat. B. entgegnet, daß A. gar keinen Schaden gehabt habe; denn A. habe die gelieferten Brote immer doch zu dem vollen Preis verkauft.

Was ist Rechtens?

14. Anno 1546 erzählte D. Martin Luther zu Eisleben diese Fabel, daß ein Müller hätte einen Esel gehabt, der wäre ihm aus dem Hofe gelaufen, und ans Wasser gekommen. Nun steiget der Esel in einen Kahn, so im Wasser stand, und wollte daraus trinken. Dieweil aber der Kahn von dem Fischer nicht angebunden war, so schwimmt er mit dem Esel davon, und kommt der Müller um den Esel, und der Fischer um den Kahn, war also Schiff und Esel ververloren. Der Müller klagte den Fischer an, daß er den Kahn nicht hab' angebunden. So entschuldigte sich der Fischer *(excipiendo)*, und sagt *(reconveniendo)*: Der Müller sollte seinen Esel auf dem Hofe behalten haben; und begehrete seinen Kahn bezahlt. *Nunc sequitur quid iuris?* Hat der Esel den Kahn oder der Kahn den Esel weggeführt? (Nach Benjamin Lindner, Luthers Tischreden.)

15. Unter welchem rechtlichen Gesichtspunkt sind nachstehende Vorfälle maßgeblich zu betrachten?

a) Valabrègue, der bekannte Pariser Possendichter, befand sich eines Abends auf den äußeren Boulevards, als es heftig zu regnen anfing; er sprang in eine Droschke. Unterwegs merkte Valabrègue, daß er seine Börse vergessen hatte. Was nun? Am Bestimmungsorte angelangt, stieg er aus und sagte ruhig zu dem Kutscher: *Bitte, geben Sie mir ein Streichholz, ich habe ein Zwanzigfrankstück im Wagen fallen lassen.* Kaum waren diese Worte gesprochen, als der Kutscher seinem Pferde einen gewaltigen Peitschenhieb versetzte, und das Gefährt im Galopp hinter der nächsten Ecke verschwand.

b) *Halbpart!* rief auf einem Jahrmarkte ein biederer Landmann einem Arbeiter zu, als dieser ein Geldtäschchen aufhob, in dem sich eine Doppelkrone vorfand. Der Finder war mit dem *Halbpart* einverstanden, bedauerte aber, die 10 ℳ nicht herausgeben zu können, da er nicht soviel besitze. Rasch nahm deshalb der Landmann die Doppelkrone an sich und zahlte 10 ℳ heraus, machte aber später die unangenehme Entdeckung, daß er einem Gauner in die Hände gefallen war, denn die vermeintliche Doppelkrone war eine — Spielmarke. Der Betrüger hatte jedenfalls den *Fundgegenstand* selbst erst auf die Erde gelegt.

16. Zwei kleine Schiffe A. und B. sind zusammengestoßen. Das Verschulden ist auf beiden Seiten schlechterdings gleich groß. A. ist 100000 ℳ wert, B. nur 30000 ℳ. A. hat durch den Zusammenstoß einen Schaden von 20000 ℳ erlitten, B. nur einen solchen von 1500 ℳ. Wie ist der Schaden zu tragen? Was wäre zu sagen, wenn das eine Schiff so gut wie gar nicht beschädigt beschädigt worden wäre? (Vgl. HGB 735.)

XVI

1. Wie sind folgende Tatbestände juristisch zu bestimmen?

a) Übergabe- und Verpflegungsvertrag zwischen Philipp und Karl Bauer, aufgenommen vor der Bürgermeisterei in Assenheim am 8. Oktober 19 . . Philipp Bauer übergibt sein gesamtes Vermögen (Geld, Wertpapiere, Möbel, Kleider usw.) im Betrage von 6000 ℳ an seinen Neffen Karl Bauer. Das Vermögen wird erst nach dem Tode des Übergebers an Übernehmer ausgehändigt. — Der Übernehmer hat dagegen folgende Verbindlichkeiten zu erfüllen: 1. aus dem Nachlaß zu übergeben: die goldene Uhr und das Weißzeug an die verheiratete Schwester des Karl Bauer; 2. lebenslänglich dem Übergeber zu gewähren: Einsitz im oberen Stockwerk des Hauses von Karl Bauer; — sowie von heute an den Übergeber zu verpflegen, d. h. alle Bedürfnisse für Essen und Trinken unentgeltlich zu verabreichen und ihn in gesunden und kranken Tagen getreulich zu unterhalten. Wenn der Übernehmer sich gegen den Übergeber undankbar beweisen, ihn gar mißhandeln oder beleidigen sollte, so kann der letztere verlangen, daß dieser Übergabevertrag gegen eine Vergütung von 500 ℳ wieder aufgehoben werde ...

b) Durch Vertrag vom 13. Januar hatte V. sein Herrengarderobegeschäft in der Stadt H., Haus mit Werkstatt, Warenlager und gesamtem Schneiderinventar, sowie allen Aktivis und Passivis für 30000 ℳ an den K. verkauft. Im Oktober desselben Jahres erhebt er Klage auf Zahlung einer am 13. Oktober fällig gewordenen Kaufgeldrate von 2500 ℳ nebst Zinsen. — Der Beklagte beantragt Abweisung der Klage. Im § 8 des Kaufvertrages habe sich nämlich der Kläger verpflichtet, in der unmittelbaren Nachbarschaft des verkauften Geschäftes ein Herrengarderobegeschäft weder selbständig zu unternehmen, noch unter irgendwelcher anderen Firma zu betreiben. Dieser Vertragsbestimmung habe Kläger zuwider gehandelt, indem er noch jetzt an einem, nach dem Vertragsschlusse in H. gegründeten Konkurrenzgeschäfte, nur zwei Häuser von dem Käufer entfernt, beteiligt sei.

2. Tatbestand: Kläger hatte sich vor drei Jahren mit der Pflegetochter des Beklagten verlobt; dabei hatte er dem letzteren erklärt, daß er nur dann heiraten könnte, wenn er bei einem möglichen Aufrücken im Dienste für einen jährlichen Rentenbezug von 772 ℳ Sicherheit zu leisten vermöchte. Beklagter hatte daraufhin versprochen, ihm diese Rente zu gewähren; worauf Verlöbnis und später Verheiratung des Klägers mit des Beklagten Pflegetochter erfolgt war. — Jetzt ist die Zeit herangerückt, zu welcher Kläger aufrücken und deshalb jenen Nachweis des Rentenbezuges erbringen sollte; der Beklagte will aber nichts mehr von seinem Versprechen wissen. Er beruft sich darauf, daß die vom BGB 518 geforderte Form damals nicht gewahrt gewesen; wogegen Kläger vorführt, daß es sich um einen gegenseitigen Vertrag handele, der formlos gültig sei. — Wie ist über diesen Rechtsfall zu urteilen? Würde es einen Unterschied machen, wenn der leibliche Vater des Mädchens dem Liebhaber für den Fall der Verheiratung mit der Tochter eine Vermögenszuwendung versprochen hätte.

3. Der Eigentümer eines ehemaligen Klosters, das von ihm als mittelalterliche Sammlung eingerichtet worden ist, verfügt, daß die Stadt dieses Kloster zu Eigentum erhalten solle, gegen die Verpflichtung, während 25 Jahren dem Verfügenden und seinen Erben von einer angenommenen, nicht zu erlegenden Erwerbssumme von 150000 ℳ jährlich 4 % Zinsen zu bezahlen.

Was für ein Rechtsverhältnis ist damit der Stadt angetragen?

XVII

1. Kläger hat 200 ℳ Kaufgeld eingeklagt; Beklagter entgegnet: er habe noch nicht alle dafür gekauften Gegenstände erhalten; Kläger bestreitet diese Behauptung. Wer muß beweisen?

2. X. hat mit Y. einen Mehlhandel abgeschlossen, nach welchem das dem X. verkaufte Mehl frei Kahn Magdeburg geliefert werden sollte. Sofort nach der Ankunft des Mehles bemängelte X. die Ware, als den früher ihm übersandten und dem Geschäft zugrunde gelegten Proben nicht entsprechend; muß aber auf entsprechende Aufforderung des Y. zugeben, daß er jene Proben nicht mehr besitze. Rechtsfolge?

Würde es von Bedeutung sein, wenn X. die Ware ohne Widerspruch angenommen und erst auf Klage des Verkäufers hin bemängelt hätte?

Oder: Wenn X. schon bei Übersendung der Schiffskonossamente in der Erwartung baldiger ordnungsmäßiger Lieferung das Kaufgeld an den Y. gesandt hätte?

3. Ein Käufer stellt Minderungsklage an. Es handelt sich um Lieferung einer Partie Fensterglas; und es beruft sich der Kläger darauf, daß beim Vertragsschlusse der Verkäufer die Lieferung besten, weißen, starken Glases von durchaus erster Qualität zugesagt, dieses Versprechen aber nicht gehalten habe. Das vor einiger Zeit gelieferte Glas habe sich als blind und voll von Blasen herausgestellt. Der Verkäufer bestreitet sowohl jenes Versprechen, als auch die Fehlerhaftigkeit der Lieferung. Wie steht es mit der Beweislast?

4. Eine Brauerei verpflichtet sich, dem Inhaber eines Biergeschäftes ein Darlehn in bestimmter Höhe zu gewähren, das unter halbjähriger Kündigung stehen sollte. Dagegen sollte der Inhaber des Biergeschäftes innerhalb dreier Jahre seinen Bierbedarf ausschließlich von der Brauerei beziehen. Nach anderthalb Jahren kündigte die Brauerei das Darlehn, das von dem Händler dann zurückbezahlt wurde. Nun weigerte er sich aber, weiterhin von der Brauerei Bier zu beziehen und ging andere Geschäftsverbindungen ein. — Die Brauerei klagte mit dem Antrage, daß dem Beklagten bei Strafe der Bezug von Bier anderswoher als von der Klägerin verboten werde. Der Beklagte berief sich auf obigen Tatbestand und leitete daraus die Einrede des nicht erfüllten Vertrages her. Dagegen bestritt die Brauerei die Möglichkeit, diese *exceptio* hier anzuwenden, da die Verpflichtung des Beklagten selbständig und einseitig für sich bestände. — Welches ist die hier zutreffende Erwägung und Entscheidung?

XVIII

1. Wie ist die richtige Behandlung folgender Tatbestände nach dem Rechte des BGB?

a) Am Faschings-Sonntag behielt ein Herr im Parkett eines Vorstadttheaters seinen Zylinderhut auf dem Kopf, obwohl der Vorhang bereits in die Höhe gegangen war. Ein Theaterinspektor trat an ihn heran und bat ihn sehr höflich, seinen Hut abzunehmen; allein der Herr erwiderte trocken, zwei Damen, die in einer vorderen Reihe saßen, hätten viel höhere Hüte auf und verstellten ihm so die Aussicht auf die Bühne. Solange man die beiden Damen nicht veranlasse, ihre Hüte abzulegen, erklärte er, behalte er den seinigen zum Zeichen des Protestes auf. Da der Inspektor auf gütlichem Wege nichts ausrichten konnte, drohte er, den Polizeikommissar zu holen, und nun verließ der unbequeme Besucher den Saal, um an der Kontrolle die Rückzahlung seiner Theaterkarte zu verlangen. Darauf wollte der Kontrolleur sich aber nicht einlassen; und der um den vergnügten Abend gebrachte Herr ließ sich diese Weigerung schriftlich bestätigen. Jetzt hat er den Direktor des Theaters auf Rückzahlung der 4 ℳ für den Sperrsitz und auf 50 ℳ Schadensersatz für das entgangene Vergnügen verklagen lassen.

b) Zwei Tage nach dem Abschluß eines Kaufvertrages über ein Tuch- und Konfektionsgeschäft, vor dem vertragsmäßig bestimmten Übergabetermine, bricht in dem verkauften Magazin Feuer aus und zerstört einen Teil der dort befindlichen und zu den veräußerten Sachen gehörigen Kleider, Wäsche, Möbel.

c) Der Ruderklub *Germania* hat von einem Wiesenbesitzer ein am Strome gelegenes Gelände auf 10 Jahre gepachtet, darauf ein leichtes Bootshaus gebaut und Vorrichtungen zur Ausübung des Rudersports angebracht. Nach einem Jahre werden alle jene Wiesen von der Stadt enteignet, weil die Vergrößerung dortiger Hafenanlagen es erfordert.

d) Ein Agent erhielt von einem Besitzer durch Privaturkunde den Auftrag, einen Käufer für eine Liegenschaft zu vereinbarten Bedingungen gegen bestimmte Provision zu ermitteln. Der Auftrag war als *fest unwiderruflich bis zum 7. April d. J.* bezeichnet. Der Besitzer schloß aber nach Erteilung jenes Auftrages und vor dem 1. April selbst einen Kaufvertrag mit einem Dritten.

2. Die gleiche Aufgabe ist für nachstehende Fälle zu lösen:

a) Nach einem im Sommer 1870 abgeschlossenen Kohlenlieferungsvertrag waren werktäglich vier Waggons Kohlen ab Mannheim nach Basel zu liefern. Im Spätsommer trat aber bis zum

2. November 1870 eine den Verkehr hemmende Störung des Eisenbahntransportes durch den deutsch-französischen Krieg ein.

b) Am Sonntag löste sich ein Herr zur Abendvorstellung ein Billet zur Oper *Carmen* für 7 ℳ. Er wollte gerade Fräulein Maria Labia hören, die auf dem Theaterzettel als Darstellerin der Titelrolle angegeben war. Die Leistung der Carmen entsprach so wenig den Erwartungen des Zuschauers, daß er sich nach dem zweiten Akte bei einem Theaterdiener erkundigte, ob denn die Darstellerin wirklich Fräulein Labia sei. Der Befragte verneinte dies und wies auf einen kleinen Zettel, der einen Wechsel in der Besetzung anzeigte. Der Zettel war auf dem Korridor angebracht. Der Herr verließ sofort das Theater und forderte sein Eintrittsgeld klagend zurück.

c) Der Bildhauer Mercié in Paris hatte auf Bestellung des Königs Alexander von Serbien das Modell zu einem Reiterstandbild des Königs Milan fertiggestellt. Das Denkmal sollte im August 1904 enthüllt werden. Am 11. Juni 1903 wurde König Alexander ermordet, und es fand sich jetzt niemand, der das Modell bezahlen wollte.

d) Rübezahl wanderte einst als Handwerksbursche auf der Straße nach Hirschberg. Ein Fuhrmann fuhr desselben Weges, und da sein Wagen nur wenig Frachtgut enthielt, so bat ihn der Bursche, ihm einen Platz darauf zu gönnen, er wollte gerne ein paar Groschen dafür bezahlen, da ihn seine wunden Füße gar zu sehr schmerzten. Der Fuhrmann war ein mürrischer Geselle und erbot sich, nur dann ihn mitzunehmen, wenn er das Geld zahle, bevor er aufsteige. Der Bursche gab ihm lächelnd 4 Groschen und schwang sich auf den Wagen. Kaum waren sie eine kurze Strecke gefahren, als die Pferde plötzlich stille standen und nicht mehr von der Stelle gingen, denn Rübezahl hatte sie behext. Da sprang der Handwerksbursche von dem Wagen und forderte sein Geld zurück, da er nun zu Fuße gehen müsse. *Was fällt Euch ein,* rief spottend der Fuhrmann, *was bezahlt ist, ist bezahlt. Ich habe Euch nicht gezwungen, auf den Wagen zu steigen und zwinge Euch nicht, abzusteigen.*

3. Ein Maler hatte den Besteller eines Porträts, der trotz wiederholter Aufforderung zu den Sitzungen nicht erscheinen wollte, auf Einhaltung des Vertrages verklagt, wonach der Beklagte verpflichtet sei, zum Zweck der Anfertigung seines Bildnisses dem Kläger in der vom Gerichte zu bestimmenden Zeit zu sitzen, das fertige Bildnis abzunehmen und hierfür den von Sachverständigen bestimmten Preis zu zahlen. Dieses Klagebegehren wurde von der ersten Instanz mit der Begründung abgewiesen, daß, wenn auch der Vertrag für beide Teile verbindlich ist, der Beklagte dennoch nicht dazu angehalten werden kann, dem Maler zu dem Bilde zu sitzen, da ein Werkvertrag niemals eine Handlung des Bestellers zum Gegenstand haben könne. — War dieses zutreffend? War vielleicht die Sache von dem Vertreter der Klage juristisch ungeschickt angefaßt worden?

4. Die auf den 26. Juni 1902 angesetzte Krönung des Königs Eduard von England mußte zwei Tage vorher wegen Erkrankung des Königs plötzlich verschoben werden. Dies hatte viele Rechtsstreitigkeiten im Gefolge. Die mit Nahrungs- und Genußmitteln handelnden Firmen weigerten sich, ihren Lieferanten die bestellten Waren abzunehmen, da diese jetzt gar nicht verkäuflich waren. Besonders streitig wurden auch die Beziehungen zwischen den Erbauern von Tribünen und den Mietern von Sitzen. — Ein englischer Rechtsgelehrter äußerte sich darüber: Interessant ist die Rechtsfrage in den Fällen, wo der Tribünenerbauer ohne Datum Sitze vermietete *zur Besichtigung des Krönungszuges.* Es fragt sich hier, ob man ihn dafür verantwortlich machen kann, daß ohne sein Zutun der Krönungszug unterblieb. Sir William Anson erklärt, daß im Falle unvorhergesehener Ereignisse, die keiner Partei zur Last gelegt werden können, der Kontrakt als ungültig anzusehen sei. Im Falle die Billetts so lauten, daß die Inhaber lediglich das Recht haben, am 26. Juni 1902 einen Sitz zu beanspruchen, werden die Käufer den Schaden zu tragen haben. Wenn aber dem Datum hinzugefügt ist: *zur Besichtigung des Krönungszuges*, dann ist die Sache rechtlich sehr schwierig zu entscheiden. Wahrscheinlich würden dann die Gerichtshöfe erklären, daß beide Parteien sich in den Schaden zu teilen haben. — Was ist zu diesen Auslassungen nach deutschem bürgerlichem Rechte zu bemerken?

5. Die Firma Langheinrich klagt gegen den Michael Schul auf Zahlung von 15 ℳ Darlehn. — Schul wendet in dem Verhandlungstermine ein, die Summe von 15 ℳ, die ihm am 15. Oktober Kläger gegeben habe, sei ihm nicht als Darlehn gewährt worden. Seine Frau sei im Oktober krank geworden, er habe viel Unkosten gehabt und habe deshalb, da er seit Jahren für die klägerische Firma als Weber, und zwar als Jacquardweber, beschäftigt gewesen, im Oktober auf noch zu liefernde Arbeiten, die er *im Akkorde* fertig zu stellen hatte, einen größeren Vorschuß erhalten, den er bis auf die eingeklagten 15 ℳ abverdient habe. Er sei auch bereit, diese 15 ℳ Vorschuß durch Lieferung der ausbedungenen Arbeiten abzuverdienen und bitte nur, ihm die entsprechenden Materialien zu geben. — Die Klägerin gibt zu, daß die 15 ℳ Vorschuß gewesen seien. Es habe sich aber der Beklagte nach dem am 20. Oktober v. J. erfolgten Tode seiner Frau noch mehr als vorher dem Trunke ergeben, seine Arbeiten seien mangelhaft, die Fäden sehr oft zerrissen, die Bilder fehlerhaft gewesen, so daß sie sich veranlaßt gesehen habe, ihn aus der Weberei zu entlassen, um nicht in großen Schaden zu kommen. Es werde Rückgabe der im voraus bezahlten 15 ℳ verlangt. — Der Beklagte erklärt, nach wie vor bereit zu sein, durch sorgfältigste Arbeit die 15 ℳ abverdienen zu wollen. — Die Beweisaufnahme ergibt, daß Schul mangelhafte Arbeit geliefert hat. — Welche Entscheidung wird das Gericht zu treffen haben?

XIX

1. Wie steht es in folgenden Tatbeständen mit der Anwendbarkeit von BGB 326?

a) Der Käufer kündigt dem säumigen Verkäufer an, daß er Schadensersatz von ihm fordern werde. Nachher besinnt er sich anders und will nun jenen auf nachträgliche Erfüllung verklagen.

b) Es waren 50 Waggons Futter verkauft. Der Verkäufer hat aber nur 45 geliefert, Mehrleistung verweigert und dem Käufer erklärt, er sei bloß zur Lieferung von 40 Waggons verpflichtet. Der Käufer gab keine Antwort. Er nahm Deckungskauf vor und klagte den ihm entstandenen Schaden ein.

c) Nachdem die Lieferung von dem Schuldner verweigert war, schrieb der Gläubiger an ihn: *Wenn Sie mir die Ware nicht binnen acht Tagen senden, so verklage ich Sie auf Schadensersatz.*

d) Nach den Bestimmungen eines Tauschvertrages sollte A. am 1. Dezember, B. am nächsten 15. März liefern. A. bietet am 1. Dezember seine Leistung dem B. an. Dieser verweigert die Annahme.

e) Es war ein Teil der verkauften Waren geliefert worden, mit dem Reste kam der Verkäufer in Verzug. Der Käufer verschafft sich die fehlenden Waren selbst und lehnt nachträgliche Leistung des säumigen Verkäufers ab, da er an der Restlieferung kein Interesse mehr habe.

2. Welche Besonderheiten liegen in nachstehenden Fällen vor, und was für Rechtsfolgen sind daraus zu ziehen?

a) Die Leitung einer Theateraufführung, eines Konzertes oder Vortrages läßt zu spät kommende Besucher nicht mehr ein, sondern bis zur nächsten Pause vor der Türe warten.

b) Eine Fabrik hatte eine Maschine an bestimmtem Tage zu liefern, brachte aber deren Vollendung nicht rechtzeitig zuwege. Der Besteller gibt ihr noch eine Frist von zwei Tagen, innerhalb deren aber die Fertigstellung und der Transport unmöglich zu bewirken war.

c) Die Direktion des Zoologischen Gartens hatte eine aus zehn Personen bestehende Singhalesentruppe zu Schaustellungen und Aufführungen verpflichtet. Bei dem Eintreffen und der Probevorstellung mißfiel die Truppe aber gänzlich. Die Direktion holte das Gutachten eines Sanskritprofessors ein, der zehn Jahre lang in Indien gewesen. Dieser erklärte die Truppe für unecht oder doch für ganz minderwertig in den künstlerischen Leistungen, die sie nach ihrem empfehlenden Rundschreiben vertragsmäßig versprochen hatte.

3. Anfrage bei einem Juristen: Wenn jemand sich an meinen Lotterielosen beim Spielen beteiligte oder doch beteiligen wollte, aber nichts zu den Ziehungen bezahlte, hat er rechtlichen Anspruch auf Gewinn oder nicht? Muß ich ihn mahnen? Kann er freiwillig nun noch nachträgliche Zahlung anbieten? Ist es wenigstens nicht möglich, ihn betreffs der noch nicht gezogenen Lose irgendwie abzuschütteln?

4. Der Kaufmann Nürken hatte an den Tischlermeister Hartleib ein Haus notariell verkauft und übergeben. Es sollte die Hälfte des Preises angezahlt werden, die andere Hälfte in vier Raten folgen. Die Auflassung war nach Zahlung des ganzen Preises vorzunehmen. — Hartleib zahlte drei jener Raten; mit der vierten blieb er trotz erfolgter Mahnung und erneuter Fristsetzung im Rückstande. Nürken klagte auf Rückgabe des Hauses: Er sei Eigentümer geblieben; und vom Kaufe trete er hiermit zurück. Dagegen meinte Hartleib, daß er durch Einräumung des Hauses eine schlüssige Einwendung gegen die *rei vindicatio* habe (BGB 986); wegen der einen fehlenden Rate könne der Verkäufer nicht von dem ganzen Vertrage zurücktreten (vgl. BGB 320, 2); auch sei BGB 454 zu beachten. — Entscheidung?

XX

1. Ist nachstehend ein gesetzliches Rücktrittsrecht des einen Teiles begründet?

a) Auf eine im Herbst zu liefernde Ware wird in der Zwischenzeit eine sehr hohe Steuer gelegt.

b) Eine Schauspielerin will sich aus inzwischen gewonnener religiöser Überzeugung vom Theater zurückziehen, während ihr Vertrag mit dem Direktor noch läuft.

c) Ein Gläubiger, der einen vollstreckbaren Titel gegen seinen Schuldner erwirkt hatte, war von diesem um Stundung gebeten worden und hatte sie ihm auf drei Monate bewilligt. Dann wurde der Schuldner flüchtig, und sein Bruder ließ das Mobiliar des Abwesenden versteigern.

d) Der Referendar S. hatte vom Geldverleiher G. das vertragsmäßige Versprechen erhalten, Darlehn auf Wunsch bis zur Höhe von 2000 ℳ zu bekommen. Nachdem wird S. wegen

Unregelmäßigkeiten im Amte aus dem Vorbereitungsdienste entlassen.

e) Ein Werkmeister war in einer Maschinenfabrik auf Lebenszeit angestellt. Der Fabrikant wird rückenmarksleidend und muß das Geschäft aufgeben, nachdem er sich vergeblich bemüht hat, einen passenden Käufer dafür zu finden.

2. Ein Hauswirt hatte einem Arbeiter eine Wohnung für den monatlichen Preis von 23 ℳ vermietet und eine Anzahlung von 10 ℳ angenommen. Tags darauf geht er zu dem Besitzer des Hauses, in dem der Mieter zurzeit wohnt, um sich nach ihm zu erkundigen. Da erfährt er, daß sein neuer Mieter ein schlechter Zahler sei, daß seine Wohnung mit Ungeziefer verseucht sei, und er im Konkubinat lebe. Besteht hier für den Vermieter keine Möglichkeit, den eingegangenen Mietvertrag zu lösen?

3. In einem Gasthause kam es bei angeregter Stimmung zwischen zwei Landwirten zu einem Pferdehandel. Der Besitzer des Pferdes erklärte: *Zahle mir innerhalb einer Stunde 400 einzelne Pfennige, und das Pferd gehört dir.* Der andere nahm den scheinbar leichten Handel an. Aber alle Mühe, die sonst so wenig geachtete Scheidemünze in gewünschter Anzahl herbeizuschaffen, war erfolglos. Nach Verlauf der Stunde waren erst etwas über 200 einzelne Pfennige vorhanden. Was lag hier juristisch vor? In welcher Art und Weise kommt der Besitzer des Pferdes von dem Handel los?

4. Der Kaufmann A. hatte mit dem Fabrikanten B. einen Vertrag abgeschlossen, inhaltlich dessen B. dem A. für den Gesamteinkaufspreis von 2000 ℳ netto Waren auf Bestellung pünktlich zu liefern, aber erst nach vollständiger Erledigung des Auftrages Zahlung zu erhalten hatte. Wegen nicht vollständiger Lieferung erhob A. Klage auf Vertragserfüllung und Schadensersatz, kam aber mittlerweile in Konkurs. Dieser wurde von dem Konkursgerichte wegen Mangels einer zureichenden Masse wieder aufgehoben. B. meint nun, daß man ihm die weitere Lieferung unter solchen Umständen nicht zumuten könne. Wie ist hierüber rechtlich zu befinden?

XXI

1. Rechtliche Charakterisierung folgender Willenserklärungen und Angabe ihrer Rechtsfolgen?

a) H. stellt mit schriftlicher Vollmacht namens seiner Ehefrau K. Klage gegen M. an: Sein Schwiegervater habe vor 7 Jahren seinem Sohne M. bei dessen Verheiratung Haus, Hof und Äcker um die Summe von 17 500 ℳ unter der Auflage angeschlagen, daß an die jüngere Schwester K. 4000 ℳ ausbezahlt würden. Die Übergabe sei erfolgt, M. zahle nicht. M. erwidert, daß der

Vater verstorben sei, ohne die K. von dem Vertrage benachrichtigt zu haben.

b) Der Kaufmann Cotta hat von dem Chef des Handlungshauses Stiehl & Cie. Prokura erhalten und schließt in dieser seiner Eigenschaft während einer Reise des Herrn Stiehl einen Lieferungsvertrag mit Damiller ab.

c) A. redet dem B. zu, er möge doch für sein, des B., uneheliches Kind etwas tun; B. sagt es ihm zu.

d) In einem Vertrage, durch welchen ein Grundeigentümer seinem Sohne sein sämtliches unbewegliches Vermögen abtrat, war bedungen worden, daß letzterer des ersten Schuld tilgen sollte. Darauf gestützt, machte ein Anwalt seine Gebührenforderung an ersteren gegen letzteren geltend.

e) Ein Gutsjäger hatte bei seiner Anstellung von dem Gutsherrn zugesichert erhalten, daß im Falle seines Todes seine Witwe eine Pension erhalten werde.

f) Ein Anwalt empfängt von dem Prozeßgegner seines Klienten Schuldbekenntnis und Zahlungsversprechen.

g) W. hatte mit der deutschen Lebensversicherungsgesellschaft in Lübeck sein Leben mit 7000 ℳ gegen halbjährige Prämie von je 116 ℳ versichert, so daß nach dem Tode oder bei Erreichung des 85. Lebensjahres des Versicherten die versicherte Summe an seinen Sohn Paul W. ausgezahlt werden soll.

2. Als vor einiger Zeit der Theaterdirektor Waldemar als Impresario des Königlich Preußischen Hofschauspielers Adalbert Matkowsky mit diesem und einer aus 15 Personen bestehenden Theatertruppe zu einem Gastspiel in Konstantinopel weilte, wurde Matkowsky an zwei Abenden vom Sultan eingeladen, mit der Waldemarschen Truppe vor ihm in Yildiz zu spielen. Dies geschah. Der Sultan übergab nach Schluß der Vorstellung Matkowsky den Medschidjeorden, sowie mit den Worten *Pour la troupe* ein Kuvert mit 400 türkischen Pfund. Matkowsky lieferte das Geldkuvert an den Direktor Waldemar ab, und dieser verfügte über die 400 Pfund (etwa 9000 Franken), ohne der Truppe nur einen Pfennig davon abzugeben. Darauf haben die nach Berlin zurückgekehrten Mitglieder der Truppe einen Rechtsanwalt beauftragt, gegen Waldemar wegen Herausgabe des vom Sultan der Truppe gemachten Geldgeschenkes gerichtlich vorzugehen. Was für einen Erfolg verheißt dieses nach dem Rechte des BGB?

3. A. hatte während des Bestandes seiner mit vier Kindern gesegneten ersten Ehe sein Leben bei der Gesellschaft *Konkordia* versichert und in der zum Grunde gelegten Deklaration die Frage, ob die Versicherung zugunsten einer dritten Person geschieht, mit: *nein, sondern zugunsten meiner Erben (Frau und 4 Kinder)* beantwortet. — Nach dem Tode seiner ersten Ehefrau schritt A. zu einer zweiten Ehe und verstarb demnächst mit Hinterlassung dreier Kinder erster Ehe, seiner Witwe und eines nachgeborenen Kindes zweiter Ehe. — Wer kann einen Anspruch auf die Versicherungsgelder erheben?

4. Der praktische Arzt Dr. Prinz in R. sendet an seinen Freund, den Staatsanwalt Bönig in H., mittels Postanweisung 50 ℳ, wofür letzterer Weihnachtsgeschenke mit bestimmter Verwendung im Namen und Interesse des Absenders besorgen soll. Bönig bekommt aber am folgenden Tage von der Post nur die Nachricht, daß die Anweisung da sei, daß jedoch noch einmal zur Klarstellung einiger Zweifel über Unregelmäßigkeiten bei der Expedition nach R. an die dortige Postanstalt geschrieben werden solle; nach Behebung jener Zweifel würden ihm die 50 ℳ ausgehändigt werden.

a) Kann Bönig nicht auf sofortige Herausgabe dringen? Man denke sich, daß es sich um eine größere Summe gehandelt hätte und der Adressat nun gegen Zinsen und Provision bei einem Bankhause einstweilen Geld aufgenommen hätte.

b) Kann, wenn hinterher sich Unregelmäßigkeit eines Postbeamten herausstellt, Bönig auf Schadloshaltung klagen: α) gegen den Beamten? β) gegen die Post? — L 5 § 4 [6 § 2] NG (3, 5); BGB 328; HGB 435; 452; PostOrd 20. 3. 00 § 33.

XXII

1. Rechtsfolgen nachstehender Vorkommnisse?

a) Ein Erblasser hatte bestimmt, daß sein Erbe eine gewisse Pretiose von deren Eigentümer erwerben und sie nach seiner Wahl einem von zwei Freunden des Testators überlassen solle. Nachmals erwirbt der eine dieser Bedachten jene lange gewünschte Pretiose unmittelbar von ihrem Eigentümer.

b) X. hat dem Y. versprochen, eine bestimmte Sache zu liefern; für den Fall, daß er die Sache zur festgesetzten Zeit nicht liefern würde, ist eine Vertragsstrafe bedungen. X. kauft die von ihm an Y. zu leistende Sache von Z. Dieser liefert sie ihm aber nicht, ungeachtet aller an ihn ergangenen Mahnungen; und X. entdeckte endlich, daß Z. den fraglichen Gegenstand an W. weiterbegeben hat. Um nun den Nachteil der Vertragsstrafe von sich abzuwenden, ist X. genötigt, die Sache zu einem hohen Preis von W. zu kaufen.

2. In Paris wollte ein Abgeordneter der Rechten, der einem Kollegen 100 Franken schuldete, diesen Betrag zurückschicken, vergaß aber die Banknote in den Brief zu stecken. Er bemerkte dies und suchte deshalb tags darauf seinen Gläubiger auf, um ihm das Geld persönlich zu übergeben. Zu seiner Verblüffung erklärte dieser aber, er habe das Geld erhalten. Beide begaben sich nun zur Post, um den sonderbaren Fall aufzuklären, was ihnen aber nicht gelang. In Wirklichkeit war der Brief in das berüchtigte *schwarze Kabinett* gekommen; und es hatte der Beamte, der den Brief eröffnete, geglaubt, daß die Banknote verloren worden wäre. Deshalb wurden die 100 Franken aus dem Geheimfonds ersetzt. Welche Rechtsfolgen knüpfen sich nach unserem bürgerlichen Rechte an? Ist insbesondere die fragliche Schuld als getilgt anzunehmen?

3. A. hat eine Kaufschuld seines Bruders B. in dessen Abwesenheit und ohne Auftrag dem Verkäufer C. gezahlt, nur um B. nicht in Verzug kommen zu lassen. Die hierauf von C. vorzunehmende Lieferung erfolgte aber nicht, weil die Kaufsache durch Schuld des C. unterging. Nun will A. nach BGB 325 zurücktreten und das gezahlte Geld wieder haben. C. widerspricht dem, weil er an A. nicht zu liefern gehabt hätte. Wie ist zu urteilen?

4. Ein junger Mensch hat leichtsinnige Schulden gemacht und dafür ihm gehörige Sachen verpfändet. Hierauf ist er verschwunden. Sein Bruder bezahlt die Rückstände. Dann erfährt er die Verpfändung und verlangt nun von dem Gläubiger die Sachen heraus, da das Pfandrecht mit der Forderung untergegangen sei (BGB 1252) und hier, jetzt BGB 1225 Anwendung finde. Der Gläubiger wendet ein, daß dies nicht zu seinem Nachteil geltend gemacht werden dürfe; vgl. BGB 268, 2/2. Wogegen der Bruder darauf hinweist, daß hier BGB 267 Platz greife, das von solchem Vorbehalte nichts wisse. Was ist zu diesem Rechtsstreite zu bemerken?

XXIII

1. Cod. Max. Bav. civ. IV, 15 § 7 ... 16 to. *Ist der Assignatus dem Assignatarius um der angewiesenen Schuld wegen auf Belangen zu bezahlen verbunden, jedoch niemals anders als auf vorläufige genugsame Legitimation und Aushändigung der Assignation oder Bescheinigung.*

a) Von welcher Rechtseinrichtung ist hier die Rede?

b) Was für Rechte und Pflichten entstehen daraus unter den beteiligten Personen?

c) Welchem besonderen Rechtssatze ist in der angeführten Gesetzesstelle Ausdruck gegeben? Stimmt er mit den Vorschriften des römischen und unseres bürgerlichen Rechtes überein?

d) Wie unterscheidet sich das hier gemeinte Rechtsgeschäft von: Zession; — Schuldübernahme; — Novation; — Delegation; — Expromission; — Leistung an Erfüllungsstatt?

e) Was ist die Folge, wenn ein Gläubiger in der hier in Rede stehenden Art und Weise von einem Dritten, von dem der

Schuldner etwas zu fordern hatte, sich das Geld holen sollte und dann sein Schuldner in Konkurs verfällt, ehe der Dritte gezahlt hat?

2. Wie sind die folgenden Rechtsakte juristisch zu bestimmen? Was für Rechtsfolgen knüpfen sich an sie?

a) Es will jemand einem anderen ein Geschenk machen und kommt mit ihm überein, daß sich dieser von einem Schuldner des Schenkers von der diesem geschuldeten Summe einen Teil versprechen lassen solle. Der Schuldner tut dies auch.

b) In einem Ehe- und Erbvertrage hatte jemand seiner Ehefrau 30000 ℳ auf seinen früheren Todesfall verschrieben. Die Ehefrau übertrug mit Genehmigung ihres Ehemannes diese Forderung einem Dritten in der Art, daß der Ehemann sich zum Schuldner des Erwerbers bekannte und Verzinsung der angegebenen Summe versprach, zugleich mit der Abrede, daß dieselbe am übernächsten Januar bezahlt und bei unterbleibender Zinszahlung sofort fällig werden sollte.

3. A. verkaufte ein Grundstück an B., der vier Jahre vorher als Bürge für eine dem C. gegen A. zustehende Forderung eingetreten war, und wies im folgenden Jahre den B. an, den Kaufpreis an C. zu bezahlen. In der Kaufurkunde und der Anweisung wurde zugleich angegeben, daß der Verkauf und die Anweisung geschehen sei, um den Käufer B. wegen der erwähnten Bürgschaft zu decken. C. erklärte schriftlich dem hiervon Kenntnis nehmenden B., daß er, unter Vorbehalt seiner ihm aus früheren Titeln zustehenden Rechte, jene Anweisung annehme. Nun tritt D., ein anderer Gläubiger des A., auf und will, da er sonst von A. keine Befriedigung bekommt, dessen Recht auf den Kaufpreis, den B. zu zahlen hat, pfänden lassen. Ist dies noch möglich?

4. Da S. aus Darlehn dem G. noch 600 ℳ schuldig war, stellte er diesem einen Schein aus, durch den er ihn ermächtigte, bei dem Bankhause Z. sich das Geld zu holen. Zwischen S. und Z. bestand regelmäßige Geschäftsverbindung. Plötzlich erscheint nach 14 Tagen G. wieder bei S. und erklärt, daß er von dem Scheine keinen Gebrauch machen wolle, sondern sofort sein Geld von S. selbst ausbezahlt haben wolle. Kann dies G. rechtlich verlangen? Kommt etwas darauf an, ob Z. den Schein *angenommen* hatte oder nicht?

XXIV

1. Drei Geschwister nehmen bei der Versilberung des elterlichen Nachlasses von zwei Vettern ein Darlehn von 1200 ℳ auf. Dabei wird bestimmt, *daß jeder für sich haften und auch kein Gesamtrecht eintreten soll.* Wie ist das des Näheren durchzuführen?

2. Zwei Miteigentümer eines Grundstückes verkaufen es für 8000 ℳ. Wie steht es mit der Kaufgeldforderung?

Wie ist es, wenn sie das Haus dem X. vermieten und die Vertragsurkunde gemeinsam, aber ohne nähere Bestimmung ihrer Rechtsstellung unterschreiben; und zwar:

a) Welche Ansprüche hat X. gegen jeden der Vermieter?

b) Was ist im besonderen die Folge, wenn der eine Vermieter seinen Anteil am Grundstücke einem Dritten verkauft?

c) Wie haftet der Mieter den Vermietern gegenüber?

d) Wie geht es, wenn X. stirbt und von Y. und Z. beerbt wird?

3. Wie ist nachstehend die Haftung der mehreren Beteiligten juristisch beschaffen?

a) In Königsberg brach ein Streik der Speicherleute und Getreideträger aus. Die durch den Ausstand geschädigten Firmen hatten nun ihre Arbeiter, die ohne vorherige Kündigung die Arbeit niedergelegt hatten, auf Schadensersatz verklagt und geltend gemacht, daß die Arbeiter eine vierzehntägige Kündigungsfrist einzuhalten hätten, da sie auf Wochenlohn angestellt waren. Das Gewerbegericht erkannte dahin, daß die Speicherleute die Arbeit unberechtigterweise niedergelegt hätten.

b) V. hatte von K. aus Holzverkäufen 7000 ℳ zu fordern. Später verspricht S. in einem Schuldschein (BGB 780) dem V., ihm 7000 ℳ im Laufe der nächsten drei Monate in beliebigen Teilen zu zahlen.

4. Ein Handwerker, der seine verstorbene Frau nicht mitbeerbt hat, wird von deren Erben auf Herausgabe des Nachlasses verklagt. Er entgegnet, daß er zwei Darlehne von 1000 ℳ und 500 ℳ, die er gemeinschaftlich mit seiner Ehefrau aufgenommen, in ihrem ganzen Betrage mit seinen Mitteln zurückbezahlt habe und deshalb die Hälfte von den Klägern zurückverlange. Diese erwidern, daß ein Gesamtschuldner, der das Ganze bezahlt, nur seine eigene Pflicht erfüllt habe, auch seien sie nach BGB 420 nur nach Anteilen eingetreten. Welcher der Streitteile ist im Rechte?

5. Zu einem Bankier kommen zwei Personen, welche gemeinsam ein Darlehn von 100 ℳ aufnehmen und für einander zu haften versprechen. Hinterher stellt sich heraus, daß die eine Person geisteskrank war. Welchen Einfluß hat dieser Umstand auf die fraglichen Rechtsverhältnisse?

6. Mehrere Händler kaufen eine Partie Waren und versprechen dem Verkäufer, für das Kaufgeld als Gesamtschuldner haften zu wollen; allein der eine macht seine Verbindlichkeit davon abhängig, daß er binnen 2 Monaten ein ihm in Aussicht stehendes Geschäft machen werde. Wie gestalten sich die Verpflichtungen?

Wenn der Verkäufer den letztgenannten Händler verklagt hat und wegen Nichteintrittes der Bedingung zurückgewiesen worden ist: kann er immer noch den anderen belangen?

7. In eine Erwerbsgesellschaft tritt ein Gesellschafter neu ein und verspricht dabei einem Gesellschaftsgläubiger, unter dessen Annahme, daß er für eine schon länger ausstehende Kaufgelderforderung als Gesamtschuldner mithaften wolle. Diese Forderung schwebt bereits 10 Jahre, ohne eingeklagt worden zu sein. Verjährt sie nun in 20 oder in 30 Jahren? Haben etwaige spätere Abschlagszahlungen des einen Schuldners darauf maßgeblichen Einfluß?

8. Eine von A. und B. gemeinschaftlich in Verwahrung genommene Sache des C. wird von A. schuldhafterweise beschädigt. Ist C. befugt, den B. auf den vollen Schadensersatz in Anspruch zu nehmen?

9. Zwei Kaufleute haben in einem gemeinschaftlich geschlossenen Vertrage einem Gutsbesitzer eine Maschine verkauft, von welcher nur der eine der Verkäufer wußte und arglistig verschwieg, daß sie an einem, den Gebrauch schwer beeinträchtigenden Mangel litt (BGB 462; 463). Wie steht es mit der Haftung der Verkäufer? Was wäre zu bemerken, wenn die Maschine fehlerfrei gewesen, der eine Verkäufer aber nach ihrer gemeinsamen Vertragspflicht die Aufstellung und Einübung der Maschine ausgeführt und dabei schuldhaft Schaden angerichtet hätte?

10. A. und B. haben eine gemeinsame Sache zusammen verkauft und sich Gesamtberechtigung wegen des Kaufpreises von 2000 ℳ ausbedungen. Gegen den A. erwirbt der Käufer C. eine Darlehnsforderung von 1000 ℳ. Wenn B. den Schuldner verklagt, kann letzterer aufrechnen? Wie stände es, wenn C. gestorben und von A. beerbt worden wäre? Oder: falls B. und C. nach längerem Prozesse über die Eigenschaften der verkauften Sache einen Vergleich geschlossen, kraft dessen C. nur 1700 ℳ Kaufpreis zahlen soll?

11. Der Landwirt L. hat von den Händlern O. und P. 50 Schafe in gemeinschaftlich abgeschlossenem Handel gekauft; lieferbar in zwei Abteilungen. Als am ersten Liefertage O. mit 25 Stück ankommt, geraten die beiden in Streit und L. verweigert die Annahme. O. zieht mit den Tieren wieder ab. Dann besinnt sich L. anders und schickt nach einigen Stunden einen Knecht zu dem Absteigequartier der Händler, um seine Bereitwilligkeit zu der Annahme zu erklären. Der Bote trifft aber nur den P. an, dem er seinen Auftrag ausrichtet. Wie steht es nun mit dem Verzuge und dessen Folgen?

XXV

1. Wie sind nachstehende Tatbestände juristisch zu bestimmen? Welche Formen sind bei den einzelnen Willenserklärungen zu deren Gültigkeit notwendig?

a) Gesetz, betreffend die anteilige Übernahme einer Garantie des Norddeutschen Bundes für eine zur Herstellung der dauernden

Fahrbarkeit des Sulinaarmes der Donaumündungen von der Europäischen Donauschiffahrts - Kommission aufzunehmenden Anleihe, vom 11. Juni 1868 (Reichs-Verf. 73).

b) *Herr N. N. wird hierdurch freundlichst ersucht, mit der Klage gegen M. M. einzuhalten, indem ich Ihnen die Versicherung gebe, daß Sie binnen drei Tagen wenigstens im Besitze der Hälfte ihrer Forderung sein werden.*

c) Es beredet jemand einen anderen zu einem Prozesse mit einem Dritten, ihm für Schaden und Kosten garantierend, falls er den Prozeß verlieren werde.

d) Gegen Zahlung einer bestimmten Vergütung übernimmt jemand die Gefahr von Forderungen Dritter gegen zweifelhafte Schuldner: Kommt der Betrag von letzteren ein, so hat jener die Prämie gewonnen; zahlt der Schuldner nicht, so muß der Übernehmende den Ausfall den Gläubigern gegenüber tragen.

e) Jemand verspricht einem Kreditsuchenden, daß er sich für ihn verbürgen werde.

f) A. weist den B. an, sich als Bürge für den C. bei dessen Gläubiger D. haftbar zu machen.

g) Ein Student war in den dreißiger Jahren wegen Teilnahme an einer verbotenen burschenschaftlichen Verbindung in Untersuchung bei dem Universitätsgerichte gekommen. Er wurde auf freiem Fuße belassen, nachdem sein Vater einen Kautionsschein über 500 Taler unterzeichnet hatte, für den Fall, daß sein Sohn sich der Vorladung und etwaigen Verhaftung entziehen würde.

h) Es ist bekannt, daß Friedrich der Große das Tabaksmonopol sehr begünstigte. Die Aktiengesellschaft, auf welche von dem ersten Generalpächter Ribaudt die Pacht des Monopols übergegangen war, machte aber so schlechte Geschäfte, daß der König durch Edikt vom 17. Juli 1766 auf dahin gehendes Bitten jener Kompanie statt ihrer die Verwaltung übernahm; die *Aktionisten* erhielten ihr eingeschossenes Geld mit 10 % verzinst und sollten, wenn sich nach Abzug aller Kosten und besonders der an den Staat zu zahlenden Pachtsumme noch ein Gewinn ergäbe, eine Dividende nach Verhältnis ihres Aktienbesitzes genießen; die pünktliche Zahlung jener Zinsenforderung von 10 % wurde 1 Jahr darauf den Aktionären durch die kurmärkischen Landstände besonders garantiert.

2. A., welcher sich für eine Forderung des B. an C. verbürgt hatte und zwangsweise zur Zahlung angehalten worden war, klagt gegen D.: weil dieser ihm gegenüber die Verbindlichkeit übernommen habe, die Schuld des B. rechtzeitig an dessen Gläubiger abzutragen, oder ihn, den A., von seiner Bürgschaft zu befreien, im

Falle der Schuldner selbst keine Zahlung leisten sollte. Was liegt hier rechtlich vor? Und ist die erhobene Klage begründet?

3. Was ist über die juristische Konstruktion und rechtliche Gültigkeit der folgenden Willenserklärungen zu bemerken?

a) Es hat jemand urkundlich anerkannt, daß sein geisteskranker Schwager aus einem Handlungshause bestimmte Waren erhalten und dafür 400 ℳ schuldig geworden sei. Er bittet den Kaufmann, diese Summe einstweilen stunden zu wollen, indem er für demnächstige pünktliche Zahlung sich verbürgt.

b) Ein Maler hat die Fertigstellung eines Bildes zu einer Festaufführung übernommen. Ein anderer verspricht, im Falle der nicht pünktlichen Lieferung des Bildes eines von den seinigen zu verabfolgen.

c) Ein Bürge wird unter Vorlegung des von ihm ausgestellten Bürgscheins verklagt. Er wendet ein, daß er bei seiner Verbürgung mündlich den Vorbehalt eines beabsichtigten guten Geschäftes mit einem Dritten gemacht habe, das dann nicht zustande gekommen sei.

d) Als ein Bevollmächtigter in Ausführung des erhaltenen Auftrages eine Sache käuflich erwerben wollte, zeigte sich, daß sie zu dem von dem Geschäftsherrn angegebenen Höchstbetrage nicht zu haben war. Der Vertreter bewilligt daher dem Verkäufer den höheren Preis, indem er garantiert, daß der Auftraggeber dies genehmigen werde.

e) Ein Darlehnsgläubiger wird von dem Bruder des Schuldners ersucht, noch weiteren Ausstand zu geben, indem er, der Bruder, ihn *wegen jedes Ausfalles und Nachteiles schadlos halten werde.*

4. Wie ist über nachstehende Einwendungen zu urteilen?

a) Es hat sich jemand für eine Kaufgeldschuld verbürgt. Auf Klage des Verkäufers bringt er vor, daß die Kaufsache solche Mängel habe, daß ein Recht auf Wandlung gegeben sei.

b) Der Hauptschuldner ist verklagt und rechtskräftig verurteilt worden, erweist sich aber als zahlungsunfähig. Nun wird der Bürge angegangen. Der beruft sich darauf, daß während des Prozesses gegen den Hauptschuldner die Forderung verjährt sei.

c) Ein Mieter hatte gegenüber der Mietzinsklage eingewendet, die vermieteten Räume seien infolge Tieferlegung der Straße für ihn zum Gebrauche untauglich geworden (BGB 537). Er war aber rechtskräftig verurteilt worden. Als nun sein Bürge in Anspruch genommen wurde, machte dieser den gleichen Einwand geltend, worauf der Vermieter erwiderte, daß dies schon durch Urteil erledigt sei.

5. N. ist von O. durch Drohungen zu einem Geldversprechen gezwungen worden. N. ersucht später den M., sich zu verbürgen, und M. erklärt sich dazu bereit, ohne von dem früheren Hergang etwas zu wissen. Später erfährt dies M. Kann er, wenn er von O. belangt wird, diesem eine rechtswirksame Einwendung machen?

6. Der Tischlermeister Stiller will von dem Holzhändler Hanusch Holz auf Kredit beziehen. Hanusch fordert einen Bürgen. Stiller bringt seinen Freund, den Krämer Stöckel, und es kommt das Geschäft urkundlich zustande. Dabei hatte Stöckel in das von allen Teilen unterschriebene Schriftstück aufgenommen: daß Hanusch zusichere, seinen Bedarf an solchen Waren, die Stöckel in seinem Laden führe, in Zukunft regelmäßig bei dem Bürgen zu decken. — Jetzt hat Hanusch den Stöckel aus der Bürgschaft verklagt, weil Stiller zahlungsunfähig ist. Der Beklagte verweist auf obige Klausel und bemerkt, daß Hanusch niemals Waren von ihm bezogen habe. Der Kläger entgegnet, daß die Bürgschaft immer nur eine einseitige Verbindlichkeit schaffe und es bei ihr eine Einrede aus BGB 320 nicht gebe. — Wie ist zu entscheiden?

7. Welche Rechtsfolgen knüpfen sich an folgende Tatbestände?

a) Für den Rest einer Kaufschuld des K. an V. hat sich B. verbürgt. K. stirbt und wird von X., einem nahen Freunde des V., beerbt. Letzterer erläßt dem X. die Schuld, fügt aber hinzu, daß dieses rein persönlich sein solle.

b) Jemand will einem Bürgen schenkungsweise eine Vermögenszuwendung machen und bezahlt zu diesem Zwecke den Hauptgläubiger.

c) Für einen Hauptschuldner waren zwei Mitbürgen eingetreten. Dem einen dieser beiden erläßt der Gläubiger die Verpflichtung.

d) Ein Bürge war für den einen von drei Gesamtschuldnern eingetreten und hatte demnächst die ganze Schuld dem Gläubiger bezahlt.

e) C. war als Nachbürge für seinen Bruder B. wegen einer von diesem für den A. bei dessen Gläubiger X. übernommenen Bürgschaft eingetreten. Da sowohl A. als B. zahlungsunfähig waren, hatte C. bezahlt. Jetzt fällt A. eine größere Erbschaft zu, und C. fordert von ihm Ersatz der geleisteten Zahlung.

XXVI

1. Welche juristischen Besonderheiten liegen bei den folgenden Rechtsabtretungen vor? Wie unterscheiden sich die einzelnen nach ihrer rechtlichen Natur und Folge?

a) *Verhältnisse halber verkaufe mein solid gebautes Grundstück. . . . Eine gute Hypothek wird in Zahlung genommen.*

b) Der Verleger einer Zeitung hatte der Postverwaltung den Vertrieb des Blattes übergeben. Er überträgt den Anspruch auf die für spätere Quartale bei der Post eingehenden Abonnementsgelder.

c) Einer Handlung, welche schwer eintreibbare Außenstände zur Einziehung übernimmt, wurde eine Forderung übertragen. Sie hatte in ihren Bedingungen zuvor erklärt: *Wir zahlen Ihnen von den Eingängen 50 % nach Empfang, die weiteren 50 % sind unser Eigentum,* — und sodann eine Urkunde ausgestellt, daß Zedent so lange Eigentümer der Forderung bleibe, bis er die ihm zukommenden 50 % erhalten habe; falls die Forderung binnen 2 Jahren durch Zahlung oder Vergleich nicht erledigt sei, wolle sie dieselbe zurück übertragen.

d) A. hat eine verzinsliche Hypothek von 20 000 ℳ gegen Empfang von 14 000 ℳ mit der Abrede abgetreten, daß es ihm frei stehen sollte, innerhalb 4 Monaten die Hypothek mit 15 500 ℳ zurückzukaufen.

e) Als S. von G. ein Darlehn aufnahm, übertrug er ihm zur Sicherheit dieser Darlehnsschuld ein Guthaben, welches S. an Z. hatte. Die Urkunde hieß: *Zedent darf den Betrag von Z. einziehen, sobald er dem G. dafür andere geeignete Forderungen abtritt. Eine Benachrichtigung des Schuldners Z. soll nicht erfolgen.*

f) Volkskaffeehallen, geöffnet von früh ½6 Uhr an. Es wird verabreicht: Kaffee zu 5 ₰ usw. *Marken zu 5 ₰, welche sich besonders zu Geschenken an Bedürftige eignen und in den drei Hallen verwendet werden können, sind in allen drei Hallen zu haben.*

g) *Beabsichtige meine Hotelpachtung, erstes Reisehotel einer Kreis- und Garnisonstadt mit hohen Schulen und Gerichten, nur krankheitshalber zu zedieren. Zur Übernahme sind 25 000 ℳ erforderlich.*

h) X. verkauft seinen Pfandschein zum städtischen Leihhause, wonach er ein Einlösungsrecht der versetzten Uhr hat.

i) Zwischen M. und N. kommt der Verkauf eines Gutes zustande, wobei M., der mit dem Gutsnachbar O. über das Eigentum eines Ackers seit einiger Zeit in Streit lebt, seine, allerdings bestrittenen, Ansprüche auf besagten Acker dem N. mit zuweist.

k) A. hatte sein gesamtes Haus- und Wirtschaftsinventar dem B. verkauft und überliefert, von ihm aber es mietweise bis auf weiteres überlassen erhalten. B. schließt mit C. einen Vertrag, der durch folgende, unter jenen Verkaufsvertrag gesetzte Erklärung zum Ausdrucke kommt: *Vorstehenden Vertrag zediere ich mit allen Rechten und Klagen. . . .*

l) In einem Restaurant saß eine Anzahl Gäste, und außerdem tagte daselbst ein Verein. Plötzlich erschien ein Gerichtsvollzieher, bat um Silentium und forderte mit lauter Stimme sämtliche Gäste auf, ihre Zechen nicht an den Kellner oder an den Wirt, sondern an ihn zu zahlen.

2. S. hatte dem G., einem seiner Gläubiger, eine ihm, dem S., zugehörige Schuldverschreibung, in welcher ihm Erbrechte verpfändet waren, übergeben: *Aus derselben sollen Ihnen nunmehr dieselben Rechte zustehen, welche mir aus diesem Dokumente zustehen, für etwaige Forderungen, welche Sie an mich haben sollten ... Sie sind berechtigt, dieses Dokument anderweit zu hinterlegen ... nach Begleichung meiner Schuld geben Sie mir meine Sicherheit zurück.* S. fiel später in Konkurs. Welche Rechtsstellung kommt dem Gläubiger G. zu? Und was gehört zur Konkursmasse?

3. Es ist neuerdings mehrfach festgestellt worden, daß Forderungen, die in ihrem Rechtsgrunde zweifelhaft und von dem Schuldner bestritten waren, von den Fordernden an eine ganz arme Person übertragen wurden, die nunmehr die streitige Schuld einklagt, nachdem sie sich das Armenrecht erwirkt hat. Wird der Prozeß gewonnen, so bekommt der Kläger eine kleine Entschädigung und liefert das Übrige ab; verliert er, so hat er an Kosten nichts zu zahlen, und der Gegner ist geprellt.

In einem derartigen Prozesse, der vor dem Landgerichte Hamburg anhängig wurde, bestritt der Anwalt des Beklagten die Rechtsgültigkeit der Übertragung an den bettelarmen Kläger, weil dieser *ein mächtigerer Gläubiger* wäre.

L. 2 C. ne liceat potentioribus etc. (2, 13 [14]); cf. c. 2 X. de alienatione iudicii mutandi causa facta (1, 42).

Manche Juristen fanden dies nach römischem und gemeinem Rechte nicht unbedenklich (— mit Fug?). Wie steht es damit nach dem Rechte des BGB?

XXVII

1. Die Tochter eines Fürsten ließ sich von einem Abenteurer entführen. Ihr Vater, der sie deshalb verstoßen und enterbt hatte, starb. Ein Gläubiger der verarmten Prinzessin wollte nun ihren Anspruch auf den Pflichtteil sich abtreten oder ihn pfänden lassen. Geht das an? (BGB 2317; ZPO 852.)

2. Ein Rentner S. geriet in einer größeren Gesellschaft mit einem Herrn in Streit und gab ihm schließlich eine Ohrfeige. Das gab zunächst eine große Aufregung, dann machten einige Anwesende Sühneversuche. Mit Einverständnis der beiden Hauptbeteiligten wurde endlich aus der Gesellschaft heraus ein Schieds- und Sühnegericht gebildet, dessen Spruch bindend sein sollte. Dieser Gerichtshof verurteilte S. zu 1000 ℳ Geldstrafe, und der Verurteilte unterschrieb denn auch eine Bescheinigung, daß er dem Geschlagenen als Sühne für die Ohrfeige 1000 ℳ schulde. — Der Gläubiger forderte nun aber die Schuld nicht selbst ein, sondern übertrug seine Forderung an den Hauseigentümer F., und dieser verklagte

S., weil er sich weigerte, ihm die Summe zu zahlen, da es sich nur um eine Biertischgeschichte handelte und im übrigen klageberechtigter Gläubiger nur der Geschlagene persönlich wäre. — Ist der Einwand begründet?

3. Bei einer Gutsübernahme hatte sich der übernehmende Sohn unter anderem verpflichtet, seinen Eltern *auf deren Verlangen* wöchentlich 8 ℳ Taschengeld zu geben. Diese Forderung wurde von einem Gläubiger des Vaters mit Beschlag belegt; der Sohn aber widersprach der Berechtigung dieses und verlangte Aufhebung der Pfändung. Entscheidung?

4. Einem Gutsbesitzer hat sich eine Bank verpflichtet, einen Kredit bis zur Höhe von 30000 ℳ zu gewähren und ihm je nach Wunsch in den nächsten 3 Jahren diese Summe leihweise zur Verfügung zu stellen. Ein Gläubiger des mittlerweile ganz verschuldeten Gutsbesitzers erfährt dieses und fragt an, ob er die hier fragliche Forderung nicht zwecks seiner Befriedigung pfänden lassen könne?

5. Der Handlungsgehilfe Kraus hatte in einem Kaffeehaus eine Zechschuld von 17 ℳ stehen; um Ausstand zu erhalten gibt er seine Taschenuhr dem Wirt zur Sicherheit. Da er aber nicht zahlt, überweist der Wirt jene Schuld an Hirschel, einen Kollegen des Kraus, für bar gezahlte 12 ℳ, ohne von der Uhr etwas zu erwähnen.

a) Kann jetzt nicht Kraus seine Uhr zurückfordern? Oder kann Hirschel sie verlangen? Wie gestaltet sich überhaupt, in genauer juristischer Erwägung und Fassung, das Rechtsverhältnis bezüglich der versetzten Uhr?

b) Ist es von Einfluß, ob Hirschel von der gewährten Sicherheit Kenntnis hatte? Hätte er sich dann nicht ausdrücklich ausbedingen müssen, daß ihm die Sache herausgegeben wurde?

c) Wird, im Falle der Wirt die Uhr freiwillig bei der Zahlung an Hirschel gibt, dadurch ein Rechtsverhältnis zwischen letzterem und Kraus begründet?

d) Wenn Hirschel ein notorisch liederlicher Mensch ist, der dann die wertvolle Uhr durchbringt: kann sich Kraus wegen des Schadens an den Wirt halten? Genügt es für Kraus, wenn er auf den Hinweis des Wirtes, daß Hirschel ja zahlungsfähig sei, entgegnet, daß derselbe jetzt in einem anderen Amtsgerichtsbezirke, als sie beide, wohne?

XXVIII

1. Der bisherige Gläubiger war am Tage nach der Abtretung verstorben. Sein Erbe gewährt dem Schuldner auf dessen Bitten einen Zahlungsaufschub von 6 Monaten. Nun erst wird durch

Auftreten des neuen Gläubigers die Übertragung bekannt. Kann der Schuldner sich auf die Fristgestaltung berufen?

2. G. überträgt am 10. Juli eine Forderung auf Kaufgeld gegen den S. an den C. Am 12. Juli kauft S. eine Forderung, welche X. gegen G. hatte. Kann er damit dem C. gegenüber aufrechnen?

3. Der Verkäufer hat seine Forderung auf Kaufgeld übertragen:

a) Kann der Käufer dem neuen Gläubiger gegenüber sich darauf berufen, daß die verkaufte Sache nicht ordentlich imstande gewesen sei?

b) Oder darauf, daß der neue Gläubiger den Preis für die ihm abgetretene Forderung noch nicht entrichtet habe?

c) Oder kann er vorschützen, daß soeben jemand von ihm die abgetretene Schuld eingefordert — oder: schon einkassiert — habe, dem sie der Verkäufer noch vor einer Stunde, wie sich jetzt zeige, zum zweitenmal abgetreten hatte?

d) Wenn in dem erwähnten Falle der Drittschuldner noch nicht bezahlt hat: kann der jetzt auftretende neue Gläubiger die Zahlung an den bisherigen Gläubiger oder einen anderen Zessionar dadurch verhindern, daß er dem *debitor cessus* die notarielle Abtretungsurkunde vorzeigt, oder müßte er ihm den abgelehnten Schuldschein vorweisen können?

4. Richart hatte gegen Zenker eine Forderung von 1200 ℳ, die Richart an Magnus am 17. Januar übertrug. Am 9. Februar machte Magnus dem Zenker hiervon Anzeige. Inzwischen hatte aber Hasting, ein Gläubiger des Richart, auf Grund eines gegen den letzteren erstrittenen obsiegenden Urteiles bei dem Amtsgerichte den Antrag gestellt, jene Forderung des Richart an Zenker zu pfänden. Das Gericht gab dem statt und verfügte am 27. Januar die Pfändung jener Forderung, wobei es dem Zenker aufgab, bei Meidung doppelter Zahlung weder an Richart noch an sonst jemanden zu bezahlen. Die Zustellung dieser Verfügung an Richart und an Zenker erfolgte am 29. Januar. — Hiernach erhob Magnus Klage gegen Hasting mit dem Antrage, den Kläger als Eigentümer der fraglichen Forderung anzuerkennen und die geschehene Pfändung aufzuheben. — Ist das Klagebegehren begründet?

5. Moor trat gegen Perpente als Zessionar des Reinach, welcher eine Geldforderung gegen Perpente hatte, gerichtlich auf. Beklagter entgegnete, daß die Zession nur zum Scheine abgeschlossen sei. Moor aber erwiderte, daß dies nur ihn und den Gläubiger etwas angehe; der Schuldner habe kein verletztes Interesse, indem ihm gegen den Zessionar alle Einreden offen blieben, die er dem Zedenten selbst hätte entgegensetzen können. Wie ist über diesen, sich nicht selten ereignenden Streitfall richtig zu erkennen? Wie verhält sich dazu BGB 405?

6. Kurth schuldete dem Maibier aus einem Hauskauf 15000 ℳ, die zu 4 % verzinslich in 10 Jahren zahlbar waren. Nach 7 Jahren wurde am 1. Juni über das Vermögen des vorher flüchtig gewordenen Maibier Konkurs eröffnet, und es erhielt am 3. Juni Kurth Anzeige von Ivers, daß ihm schon vor 5 Jahren die Forderung an Kurth von Maibier abgetreten worden sei. Nur um dessen Kredit zu schonen, habe er darüber geschwiegen und es geschehen lassen, daß sein Zedent die Zinsen weiter erhoben, die fortan ihm selbst zu entrichten seien. Ivers klagt hiernach auf den vorenthaltenen Teil der Zinsen gegen Kurth. — Dieser setzt der Klage Aufrechnung mit einer Forderung entgegen, zu deren Begründung er sich auf folgende, von dem Kläger nicht bestrittene Tatsachen beruft: Für eine Schuld des Maibier bei dem dortigen Bankverein habe sich Goldbach verbürgt; diese sei am 4. Juni d. J. fällig. Am 28. Mai d. J. habe Goldbach mit ihm, dem Kurth, einen Vertrag geschlossen, über den er folgende Urkunde zu den Akten gibt: *Ich zediere hiermit an Kurth, nachdem ich wegen meiner Vatuten befriedigt worden bin, von meiner Forderung aus geleisteter Bürgschaft an den Kaufmann Maibier den Betrag von 13000 ℳ, ohne Vorbehalt und Neuerung, aber auch ohne Gewähr.* — Wie ist der Rechtsfall zu entscheiden?

XXIX

1. Der Verkäufer eines Hauses hat einen Rest von Kaufgeld, den er noch zu fordern hat, einem armen Verwandten schenkungsweise überwiesen. Am nächsten Tage reut es ihn, und als der Schuldner wieder eine Abschlagszahlung bringt, verschweigt er ihm die Übertragung und nimmt die Zahlung quittierend an.

a) Da der Schuldner bezüglich dieser Rate nach bekannten Rechtssätzen (welchen?) befreit ist, so wirft sich nun die Frage auf: Kann der Verwandte gegen den Zedenten auftreten? Welche *actio* käme in Frage?

b) Was wäre zu bemerken, wenn der Drittschuldner überhaupt nicht zahlte und bei dem Vorgehen des beschenkten Verwandten gegen ihn sich als zahlungsunfähig herausstellte. Wäre es von Einfluß, ob er schon zur Zeit der zwischen dem Verkäufer und seinem Verwandten getroffenen Verabredung insolvent war oder es erst hinterher wurde?

c) Wie stände es: wenn die fragliche Schuld zur Zeit der Übertragung schon getilgt gewesen wäre? Oder wegen eines Nichtigkeitsgrundes bei dem Begründungsakt überhaupt nicht bestanden hätte?

2. A. übertrug am 1. Juni dem B. verkäuflich eine Forderung gegen C. und versprach, dem B. längstens binnen 14 Tagen eine

Urkunde anzustellen, die B. zur Beitreibung der abgetretenen Forderung nötig hatte. A. versäumte dies aber, und C. wurde zahlungsunfähig. Kann B. gegen A. mit einer Ersatzklage auftreten?

3. Konrad Lenz verkauft dem Georg Erdmann Wildpret für 52 ℳ. Der Kaufpreis soll dadurch gedeckt werden, daß Erdmann dem Lenz eine Forderung auf 60 ℳ gegen Michael Greim überträgt. Wie aber Lenz von dem Schuldner Zahlung verlangt, ist dieser zahlungsunfähig, und es stellt sich heraus, daß er es auch schon zur Zeit der Übertragung war.

a) Kann Lenz von Erdmann 52 ℳ fordern?

b) Würde es von Einfluß sein, ob Erdmann gewußt hat, daß Greim nicht zahlungsfähig war?

c) Wie stände es, wenn beide, Lenz und Erdmann, hierüber im klaren waren, aber annahmen, daß Greim sich wieder erholen werde?

4. Daum hatte eine angebliche Kaufschillingsforderung gegen Horn eingeklagt und sie im Laufe des Prozesses an Speyer in Anrechnung auf eine Schuld des Daum abgetreten. Horn hatte eingewendet, daß das Kaufgeschäft nur ein Scheingeschäft gewesen sei (der wahre Käufer sollte Horns Schwiegersohn Eisenhauer gewesen sein) — und erbrachte diesen Beweis bis zum Erfüllungseid. Jetzt trat Speyer urkundlich *alle ihm aus der Zessionsurkunde gegen Horn, sowie gegen dessen Schwiegersohn Eisenhauer zustehenden Forderungs- und Klagansprüche mit allen ihm zustehenden Rechten an Marcus Nathan käuflich ab;* und nachdem dieser in den Prozeß eingetreten war, schwur Horn den Erfüllungseid, und die gegen ihn erhobene Kaufgeldklage wurde abgewiesen. Nunmehr nahm Nathan sofort seinen Rückgriff an den ersten Zedenten Daum und verlangte von diesem, gestützt auf dessen Haftung für den Bestand der abgetretenen Forderung, Ersatz ihres Betrages und der in dem Prozesse gegen Horn aufgewendeten Kosten. Daum bestritt die Zulässigkeit der Klage wegen mangelnder Aktivlegitimation des Nathan, gegen ihn aufzutreten. Wie ist zu erkennen?

XXX

1. Welche juristischen Begriffe treten in den folgenden Willenserklärungen in Anwendung?

a) Beim Verkaufe eines Hauses für 30000 ℳ wird ausbedungen: 10000 ℳ Anzahlung, für 10000 ℳ Übernahme der auf dem Hause bestehenden Hypothek, der Rest bleibt verzinslich zwei Jahre stehen.

b) Wolffhardt vermietet an Schlosser ein Haus mit Garten, und letzterer verspricht, die Grund- und Gebäudesteuer zu tragen.

c) Unter einem Schuldschein bemerkt der Bruder des Darlehnsnehmers: *Für obige Summe bin ich gut und hafte selbstschuldnerisch dafür.*

d) Der Gutsinspektor Kohl wird von Windig zu einem Viehhandel mit Feld bewogen, indem Windig erklärt, daß er bei berechtigten Regreßansprüchen der Gutsherrschaft an Kohl diesen Nachteil aus seiner Tasche bestreiten werde.

e) Schade kauft eine Holzschneidemühle und übernimmt von den Erben des seitherigen Inhabers alle mit dem Geschäfte verbundenen Aktiva und Passiva.

f) S. übermittelt seinem Gläubiger G. einen Schein, auf dem er den A. ersucht, den dem G. geschuldeten Betrag in drei Monaten zu zahlen. A. setzt auf die Urkunde: *Einverstanden. A.*

g) Regierungsrat Kiefer hat vom Bauunternehmer Perl eine Wohnung auf fünf Jahre gemietet, möchte sie aber nach einiger Zeit mit einer anderen geräumigeren Wohnung vertauschen. Perl erklärt, daß er nichts einwende, wenn Kiefer einen anderen guten Mieter stelle. Dieser findet als solchen den Oberstleutnant von Booch, mit welchem Perl nun einen Mietvertrag wieder auf fünf Jahre schließt.

h) Beim Kaufe eines Bauerngutes war ausgemacht worden: ... *Käufer übernimmt die Ansprüche der Elisabeth Theiß, welche sie an den Verkäufer auf 800 ℳ angeblich rückständige Erbgelder geltend macht, zu befriedigen.*

i) Die Provinzialverwaltung von Rheinland hatte einer Gasgesellschaft die Benutzung einer früheren Staatsstraße zu Gasleitungen gestattet. Bei einer Vergrößerung des Weichbildes der Stadt Cöln hat die Provinzialverwaltung der Stadt die Verwaltung jener Straße übertragen und dabei die Bedingung gestellt, daß die zu Recht bestehenden Gebrauchs- und Nutzungsrechte zu achten seien und die Stadt in die Rechte und Pflichten der früheren Verwaltung einzutreten habe.

2. Der Förster Obel kaufte am 1. März von dem Ökonomen Rauschbeck einen Jagdhund für 25 ℳ. Der Hund war von Rauschbeck dem Gastwirt Laches als Pfand für einen Betrag von 20 ℳ belassen worden. Obel bezahlte bei dem Verkaufe 5 ℳ und machte mit Rauschbeck aus, daß der weitere Kaufpreis an Laches gegen Herausgabe des Hundes abzuführen sei. Das letztere verzögerte sich durch Unwohlsein des Obel. Am 9. März erhält er eine gerichtliche Zuschrift, wonach die Forderung des Rauschbeck gegen ihn für des ersteren Gläubiger Hainer gepfändet sei. Trotzdem löst er am 10. März den Hund bei Laches gegen Zahlung von 20 ℳ aus. Kann er nun nicht von Hainer in Anspruch genommen werden? Findet BGB 329 oder 362 oder 415 auf unseren Tatbestand Anwendung?

3. A. hatte von B. eine Fabrik gekauft und in Anrechnung auf das Kaufgeld hypothekarische Schulden, die auf der Fabrik lasteten, übernommen; dabei hatte A. versprochen, binnen bestimmter Frist jene Hypotheken zu tilgen, und die Schuldverschreibungen der Gläubiger mit einem Anerkennungsvermerke seinerseits versehen. Da A. aber nicht zahlte und die Gläubiger drängten, so entschloß sich B., diese zu bezahlen, indem er sich ihre Rechte aus den einzelnen Verschreibungen zedieren ließ. — B. verlangte nunmehr von A., nach erfolgter Kündigung, Zahlung auf Höhe der gedachten Forderungen. — A. entgegnete, daß nach dem Tatbestande doch nur von der Verkaufsklage die Rede sein könne; dieser aber setzte er die Einrede drohender Eviktion entgegen, indem ein Dritter inzwischen eine auf der Fabrik lastende Realforderung angemeldet habe, von der bei den früheren Kaufverhandlungen keine Rede gewesen. — Der klägerische Vertreter replizierte, daß er die Klage nicht aus dem Verkaufe, sondern aus der Zession angestellt habe. (Aus Delbrück, Die Übernahme fremder Schulden.)

4. A. nimmt von der Bank X. ein Darlehn von 10000 ℳ auf, mit der Bedingung, daß jedes Jahr außer den Zinsen 1000 ℳ zurückbezahlt werden sollen; wird nicht pünktlich bezahlt, so kann das ganze Kapital gekündigt werden. Er läßt auf sein Haus für die Schuld eine Hypothek eintragen, und es verbürgt sich der B. selbstschuldnerisch und unter Verzicht auf die Einrede der Vorausklage. Dem B. gegenüber tritt der C. als Rückbürge für 5000 ℳ ein. — A. verkauft nach einem Jahre sein Haus an die Fabrik Z. für 10000 ℳ, mit der Bedingung, daß der Kaufpreis so getilgt werden soll, daß Z. die Schuld des A. als persönliche Schuldnerin übernimmt und A. völlig befreit werden soll. Der X. wird das angezeigt, und Z. ersucht sie, einen Teil des Grundstückes pfandfrei verkaufen zu dürfen, was X. auch genehmigt. — Wie steht es nun mit der Haftung des B.? Ist es in der jetzigen Lage von Einfluß, ob er sich mit oder ohne jenen Verzicht verbürgt hatte? Kommt etwas darauf an, ob die Anzeige von dem Eigentumsübergang an die Fabrik Z. der Gläubigerin X. nur nach Vorschrift des RGes. v. 14. Juli 1905 oder auch nach BGB 416 bekannt gegeben worden ist, ob die Vorschriften des letzten Paragraphen formell gewahrt waren, und ob die Bank X. gar nicht geantwortet hat?

XXXI

1. Auf manchen Rechnungen auswärtiger Firmen findet sich die Bemerkung: *Der Schein über Einzahlung des anbei berechneten Betrages zur Post mittels Postanweisung an uns gilt als Quittung.* Genügt dies nach den hierüber geltenden Sätzen des BGB?

2. Einem Arbeiter war seitens der Invaliditäts- und Altersversicherungsanstalt der von ihm angemeldete Anspruch auf Invalidenrente anerkannt und die Postkasse angewiesen worden, ihm den Betrag vom 18. Juli v. J. an mit 70 ℳ auszuzahlen. Der infolge seiner Invalidität verarmte Rentenberechtigte war aber bei Zustellung der Rentenquittung so krank, daß es ihm unmöglich war, das Quittungsformular mit seiner eigenhändigen Unterschrift zu versehen. Darum wurde die Ortsbehörde veranlaßt, nach genommener Einsicht diese Sachlage, sowie auch daß der Rentenberechtigte geschäftsfähig sei, amtlich auf dem Quittungsformular zu bescheinigen, und die Postkasse nunmehr ersucht, auf Grund dieses behördlichen Ausweises die Zahlung zu veranlassen; zumal dadurch dem Arbeiter die Möglichkeit eröffnet war, sich eine gesündere Krankenkost, eine Flasche stärkenden Weines und dergleichen zur Wiederbelebung und Erfrischung seiner der äußersten Erschöpfung verfallenen Kräfte zu beschaffen. Die Postkasse lehnte indes die Zahlung ab und gab den Bescheid, daß die Auszahlung der Rente so lange unterbleiben müsse, bis der Empfänger imstande sei, die Unterschrift selbst zu vollziehen; falls er stürbe, würde die Rente an die berechtigten Erben gezahlt. BGB 368 nötige sie hierzu. Ist dies richtig?

3. *Zahlung von Beträgen unter 20 ℳ kann der Portoersparnis halber an meinen Leipziger Vertreter Herrn H. Hucke, Königstraße 2, geschehen, doch bitte ich, mir davon mit Postkarte Anzeige zu machen. H. Welter, Sortiment und Antiquariat, Paris, Rue Bonaparte 59.*

a) Von welcher Rechtseinrichtung ist hier Gebrauch gemacht?

b) Welche Berechtigungen und Verpflichtungen ergeben sich für die einzelnen Beteiligten daraus?

c) In welcher Weise und in welchem Zeitpunkte wird die betreffende Schuld getilgt?

4. Wird in den folgenden Fällen die in Rede stehende Schuldforderung ordentlich getilgt?

a) R. verkauft eine Sache an den S. Dieser bleibt mit der Zahlung des Kaufgeldes im Rückstand und verkauft bald darauf jene Sache an den T. um den gleichen Preis. R. und T. kommen dahin überein, daß T. einfach an den R. zahlen soll; was auch geschieht.

b) Eine alleinstehende Dame hat eine größere Wohnung gemietet und verschiedene Zimmer im einzelnen wieder vermietet. Sie stirbt plötzlich, und der Hauseigentümer fordert und erhält von den Zimmermietern ihr fälliges Mietgeld, das er nun auf seine Forderung an den Nachlaß der Verstorbenen verrechnen will.

c) Ein Privatmann ist einem Weinproduzenten für erhaltene Weinlieferungen eine größere Summe schuldig geworden. Als er von dem Reisenden jenes wieder einmal behufs Empfangnahme von Aufträgen besucht wird, bezahlt er diesem den rückständigen Betrag gegen Quittung. Der Reisende liefert aber das Geld dem Weinproduzenten nicht ab.

5. In der Stadt Lauterbach haben verschiedene Gastwirte übereinstimmend die Einrichtung getroffen, daß sie zur bequemeren Zahlungserledigung sogenannte Biermarken an die Gäste abgeben; diese müssen mindestens sieben Stück für 1 ℳ nehmen, haben dann aber ein Recht auf sieben Glas Bier zu je 15 ₰. Dabei haben die Wirte verabredet, daß in jeder Wirtschaft auch die Biermarken des anderen in Zahlung genommen werden.

a) Wie ist die Abrede zwischen den Gastwirten rechtlich zu charakterisieren?
b) Welches ist das Rechtsverhältnis des Biermarken verkaufenden Wirtes zu dem kaufenden Gaste?
c) Haben die Käufer von Marken des einen Wirtes gegen den anderen Wirt unmittelbar Ansprüche?
d) Was liegt juristisch vor, wenn in der einen Wirtschaft mit Marken des anderen Gastwirtes bezahlt wird?
e) Wenn der eine Wirt in Konkurs fällt: müssen die anderen noch weiter Marken des jetzigen Gemeinschuldners annehmen? Können sie, wenn sie solche angenommen haben, als Konkursgläubiger auftreten?

6. Ein Bauer kann eine fällige Darlehnsschuld nicht bezahlen. Er bietet seinem Gläubiger an, daß dieser statt dessen ein Schwein annehmen solle. Der Gläubiger ist einverstanden.

a) Ist dadurch die Darlehnsschuld getilgt?
b) Wie ist es, wenn das Schwein dreimal soviel wert ist, als der Schuldbetrag?
c) Welche Rechtsfolgen treten ein, wenn das Schwein gar nicht dem Bauer zu Eigentum gehört hat, sondern gestohlen war?

7. Ein in Geldnot geratener Fabrikant überläßt einem seiner Gläubiger Waren zahlungshalber. Der Gläubiger bringt sie zum Verkaufe, um sich damit zu befriedigen. Dann kommen sie in Streit darüber, ob der Gläubiger nicht vielleicht die Waren rücksichtslos verschleudert, und ob er alles eingenommene Geld vorgerechnet habe. Wer hat hier die Beweislast?

8. Wie sind diese Beredungen juristisch zu charakterisieren?

a) Ein Darlehnsschuldner zahlt seinem Gläubiger die fälligen Summen in Banknoten aus.
b) Die Reichsbank nimmt bei Geldeinzahlungen Noten von Privatbanken nicht an; man verfügt sich daher zu einem benachbarten Geldwechsler und erhält von diesem gegen die Noten Goldmünzen oder Reichskassenscheine.
c) *Bei Einkäufen von 4 ℳ nehme eine Annonce mit (25 ₰) in Zahlung. G. Ohm, Schuhwarenlager.*

d) Ein Schuldner hat Wechsel über 1000 ℳ zu bezahlen. Er kommt mit seinem Gläubiger überein, daß dieser Sachen des Schuldners für 300 ℳ abnimmt, mit der Befugnis, das rückständige Kaufgeld auf die Wechselschuld anzurechnen.

XXXII

1. Wie kann sich in folgenden Fällen der zur Leistung Verpflichtete helfen? Was für Gesetze kommen in Betracht?

a) Es hat ein Verkäufer zwei Gebinde Kognak zu liefern, der Käufer nimmt die zugesandten Gebinde nicht an.

b) Von einer Stadtgemeinde ist ein Grundstück enteignet worden, dessen Eigentümer gestorben ist; die Erben sind unbekannt.

c) Der Nachbar des eben genannten Grundstückes behauptet, das seinige dem jetzt verstorbenen Anlieger verkauft zu haben, im Kaufpreise sei er befriedigt.

d) Eine Hamburger Tierhandlung sendet eine Partie Klapperschlangen an die Direktion des Zoologischen Gartens zu X., die die Sendung zurückweist, weil nach dem inzwischen geführten Briefwechsel nicht die richtigen Exemplare gekommen wären.

2. Der Eigentümer eines Landgutes, auf welchem ein unkündbares Fideikommißkapital eingetragen steht, war nach dem Tode des bisherigen Fideikommißinhabers darüber zweifelhaft, welchem Mitgliede der berechtigten Familie nunmehr der Zinsgenuß zustehe, da die Stiftungsurkunde die Sukzessionsordnung in der Tat nicht klar und bestimmt genug vorschrieb. Er hinterlegte deshalb die fälligen Zinsen mit der schriftlichen Erklärung, daß er damit seine Schuld zu lösen beabsichtige und dem Gerichte die Bestimmung überlasse, wer unter den mehreren Prätendenten jetzt der Gläubiger sei. War dieses nach dem BGB zutreffend verfahren? Welche Rechtsfolgen werden eintreten; und wie steht es insbesondere mit der vom Schuldner angerufenen richterlichen Bestimmung?

3. Der verstorbene Bäcker Belitz hatte der verehelichten Kumert, die mit ihrem Ehemanne in allgemeiner Gütergemeinschaft lebte, ein am nächsten Osterfeste auszuzahlendes Vermächtnis in einem rechtsgültigen Testamente ausgesetzt. Dem Pächter Wallrodt, einem Gläubiger des Kumert, wurde durch gerichtliche Verfügung der Anspruch auf dieses Vermächtnis zur eigenen Einziehung im Wege der Zwangsvollstreckung überwiesen.

Im Juni des betreffenden Jahres verklagte der Gastwirt Wiesecke die Erben des Belitz auf Zahlung des oben genannten Vermächtnisses, das ihm von den Kumertschen Eheleuten als Leistung an Erfüllungsstatt abgetreten worden sei.

Die Beklagten halten entgegen, daß sie auch von der Beschlagnahme seitens des Wallrodt gebührend benachrichtigt worden seien; sie könnten bis auf weiteres nicht wissen, wer nun eigentlich der wirkliche Verfügungsberechtigte über das fragliche Vermächtnis sei. Indessen würden sie bereit sein, den Betrag des Vermächtnisses öffentlich zu hinterlegen; und bitten deshalb um kostenpflichtige Abweisung der Klage.

Dem widerspricht der Kläger. Die Klage sei nach dem eigenen Vorbringen der Beklagten voll begründet. Nach dem BGB hätten sie im vorliegenden Fall kein Recht auf Hinterlegung. Wollten die Beklagten l. 1 § 37 D. depositi (16, 3) und l. 3 C. de usuris (4, 32) heranziehen, so sei er zu der dort vorgeschlagenen Maßnahme erbötig. Dann käme aber nur BGB 232 ff. in Frage; und blieben die Prozeßkosten den Beklagten.

Hiernach ist ein rechtliches Gutachten zu entwerfen.

XXXIII

1. Ist nachstehend eine Aufrechnung zulässig?

a) Gegen eine Forderung aus Darlehen beruft sich der Beklagte auf eine gleich hohe Gegenforderung aus Gesellschaftsvertrag. Der Kläger erwidert, daß nach dem letzteren Vertrage ein ausschließlich schiedsrichterliches Verfahren verabredet sei, und er zur Klarstellung der gegnerischen Forderung auf dem Schiedsgerichte bestehen müsse.

b) Es war Kaufgeld eingeklagt. Der Käufer wendet ein, daß er gegen den Verkäufer einen Anspruch auf Gewährung eines zugesagten Darlehns habe.

c) Ein Miterbe verklagt einen Erbschaftsschuldner. Dieser bestreitet das Erbrecht des Klägers; *eventuell* schützt er aus einer Geschäftsführung eine Gegenforderung vor, die er sofort *liquid* stellt.

d) Ein staatlicher Rechnungsbeamter hat die ihm anvertraute Kassenverwaltung fahrlässig geführt, und es sind Verluste entstanden. Als er auf Ersatz in Anspruch genommen wird, macht er eine gerade fällige Gehaltsforderung geltend, die jenen Verlust ausgleicht.

(Vgl. auch oben II § 2 Nr. 4.)

2. A. hat dem B. ein unverzinsliches Darlehn von 300 ℳ gewährt, bald darauf aber eines Abends gegen 400 ℳ im Spiele an B. verloren, ohne diese Summe an dem Spielabend bar bezahlen zu können.

a) Wie steht es nunmehr mit den beiden Forderungen? Kann A. das Darlehn von B. einklagen?

b) Ist es von rechtlichem Interesse, daß an dem fraglichen Abend B. zu A. gesagt hat: *Nun sind wir quitt, wir wollen das Verlorene gegen mein Darlehn aufrechnen,* und daß darauf A. geantwortet hat, daß er damit einverstanden sei? Wie stände es, wenn A. auf jene Bemerkung gar nichts geantwortet hätte?

3. Einer Bank wird Geld geschickt, um es einem Privatmann auszuhändigen. Da sie gegen den letzteren selbst eine fällige Forderung hat, so behält sie einfach das Geld und setzt ihren Schuldner hiervon in Kenntnis. Ist dieses ohne weiteres zulässig?

4. Zwischen dem Testamentsvollstrecker des verstorbenen Thomas Abercromby und dem Meier Bendheim war über verschiedene streitige Rechtsverhältnisse, insbesondere einen von dem letztgenannten zu bezahlenden Hauskaufsschilling, ein Vertrag abgeschlossen worden, in dem u. a. bestimmt war: *Der Testamentsvollstrecker bezahlt . . (es folgen drei Forderungen im Gesamtbetrage von 7300 ℳ). Auf den Kaufschilling dürfen nur obige 7300 ℳ und auch diese nur auf die letzte Zahlung aufgerechnet werden.* Als der Testamentsvollstrecker nun den Restkaufschilling von 15000 ℳ einklagte, wollte Meier Bendheim mit einer Forderung von 800 Pfund Sterling aufrechnen, die er von einem Gläubiger des Thomas Abercromby inzwischen erworben hatte; wogegen der Testamentsexekutor sich auf den obigen Vertrag berief, woraus die Unzulässigkeit der Aufrechnung sich ergäbe. Wie ist zu entscheiden?

5. A. ist Gläubiger des B. zufolge Darlehnsvertrages vom 2. Februar v. J. auf 600 ℳ; das Darlehn soll zu 5 % verzinst und mit den Zinsen nach anderthalb Jahren zurückgezahlt werden; bei nicht pünktlicher Zahlung tritt eine Vertragsstrafe von monatlich 5 ℳ ein. Am 2. Mai d. J. beerbt B. den C., dem der A. aus Verkäufen noch 300 ℳ schuldet. Der A. erfährt von diesem Erwerbe zunächst nichts. Es fragt sich, wie es mit der Forderung des A. nach Kapital, Zinsen und Vertragsstrafe weiter sich verhalte, wenn a) die Forderung des C. gegen den A. gleichfalls mit 5 % verzinst werden sollte? b) sie unverzinslich war?

6. Die Gewerbebank G. hat gegen den Schneidermeister S. eine Forderung von 18000 ℳ, von dieser Summe aber einstweilen, um vorerst allzuhohe Prozeßkosten zu vermeiden, 600 ℳ eingeklagt. S. macht geltend, daß ihm sein Schwiegersohn ein Guthaben von 900 ℳ gegen die Gewerbebank abgetreten habe, womit er bis zur Höhe der eingeklagten Forderung aufrechne.

Es sind augenscheinlich folgende Möglichkeiten vorhanden: a) Die Klage wird lediglich wegen der geschehenen Aufrechnung abgewiesen; b) Klägerin holt aus ihrem Restguthaben soviel Hilfe, daß damit die Gegenforderung des Beklagten wieder erledigt wird; c) es findet eine *replicatio compensationis* in der Art statt, daß damit die ganze Restschuld jetzt in Aktion tritt, und der Beklagte zu der Zahlung der Gesamtsumme, abzüglich seiner Gegenforderung, verurteilt wird.

Für welche dieser Möglichkeiten hat sich das angegangene Gericht zutreffenderweise zu entscheiden?

7. Der Buchbindermeister Sandhäuser fordert von dem Lehrer Roberts durch Klage vor dem Amtsgerichte 116 ℳ für gelieferte Buchbinderarbeiten aus den letzten zwei Jahren in einer mehrere Posten umfassenden Rechnung, deren Preisansetzung als verabredet, auch sachentsprechend und für dergleichen Arbeiten dort üblich bezeichnet wird. Roberts hat gegen die Rechnung als solche sachlich nichts einzuwenden; er bringt aber folgende Gegenforderung vor. Vor längerer Zeit habe er seinen minderjährigen Sohn bei dem Kläger als Lehrling und dann als Geselle gegen verabredeten Lohn in Arbeit gegeben; aus diesem vor drei Jahren gelösten Dienstverhältnis schulde ihm Sandhäuser noch 120 ℳ, mit denen er wettschlage. — Der Kläger entgegnet: Da der Beklagte die ihm angeforderte Rechnung als richtig anerkannt habe, so müsse er auch zunächst zu ihrer Zahlung verurteilt werden; er könne seinen Anspruch dann in einem zweiten Prozeß geltend machen. Freilich werde er damit kein Glück haben, denn er, Sandhäuser, besitze verschiedene Gegenforderungen, auf die er sich jetzt schon berufe: Vor allem habe der Sohn des Beklagten, als er noch Geselle war, durch liederliche Besorgung verschiedener ihm aufgetragener Arbeiten dem Kläger einen Schaden von 15 ℳ zugefügt, den sein Vater ersetzen müsse, da er beim Antritt des Dienstes solches vertragsmäßig übernommen habe. Sodann habe er an Roberts vor mehr als zwei Jahren als bares Darlehn 25 ℳ gewährt und wegen 60 ℳ, die Roberts bei einem Dritten aufgenommen, als selbstschuldnerischer Bürge gutgesagt; gestern sei er von dem Gläubiger in Anspruch genommen worden; er habe bezahlt und bringe die erwähnte Summe nunmehr zur Verrechnung. Endlich sei ihm von einem Vetter des Beklagten, dem der letztgenannte an Kaufgeld für Möbel gerade am Tage vor der jetzigen Klagerhebung noch 240 ℳ schulde, der Betrag von 20 ℳ abgetreten worden. — Dagegen bringt der Lehrer vor, daß der Kläger sich nach dem Gesetze eine Aufrechnung unbedingt, und ohne wieder mit Gegenforderungen zu kommen, gefallen lassen müsse; übrigens sei ihm der zedierende Verwandte aus Erbteilung selbst noch 100 ℳ schuldig, und an dem Kaufgelde würde er wegen Mängel der verkauften Sachen 10 ℳ dem Vetter in Abzug bringen. — Da die Parteien in der sehr erregten mündlichen Verhandlung weder zu einem Vergleiche zu bewegen, noch auch über die tatsächlichen Unterlagen in Übereinstimmung sind, so ordnet der Amtsrichter Beweiserhebung an, welche die Richtigkeit der oben von den Streitteilen jeweils aufgestellten Behauptungen ergibt. Was für ein Erkenntnis hat das Gericht abzugeben?

XXXIV

1. Wie sind folgende Tatbestände juristisch zu konstruieren? Und welche Rechtswirkungen kommen ihnen danach zu?

a) Der Gläubiger einer offenen Handelsgesellschaft überträgt seine Kaufgeldforderung wegen gelieferter Waren an den einen Gesellschafter, — entweder während Bestehens der Gesellschaft, oder ein Jahr nach ihrer Auflösung.

b) Eine Stadtgemeinde hat Schuldverschreibungen auf den Inhaber ausgegeben und davon eine größere Anzahl an der Börse freihändig zurückgekauft. Einen Teil davon will sie jetzt wieder ausgeben.

c) G. hat dem S. Kaufgeld gegen ein Faustpfand gestundet. S. fällt in Konkurs. G. überträgt seine Forderung nebst Pfandrecht an den Konkursverwalter für die Masse, gegen eine Abfindungssumme.

2. A. hat von seinem Verwandten B. ein Darlehn aufgenommen. Er stirbt nicht lange nachher, und es werden seine Erben B. und C. Welche Gestaltung haben nun diese Rechtsverhältnisse gewonnen? Und wie erfolgt die Auseinandersetzung unter den Miterben?

3. Die Gräfin X. hatte von ihrem Verwandten Y. eine jährliche Leibrente zu beziehen. Sie selbst war mit ihrem Sohn Z. Gesamtschuldnerin des Y. auf ein verzinsliches Kapital. Alles dieses rührte aus einem Vergleiche über streitige Familienverhältnisse her. Später überläßt Z. dem Y. mehrere Grundstücke, die Z. geerbt hatte, käuflich und übernimmt die an seine Mutter zu zahlende Rente, wobei ausgemacht wird, daß Y. dagegen auf seine Forderung verzichte, so daß er aus dieser Angelegenheit gänzlich ausgeschieden sein, und nur noch zwischen der Gräfin und ihrem Sohne deshalb abgerechnet werden solle. Wie hat das zu geschehen?

4. Bei einem Juristen wird angefragt: Vor kurzem bin ich nach dem Tode meines Oheims Erbe von dessen Vermögen geworden; während die Witwe desselben an der Hinterlassenschaft lebenslängliche Verwaltung und Nutznießung hat. Nun hatte ich vor 10 Monaten meinem Oheim ein zu 4% verzinsliches Darlehn von 4000 ℳ auf ein Jahr gewährt, betreffs dessen der ordnungsgemäß ausgestellte Schuldschein in meinen Händen sich befindet. Kann ich nicht von der Witwe, welche doch als Nießbraucherin den Nachlaß besitzt, Bezahlung der rückständigen Zinsen, die halbjährlich bezahlt werden sollten, sowie der Kapitalsumme fordern? Muß sie nicht einfach in die Schuld ihres verstorbenen Ehemannes eintreten? Oder kann ich auf entsprechende Teilung und Auseinandersetzung der Erbschaft klagen?

XXXV

1. Ein Studierender, der mit seinem Vermieter in Differenzen gekommen war, verließ mit Ablauf des Monats, für den er gemietet hatte, die innegehabte Wohnung. Am Morgen des Auszuges rechnete er mit der Frau des Vermieters mündlich ab, bezahlte ihr die berechnete Summe und fragte dabei: *Sind Sie nun auch vollständig abgefunden und haben nichts mehr zu fordern?* Worauf jene antwortete: *Es ist alles bezahlt.* Nachmals aber entdeckt der Vermieter, daß er Porto und Frachtgeld für den damaligen Mieter ausgelegt und bei der Abrechnung nicht berücksichtigt hatte. Kann er jetzt noch etwas nachfordern, oder ist die ganze Angelegenheit ein für allemal erledigt?

2. A. verklagt den B. auf Zahlung einer Schuld von 15000 ℳ; B. wendet ein, daß ihm A. die Schuld unentgeltlich mündlich erlassen habe. A. erwidert, daß dieses formlose Schenkungsversprechen nicht rechtsgültig sei. *Quid iuris?*

3. Ein überschuldeter Handwerker bot seinen Gläubigern zur Vermeidung des Konkurses einen Vergleich an, wonach er 80% der Forderungen bar bezahlen, der Rest ihm erlassen sein sollte. Da mit der Durchführung des Konkurses sicherlich weniger zu erlangen war, so gingen alle Gläubiger auf den Vorschlag ein. Unter den Gläubigern war einer, dem für sein Guthaben der Schwager des Handwerkers sich verbürgt hatte. Kann dieser Gläubiger den Bürgen wegen der ausgefallenen 20% in Anspruch nehmen?

4. Welche Rechtsakte liegen im folgenden vor? Welche juristischen Konsequenzen knüpfen sich an sie?

a) Ein Beamter schuldete einen unverzinslichen Kaufgelderbetrag von 900 ℳ einem Weingutsbesitzer. Mittels notarieller Urkunde trat der letztere diese Forderung seiner Ehefrau ab. Der dabei zugezogene Schuldner erklärte in der Urkunde: *Ich, der Käufer, verspreche nun hiermit der Ehefrau meines seitherigen Gläubigers diese 900 ℳ gegen sechsmonatliche Kündigung zu zahlen und von heute ab mit 5% zu verzinsen.*

b) Bei einer Vermögensübergabe unter Lebenden soll der Übernehmer das ausbedungene Entgelt an den Gläubiger des Übergebers zahlen.

c) Der älteste Sohn, der das väterliche Gut übernommen, hatte vertragsmäßig die beiden jüngeren Geschwister mit Geld und Naturalien abzufinden. Nachdem teilweise Bezahlung erfolgt ist, erklären sich die Empfänger damit einverstanden, daß ihnen in einem halben Jahre anstatt der Restleistungen gewisse Mobilien geliefert werden.

d) In den letzten Jahren sind häufig staatliche Schuldverschreibungen *konvertiert* worden. Der Fiskus macht alsdann von dem ihm zustehenden Kündigungsrechte Gebrauch und läßt den Inhabern der Obligationen die Wahl, ob sie Barzahlung zum Nominalwerte oder neue Schuldverschreibungen in gleicher Kapitalsumme, aber zu geringerem Zinsfuße, gegen ihre seitherigen eintauschen wollen. Häufig wird auch so verfahren, daß, im Falle der Kapitalist das letztere wählt, seine Obligationen einfach von der fiskalischen Behörde abgestempelt werden.

e) Ein Schuldner stellt seinem Gläubiger für die bestehende Schuld einen Wechsel aus; oder er sendet ihm einen Wechsel mit Indossament und dem Ersuchen, denselben *zur Gutschrift* zu empfangen; oder er akzeptiert einen wegen seiner Schuld von dem Gläubiger auf ihn gezogenen Wechsel.

f) Die *Landschaften* sind eine Schöpfung Friedrichs des Großen. Es sind Realkreditverbände von Grundbesitzern, mit dem Zwecke, den letzteren zu möglichst vorteilhaften Bedingungen Darlehn zu gewähren; die Mittel dazu verschaffen sie sich durch Ausgabe von Pfandbriefen, d. h. von Verschreibungen, die auf Grundlage der der Landschaft gegen ihre Schuldner zustehenden Hypothekenforderungen ausgegeben sind, und für die ferner sämtliche zu der betreffenden Landschaft verbundenen Grundbesitzer entweder solidarisch haften (das ältere Prinzip) oder ausschließlich mit einem Sicherheitsfonds Garantie leisten (ein bei den neueren Instituten oft vorkommender Fall). — Den Betrag eines gewünschten Darlehns empfängt ein Grundbesitzer nicht in bar, sondern in Pfandbriefen zum Nennwert, die dann von ihm weiter zu veräußern sind. Nun werden die Hypothekendarlehn von den Landschaften nur an erste Stelle gewährt, steht also eine Hypothek auf dem Gute, so muß sie abgelöst werden, Auf Grund näherer Verabredung tritt alsdann der Hypothekengläubiger seine Hypothek der Landschaft ab, und diese liefert dem Grundbesitzer, für die nun erhaltene erste Hypothek die Pfandbriefe, die sie an den mit Vollmacht des Schuldners zur Empfangnahme befugten seitherigen Hypothekengläubiger übergibt.

5. Zwischen einem Gläubiger und seinem Schuldner, für den ein Bürge eingetreten war, wird eine Abrechnung vorgenommen. Dabei stellt sich ein Schuldrest zuungunsten des Schuldners heraus. Dieser stellt hierüber eine neue Schuldverschreibung gegen Empfang der durchstrichenen älteren Schuldurkunde aus. Wie steht es nun mit der Haftung des Bürgen?

XXXVI

1. Was für Rechtsgeschäfte sind in folgenden Tatbeständen gegeben? Und welche Verschiedenheit der Rechtsfolgen ist in den einzelnen Fällen vorhanden?

a) *Suche gute Wassermühle zu übernehmen, wenn außer Barzahlung ein gut rentierendes Mietshaus angenommen wird.*

b) Aus einer Klage: Am 19. Mai vertauschte ich dem Beklagten ein Stutenpferd gegen ein Wallachpferd und eine von jenem zu zahlende Zugabe von 50 ℳ.

c) Im 14. Jahrhundert lebten im Rheingau zwei Linien einer und derselben Ritterfamilie, die Knebel und die Kesselhut. Den Helmschmuck der Knebel bildeten zwei große Eselsohren, ein weißes und ein rotes, auf dem Helm der Kesselhut dagegen sah man nur ein weiß-rotes Eselsohr ins Profil gestellt. Der Unterschied war daher gekommen, daß ein Vorfahr der Kesselhut einmal in Geldbedrängnis geraten war, und die Knebel ihm mit einer Summe unter dem Bedinge beisprangen, daß er fortan das eine Ohr an der Helmzier weglasse. (Aus Riehl, Die Ganerben.)

d) V. soll dem W. eine genau angegebene Maschine gegen eine bestimmte Summe liefern, deren Aufstellung und Montierung besorgen und den K. und dessen Personal im Gebrauche der Maschinen hinlänglich unterweisen; — oder: im Hause des W. eine Zentralheizung nach näherem Plane einrichten.

e) A. und B. stehen derart miteinander in Geschäftsverbindung, daß ersterer von B. Harz kauft, während B. von A. den Abfall aus dessen Pechkocherei geliefert erhält.

f) C. erhält von D. Kleidungsstücke und Möbel und soll dies durch Arbeiten im Garten des D. abverdienen.

g) Ein Buchbindermeister überläßt sein Geschäft, den Papierladen und die Kundschaft einem Erwerber gegen eine runde Summe, wobei auch die Ladeneinrichtung und die vorhandenen Vorräte zu liefern sind.

h) Jemand gibt einen Hundertmarkschein, damit er in Gold umgewechselt werde; oder in Scheidemünze. Oder eine Doppelkrone, um sie in Silber umzusetzen.

i) Zwei Theaterbillets werden gegeneinander umgetauscht.

k) Eine Hallesche Stadtobligation ist ausgelost worden. Der Eigentümer bringt sie zum Bankier, welcher dafür eine andere Obligation gleicher Art gibt oder den Betrag bar herauszahlt; — oder: ein anderes Wertpapier liefert und je nach dem Betrage und Kurse dieses noch Geld herauszahlt oder empfängt.

l) A. sendet durch Postanweisung an B. 350 ℳ, um ein bestimmtes Pferd, das er bei B., als zu diesem Preise verkäuflich, vor kurzem gesehen hatte, von B. eigentümlich zu erhalten.

2. Das Handlungshaus Zollst in Hamburg pflegt Reis in Indien einzukaufen und ihn nach Rio de Janeiro zu verfrachten. Um eine günstige Geschäftslage auszunutzen, bestellt es im März für 30 000 ℳ von der demnächst zu erwartenden Ernte. Allein die eingehenden Proben werden während der Ernte immer schlechter, erst gelb, dann fast schwarz.

a) Muß Zollst die ganze Summe bezahlen?

b) Wie wäre es, wenn durch Überschwemmung der Verkäufer nicht in der Lage sich befände, zu liefern?

c) Steht obiger Tatbestand dem Falle gleich, da ein großes Weingeschäft einem Weinbauer den ganzen Betrag des zu erwartenden Jahrganges für eine runde Summe auf sein Risiko abgekauft hätte?

d) Oder dem, da ein Hinterwäldler eine im Walde verlaufene Schweineherde an einen Jäger um einen verhältnismäßig geringen, bar zu zahlenden Preis verkauft, der Jäger aber sich die Schweine selbst suchen und holen soll?

e) Oder endlich dieser Möglichkeit: A. handelt dem B. das Füllen ab, welches das Mutterpferd des B. trägt, ohne das letztere aber mitzukaufen. Dann stellt sich heraus, daß die Mähre nur anscheinend trächtig war und nicht wirft.

3. In einem Kaufladen ist angeschrieben: *Feste Preise.* Auf Drängen und Handeln einer Dame läßt der verkaufende Handlungsgehilfe eine Ware doch unter dem Satze, mit dem sie ausgezeichnet war. An der Kasse wird der feste Preis verlangt, die Dame will diesen nicht zahlen. Was ist Rechtens?

4. Sind folgende Privatabmachungen rechtswirksam?

a) X. schickt einem Antiquar eine Dublette seiner Bibliothek mit dem Ersuchen, *einen angemessenen Preis durch die Post ihm zu übermitteln.*

b) Ein Handelshaus bestellt bei einem Lithographen eine Partie herzustellender Aktienscheine, mit dem Hinzufügen: *und notieren Sie mir solche billigst.*

c) Bei einer chemischen Fabrik läuft der Auftrag ein, Farbstoffe *zu den in Ihrer Fabrik üblichen Preisen zu senden.*

d) Ein Bauer kam in eine Wirtschaft und hatte einen Hahn bei sich, den ein Gast kaufen wollte. Als der Bauer sagte, das Tier sei ihm nicht feil, erbot sich der Gast, soviel mal 1 ℳ für den Hahn zu bezahlen, als er in der ersten Viertelstunde krähe. Darauf ging der Bauer vergnügt schmunzelnd ein und ahmte im nächsten Augenblick täuschend das Gegacker einer Henne nach. Einen Augenblick blieb alles still, dann hob der Hahn den Kopf, schüttelte sich und ließ fünfmal ein lautes *Kikeriki* hören.

5. Ein Amerikaner, der sich in einer kleinen deutschen Stadt aufhielt, zeigte seine goldene Uhr in einer Gastwirtschaft. Ein Gast fragte den Fremden, ob er die Uhr verkaufe. Da der Besitzer der Uhr seine Geneigtheit zum Verkaufe kundgab, forderte er den Käufer zum Gebot auf. Dieser sprach: *Ich gebe so viel für die Uhr, so viel Sie* (der Besitzer der Uhr) *Geld bei sich haben.* Letzterer nahm das Gebot an, schlug die Uhr zu, zog seine Barschaft heraus und zählte — 770 ℳ auf. Der Käufer, etwas verblüfft, verweigerte die Erfüllung des Geschäftes.

Wie würde eine richterliche Entscheidung auszufallen haben?

6. Sind nachstehende Kaufverträge im Hinblick auf den einzustellenden Preis juristisch ganz in Ordnung?

a) Der Sohn des Graveurs K., ein musikalisch beanlagter junger Mann, hatte in einem Trödelgeschäft eine Geige gekauft, für die er 100 ℳ zahlte, und an welcher der Händler einen annehmbaren Gewinn gemacht hatte. Mit der Zeit erforderte das Instrument eine Ausbesserung und wurde zu diesem Zwecke einem Geigenmacher übergeben. Dieser entdeckte sofort, daß er ein Kunstwerk des Meisters Nicola Amati aus Cremona vor sich hatte. Ohne dem jungen K. dies mitzuteilen, beredete er ihn, die Geige ihm für 750 ℳ abzulassen, unter dem Vorgeben, daß er für solche alte Instrumente einen gut zahlenden Abnehmer kenne. Darauf ging die Geige um den Preis von 10 000 ℳ in den Besitz eines bekannten Kammervirtuosen über.

b) In einem überreichen Weinjahre kam ein Wirt in Catania auf den Einfall, ein *Abonnement* für Weintrinken einzurichten. Er nahm für die Stunde 15 Centesimi. In der Nähe von Bologna, wo man es nachahmte, kostete der feineren Art des Weines wegen die erste Stunde 40, die zweite 30, jede folgende 20 Centesimi.

c) Casimir-Périer war ein intimer Freund Corots. Bei einem Besuche, dem er dem Maler in dem Künstlerdorfe Barbizon im Walde von Fontainebleau machte, fand er Corot damit beschäftigt, die letzte Hand an seine *Biblis* (Nymphen im Walde bei Sonnenuntergang) zu legen. Das Meisterwerk begeisterte den Mäcen, der in Corot drang, ihm das Bild zu verkaufen. *Ich überlasse Ihnen meine Leinewand*, sagte der Künstler, *unter der Bedingung, daß Sie den Bäcker und den Fleischer meines Freundes Millet bezahlen. Gemacht,* erwiderte Périer, den die sonderbare Bedingung einigermaßen überraschte. Man ließ in Chailly die Rechnungen der beiden Lieferanten verlangen und diese erreichten die Höhe von 22 000 und 24 000 Franken. Millet hatte seit 12 Jahren auf Kredit gelebt.

XXXVII

1. Der Erbe (V.) verkauft eine Erbschaftssache an K. Nachdem sie übergeben, auch das Kaufgeld bezahlt ist, erfährt K., daß V. gar nicht der Eigentümer gewesen ist, weil der Erblasser sie gestohlen hatte. Rechtsfolgen?

2. Kann der Käufer in nachstehenden Fragen gegen seinen Verkäufer Ansprüche erheben?

a) Der Verkäufer hat eine Uhr verkaufsweise versprochen, über die er vorher einem Dritten ein Vorkaufsrecht eingeräumt hatte.

b) In dem letzten Falle hat der Veräußerer die Uhr dem Dritten ausgehändigt, weil das Vorkaufsrecht von seinem Erblasser begründet worden war und er, der Verkäufer, zur Zeit des zweiten Verkaufes nichts davon gewußt hatte.

c) Nach dem Abschlusse des Kaufvertrages erwirkt ein Dritter die Eintragung eines Wegerechtes. Er behauptet, daß dieses schon lange bestehe, während der Verkäufer versichert, daß dies irrig sei.

d) Jemand kauft einen Bauplatz und erfährt dann, daß er nach dortigem Ortsstatut einen 6 Meter breiten Vorgarten unbebaut lassen muß.

3. Auf einem verkauften Grundstücke lastete eine Rentenbankrente, die vor längeren Jahren an Stelle verschiedener nicht eingetragener öffentlicher Lasten getreten war und selbst nicht eingetragen war. Kann der Käufer jenes Grundstückes rücksichtlich jener Rente von dem Verkäufer rechtlich etwas verlangen?

Preuß. Ges. v. 2. März 1850 über die Errichtung von Rentenbanken, § 18: *Die an die Rentenbank abgetretenen Renten genießen bei Konkurrenz mit anderen Verpflichtungen des belasteten Grundstückes dasselbe Vorzugsrecht, welches die Gesetze den Staatssteuern beilegen. Sie bedürfen keiner Eintragung in das Hypothekenbuch des verpflichteten Grundstückes, welches jedoch für die Dauer der Amortisationsperiode der Rentenbank verhaftet bleibt.* — BGB 434. — EG 113; 114. — Preuß. AG z. BGB 22:3; Preuß. AG z. GBO 11; 12.

4. Bei der Überweisung einer Forderung an Zahlungstatt hatte der übertragende Gläubiger dem Abnehmer gesagt: *Der Schuldner ist ein vermögender Mann; da bin ich gut dafür.* — Statt dessen erweist sich hinterher der Schuldner als ein böser Zahler, der nach Fälligkeit der abgetretenen Schuld keine Miene macht, an den ihm bekannt gegebenen Zessionar zu zahlen. Nun verlangt der bisherige Gläubiger von dem Zedenten Befreiung, gestützt auf BGB 438 und 775; während der letztere die Berechtigung dieses Anspruches wegen BGB 398 und 437 in Abrede stellt. — Wer ist hierbei im Rechte?

5. Ein Haus wird gegen die Vorschriften der örtlichen Bauordnung aufgeführt, so daß die Baupolizeibehörde Recht und Pflicht hat, einen Umbau zu veranlassen. Bevor sie aber einschreitet, wird das Haus verkauft und der Käufer nachmals zum Umbau gezwungen. Kann er gegen den Verkäufer auftreten und irgend etwas rechtlich beanspruchen?

6. A. klagt gegen den B., weil das Pferd, das B. ihm verkauft, durch ein gegen ihn ergangenes Versäumnisurteil dem C. zugesprochen worden sei. B. sagt, daß A. an dem Verluste selbst schuld sei, weil er ihn, den B., nicht rechtzeitig benachrichtigt habe (ZPO 72). Es komme also nicht BGB 440, sondern 254 in Betracht. A. stellt das in Abrede, da er ja die Haftung des Verkäufers wegen BGB 433 gar nicht darauf stütze, daß jener den Schaden *vorwiegend verursacht* habe. Entscheidung?

7. Hanß Walter und *consorten*, Bürger zu Keyl, haben *anno* 1676, als der *General* Feld *Marechal Tourenne* bei Neuen Mühl *campirt*, zwey Pferde im Felde stehend mit sich hinweg genommen, weil niemand dabey, sondern etwas weit davon etliche Schnaphäne gewesen, solche über Rhein gebracht, und an Abraham Hauß Metzgern, dem ältern, vor 70 fl. verkaufft, als aber bald darauff beyde Pferde von denen Königl. *trouppen evinci*ert worden, suchen anietzo des Käuffers Erben das Kauffgeld der 70 fl. von Verkäuffern wieder zurückzugeben, Ob nun wol Beklagte Verkäuffern so wol des Kauffs, als auch daß sie die verkauffte Pferde aus freyen Felde hinweggenommen, gestehen, So *opponi*eren sie doch *exceptionem:* Käuffer hat gewust, daß die Pferde denen Schnaphänen weren abgenommen worden, Und hat der jüngste Sohn geständig sein müssen, daß er die Pferde uf des Vaters Geheiß nicht den geraden Weg zu, sondern durch einen ümb Weg herein geritten, diesem nach denn die Frage entstehet: Ob denen klagenden Käuffers Erben die *actio de evictione ad repetendum pretium* der gezahlten 70 fl. *de iure competi*re?

(Aus Schilter, Praxis iuris Romani in foro Germanico.)

XXXVIII

1. Stehen in folgenden Fällen dem Käufer rechtliche Behelfe zu Gebote? Und welches sind bejahendenfalls seine Ansprüche im einzelnen?

a) Es wird ein Haus auf Abbruch verkauft. Als es niedergerissen wird, zeigt sich, daß es völlig mit Schwamm behaftet war.

b) Ein Bauunternehmer verkaufte zwei Häuser an einen Buchdrucker und machte dabei über die Mietverhältnisse unrichtige Angaben. Zahlte z. B. jemand 600 ℳ jährliche Miete, so bezifferte der Verkäufer den Mietzins dem Käufer gegenüber auf 650 ℳ. Später stellte sich der wahre Sachverhalt heraus.

c) Im April 1896 verbreiteten Zeitungen die Nachricht, daß das Museum des Louvre für eine viertel Million Franken einen Goldfund aus Olbia in Südrußland angekauft habe, der aus dem griechischen Altertum stammen und durch den Reichtum und die Schönheit seines Bildwerkes alles Dagewesene übertreffen sollte. Es handelt sich um eine große *Tiara* oder eine Art kugelförmigen Helm von Gold, der überreich mit Ornamenten und Bildwerk bedeckt ist, angeblich vom Könige Saitaphernes stammend. In der Tat haben deutsche Gelehrte alsbald nachgewiesen, daß das Ganze eine Fälschung ist, ganz und gar eine moderne Arbeit.

d) Der Zirkusdirektor Jung wollte einen Bären als Reiter zu Pferde abrichten, wozu sich nur ein ganz junger Bär eignet. Er schrieb es öffentlich aus und bestellte nach den eingelaufenen Angeboten einen solchen Bären bei dem Tierhändler Prager. Als aber der Bär ankam, erwies er sich als ein ausgewachsenes, etwa zwei Zentner schweres Tier, das zu jener Dressur nicht zu gebrauchen war.

2. In einem Laden war angeschrieben: *Nur echte Silberwaren.* Ein Käufer aber findet hinterher, daß ihm dort ein Becher von Neusilber verkauft worden sei. Was für einen Anspruch hat er? Wie steht es, wenn der Verkäufer sich entschuldigt und nun richtig liefern will, der Käufer aber nichts mehr mit ihm zu tun haben möchte?

3. Ein Möbelhändler entdeckt in einem Sofa Motten. Trotzdem verkauft er es dem K., ohne ein Wort zu sagen. Welchem Anspruch setzt er sich aus? Wie steht es, wenn K. das Sofa, ehe er den Sachverhalt gemerkt hatte, an den L. weiter verkauft? Wie dann, wenn der Fehler nun entdeckt wird, ehe das Sofa dem L. übergeben worden ist? Wer hat in den hier möglichen Rechtsstreitigkeiten die Beweislast?

4. Tatbestand: Kläger hat vom Beklagten durch Vertrag vom 29. Mai das Hausgrundstück Streiberstraße 7 für 61000 ℳ gekauft. Der Beklagte hat *ohne Gewähr für die bauliche Beschaffenheit* des Grundstücks verkauft. Die Auflassung ist am 29. September, die Übergabe am 1. Oktober erfolgt. Kläger hat am 16. Juni 5000 ℳ gezahlt. Kläger verlangt die Aufhebung des Kaufvertrages, weil in dem Hause sich Schwamm in einer Ausdehnung befinde, daß dessen Beseitigung nur durch sehr umfassende und langwierige Arbeiten herbeigeführt werden könne, indem Kläger seinen Anspruch darauf stützt, daß Beklagter, obwohl ihm das Vorhandensein des Schwammes bekannt gewesen sei, keinerlei Mitteilung darüber gemacht habe. — Beklagter hat entgegnet, daß aus einem solchen nur fahrlässigen Stillschweigen ein Anspruch, wie die Klage ihn erhebe, nicht folge; auch habe er ausdrücklich alle Gewährleistung für sich ausgeschlossen. — Urteil mit Gründen?

5. Ein Landwirt hatte von einer Brauerei Malzkeime zum Viehfutter gekauft. Die Kühe, welche dieses Futter genossen hatten, waren erkrankt, zum Teil gestorben. Die Ursache wurde darin gesucht, daß die verkauften Malzkeime Mennigteile enthalten haben sollten. Der Landwirt erhebt Anspruch auf Schadensersatz, was der Verkäufer mit Rücksicht auf seine *bona fides* in betreff der verkauften Malzkeime ablehnt. *Quid iuris?*

6. Die Sportsleute Rigolly und Jarrott tauschen unter sich einen Kraftwagen *Continental Pneumatic* gegen ein Automobil älterer Konstruktion unter Zuzahlung von 1000 ℳ für das letztere. Jener Wagen war 5000 ℳ wert. Das Automobil erweist sich als fehlerhaft und ist nur 2500 ℳ wert. Anspruch des Rigolly?

7. Was kann im folgenden der Käufer verlangen?

a) A. bestellte bei B. auf dessen Ankündigung in Zeitungen eine größere Quantität frischer Butter. Als diese ankam, war sie nicht frisch; und A. stellte sie dem B. sofort zur Verfügung.

b) Bei dem Verkaufe einer großen Menge von Bauholz bemerkte der Käufer, daß von den verschiedenen Teillieferungen zwar die erste ungewöhnlich gute Qualität, die zweite aber erheblich schlechtere besaß.

c) Ein Kaufmann hatte Schlösser nach Modell bezogen, die als Massenartikel zu ungewöhnlich billigen Preisen gehandelt wurden. Etwa fünf vom Hundert schlossen aber nicht.

8. Von dem Gutsbesitzer Dedich wurden dem Fleischermeister Kalle sechs Schweine verkauft und übergeben. Sie wurden an dem gleichen Nachmittage in dem Schlachtviehhofe geschlachtet. Dabei stellte sich heraus, daß das eine Schwein ein *Spitzeber* war, d. h. ein nicht korrekt geschnittener Eber. Ein solches Tier hat den Mangel, daß sein Fleisch in geschlachtetem Zustande übelriechend und nicht gut, wenngleich nicht gerade gesundheitsgefährlich ist. Nun verlangt Kalle Minderung und Schadensersatz. Der Anwalt des Dedich erwidert, daß der gerügte Mangel in BGB 481 und der Kais. VO. v. 27. März 1899 nicht erwähnt seien; worauf der Gegner ausführt, daß alsdann auf die Bestimmungen in BGB 459 ff., sowie auf den allgemeinen Teil BGB 119 zurückgegangen werden müsse. Was ist hierzu juristisch zu bemerken?

9. Der Privatmann Noske kauft dem Händler Ephraim gegen sofortige Zahlung einen alten Tassenschrank mit der Bedingung ab, daß Ephraim den Schrank dem Käufer zustelle. Der Ausläufer des Ephrain, der das besorgen soll, hantiert aber so ungeschickt, daß der Schrank in Stücken geht. Rechtsfolge?

Auf dem Transporte hatte der Bedienstete nur ein Bein

abgebrochen, dies aber bei der Ablieferung verschwiegen und den Schrank an dem angewiesenen Platze mit der Bemerkung aufgebaut, daß er fest stehe. Noske verwendet den Schrank zum Aufbewahren von Porzellan.. Nach einiger Zeit bricht der Schrank zusammen, und das Geschirr geht entzwei. Welche Gesetze kommen in Anwendung?

10. Das Zigarettensteuergesetz v. 3. Juni 1906 bestimmt in § 16: *Die Steuerzeichen sind an den Packungen solange zu erhalten, bis diese geöffnet werden.* In den Ausführungsbestimmungen v. 16. Juni 1906 heißt es in § 42: *In den Verkaufsstätten darf für den Einzelverkauf von jeder Sorte nur eine Umschließung geöffnet sein.* Nun hat ein Tabaksgeschäft 1000 Päckchen Zigaretten bezogen und findet bei dem Öffnen des ersten Päckchen, das sie im Einzelverkaufe vertreiben will, mangelhafte Ware. Wie hat sie nun zu verfahren, um den obigen Gesetzen und zugleich der Vorschrift von HGB 377 gerecht zu werden?

XXXIX

1. A. hatte dem B. einen Schrank verkauft, sich aber dessen Gebrauch bis zu einem bestimmten Tage ausbedungen. Vor diesem Tage ging die Sache in einem zufälligen Brande zugrunde. A. verlangt Bezahlung des Kaufpreises, B. entgegnet, daß A. vorzuleisten habe. Wer ist im Rechte? — Wie stände es, wenn dem B. der Schrank übergeben worden wäre, A. sich aber bis zu der Zahlung des Kaufpreises das Eigentum vorbehalten hätte, — und nun der Schrank durch Zufall unterginge?

2. In einem Weinrestaurant bestellt ein Gast ein Dutzend Austern. Der sie überbringende Kellner wird von einem fremden Gaste, der gerade seinen Überzieher anzieht, gestoßen, ohne daß er es voraussehen konnte; die Austern fallen in den Staub. Wer trägt den Schaden, und weshalb? — Würde es ganz gleich sich verhalten, wenn bei dem Abschlusse des Bestellungsvertrages ausdrücklich gesagt worden war, daß augenblicklich nur noch ein einziges Dutzend Austern im Hause sei?

3. In unseren Großstädten bestehen vielfach *Paketfahrtgesellschaften.* Manche Kaufleute bedienen sich dieser, um ihren Kunden die schriftlich oder durch Fernsprecher bestellten Waren zuzuführen, und die Käufer sind damit regelmäßig einverstanden.

Wenn nun einem Wagen jener Gesellschaft ein zufälliges Mißgeschick zustößt: Wer hat die Gefahr der auf dem Transporte befindlichen Waren zu tragen?

4. Eine Ziegelei hatte 4 Millionen Ziegelsteine an einen Maurermeister der benachbarten Stadt zu liefern und dabei im Vertrage *die Verladung übernommen.* Wessen ist die Gefahr des Transportes? Und wer hat die Beweislast über die Ordnungsmäßigkeit der Versendung, falls die Steine beschädigt ankommen?

5. Von einer Fabrik war eine Lokomobile auf Abschlagszahlungen verkauft worden. Bis zur völligen Erledigung der Kaufgeldschuld hatte sie sich das Eigentum vorbehalten. Der Käufer fügte die Lokomobile in seinen Fabrikbetrieb ein und ließ sie im Maschinenhause festmauern. Dann blieb er mit der Zahlung des Preises im Rückstande. Seitens der Verkäuferin wurde die Pfändung der Lokomobile vorgenommen. Der Schuldner widersprach, weil die Sache jetzt unbeweglich sei (BGB 93); andernfalls gehöre sie nach BGB 455 überhaupt noch der Verkäuferin. Diese dagegen wollte BGB 97 angewendet wissen; und meinte, daß der Schuldner sich nur auf den Kauf, aber nicht auf das Eigentumsrecht der Gläubigerin gegen diese berufen könne? Welches Erkenntnis ist zu fällen?

6. Heinecke hatte an Kahlefeld am 10. Februar sein Wohnhaus nebst Zubehör *im augenscheinlichen Zustande* und ohne Gewähr für Mängel irgendeiner Art verkauft. Der Besitz sollte am 1. Oktober auf den Kahlefeld übertragen werden und auch die Gefahr des Grundstücks erst mit diesem Termine auf ihn übergehen. In der Zwischenzeit traten aber nicht unbeträchtliche Fehler an dem Hause hervor, welche teils auf das mangelhafte Material, teils auf die Bauausführung zurückzuführen waren. Und es entstand nun Streit unter den Parteien über ihre jeweilige Verhaftung. Wie ist solcher zu schlichten?

XL

1. Welche juristischen Begriffe haben nachstehend Anwendung erfahren? Und welche einzelnen Rechtsfolgen sind jeweils für die Beteiligten gegeben?

a) *Soll ich von meinen hochfeinen und ganz reinen Havanas, edelstes Vueltagewächs, einzelne Probekistchen senden, wird es ganz sicher an Nachbestellungen nicht fehlen, zumal diese Havanas das Feinste abgeben, was überhaupt zu bieten ist. Ausdrücklich verpflichte ich mich hierdurch, alles aus meinen Fabriken Stammende, während des dreimonatlichen Ziels, auch wenn es sich um mehr oder weniger angebrochene Kisten handelt, auf meine Kosten zurückzunehmen, falls auch nur in irgend einer Beziehung das geringste daran auszusetzen ist, was ich der alleinigen Beurteilung meiner Abnehmer überlasse. . . .* X. bestellt ein Kistchen von 100 Stück, raucht 15 davon und will die andern zurückgeben.

b) Puppe beansprucht von der Winzer den Kaufpreis für eine Nähmaschine. Die Beklagte bestreitet den Anspruch, weil vereinbart worden sei, daß, *wenn die Nähmaschine nicht gefiele oder den beabsichtigten Zweck nicht erfüllen möchte, es der Winzer freistehen solle, an Stelle der übersandten eine Maschine anderen Systems zu wählen.*

c) Das Mailänder Handelshaus B. ermächtigte das Haus A. in Marseille, für seine Rechnung 100 Fässer Weingeist, das Faß zum Minimalpreise von 74 Franken zu verkaufen, mit dem Vorbehalte, daß der Verkäufer bis zu dem für die Übergabe bestimmten Tage berechtigt sein solle, gegen ein Reugeld von 30 Franken das Faß vom Vertrage zurückzutreten.

d) M. verkauft an N. seinen Garten, am 1. Juli zu überliefern, wenn *bis dahin sich ein besserer Käufer nicht fände.*

e) Ein Pferd war unter der Vereinbarung verkauft, daß es binnen 14 Tagen gegen ein anderes umgetauscht werden könne.

2. Anfrage bei einem Juristen: Ich habe an meinen Gutsnachbarn ein Ackerpferd auf Probe verkauft. Nachdem er das Pferd längere Zeit zum Ackern benuzt, habe ich ihn aufgefordert, sich nunmehr binnen 8 Tagen zu erklären, worauf er jedoch nicht geantwortet hat. Gestern hat er das Pferd mir endlich mit der Erklärung zurückgegeben, daß das Pferd sich für seine Zwecke nicht eigne, wiewohl er es Tag für Tag hat arbeiten lassen. Auf meine nunmehrige Aufforderung, mir für die Benutzung des Pferdes eine angemessene Entschädigung zu zahlen, verweigert mein Nachbar jegliche Vergütung. Habe ich Anspruch auf Entschädigung; und von welchem Zeitpunkte an: vom Tage der Übergabe des Pferdes an ihn, oder doch wenigstens vom Tage meiner ersten Aufforderung zur Erklärung über endgültigen Kauf oder Rückgabe des Pferdes?

3. In einem Städtchen wurde der Ankauf einer Dampfspritze beschlossen und mit der Bedingung ausgeführt, daß die Spritze eine Zeitlang auf Probe bleiben sollte. Bald nach ihrer Ankunft brach in einer Bäckerei Feuer aus; die Dampfspritze wurde geholt und tat ihre volle Schuldigkeit, indem sie das Feuer binnen kurzem löschte. Trotzdem erschien der Stadtverwaltung die Spritze zu teuer und sie beschloß, sie dem Lieferanten zurückzugeben. Da stieß sie aber auf Widerspruch. Der Verkäufer machte geltend, daß die Spritze *wirklich gebraucht* und nicht bloß *probiert* worden sei. Letzteres habe bei ihrer Verwendung in dem Bäckereibrand denen, die sie aus dem Spritzenhause gezogen, ganz fern gelegen. Was ist hierzu juristisch zu bemerken?

4. In nachstehenden Fällen handelt es sich um die Fragen: Wie die Tatbestände rechtlich zu charakterisieren sind? Wer jeweils Eigentümer ist? Wer Besitzer? Wer von den Beteiligten die Gefahr der Sachen trägt, und was für Rechte und Pflichten überhaupt unter ihnen sich ergeben?

a) L. hat mit K. einen Vertrag abgeschlossen, wonach er dem K. Bretter liefert, die K. vertreiben, von dem erlangten Kaufpreise 28 ℳ für das Schock an L. abführen, den Mehrerlös als Provision für sich behalten soll.

b) Vertrag zwischen Lotteriedirektion und Kollekteur, wonach letzterer eine Anzahl Lose bei dem Publikum unterbringen soll, einige davon aber auch fest übernimmt, mit der Befugnis, nicht abgesetzte zu bestimmter Zeit wieder zurückgeben zu dürfen.

c) Bestellung von Wein: der Lieferant setzt das Faß mit 4 ℳ auf die Rechnung, erbietet sich aber, es leer, in gutem Zustande und geschwefelt, binnen drei Monaten in Anrechnung zurückzunehmen.

d) *Nach mündlicher Absprache bekenne ich F. M. mich dazu, die in anliegendem Verzeichnisse aufgeführten, von Herrn L. J. erhaltenen Muster chinesischer und japanesischer Waren im Betrage von 600 ℳ zum Verkaufe unter der Bedingung übernommen zu haben, daß ich den Betrag binnen drei Monaten an Herrn J. übermache, und, im Falle dies nicht geschehen sollte, Herr J. nach drei Monaten den Betrag zahlbar acht Tage nach Sicht auf mich abgeben kann, daß aber dagegen Herr J. die Verbindlichkeit übernimmt, nach Ablauf eines Jahres die nicht verkauften Gegenstände zum kostenden Preis auf Verlangen zurückzunehmen und den Betrag bar zu vergüten.*

e) Buchhändlerisches Konditionsgeschäft. Ein Sortimenter entnimmt von einem Verleger Bücher, unter der Bedingung: die nicht verkauften bis zu einem bestimmten Abrechnungstermine wiedergeben zu können, die nicht zurückgegebenen aber an diesem Termine zu bezahlen.

XLI

1. Juristische Konstruktion folgender Tatbestände?

a) Jemand räumt einem alten Diener zur Vergeltung von dessen langjährigen, treuen Diensten unentgeltliches lebenslängliches Mietrecht in einem Gartenhause ein.

b) Verpachtung einer Jagd seitens der berechtigten Gemeinde.

c) Der Eigentümer eines Steinbruches gesteht einem anderen gegen bestimmte Geldleistung das Recht zu, in jenem Steine für sich zu brechen.

d) H. verpachtet an R. auf 12 Jahre seine Ziegelei mit allen darauf befindlichen Gebäuden, Trockenscheuern und Brennöfen, der Zieglerwohnung und den vorhandenen Gerätschaften und überläßt dem R. zur Entnahme der zum Betriebe der Ziegelei erforderlichen Ziegelerde eine abgegrenzte Fläche von 20 Morgen von dem Acker des Gutes mit der Befugnis, sie, soweit sie nicht zum Ausgraben der Ziegelerde in Angriff genommen sei, ackerwirtschaftlich auszunutzen: alles gegen einen jährlichen Zins von 6000 ℳ.

e) Das Wegnehmen des Straßenkotes einer Stadt war im Wege der Versteigerung auf mehrere Jahre einem Unternehmer gegen einen von letzterem an die Stadtkasse zu zahlenden jährlichen Betrag übertragen worden.

f) Eine Stadt räumt einem Privatmanne Baulichkeiten auf 50 Jahre zum Gebrauche ein, unter der Auflage, sie auf seine Kosten wieder instand zu setzen und nach Ablauf jener Zeit solche mit den getroffenen Verbesserungen der Stadt unentgeltlich zu überlassen.

2. Ein Garten mit Wirtschaftshaus und Stallung war auf drei Jahre von Fuß an Zehe vermietet worden. Nach Ablauf jener Zeit verlangt Fuß die Räumung. Zehe entgegnet, daß Fuß, wie er erst nachträglich in Erfahrung gebracht, gar nicht Eigentümer sei, sondern dessen Vetter Knie. Wenn dieses richtig steht, kann Fuß doch für sich die Räumung verlangen?

3. Der Lehrer Leonhardt, der ein Bauerngut geerbt hat, kommt mit dem Landwirt Frost überein, daß letzterer jenes, dem seinigen benachbarte, Gut zu Gebrauch und Nutzung erhalte, und von den Früchten ein Sechstel an den Leonhardt fallen, fünf Sechstel dem Frost verbleiben sollen. Es entsteht später Streit, in dem es sich vor allem fragt, welches die rechtliche Natur des abgeschlossenen Vertrages sei? Und wie sich je nach der Entscheidung dieser Frage Recht und Pflicht der beiden stellen?

4. Ist nachstehendes Vorgehen von Mietern und Pächtern gesetzlich befugt?

a) Ein pensionierter Offizier mietet eine Wohnung von sieben Zimmern. Nach einigen Monaten nimmt er seine verwitwete Tochter und deren zwei Kinder mit ihrem Hausrate dauernd bei sich auf.

b) Zwischen dem Hauseigentümer und einem Mieter entstand Streit, weil letzterer ohne Zustimmung jenes möblierte Zimmer vermietet hatte. Als der eine Untermieter dies erfuhr, zog er sofort aus.

c) Der Pächter eines Landgutes hat einem benachbarten Holzhändler auf dem Pachtlande einen Lagerplatz vermietet.

5. A., der mit X. über den Ankauf zweier Landstücke von gleicher Größe in Verhandlungen steht, hat seinem Bruder B., unter dessen dankender Annahme versprochen, daß er ihm, wenn jener Kauf sich verwirklichen sollte, eines der beiden Grundstücke *in billige Pacht* geben wolle. Nachdem der Kauf zustande gekommen, weigert aber A. die pachtweise Überlassung und wird nun darauf von B. verklagt, der das kleinere, aber bessere Grundstück wählt und 375 ℳ Pacht zu geben bereit ist, da dieses der — wie man sagen könne — marktgängige Preis für dergleichen Pachtgrundstücke sei, auch angemessen wäre und von Sachverständigen, auf die er als Beweismittel greife, sicherlich zugebilligt werden würde. Was liegt hier rechtlich vor? Wie ist die Streitsache zu entscheiden?

6. Die Eisenbahnverwaltung hat den Betrieb der Bahnhofswirtschaft dem Gastwirte Knorp übertragen. Dabei hat sie ihm den Gebrauch der dortigen Wohnung und Wirtschaftsräume zu gewähren. Jetzt ist Streit unter ihnen entstanden und Knorp ist auf Räumung verklagt worden, und zwar vor dem Amtsgericht, obgleich der Gegenstand des Streites einen Wert von 900 ℳ hat, weil nach Ansicht der Klägerin wegen Fehlens der Fruchtziehung eine *Miete* vorliege und deshalb nach GVG 23 das Amtsgericht zuständig sei. Der Beklagte bestreitet dies und behauptet, daß eine *Pacht* gegeben sei. Gegenstand des Vertrages sei das Recht zum Wirtschaftsbetrieb, das er durch behördliche Erlaubnis nach GO 33 erhalten habe; im HGB 22 sei bei der Überlassung eines kaufmännischen Geschäftes auch nur von *Pacht* die Rede, und den gleichen Ausdruck gebrauche übrigens der unter den Parteien abgeschlossene Vertrag. Wie ist zu erkennen?

XLII

1. Ein neu erbautes Haus war für 12 Wohnungen eingerichtet und an ebenso viele Familien zum 1. April vermietet worden. Am 27. März hatte die Gebrauchsabnahme stattgefunden. Die Baupolizei hatte aber nicht alles in Ordnung befunden — einzelne Wohnungen waren feucht — und deshalb den Abnahmeschein dem Eigentümer nicht ausgehändigt. Nun durfte das Haus noch nicht bezogen werden. Welche Rechtsbehelfe standen den Mietern nach dem BGB zu?

2. In dem, einem Studenten vermieteten möblierten Zimmer platzt infolge schlechter Konstruktion der dort aufgestellte und seit kurzem in Gebrauch genommene Porzellanofen.

a) Wem liegt es ob, den Ofen auf seine Kosten wieder instand setzen zu lassen?

b) Gilt das gleiche, falls der Ofen infolge des Heizens etwas verstopft ist und gereinigt werden muß?

c) Wie steht es, wenn die Fensterscheibe infolge strenger Kälte einen Sprung erhalten hat? oder durch Hagelschlag — oder von einem Dritten — oder unvorsichtigerweise von dem Studenten selbst eingeschlagen worden ist?

3. Bei einer großen Rheinüberschwemmung wurden in und bei Mainz viele vermietete Wohnungen im Erdgeschosse unter Wasser gesetzt und infolgedessen für die geflüchteten, nach dem Fallen des Wassers zurückkehrenden Mieter ohne gründliche Ausbesserung unbrauchbar. Einzelne nahmen die Ausbesserung auf eigene Kosten vor, andere aber nicht. In beiden Fällen kam es zu Prozessen, in denen es sich fragte:

a) Kann der Vermieter (V.) verlangen, daß der Mieter (M.) ausbessere?

b) Hat es Einfluß, ob im Mietvertrage ausdrücklich steht: Die Wohnung ist in demselben Zustande abzuliefern, in welchem M. sie erhalten hat?

c) Kann M., wenn er diese Frage nicht aufgeworfen, sondern ohne weiteres wieder hergestellt hat, Ersatz dafür verlangen?

d) Kann V. für die Zeit der Überschwemmung und für die der Ausbesserung Mietgeld verlangen?

e) Wie wäre es, wenn das betreffende Haus vollständig vernichtet worden wäre?

4. Der Bierbrauereibesitzer H. hatte ein Restaurant an den Gastwirt E. auf drei Jahre verpachtet. Zu dem Pachtgegenstand gehörte ein Garten mit fünf Lauben, die durch eine mit Landschaftsbildern verzierte Rückwand abgeschlossen waren. Diese Wand, die dem Nachbar gehörte, ist im Juli v. J. durch diesen abgebrochen worden. Hierdurch wurde der Wirtsgarten längere Zeit, und zwar gerade in den Monaten, in welchen der Garten am meisten besucht zu werden pflegte, fast gänzlich unbenutzbar. — E. behauptet nun: Die Rückwand sei stillschweigend mitvermietet worden, und der Verpächter müsse deshalb den ungestörten Gebrauch jener Wand während der Mietszeit gewährleisten; da dieses nicht geschehen sei, so hafte H. dem Mieter auf Schadensersatz; jedenfalls könne er für die Zeit der Störung nur ein geringeres Mietgeld fordern. — Dem wird von H. entgegengehalten: Die fragliche Rückwand sei von ihm nicht mitvermietet worden; auch treffe ihn kein Verschulden; es liege vielmehr nur ein Zufall vor, dessen nachteilige Folgen der Mieter zu tragen habe. — Welche Entscheidung ist zu treffen?

5. Schöne schreibt an seinen Rechtsanwalt: Vor zwei Monaten habe ich das Erdgeschoß des dem Ladegast gehörigen Hauses zum Zwecke des Restaurationsbetriebes gemietet. Vor einiger Zeit ist in demselben Hause Sailer mietweise eingezogen, welcher daselbst nun die Fabrikation von Hausenblase betreibt; hierbei werden aber derartig üble Dünste erregt, daß meine Wirtschaft dadurch ganz gestört und vernichtet wird. Kann ich mich wegen des erlittenen Schadens an den Ladegast halten? Oder muß ich mich gegen Sailer wenden? Ist es vielleicht nötig, daß ich nachweise, Ladegast habe von dem Vorhaben jenes Fabrikationsbetriebes des Sailer Kenntnis gehabt und trotzdem an ihn vermietet?

6. Ein Offizier hat einen Pferdestall gemietet. Dieser ist bald darauf zufolge Baugebrechens eingestürzt und hat die darin befindlichen Pferde erschlagen. Der Offizier will Klage auf Entschädigung gegen den Vermieter anstellen. Wie wird sein Anwalt eine solche Klage zu begründen haben?

7. Eine Wohnung war für 500 ℳ jährlich vermietet. Am Schlusse des ersten Vierteljahres klagt der Vermieter 125 ℳ ein. Der Beklagte entgegnet, daß die Klage verfrüht sei, weil der Mietpreis nach BGB 551 erst am Ende der Mietzeit fällig werde. Der Kläger hält diese Auslegung für irrig. Wer hat Recht?

8. Ist ein Billardspieler verpflichtet, dem Eigentümer Schadensersatz zu leisten, wenn er beim Verlaufe des regelmäßigen Spieles ein Loch in das Billardtuch stößt? Kommt es darauf an, ob das Billard in einem öffentlichen Lokale sich befindet und für seine Benutzung Stundengeld erhoben wird? Oder in den Gesellschaftsräumen eines geschlossenen Klubs, wobei jedem Mitgliede das unentgeltliche Spielen gestattet ist? Oder bei einem Privatmann, der Bekannte zu einer Partie als Gäste eingeladen hat?

9. *Zur Aufrechterhaltung der Ordnung und zur Vermeidung von Differenzen werden die Benutzer meiner Leihbibliothek um Beachtung nachstehender Bedingungen gebeten: 1. Das Abonnement kann mit jedem Tage begonnen werden, und ist das Lesegeld so lange zu entrichten als sich Bücher in den Händen der Abonnenten befinden, wenn dieselben auch nicht gewechselt werden. 2. Die Teilnehmer werden gebeten, mehrere Nummern aus dem Katalog aufzuzeichnen, der für 20 ₰ käuflich zu erwerben ist. 3. Wer ein Buch beschädigt oder verliert, erstattet dessen Ladenpreis; gehört es jedoch zu einem mehrbändigen Werke, dessen Bände nicht einzeln käuflich sind, so muß der Wert des ganzen Werkes erstattet werden. 4. Unbekannte Personen hinterlegen den Wert der entliehenen Bücher als Pfand, mindestens aber 3 ℳ.*

a) Von welchem Rechtsverhältnis ist hier die Rede? Was ist, juristisch charakterisiert, ein *Abonnement?*

b) Wenn ein Abonnent hinterher (durch Krankheit, Reise u. dgl.) verhindert ist, von dem Abonnement Gebrauch zu machen, kann er nicht einen verhältnismäßigen Teil des schon gezahlten Betrages zurückfordern?

c) Ist es nötig, daß Vorauszahlung des Betrages ausdrücklich oben ausbedungen wurde, oder verstand sich dieses nicht schon von selbst?

d) Stimmt die Festsetzung unter 3. mit den Sätzen des BGB überein?

e) Was für ein Rechtsverhältnis ist im Falle 4. gegeben? Mit welchen Folgen — dinglicher und obligatorischer Art?

10. Ein Mieter hat zugleich mit seiner Wohnung eine Laube, die durch eine Traueresche gebildet wird, zu seiner ausschließlichen Benutzung sich ausbedungen. Der Hauswirt will nicht zugeben, daß der Mieter fremde Leute in die Laube mitnehme, und protestiert auch dagegen, daß der Mieter in der Laube eine Bank auf die Weise anbringe, daß er einige Pfähle in die Erde schlägt und über ihnen ein Brett befestigt. Unter welchen rechtlichen Gesichtspunkt ist dieser Vorfall zu bringen? Steht es dem Falle gleich, da der Vermieter dem Kassenarzt, der im Erdgeschoß wohnt, nicht gestatten will, daß die Patienten über die Vordertreppe kommen?

11. In dem vorigen Falle hat schließlich der Mieter nach einem gereizten Briefwechsel mit dem Vermieter die Wohnung gekündigt. Der Vermieter sucht durch Inserat einen neuen Mieter; und es kommen in den nächsten Tagen häufig Leute, die sich die Wohnung ansehen wollen. Der jetzige Mieter aber, der sich durch das Verhalten des Gegners stark verletzt fühlt, weigert allen Reflektanten, schließlich auch dem persönlich erscheinenden Vermieter den Zutritt zu den von ihm bewohnten Räumlichkeiten. Er erreicht dadurch auch, daß sich die Wohnung rechtzeitig nicht wieder vermietet. Was ist zu allem diesem juristisch zu bemerken?

12. In einem vermieteten Hause ist Mauerschwamm entstanden.

a) Muß der Mieter auf seine Beseitigung bedacht sein?
b) Muß er, wenn der Vermieter Maßregeln dagegen ergreifen will, ihn ohne weiteres in die Mieträume zulassen?
c) Da ihm dieses unangenehm ist, macht er den Vermieter auf den entdeckten Schwamm gar nicht aufmerksam; kann letzterer deshalb Schadensersatz fordern?
d) Was gilt, wenn sich in der Wohnung Mäuse oder Wanzen zeigen?

13. *Acht lebende Ratten edelster Abstammung, vortreffliche Nager, ohne Scheu vor Menschen, suche als Ersatz für diejenigen, die ich in 1½ Jahren in meiner Wohnung gefangen habe, zum 1. Oktober zu kaufen, um die Wohnung bei meinem Auszuge wieder so instand zu setzen, wie sie mir seinerzeit übergeben worden ist.* Ist damit die rechtlich zutreffende Behandlung dieser Angelegenheit gegeben?

14. Der Hausschlüssel. *Ein Hausschlüssel,* sagt Riehl hübsch in der Novelle: Der Hausbau, *ist kein gemeines Stück Eisen, er hat symbolische Kraft wie ein Petschaft oder ein Trauring. Man soll dergleichen Dinge nicht leichtsinnig übernehmen und führen; denn sie verpflichten weit hinaus.* So gibt dieses nützliche und viel gebrauchte Instrument leider auch häufigen Anlaß zu Streitigkeiten. Hier sollen nur die in das Auge gefaßt werden, die nicht selten zwischen Mietern und Vermietern spielen. Wieviel Ärgernis hat es nicht schon gesetzt, weil der Mieter vergessen hat, die Haustüre ordentlich zu schließen; auch mag wohl Schaden durch Einschleichen Unbefugter entstanden sein. Schlimm ist es, wenn der Mieter den Hausschlüssel verliert, und nun das Schloß geändert werden muß, und alle Schlüssel wertlos werden. Harmloser erscheint es, wenn der zwei Treppen hoch wohnende Student seinem ihn besuchenden Freund spät abends den Hausschlüssel einfach mitgibt, und doch haben das die Hauswirte ebensowenig dulden wollen, wie das Anschaffen von weiteren Exemplaren des Schlüssels auf eigene Kosten des Mieters, der nach seiner Behauptung mit ein oder zwei Schlüsseln für sich, seine Angehörigen und Dienstboten nicht auskommen kann. Heftiger Streit ist auch schon dann entbrannt, wenn der Mieter vor der Zeit auszieht und die Herausgabe des Schlüssels zum Hause und zur Wohnung weigert. Der Vermieter möchte gerne Ausbesserungen vornehmen, der neue Mieter die Wohnung einsehen und in Gedanken einrichten, aber jener droht mit Strafanzeige und mit Zivilklage im Besitz- und Mietprozeß. Um allen solchen Schwierigkeiten auszuweichen, haben manche Vermieter vorgeschlagen, den Hausschlüssel ganz den Händen des Mieters zu entziehen. Für gemietete Läden, Kontore u. dgl. sei es sowieso nicht nötig, daß der Mieter zu anderen Zeiten, als den gewöhnlichen Tagesstunden hinein könne, und da halte er, der Hausherr, offen. Für die Wohnhäuser aber könne man ja das System einrichten, das in Wien seit Maria Theresias Regierung herrscht: Dort gibt es in jedem Hause einen Pförtner, der den Ankommenden die Türe öffnet und nach 10 Uhr abends ein *Sperrzehnerl* erhebt, — was nun unsere Mieter nach dem BGB sich rechtlich nicht gefallen lassen mögen. — Wie ist über alle diese Fragen in trockener juristischer Abwägung und mit ausreichender Gesetzeskenntnis zu befinden?

XLIII

1. Wann endigen nachstehende Mietverträge?

a) In einem schriftlichen Mietvertrage über eine Wohnung hatte sich der Vermieter verpflichtet: *weder zu kündigen, noch zu steigern in Zukunft.*

b) Die Weinhandlung von Mitscher & Caspary hat ihre Räume von 1900 bis 2000 gemietet.

c) Ein Mieter hatte in eine Steigerung des Zinses und Herrichtung der Wohnung auf eigene Kosten gewilligt, aber dann auch um Überlassung auf längere Zeit gebeten. Darauf hatte ihm der Vermieter geschrieben: *Solange ich lebe, werde ich Ihnen nicht kündigen.*

2. Ein Vermieter klagt gegen einen Studenten auf Räumung der auf einen Monat vermieteten Wohnung, nachdem diese Frist abgelaufen ist. In dem Verhandlungstermine bringt der Beklagte vor, daß er die Wohnung *für das Semester* gemietet habe. Der Vertrag war mündlich ohne Zeugen abgeschlossen worden, und beide Parteien, die auf ihren widersprechenden Behauptungen beharren, können als Beweismittel nur den Eid benennen. Wie wird das Gericht vorzugehen haben?

3. A. hatte dem B. Grundstücke um den jährlichen Pachtpreis von 500 ℳ auf 6 Jahre verpachtet, unter Ausbedingung halbjährlicher Zahlung des Pachtgeldes. B. läßt aber zwei Ziele verstreichen, ohne zu zahlen. Welche rechtlichen Mittel stehen dem A. zu Gebote?

4. In dem vorigen Falle hatte sich A. nicht gerührt, und es waren jetzt bereits fünf Ziele fällig gewesen, ohne daß eine Zahlung erfolgt ist. Als nun A. gegen B. Schritte tun will, rechnet ihm dieser vor, daß er im letzten Jahre auf notwendige Reparaturen an den mitverpachteten Gebäuden, sowie für unentbehrlich gewordene Bewässerungsanlagen auf den Wiesen ungefähr 300 ℳ verwendet habe, deren Wiederersatz er von A. beanspruchen müsse. Wegen des Restes bittet er noch um Ausstand. A. will sich aber auf nichts mehr einlassen und sähe es am liebsten, wenn er den ganzen Pachtkontrakt los wäre. Was kann bei dieser Sachlage jeder von dem anderen rechtlich beanspruchen?

5. Der Zimmermeister Z. mietet von dem Privatmann P. einen dem letzteren gehörigen Holzplatz auf 25 Jahre. Nach Ablauf dieser Frist soll der Vertrag mit 6jähriger Kündigungsfrist gelöst werden können. Das Übereinkommen wird in allen seinen Teilen schriftlich ordnungsmäßig errichtet. Ist es aber sachlich außer allen Bedenken? Wie stände es, wenn in dem schriftlichen Vertrag keine feste Dauer der Miete bestimmt worden wäre? Wie dann, wenn die Parteien mündlich auf 2 Jahre mit halbjähriger Kündigungsfrist den Vertrag abgeschlossen hätten?

6. Das bekannte Vorrecht der Beamten in Sachen der Kündigung des Mietvertrages will doch näher angesehen und auf die ihm entspringenden Äußerungen angesehen sein. Wie ist es für diese Möglichkeiten zu handhaben?

a) Ein Oberlehrer hatte sich um eine Stelle an ein auswärtiges Realgymnasium beworben und sie erhalten; — ein Professor an einer preußischen Universität nimmt eine Berufung nach Wien an.

b) Ein Vikar, der am 1. April auf 1 Jahr gemietet hatte, wird am 4. Juni zum Pastor ernannt und am 26. September an eine andere Pfarre berufen; — ein Postdirektor, der am 15. Juni zum 1. Oktober einen Mietvertrag auf 2 Jahre abgeschlossen, wird am 2. Juli versetzt.

c) Ein Gerichtsassesor hatte am 1. Januar auf 3 Jahre gemietet. Verabredet war halbjährige Kündigung mit eingeschriebenem

Brief. Durch Patent vom 8. April wurde er zum Amtsrichter ernannt. Er erhielt es durch Schreiben des Justizministers vom 12. April, mit der Aufforderung, am 1. Mai das Amt an seinem neuen Wohnorte anzutreten. Nun hatte der Mieter am 27. März die Wohnung zum 30. Juni mit der Begründung, daß er nach außerhalb versetzt sei, gekündigt. Er hielt sich dazu für berechtigt, weil ihm seine Versetzung schon am 25. März im Auftrage des Justizministers durch den Ministerialdirektor mitgeteilt worden sei; auch habe der Vermieter daraufhin 14 Tage lang geschwiegen, also die Kündigung angenommen. Der letztere meinte dagegen, daß keine *Versetzung*, sondern nur eine *Anstellung* vorliege, und die Kündigung jedenfalls hier verfrüht gewesen sei.

7. Wie steht es rechtlich mit der Verlängerung folgender Mietverträge?

a) Ein Kandidat der Medizin will sein Examen absolvieren. Um ganz sicher zu gehen, mietet er in der Universitätsstadt nicht auf *ein Semester,* sondern auf *sechs Monate.* Er bezahlt monatlich. Die Wohnung gefällt ihm, deshalb bleibt er auch nach sechs Monaten wohnen und bezahlt den siebenten. Da eröffnet ihm die Wirtin am 15., daß er zum nächsten 1. ziehen könne.

b) A. hatte von B. einen Keller gemietet. Dann lösten sie die Miete durch Vereinbarung zum 31. März. A. räumte aber den Keller nicht. Ohne daß etwas Weiteres besprochen worden wäre, ließ er seine Vorräte dort und entfernt sie erst im Februar des nächsten Jahres.

XLIIIa. Mietverträge

Die meisten Mietverträge über Wohnungen und andere Räume (BGB 580) werden heute nach Formularen geschlossen, die von den sich oft interessiert gegenüberstehenden Parteien der Hausbesitzer und der Mieter im voraus aufgestellt sind. Es werden hier zwei Entwürfe mitgeteilt, unter der Frage: In welchen Punkten weichen sie voneinander ab? Worin unterscheiden sie sich von den ergänzenden Regeln des BGB? Widersprechen sie nicht in manchem auch zwingenden Sätzen des BGB, und was ist alsdann die rechtliche Folge?

Formular des Hausbesitzervereins.

Zwischen Unterschriebenen ist heute nachstehender Mietvertrag geschlossen worden: § 1. Der ... vermietet an ... und dessen Gattin unter deren samtverbindlicher Haftung folgende in dem Grundstücke ... belegene Räume ... vom ... Die Kündigungsfrist ist halbjährlich; und zwar muß spätestens am 1. April oder

1. Oktober schriftlich gekündigt werden, widrigenfalls der Vertrag sich fortsetzt, bis er durch eine vertragsmäßige Kündigung beendigt wird. Die Übergabe der Mieträume erfolgt am ... Der jährliche Mietzins beträgt ... ℳ, buchstäblich ... derselbe ist in ... monatlichen Teilzahlungen *pränumerando* pünktlich an den Vermieter oder dessen Stellvertreter in deren jeweiliger Wohnung zu zahlen. § 2. Die versäumte oder nicht vollständige Bezahlung des Mietzinses am oben bezeichneten Fälligkeitstermine, oder wiederholte Nichtbeachtung der übrigen Bestimmungen dieses Vertrages und der Hausordnung ändert den Vertrag dahin ab, daß Mieter die Mieträume auf Verlangen des Vermieters ohne vorausgegangene Kündigung sofort räumen müssen; die Mieter sind aber in diesem Falle verpflichtet, noch vor der Räumung den vollen Mietzins für das laufende Vierteljahr zu bezahlen und haften außerdem noch für denselben während der ganzen Vertragsdauer, solange eine anderweitige Vermietung oder Benutzung der Mieträume nicht stattfindet. Ein solches Exmissionsrecht hat Vermieter auch, sobald Mieter ohne dessen schriftliche Genehmigung die Wohnung oder Teile derselben abvermieten oder Schlafburschen bzw. Kostgänger halten. Mieter haben bei Ablehnung eines etwa in Vorschlag gebrachten Aftermieters durch den Vermieter weder einen Entschädigungsanspruch noch ein außerordentliches Kündigungsrecht. Mieter erklären, daß alle in die gemieteten Räume einzubringenden Möbel und andere Gegenstände ihr unbeschränktes Eigentum sind. § 3. Mieter übernehmen die Räume, wie sie stehen und liegen, und sind damit einverstanden, daß etwa nötige oder bedungene Ausbesserungen eventuell erst nach ihrem Einzuge binnen angemessener Frist vorgenommen werden. Ein Recht zum Rücktritt vom Vertrage oder zur Kürzung des ganzen Mietzinses oder eines Teiles, sowie überhaupt einen Schadensersatzanspruch haben Mieter in diesem Falle nicht· Dasselbe gilt von Mängeln, welche sich während der Mietzeit einstellen. Notwendige Ausbesserungen, sowie Maßregeln zur Sicherheit der Baulichkeiten müssen sich Mieter jederzeit gefallen lassen. Der Wirt bzw. dessen Beauftragte und Begleiter haben das Recht der Besichtigung der Mieträume behufs anderweiter Vermietung in der gewöhnlichen Tageszeit (vorm. 10 Uhr bis nachm. 5 Uhr), nach erfolgter Kündigung der Mieträume ist in Abwesenheit der Mieter der Schlüssel einem Vertreter zu übergeben, welcher die Mieträume in oben bezeichneten Stunden besichtigen läßt. § 4. Mieter sind verpflichtet, die Mieträume in ihrem ganzen Umfange ordnungsmäßig zu erhalten, d. h. für erforderliche Instandhaltung und die nötige Lüftung der Räume sowie für angemessene Renovierung derselben während der Mietzeit zu sorgen und die Mieträume bei ihrem Wegzuge in gutem, nutzbarem Zustande zurückzugeben. Insbesondere haben Mieter

Ausbesserungen an Wasser-Zu- und Abflußleitungen ungesäumt in sachkundiger Weise ausführen zu lassen. Für Störungen an der Wasser-, Gas- und elektrischen Leitung haftet Vermieter nicht und haben Mieter auch keinen Entschädigungsanspruch. Sollten Mieter beim Ausziehen zerbrochene Fensterscheiben oder andere Beschädigungen und Mängel hinterlassen, so ist Vermieter berechtigt, die Wiederherstellung bzw. Anschaffung auf Kosten der Mieter ohne weiteres zu veranlassen. Mieter verzichten auf Ersatz von Auslagen für notwendige Ausbesserungen, wenn sie solche vorgenommen haben, ohne dem Vermieter vorher Anzeige gemacht und Abhilfe in angemessener Frist abgewartet haben. Schaden, der durch Naturereignisse oder andere Ursachen die Fenster der Wohnung treffen sollte, tragen Mieter. Dieselben haben auch für alle Schäden, die beim Ein- oder Ausbringen von Mobilien oder dergleichen im Grundstücke entstehen, oder durch gestattete Aftermieter, Hausgenossen, Bedienstete oder von ihnen Beauftragte angerichtet werden, aufzukommen. § 5. Mieter übernehmen die Reinigung der zu den Mieträumen führenden Treppen und Flure einschl. der zugehörigen Fenster und Türen und die Beleuchtung dieser Zugänge entsprechend den polizeilichen Bestimmungen. Treffen den Vermieter wegen Nichtbeachtung dieser letzteren Verpflichtung Strafen, so sind Mieter dem Vermieter ersatzpflichtig. Die Haftpflicht des Vermieters oder Hauseigentümers bei etwaigen Unfällen der Mieter oder ihrer Angehörigen wird ausdrücklich ausgeschlossen; derartige Ansprüche sind zwischen den Parteien nicht klagbar. Die Abwesenheit der Mieter hebt vorstehende Verpflichtungen nicht auf. § 6. Für den Fall der Versetzung nach auswärts oder des Todes des Mieters kann die Kündigung des Mietverhältnisses seitens der Mieter oder ihrer Erben, soweit sie überhaupt nach dem Gesetz gestattet ist, erst zu den in § 1 festgesetzten Kündigungsterminen erfolgen. § 7. Das Halten von Haustieren jeder Art ist von der schriftlichen Genehmigung des Vermieters abhängig. Diese Genehmigungen sind widerruflich. § 8. Als Beitrag zum Wasserzinse zahlen Mieter . . . zum Mietverzeichnisstempel zahlen Mieter . . . in denselben Teilbeträgen, wie der Hauszins gezahlt wird. § 9. Mieter verzichten auf Aufrechnung von Gegenforderungen auf den fälligen Mietzins. § 10. Die Erklärung des einen der beteiligten Mieter ist für den anderen Mietteil rechtsverbindlich. § 11. Etwa später getroffene Vereinbarungen zu gegenwärtigem Vertrage haben nur dann Wirkung und Gültigkeit, wenn solche schriftlich getroffen sind. § 12. Mieter versprechen, die Vorschriften der unter B. beigefügten, einen inhaltlichen Teil dieses Vertrages bildenden Hausordnung in allen Punkten zu befolgen und dafür einzustehen, daß solche von ihren Familienangehörigen, Dienstboten, Gästen und Aftermietern befolgt werden.

Auch ist ruhestörender Lärm streng untersagt und kann Vermieter, wenn wiederholte Vermahnung nutzlos, sofortige Aufhebung dieses Vertrages herbeiführen. Die in der Wohnung befindlichen Gardinenhaken, Rouleauxeisen, Deckenschrauben usw. dürfen nicht entfernt werden und verbleiben — auch wenn sie von den Mietern angeschafft sind — dem Vermieter, der in diesem Falle den Anschaffungswert dieser Gegenstände den Mietern zu ersetzen hat.

Mietvertrag eines Mietervereins.

In § 1 wird der Gegenstand des Vertrages bezeichnet. § 2 handelt von der Mietzahlung und bestimmt, daß die Miete spätestens am dritten Tage jedes Quartalsmonats *postnumerando* zu zahlen ist. § 3. Für den Fall, daß Mieter mit einer dieser Raten länger als drei Tage im Rückstande bleibt und dieselbe nach erfolgter Mahnung nicht binnen ferneren drei Tagen zahlt, soll Vermieter berechtigt sein, auf sofortige Räumung zu klagen. § 4. Vermieter verpflichtet sich, die vermieteten Räumlichkeiten in gutem und brauchbarem Zustande zu übergeben und zu erhalten, wogegen Mieter die ermieteten Räumlichkeiten bei Beendigung des Vertrages in gutem Zustande, soweit nicht durch ordnungsmäßige Benutzung eine Abnutzung eingetreten ist, zurückzugeben hat. § 5. Dem Vermieter oder dessen Bevollmächtigten muß mangels anderweiter Vereinbarung der Zutritt zu den vermieteten Räumen zur Besichtigung behufs Prüfung des baulichen Zustandes oder Weitervermietung in der Zeit vom ... bis ... gestattet werden. Die Besichtigung durch Mietslustige braucht aber nur nach erfolgter Kündigung gestattet zu werden. § 6. Mit Eintritt des letzten Mietsviertel-(Halb-)Jahres und zwar in den ersten drei Tagen desselben muß derjenige Teil, der den Vertrag nicht weiter fortsetzen will, dieses dem anderen Teile ausdrücklich erklären. Erfolgt von keiner Seite eine solche Aufkündigung, so gilt der Vertrag immer auf ein weiteres Jahr mit der früheren Kündigungsfrist als verlängert. § 7. Der Vermieter verpflichtet sich, folgende Neuanlagen und Verbesserungen auf seine Kosten vorzunehmen ...; und sie spätestens bis zum Mietbeginn fertig zu stellen.

XLIV

1. Was für Rechtsgeschäfte liegen in den folgenden Tatbeständen und Privaterklärungen vor?

a) Es verkauft jemand einen Kasten mit Handwerkszeug, behält sich aber daran bis zur Zahlung Besitz und Eigentum vor. Nach wenigen Tagen erscheint der Käufer und bittet, ihm das Handwerkszeug einstweilen einzuhändigen, obgleich er das Kaufgeld heute noch nicht bezahlen könne; sobald der Verkäufer es wünsche, werde er den Kasten gern zurückbringen.

b) Der Besitzer einer seltenen Handschrift gibt sie einem Fachgelehrten, um sie zu untersuchen und wissenschaftlich nach Alter und Bedeutung klar zu stellen, wobei der Untersuchende möglicherweise: dafür bezahlt wird; — es aus Gefälligkeit besorgt; — den Besitzer des Manuskriptes darum gebeten hat, und dieser ihm einen Gefallen erweist; — als Vertreter einer gelehrten Körperschaft zu jener Arbeit verpflichtet ist; — seinerseits etwas für die Benutzung der Handschrift bezahlt.

c) In einem Dorfe wohnten zwei Leute, die beide denselben Namen hatten, alle beide hießen sie Klaus, aber der eine besaß vier Pferde, und der andere nur ein einziges Pferd. . . . Die ganze Woche hindurch mußte der kleine Klaus für den großen Klaus pflügen und ihm sein einziges Pferd leihen; dann half der große Klaus ihm wieder mit allen seinen vieren, aber nur einmal wöchentlich, und das war des Sonntags. (Aus Andersens Märchen.)

d) Eine Pelzhandlung sendet drei Pelzmäntel zu 70, 80 und 90 ℳ einer Dame, die einen davon auswählen und kaufen will, mit der Bitte um baldige Rückgabe der zwei in der Wahl ausgefallenen zu; — eine Seidenfabrik überschickt auf Wunsch Muster ihrer Seidenstoffe, bedingt sich aber pünktliche und schnelle Rücksendung der mitgeteilten Musterproben aus.

e) Der Eigentümer überläßt eine leer stehende Wohnung dem darunter wohnenden Mieter so lange unentgeltlich zum Gebrauche, bis sich eine Gelegenheit der Verwertung findet.

2. K. bittet den L., ihm einige Wertpapiere zu leihen, die er, K., als Unterpfand gegen ein, in kurzer Frist zurückzuzahlendes Darlehn bei einem Bankhause benutzen will.

a) Was liegt juristisch vor? Welchen Anspruch hat L.?

b) Steht dieser Fall dem folgenden gleich: R. übergibt dem S. eine goldene Uhr und Kette mit dem Auftrage, darauf bei einem Pfandleiher 100 ℳ zu leihen und solche dem R. zu überbringen; S. nimmt das Geld auf — entweder auf seinen eigenen Namen, oder auf den Namen des R.

3. Einstmals lieh Kosciuszko einem Freunde ein Pferd zu einer Tagesreise. Als dieser das Pferd zurückbrachte, sagte er zu Kosciuszko, das nächste Mal müsse er ihm seine Geldbörse dazu leihen. So oft er auf der Straße an einem Bettler vorübergekommen, sei das Pferd stehen geblieben und unter keinen Umständen weitergegangen, bis eine Gabe verabreicht worden. Würde der Freund nach dem Rechte unseres BGB gegen Kosciuszko einen Ersatzanspruch gehabt haben?

XLV

1. Welches ist die zutreffende juristische Auffassung nachstehender Willenserklärungen?

a) Die städtische Sparkasse fordert in der Zeitung öffentlich zu Einlagen auf, und gibt bekannt, daß sie Geld an sichere Schuldner auszuleihen bereit sei.

b) Es bittet jemand brieflich um Gewährung eines Darlehns. Der Angegangene erlaubt jenem, einen Wechsel auf ihn zu ziehen und diesen weiter zu begeben; — oder er schickt ihm einen eigenen Wechsel.

c) Ein Möbelhändler, der eben Gelegenheit hat, ein paar Dutzend Stühle zu verkaufen, schickt zu einem befreundeten Gewerbegenossen, um sich die fehlende Stückzahl solcher Stühle einstweilen zu leihen.

d) Es wird auf eine zu liefernde Arbeit ein Vorschuß geleistet.

e) Durch testamentarische Bestimmung ist einem Erben die Verpflichtung auferlegt, einem Dritten eine gewisse Summe auf eine bestimmte Zeit als unverzinsliches Darlehn zu geben, — dann stellt sich heraus, daß dieser Dritte inzwischen in Konkurs verfallen ist.

f) Als Ergebnis einer Geschäftsführung für einen anderen wird zugunsten des Vertreters ein Saldo von 2000 ℳ festgestellt, wovon der andere 400 ℳ bar bezahlt, während die übrigen 1600 ℳ an bestimmten späteren Terminen bezahlt werden sollen.

g) *Je soussigné A. L. reconnais avoir reçu de mon beau-père vingt cinq obligations Alsace-Lorraine de mille francs chacune, rapportant 4 % et m'engage à les lui rendre, quand il le désirera et devrai de plus lui faire tenir les coupons annuels échéant le 2 janvier ou le montant des dits coupons.*

2. Nach einem Darlehnsvertrage nahm ein Grundbesitzer zur Ausführung eines Baues von einem Kapitalisten ein Darlehn von 90 000 ℳ gegen Hypothek auf; in einem Scheine wurde aber bestimmt, daß das dargeliehene Geld einstweilen bei einer Bank niedergelegt und nach und nach, wie es nach den auszuführenden Bauarbeiten erforderlich sein werde, an den Bauherrn verabfolgt werden sollte. Das Kapital wurde in dieser Weise von der Bank allgemach bis auf 8000 ℳ bezahlt, als der Grundbesitzer in Konkurs geriet. Wie ist die Verabredung rechtlich zu charakterisieren? In welcher Weise sind die Ansprüche des Kapitalisten und der Konkursmasse auseinander zu setzen?

3. Ein Bauer hatte bei einem *Kundenmüller*, d. h. einem Müller, der die von seinen Kunden gelieferte Frucht mahlt, das Mehl und die Kleie abliefert und seinen Lohn durch das *Molter*, Abzug eines gewissen Quantums von dem Mehl (12 Pfund von dem Zentner Frucht), erhält, längere Zeit hindurch in dieser Weise mahlen lassen, indem er jedesmal ungefähr 200 Pfund Frucht brachte und das entsprechende daraus gewonnene Mehl mit Kleie erhielt. Dann kam es aber vor, daß er während mehrerer Jahre je einmal keine Frucht hatte und doch Mehl benötigte. Er bat deshalb den Müller, von seiner Frucht zu mahlen und ihm das entsprechende Mehl nebst Kleie zu liefern, er werde ihm später ebensoviel von seiner, des Bauern, Frucht dagegen liefern.

a) Ist dieses Darlehn oder Tausch oder was sonst für ein Rechtsverhältnis?

b) Wie steht es mit den jeweiligen Eigentumsübertragungen?

c) Was ist die Folge, wenn nach der Verwendung der Frucht seitens des Müllers, aber vor der Ablieferung des Mehles ein zerstörender Zufall eintritt?

4. Die beiden naturwissenschaftlichen Laboratorien der Pariser *Ecole Normale Supérieure* sind in einen eigenartigen Rechtsstreit geraten. Vor wenigen Jahren brauchte das Chemische Institut, dem sein Vorrat ausgegangen war, dringend ein Kilogramm Platin für seine Experimentszwecke. Da man sich bisher stets in solchen Fällen gegenseitig aus der Not geholfen, so wandte man sich auch diesmal an das Physikalische Laboratorium mit der Bitte um Aushilfe. Das letztere machte sich ein Vergnügen daraus, dem Schwesterinstitut das gewünschte Kilo des kostbaren Metalls zu leihen. Es verging einige Zeit. Nun aber trat mittlerweile eine ganz bedeutende Preissteigerung in Platin auf dem Markte ein, und dieser Umstand wurde der Ausgangspunkt des Konflikts. Das Chemische Laboratorium ist nämlich bereit, dem Physikalischen Laboratorium den Wert des entliehenen Kilos Platin zurückzuerstatten. Es behauptet aber, daß diese Rückzahlung nach dem Kursstande, den das Platin zur Zeit der Ausleihung hatte, das heißt in Höhe von 300 Franken, zu erfolgen habe. Allein heute steht der Kurs für Platin auf nahezu 1400 Franken. Das Physikalische Laboratorium seinerseits verlangt diese Summe mit der Begründung, daß es jetzt selber seinen erschöpften Platinvorrat zu ergänzen genötigt sei und ein Kilo davon zum heutigen Tagespreise kaufen müsse. Ja, es will sich überhaupt auf keine Erörterung der Geldfrage einlassen, sondern fordert ganz einfach das Chemische Laboratorium auf, ihm sein Gewicht Platin *in natura* wieder zu ersetzen. — Wie ist hierüber zu erkennen?

XLVI

1. Welche Rechtsverhältnisse sind in folgenden Tatbeständen gegeben?

a) Ein Kaufmann erhält von einem Geschäftsfreunde durch Postanweisung Geld geschickt, mit dem Ersuchen, mit diesem gewisse, von einem anderen akzeptierte, nicht bezahlte Wechsel einzulösen und sie dem Geschäftsfreunde einzusenden.

b) Der Verkäufer einer Ware stellt dem Käufer einen Bezugschein mit der Ermächtigung der Abholung der Ware aus; — es wird jemand ersucht, für einen anderen Gelder zu vereinnahmen.

c) Ein *armer Reisender* bittet einen Barbier, daß er ihn umsonst rasieren möge.

d) Ein Gelehrter übernimmt unentgeltlich die Schriftleitung einer wissenschaftlichen Zeitschrift, nur um der Sache zu dienen. Der einzige Vorteil, den er hat, besteht in möglicher freier Aufnahme eigener Abhandlungen gegen Honorar.

e) Zwei Geschäftsleute verabreden, daß der eine ein zur Versteigerung stehendes Grundstück auf seinen eigenen Namen erstehen und sich den Zuschlag erteilen lassen, daß dies aber für den zweiten geschehen solle, dem dann das Grundstück aufzulassen sei.

f) A. gestattet dem ihn darum ersuchenden B., daß er auf des A. Wagen nach einem gemeinsamen Ziele mitfahre.

g) Bekanntmachung. Die städtische Rechtsauskunftsstelle, Große Märkerstraße 20, erteilt hierselbst wohnhaften oder beschäftigten, minderbemittelten Personen ohne Unterschied des Alters, des Geschlechts, des Berufes, der Konfession oder der Parteistellung unentgeltlich Auskunft und Rat in Angelegenheiten der Krankenversicherung, Unfallversicherung, Alters- und Invalidenversicherung, sowie über die Bestimmungen der Gewerbeordnung, Gesindewesen, Armenunterstützungssachen, Steuersachen, Mietrecht, den Dienstvertrag nach bürgerlichem und Handelsrecht und Eherecht. In geeigneten Fällen werden die erforderlichen Schriftsätze angefertigt.

2. A. übernahm den Auftrag, die Schulden des B., sei es aus eigenen Mitteln, sei es aus zu diesem Zwecke aufzunehmenden Kapitalien zu tilgen. Er entlieh sodann zu fraglichem Zwecke in eigenem Namen von C. ein Kapital von 8000 ℳ, die er jedoch nicht ganz an diesen zurückzuzahlen brauchte, da C. ihm später einen bedeutenden Nachlaß von 4000 ℳ bewilligte. B. nimmt jetzt den Vorteil dieses Nachlasses für sich in Anspruch. Mit Recht?

3. Charles Prumat war von Jean Mercier beauftragt worden, des letzteren Leute, die in einem Steinbruche beschäftigt waren, bei der Arbeit zu überwachen. Zu seinem Schrecken bemerkt er, wie sich ein Felsstück loszulösen und jene zu erschlagen droht. Er springt hinzu und rettet sie durch Zuruf; wird dabei aber von dem herabstürzenden Geröll selbst schwer verletzt. Auf die Klage des Prumat auf Schadensersatz sprach die erste Instanz aus: *qu'il* *y avait eu là un élan généreux digne d'éloges sans doute, mais que l'accident avait eu là sa cause véritable, et, partant, qu'il ne devait pas donner lieu à la responsabilité du mandant.* Dagegen verurteilte die zweite Instanz den Jean Mercier zum Ersatze des Schadens, *dont l'exécution du mandat avait été incontestablement l'occasion.* Wie ist nach dem Rechte unseres BGB zu erkennen?

4. In neueren Zeiten sind die kaufmännischen *Auskunftsbureaus* immer mehr aufgekommen und an Bedeutung gewachsen. Ihre Tätigkeit erstreckt sich vor allem, wie die größte deutsche Auskunftei von Schimmelpfeng in Berlin, in ihrem Prospekte sagt, *auf die Erteilung von Auskunft über die Kreditwürdigkeit aufgegebener Firmen;* sie erfolgt gegen Vergütung nach bestimmtem Tarif.

a) In welcher rechtlichen Stellung befindet sich der Inhaber eines Auskunftsbureaus zu dem Anfragenden, wenn dieser durch eine versehentlich falsche Auskunft zu Schaden gekommen ist?

b) Setzt sich der Inhaber eines Auskunfsbureaus irgendwelchen Ansprüchen des dritten Kreditsuchenden dadurch aus, daß er über ihn ungünstig berichtet?

c) Wie verhält sich hierzu diese Rechtsfrage: Ein Neapeler Hotel *Allegria* hatte Baedeker verklagt, weil er es in seinem Reisebuch als *Haus für alleinreisende Herren* bezeichnet hatte?

d) Oder folgender Fall: B. versichert dem A. auf dessen Anfrage wider besseres Wissen, daß N., der von A. Kredit begehrt, in Bremen ein eigenes Haus besitze und 50000 ℳ im Vermögen habe; dabei erklärt aber B.: *Er übernehme keine Haftung, auch keine moralische.*

XLVII

1. Unter welche Rechtsbegriffe sind die folgenden vertragsmäßigen Abmachungen zu bringen?

a) Von dem Eigentümer wird ein Vizewirt für sein Haus bestellt; — ein Inspektor für ein Landgut, der Leitung und Betrieb desselben übertragen erhält; — die Mutter als Verwalterin des Vermögens ihres verschollenen Sohnes.

b) Ein Tapezierer soll eine Wohnung einrichten; — ein Buchbinder ein Buch einbinden; — ein Bildhauer ein Grabmonument liefern.

c) Es nimmt jemand Musikunterricht gegen Honorar; — ein Hauslehrer wird bei völlig freier Station angenommen, sei es mit oder ohne Zahlung einer kleinen baren Remuneration.

d) Ein Jäger übergibt sein Gewehr einem Schmied zum Herausholen einer darin stecken gebliebenen Patrone.

e) Ein Pferdebesitzer leistet mit seinen Pferden Frachtfuhrleuten gewerbsmäßig Vorspann, oder zieht auf dem Leinpfade Schiffe stromaufwärts, wobei die Unkosten ersetzt und für Tag oder Stunde ein bestimmter Betrag als Entgelt gezahlt werden soll.

f) Ein Hamburger Exporthaus schließt mit einem Reeder über ein diesem gehöriges Dampfschiff einen Mietvertrag: entweder über das ganze Schiff zu einer Fahrt nach Loanda; — oder für bestimmte Räume und Kammern im Schiffsraume; — oder nur unter Übergabe der Ware zum Transporte nach San Thomé an eine bestimmte Adresse; — oder in der Weise, daß ihm das Schiff auf 18 Monate zu eigener Bemannung und Verwendung zur Verfügung gestellt wird; — oder endlich zwecks Überfahrt zweier Geschäftsangestellten nach Madeira, unter Verabredung voller Beköstigung für eine runde Gesamtsumme.

g) Ein Gartenbesitzer liefert die Erträgnisse seiner Johannis- und Himbeersträucher in einer Konditorei ab, welche die Früchte in Zucker für jenen einzumachen hat und als Entgelt eine bestimmte Anzahl gefüllter Gläser für sich behalten soll.

h) Ein Arzt hat mit dem Besitzer von Fuhrwerken einen Vertrag dahin abgeschlossen, daß, so oft der Arzt zu Fahrten über Land einen Wagen nötig habe, der andere einen solchen ihm stellen solle; am Ende des Jahres wird über die geschehenen Fuhren abgerechnet. — Der Vertrag mit einem Bergführer.

i) Eine Gemeinde läßt einen Brückenbau aufführen; sie gibt die Ausführung im Wege der Submission an einen Bauunternehmer, der nun zur Ausführung der Maurerarbeiten einen Maurermeister in Unterakkord annimmt; dieser liefert durch seine Arbeiter die Maurerarbeiten.

2. Welcher Vertrag liegt in der Annahme eines *Hausmannes*, der im Kellergeschoß eine Wohnung eingeräumt erhält und entweder: dafür einen bestimmten jährlichen Preis bezahlt und die Verpflichtung des Türschließens, der Straßenreinigung und der Beaufsichtigung des Hofes hat; oder: nur diese letzteren Tätigkeiten als Äquivalent leistet; oder: für seine Portierdienste außer der freien Wohnung noch Wochenlohn bezieht?

---

3. Ein Bureauvorsteher, der bei einem Rechtsanwalt dauernd gegen festes Gehalt angestellt war, hat bei starkem Geschäftsgange über die verabredeten Bureaustunden gearbeitet, auch Akten zur Fertigstellung angefangener Arbeiten abends nach Hause genommen. Kann er nach dem BGB dafür Bezahlung verlangen?

4. Der pensionierte Förster Laetus erhebt gegen seinen Dienstherrn von Hassen Klage, darauf gegründet: daß ihm neben seinem damaligen Dienste die Geschäfte des abgegangenen Rentmeisters übertragen worden seien und ihm wegen der hierdurch entstandenen Behinderung in seinem Dienste ein Forstwärter beigeordnet und in dem Schreiben bemerkt worden sei, daß er am Schlusse einer

Gratifikation entgegensehen dürfe; eine solche sei ihm jedoch nicht zuteil geworden. Ist die erhobene Klage begründet?

5. Ein Engländer kam in Begleitung seiner vier Töchter in das Hofbräuhaus. Der Kellnerin streckte er wortlos die fünf Finger seiner Hand entgegen und diese brachte ebenso wortlos fünf Maß Bier. Darob Entsetzen der englischen Familie. Trotz der vereinten Kräfte gelang es Vater und Töchtern nicht, mehr denn ungefähr ein Maß zu vertilgen. Da kam dem alten Herrn eine launige Idee. Er holte sich einen der vor dem Hofbräuhaus stehenden Dienstmänner und schenkte diesem die überflüssigen vier Maß unter der Bedingung, daß er sie sofort und allein vertilge. Das geschah auch mit großer Geschwindigkeit, worauf der Dienstmann 50 ₰ nach dem Tarif für seine *Arbeit* forderte. War dies gerechtfertigt?

6. Die Stellung eines *Hausarztes* ist neuerdings mehrfach rechtlich streitig geworden. Nach allgemeinem Gebrauche ist der Inhalt des Vertrages dahin aufzufassen, daß der Arzt jederzeit dem Rufe in das Haus folge und auch in seiner Sprechstunde seinen Rat gebe und von Zeit zu Zeit unaufgefordert die Familie besuche, und daß er für seine gesamte Tätigkeit ein Pauschquantum erhalte. Es fragt sich aber, wie in Ermangelung besonderer Abrede das Jahreshonorar zu berechnen ist? Insbesondere, welchen Einfluß die ärztliche Taxordnung hierauf hat?

---

7. In einem Privatbriefe fand sich nachstehende Bitte um Rechtsbelehrung: Eine an einer Privatschule mit Gehalt und freier Station auf zwei Jahre fest angestellte Lehrerin erkrankte an den Masern und mußte wegen der Ansteckungsgefahr für die Schülerinnen in ein Krankenhaus übersiedeln. Während der Krankheit wurde ihr von der Schulvorsteherin eine Vertreterin bestellt. Wer trägt die Kosten der Verpflegung im Krankenhause und der Vertretung?

8. In Throtenstein fand an einem Sonntage im Gasthofe öffentliche Tanzmusik statt. Bei einbrechender Dunkelheit gab die 18jährige Tochter des Wirtes einem langjährig dort dienenden Knechte den Auftrag, den Kronleuchter anzuzünden. Der Knecht bestieg, um dem nachzukommen, eine dem Wirte gehörige Patentleiter von etwa zwei Meter Höhe. Während er noch oben stand, fing die Musik an zu spielen, ein paar Arbeiterfrauen tanzten gegen die Leiter, und der Knecht stürzte von ihr herab. Dabei erlitt er Schaden. — Er befragt einen Rechtsverständigen. Der meint, daß der Wirt nach BGB 618 und EG 95, sowie BGB 278 wohl haftbar sei. Bedenklich sei nur, ob die zweifellos gute Beschaffenheit der Leiter jenen nach BGB 275 und 276 oder auch 254 befreie. Was ist hierzu rechtlich zu bemerken?

9. Zwischen dem Theaterdirektor Hannemann und dem Dirigenten der Stadtkapelle Appel ist ein Streit entstanden. Appel hat an Hannemann eine Forderung von 277 ℳ für Stellung der Musik zu vier jüngst im Stadttheater erfolgten Opernaufführungen erhoben. Letzterer lehnt die Erfüllung der Forderung ab, *weil die Musik für die Opernaufführungen nicht zu brauchen gewesen sei,* und läßt dagegen durch seinen Rechtsanwalt eine Schadensersatzforderung von 500 ℳ geltend machen *für die spärlich besuchten Aufführungen.* Appel behauptet, Hannemann habe, als er mit der Kapelle abschloß, den Grad ihrer Leistungsfähigkeit genau gekannt, er, Appel, habe ferner seine nur 16 Mann zählende Kapelle, den Forderungen der Direktion entsprechend, mit auswärtigen Militärmusikern verstärkt und schließlich seien doch vier Opern hintereinander mit dieser Musik ohne großen Unfall gegeben worden. Welche Bestimmungen des BGB kommen bei diesem Streite zur Erwägung? Und wie ist demnach zu erkennen?

---

10. Ein Arzt war von einer Gemeinde als Stadtarzt gegen jährlichen Gehalt mit der Verpflichtung, die dortigen Armen unentgeltlich zu behandeln, angestellt worden. Als späterhin persönliche Differenzen ausbrachen, kündigte die Gemeinde jenem die Anstellung. Nun erhebt der Arzt Klage gegen die Gemeinde auf fernere Erfüllung des angegebenen Vertrages. Er habe seinen Dienst weiterhin zur Verfügung gestellt und die Beklagte sei, da seine Anstellung unwiderruflich geschehen, zu der Kündigung des Vertrages nicht befugt.

a) Wer hat hier mit Recht den Prozeß zu gewinnen?

b) Würde ebenso in dem Falle zu entscheiden sein, da ein Kulturingenieur mit einem Gutsbesitzer einen Vertrag über Herstellung einer Drainanlage auf dem Landgute jenes für einen bestimmten Preis in Bausch und Bogen abgeschlossen hatte und der Gutsbesitzer diesen Vertrag kündigte?

c) Oder: Bei einem auf mehrere Jahre geschlossenen Dienstvertrage war bestimmt, daß Verkauf des Geschäftes oder Tod des Prinzipals den Vertrag aufhebe?

d) Oder: Ein Handlungsreisender war zur Probe auf ein Jahr angestellt. Am Schlusse des Jahres befand er sich auf der Reise, und keiner der Beteiligten gab eine Erklärung ab.

11. Kann in folgenden Fällen das Dienstverhältnis ohne Einhaltung einer Kündigungsfrist gekündigt werden? Nach welchen Paragraphen sind die Rechtsfolgen dann zu bestimmen, wenn die Entlassung unberechtigt war? (Vgl. auch II § 20; IV § 1.)

a) Der Angestellte fordert den Geschäftsherrn zum Zweikampfe heraus.

b) In einem großen Betriebe wurde einem Arbeiter Gottlosigkeit vorgeworfen, weil er trotz mehrfacher Aufforderung des Prinzipals sich geweigert hatte, seine Ehe kirchlich einsegnen zu lassen.

c) Ein Bedienter will sich an der Herrschaft wegen erhaltenen Verweises rächen und verführt die unmündigen Kinder jener zur Unzucht.

d) Ein Buchhalter war bei einem Konsumvereine angestellt. Der Vorstand hatte beschlossen, bedruckte Markenbeutel zu bestellen und zwei Firmen zum Wettbewerb aufzufordern. Die eine forderte für 10000 Beutel 90, die zweite 87,50 ℳ. Der Buchhalter teilte das der ersten Firma insgeheim mit, und diese schickte nun schnell ein Angebot auf 85 ℳ.

e) Ein Inspektor hatte das Landgut eines schwer erkrankten Besitzers zu verwalten, der im Süden weilen mußte. Da fiel ihm selbst ein kleineres Besitztum in einer anderen Provinz zu, das nun seine eigene Fürsorge dringend forderte.

f) Zwischen Gesell und Lehrling bricht ein Zank aus, in dessen Verlauf jener dem letzteren kräftige Ohrfeigen versetzt.

g) Der Angestellte kommt am Montag Vormittag eine halbe Stunde zu spät zur Arbeit; — auf Vorhalt sagt er dem Prinzipal: *Wenn Sie einen Charakter hätten, würden Sie mich schon längst entlassen haben.*

12. Bei der *Kaiser Wilhelmsland-Plantagengesellschaft* auf Neu-Guinea war der Pflanzungsdirektor K. auf 10 Jahre mit einem Gehalte von 12000 ℳ jährlich angestellt. Nach einigen Jahren wurde er aber plötzlich entlassen und verklagte nun die Gesellschaft auf weiteres Gehalt von 70000 ℳ. — Von der Beklagten wurde eingewandt, daß K. wegen ungehöriger Behandlung der eingeborenen, farbigen Arbeiter hatte entlassen werden müssen. K. behandelte die Arbeiter, die *ganz roh aus dem Busche angeworben oder eingefangen waren,* mit größter Strenge und mit Prügeln und war vom Reichskommissar wegen seines brutalen Verfahrens zweimal verwarnt worden. Wiederholt waren ihm ganze Scharen von Arbeitern weggelaufen, einmal 10 Neu-Irländer und 44 Neu-Mecklenburger. In einem Bericht an das Auswärtige Amt hatte der Reichskommissar ausgesprochen, daß er von der Grausamkeit des K. ernste Folgen für die Entwickelung der Kolonie befürchte. K. erklärte in seiner Verteidigung, daß ohne Anwendung körperlicher Züchtigung keine Erfolge erzielt werden könnten, und betonte die Notwendigkeit rücksichtsloser Strenge gegenüber dem System weichherziger Milde, wie es von den Behörden vertreten werde. Von seiner Gesellschaft war jedoch K. ausdrücklich angewiesen worden, sich einer freundlichen und menschenwürdigen Behandlung der farbigen Arbeiter zu befleißigen und außer im

Falle der Notwehr keine Gewalt anzuwenden. — Auf welchen Rechtssatz wird es dabei ankommen? Welche Anwendung hat er vorliegend zu finden?

XLVIII

1. Man achte auf folgende Ausschnitte aus *der vierten Seite* einer Zeitung und bringe sie unter den zutreffenden juristischen Gesichtspunkt:

a) Bestellungen auf die X.-Zeitung für die Monate Mai und Juni werden von allen Postanstalten zu dem Preise von 2 ℳ angenommen. Hier am Orte erfolgt die Zustellung je nach Wunsch zweimal täglich, morgens und abends, oder einmal täglich (Morgen- und Abend-Ausgabe zusammen) des Abends. Bei einmaliger Zustellung beträgt das Bestellgeld für die Monate Mai und Juni 1,70 ℳ, bei zweimaliger Zustellung 1,90 ℳ. — b) Ankündigung von Karusselfahrten auf dem Jahrmarkte. — c) Kammerjäger vertilgt Ungeziefer. — d) Wasch- und Plättanstalt empfiehlt sich. — e) Ein Klavierspieler erhält dauernde Stellung. — f) Redakteur für eine Zeitschrift gesucht, der bereit ist, sich mit einem Kapital von 70000 ℳ an der betreffenden Zeitschrift zu beteiligen. — g) Anfertigung künstlicher Gebisse. — h) Für einige Fachzeitschriften werden tüchtige Annoncensammler gesucht; hohe Provision wird gewährt. — i) Schönschreiben wird gelehrt und in drei Wochen jede schlechte Schrift verbessert. — k) Elegante Garderobe wird nach Maß gefertigt. — l) Die Herstellung von 3000 Quadratmetern Pflaster soll vergeben werden.

2. Welche Rechtsbegriffe finden nachstehend Anwendung?

a) In dem mit Zentralheizung versehenen Wohnhause übernimmt der Vermieter die Verpflichtung zur fortgesetzten Heizung der vermieteten Räume, der Mieter zahlt dafür eine bestimmte Summe, deren Höhe im Vertrage neben dem Mietzins besonders festgesetzt ist.

b) Ein reicher Kapitalist, namens Blair, hatte sich in der Nähe von Far Hills eine prächtige Residenz aus Hausteinen und Marmor bauen lassen, die etwa 10 Millionen Mark kostete. Da es aber an Schatten fehlte, telegraphierte er an John Wilkins, ihm einen Wald von sieben Hektaren, der in der Nähe von Chester lag, auf sein Besitztum zu verpflanzen. Der Auftrag wurde ausgeführt, der Millionär mußte allerdings 800000 ℳ dafür zahlen.

c) Der Essigfabrikant S. unterhandelt mit dem Lithographen M. über Anfertigung von Plakaten und Etiketten. Sie verabreden, daß M. bei Gelegenheit Muster anfertigen und vorlegen solle.

Nach einiger Zeit sandte M. ein Plakat zum Aushängen in Läden und Gasthäusern und 2 Etiketten für Flaschen und Krüge. S. antwortete nicht. M. forderte nun 60 ℳ für seine Arbeit und Materialien.

3. Der Zimmermeister Beilhorn hatte es gegen eine Vergütung von 6000 ℳ unternommen, dem Zirkusbesitzer Saski den Bau eines neuen Zirkus auf einem von der Stadt gemieteten Platze aus lediglich von Beilhorn zu lieferndem Material zu Vorstellungen der Kunstreitergesellschaft des Saski herzustellen, sowie den Abbruch des Zirkus, die Räumung des Platzes und dessen Rückgabe an die Behörde nach Beendigung der Vorstellungen auszuführen. Der Vertrag wurde von Beilhorn ausgeführt. Saski blieb aber den Lohn schuldig. Als er nach beinahe drei Jahren von jenem energisch gemahnt wurde, verwies er ihn auf BGB 196: 6; wogegen Beilhorn die Verjährung leugnete und BGB 196: 1 in Verbindung mit BGB 196: 2 zur Anwendung gebracht wissen wollte. Wie steht es hiernach mit den Ansprüchen des Beilhorn?

4. Ein Müller soll Getreide für mehrere Bauern mahlen. Dabei wird das Korn zusammengeschüttet, so daß alles einen Haufen gibt und dann gemahlen wird. Dem einen liefert er sein Quantum ab, der Rest geht bald darauf durch Zufall zugrunde. Können die anderen Besteller etwas fordern, sei es von dem Müller oder von dem, der schon Mehl erhalten hat? Welches rechtliche Verhältnis lag hier überhaupt vor?

---

5. In dem Garten des Kresse hatte der Architekt Hohl ein leichtes hölzernes Gartenhaus aufgeführt. Er fordert jetzt den angemessenen Preis von 280 ℳ. Kresse entgegnet, sie hätten sich auf 220 ℳ vorher geeinigt. Hohl stellt das in Abrede.
Wer hat die Beweislast?

6. Es ist eine bekannte Erfahrung, daß Bauten gewöhnlich über den Anschlagpreis zu stehen kommen, zumal wenn der Bauherr vom Baugewerken ein Gutachten ohne ganz im einzelnen ausgearbeitete Kostenberechnung erhalten hat. Es fragt sich:

a) Muß der Bauherr ohne weiteres den überschreitenden Betrag bezahlen? Oder ist der Übernehmer an seinen einmal gemachten Kostenanschlag unbedingt gebunden?
b) Der Bauherr hat Verdacht, daß die Einhaltung des Kostenanschlages zuungunsten der Solidität geschehen ist; kann er mit der Bezahlung des Entgeltes bis zur Feststellung der Tüchtigkeit des gelieferten Werkes warten?
c) Wenn sich der Besteller ausdrücklich die Billigung des anzufertigenden Werkes vorbehielt, ist er bei einer Verwerfung desselben verpflichtet, Gründe anzugeben?

d) Kann der Besteller, wenn er den bedungenen Bau ohne Vorbehalt angenommen hat, hinterher entdeckte Fehler noch rügen? Ist es gleichgültig, ob er eine ausdrückliche Billigung vorgenommen hat?

7. Ein Unternehmer führte im Auftrage des bremischen Staates für diesen einen Damm zu einem festen Preise aus, und zwar nach einem von den Ingenieuren des Staates aufgestellten Plane, worin die vorzunehmenden Arbeiten in ihren kleinsten Einzelheiten aufgeführt und die Art ihrer Ausführung, sowie auch die Beschaffenheit der dazu zu verwendenden Materialien vorgeschrieben waren. Der Unternehmer führte den Plan ganz nach Vorschrift aus; allein infolge der Fehlerhaftigkeit dieses Planes rutschte der Damm zusammen. Jener glaubt, daß er unter diesen Umständen von der Haftung frei sei. Mit Recht?

8. Wie sind diese einfachen Fragen nach den Regeln des BGB zutreffend zu lösen? — Dabei sind jedesmal die maßgeblichen Paragraphen genau anzuführen, und ist deren berechtigte Anwendung überzeugend zu begründen.

a) Es nimmt jemand eine Droschke von ihrem Standplatze zum Bahnhofe. Unterwegs geht ein Rad ab. Der Fahrgast verletzt sich. Auch kommt er nun zu spät zur Bahn und hat dadurch Schaden.

b) Eine Veranda soll verglast werden. Der Tischler liefert das bestellte Fenster ganz schlecht. Es ist nicht von gutem Tannenholz hergestellt, sondern von dem minderwertigen Holze der Weymouthskiefer. Der Meister entschuldigt sich, daß er die Bestellung falsch verstanden habe, und erklärt sich bereit, ein anderes, besseres Fenster zu liefern. — Oder umgekehrt: Er behauptet, die Bestellung richtig ausgeführt zu haben und wird nun *auf Lieferung eines neuen, vertragsmäßig guten Fensters* verklagt.

9. Koker hatte zur Gewinnung von Eis Grundstücke gepachtet, die von den angrenzenden Bächen unter Wasser gesetzt werden sollten, um dieses gefrieren zu lassen. Er übertrug die Arbeit, das sich bildende Eis während des Winters auszuhacken und auf den Wagen zu laden, dem Amthor gegen eine Vergütung von 3 Pf für den Zentner, wobei Amthor für die Arbeiter und Werkzeuge selbst zu sorgen hatte. Bei Beginn der Arbeit zeigte sich, daß mangels genügenden Wasserzuflusses das sich bildende Eis am Boden angefroren und die Eisgewinnung unmöglich war. Amthor klagt gegen Koker den Ersatz des ihm durch diese Unmöglichkeit entstandenen Schadens ein, da er seine Dienste und Arbeiter bereit gestellt habe. Koker erwidert, daß bei der Werkverdingung der *conductor* die Gefahr trage. Wie ist zu erkennen?

XLIX

1. Wie sind folgende Tatbestände juristisch zu bestimmen?

a) Kostenfreie Stellenvermittelung für Arbeiter durch einen gemeinnützigen Verein eingerichtet; — Gesindevermietungsbureau (HM v. 5. März 1907.)

b) Vermietung von Plätzen an Plakattafeln und Anschlagsäulen.

c) Ein gewerbsmäßiger Auktionator; — Abonnement auf eine Tageszeitung bei der Post; — ein Subskribentensammler; — Spediteur nach HGB 407; — Versicherungsagenten, welche von der Versicherungsgesellschaft zur Vermittelung des Abschlusses von Versicherungsverträgen angestellt werden.

d) Die Tätigkeit eines *Impresario*, der es unternimmt, für einen reisenden Virtuosen oder eine Künstlergesellschaft die Vorstellungen einzurichten.

2. Ist in nachstehenden Fällen der Mäklerlohn verdient?

a) Es soll ein Darlehn vermittelt werden; durch die Tätigkeit des Mäklers kommt ein Kreditvertrag (BGB 610) zustande.

b) Ein Unterhändler vermittelt einen Pferdekauf; tags darauf wird der Handel wegen Fehlerhaftigkeit des verkauften Tieres rückgängig gemacht.

c) Der Mäkler M. wurde von dem Gutsbesitzer G. um Vermittelung eines Darlehns seitens der Hypothekenbank K. angegangen. M. leitet die Verhandlungen ein; diese werden aber am 1. November abgebrochen. Am 8. November wendet sich G. nochmals unmittelbar an K., und jetzt gelingt es, das Geschäft abzuschließen.

d) Das vermittelte Rechtsgeschäft steht unter einer (aufschiebenden oder auflösenden) Bedingung; — es ist wegen verweigerter obervormundschaftlicher Genehmigung unwirksam.

e) Der vom Mäkler zugeführte Käufer ist zahlungsunfähig, was dem Vermittler bekannt war.

3. Der Gutsbesitzer V. erteilte dem M. Auftrag, ihm für das Gut einen Käufer zu gewinnen. Von M. auf Zahlung des für die Mühewaltung zugesicherten Honorars belangt, wandte er ein, daß M. von dem aufgefundenen Kaufliebhaber den Auftrag in Empfang genommen, das Kaufgeschäft zu vermitteln. Infolgedessen habe sich M. bemüht, den Kaufpreis herabzudrücken; auch sei er von dem Käufer honoriert worden. Dies widerspreche BGB 654; und enthalte auch eine stillschweigende Kündigung des empfangenen Auftrages seitens des M. — Der klägerische Vertreter führte aus, daß es sich hier um einen Auftrag im Sinne von BGB 675 handle. Das Bestreben, den Kaufpreis auf einen angemessenen und annehmbaren Preis zu drücken, sei nicht notwendig parteiisch, sondern im objektiven Interesse des Geschäftes. Von einer Kündigung könne keine Rede sein; und jedenfalls habe M. den von V. versprochenen Lohn zu beanspruchen. — Wie ist zu urteilen?

L

1. Was für Rechtsgeschäfte liegen in den folgenden Tatbeständen und Privaterklärungen vor? Welche rechtlichen Folgen treten ein, wenn die unversehrte Rückgabe durch Zufall oder durch Schuld des Empfängers nicht möglich ist? Wie steht es wegen dieses in den einzelnen Fällen mit der Beweislast?

a) E. überträgt die Bewachung eines Grundstückes dem F., der es aus Gefälligkeit und unentgeltlich übernimmt.

b) Auf dem Bahnhofe wird jemand, der gerade abreisen will, von seinem begleitenden Freunde daran erinnert, daß er Wertsachen zu Hause offen habe liegen lassen; der Begleiter erbietet sich, sie an sich zu nehmer und bis zur Rückkehr zu behalten.

c) Von einer Postanstalt wird ein aus dem Auslande angekommenes Paket der Zollbehörde in den dazu bestimmten Schuppen zugeführt und hier in Gegenwart und unter Hilfeleistung des zollpflichtigen Empfängers nachgesehen. Dieser entfernt sich dann mit der Angabe, daß er jemanden schicken werde, um die Sachen zu holen.

d) *Herrn Kaufmann Gorlandt, Altenbach. Von der Direktion des Feuer-Assekuranz-Vereins in Varstedt gingen uns heute für Ihre werte Rechnung 11600 ℳ zu, welche wir Ihrem Konto kreditierten. Das verauslagte Porto mit 3 ℳ schrieben wir Ihrem Konto zu Last. Wir bitten um Ihre baldgefällige Verfügung über obigen Betrag. Arthur Heiliger, Bankgeschäft.*

e) Ein Gast betritt eine Restauration. Der Wirt nimmt ihm höflich den Überzieher ab und gibt ihn dem Kellner zum Aufhängen am Kleiderständer.

2. Eine Aktiengesellschaft beschloß, eine größere Summe als Darlehn aufzunehmen, und lud die Aktionäre zur Beteiligung ein. X. zeichnete 4000 ℳ und sandte nach der Annahme durch die Gesellschaft 2000 ℳ ein, worüber namens des Vereins von den Beamten dahin quittiert wurde, daß X. dafür *auf Depositen-Konto* erkannt sei. Da das Unternehmen sich später zerschlug, kam es zu Streitigkeiten, in denen es sich vor allem fragte: wie jener Tatbestand rechtlich aufzufassen sei?

3. Dickens schildert in den *Weihnachtserzählungen*, wie ein unbekannter Gast aus einem Hotel fortgegangen, ohne seine Rechnung zu begleichen, jedoch mit Hinterlassung verschiedener Gepäckstücke.

Der Wirt behielt sie als Pfand für seine Rechnung, versuchte aber vergebens, den Eigentümer aufzufinden und ihn zur Einlösung zu bestimmen. Schließlich kaufte Christopher, der Oberkellner, die Sachen. — Wäre dies auch nach dem BGB so möglich gewesen? Wie wäre danach die Haftung des Wirtes, falls die Sachen durch Zufall abhanden gekommen wären — BGB 688 oder 690 oder 701 oder 1215 und 1257?

4. Findet auf diese Tatbestände die *Einbringung von Sachen bei Gastwirten* Anwendung?

a) Manche Gasthäuser haben in der hohen Reisezeit mit benachbarten Privatleuten ein Übereinkommen getroffen, wonach sie bei Überfüllung des Gasthofes diesen Reisende zur Beherbergung überweisen.

b) Ein pensionierter Gerichtsschreiber besitzt ein kleines Haus im Harz. Während der Monate Juli bis September vermietet er es an eine Familie aus einer benachbarten Großstadt und wohnt mit seiner Frau bei einem verheirateten Sohne.

c) In durchgehenden Schnellzügen sind bekanntlich von besonderen Gesellschaften *Schlafwagen* eingestellt. Es werden den Reisenden gegen Gebühr Abteile mit Betten zur Verfügung gestellt, Toilettekabinen eingeräumt, eine Restauration mit Speisen und Getränken bereit gehalten. Für die Ordnung in den Schlafwagen und die Bedienung der Reisenden sorgen Angestellte der Gesellschaft.

d) Die Hamburg-Südamerikanische Dampfschiffahrtsgesellschaft fordert zu Ferienreisen nach Portugal auf. Von Hamburg nach Lissabon kostet ein Platz I. Klasse 160 ℳ, eine Luxuskabine (mit Baderaum) 700 ℳ. In dem Fahrpreis ist die Beköstigung einbegriffen.

5. Zwei Studenten haben sich gegenseitig Deckelschoppen geschenkt und sie in einer Restauration zu ihrem gewöhnlichen Gebrauche stehen. Nach einiger Zeit gibt es Differenzen mit dem Wirte; sie verlangen die Gläser heraus und verklagen ihn auf seine Weigerung. — Der Wirt entgegnet, daß das eine Glas durch den Kellner beim Reinigen zerbrochen worden; das gehe ihn also nichts mehr an. Auch könne man dem Kellner eine Schuld nicht nachweisen. Das andere Glas sei gar nicht Eigentum des Studenten, da der Verkäufer des Glases sich bis zu der (noch nicht erfolgten) Zahlung des Kaufpreises das Eigentum vorbehalten habe. Gegen die Forderung aus dem Auftrage mache er Zurückbehaltungsrecht geltend, weil die Kläger von dem aus dem Glase bei ihm getrunkenen Biere noch nichts bezahlt haben; auch verlange er diesen Kaufpreis verzinst, von Lieferung des Bieres oder von einem vom Gerichte zu bestimmenden Zeitpunkte an. — Die Kläger erwidern:

Der Beklagte hafte als *caupo* für den Kellner unbedingt. In keinem Falle sei es ihre Sache, eine besondere Fahrlässigkeit des Kellners nachzuweisen. Die Beziehungen zwischen den Klägern und dem Lieferanten der Kläger gingen den Wirt nichts an. Das Verhältnis unter ihnen, den jetzigen Streitteilen, sei nicht als Auftrag zu bestimmen, sondern als einseitiger Verwahrungsvertrag, und deshalb sei die Zurückbehaltung unzulässig. Der Zinsanspruch des Beklagten sei rechtlich ohne alle Begründung. — Es ist Urteil mit Entscheidungsgründen zu entwerfen.

LI

1. Wie sind die kommenden Vermögenszuwendungen juristisch zu bestimmen und zu behandeln?

a) Einem Arzte, der einer befreundeten Familie gegenüber die Ausstellung einer Rechnung für ärztliche Dienste abgelehnt hat, wird von jener eine kostbare Statue zugeeignet.

b) M. erstand in der Zwangsvollstreckung das Haus des N. und veräußerte es bald darauf zu einem höheren Preise an O., wobei er dem N., unter dessen Annahme, versprach, daß er ihm den Überschuß herausgeben werde, da er dieses als *Ehrenpflicht* ansehe.

c) X. möchte gern ein im Miteigentum von Y. und Z. stehendes Gut pachten. Y. ist geneigt, Z. dagegen nicht. Nun verspricht X. dem Z. für die Dauer der Pacht jährlich 60 ℳ im besonderen, wenn Z. in die Pacht willige. Z. stimmt zu.

d) Der Mieter M. bittet den Vermieter V. um baldige Aufhebung des den M. drückenden Vertrages, der sonst noch 2 Jahre laufen würde. V. willigt in das Ende der Miete zum Herbst, obgleich er davon einen Schaden von etwa 1000 ℳ hat.

e) Eine Provinzialverwaltung bewilligt einem Verleger einen jährlichen Zuschuß für Herausgabe eines Urkundenbuches der Provinz. Doch soll die Unterstützung zurückgezogen werden, wenn das Werk nach dem Ermessen eines vom Provinziallandtage dazu bestellten Ausschusses den wissenschaftlichen oder technischen Anforderungen nicht entspricht, die dem Stande der jetzigen Zeit angemessen sind.

f) Der Großherzog von Hessen hat im Frühjahr 1892 die ihm gehörigen Salinen Karlshalle und Theodorshalle bei Kreuznach für 245000 ℳ an die Krone Preußen verkauft, die ihrerseits das ganze Anwesen der Stadt Kreuznach kostenlos überläßt. Letztere übernimmt dagegen auf ewige Zeiten die Verpflichtung, sämtlichen Königlichen Schloßverwaltungen das zum Verbrauch in den Schloßküchen notwendige Kochsalz unentgeltlich und in feinster Güte zu liefern.

2. Liegt in der Bestellung einer Hypothek seitens eines Schuldners, der sich hierzu nicht verpflichtet hatte, sondern aus freiem Antriebe seinen Gläubiger gegen etwaige widrige Zufälle sicher stellen will, eine Schenkung?

Ist eine solche in dem Erlasse eines Pfandrechtes durch den Gläubiger gegeben? Oder in dem Verzichte des an erster Stelle Eingetragenen auf sein Vorzugsrecht zugunsten eines nachstehenden Hypothekengläubigers?

Wie verhält es sich in dieser Hinsicht mit der Handlung eines sich Verbürgenden — dem Hauptschuldner, wie dessen Gläubiger gegenüber?

Enthält die Erklärung der Ehefrau gegenüber dem Gerichtsvollzieher, daß sie mit der Pfändung ihrer eigenen Möbel für die Schulden ihres Ehemannes einverstanden sei, eine Schenkung zugunsten der Gläubiger des letzteren?

3. In Prag kam es zu Beginn dieses Jahres zu einem eigenartigen Prozesse zwischen einem Kaufmanne und dem von ihm angestellten Reisenden. Letzterer klagte auf Zahlung von 100 Gulden Weihnachtsgeld, mit der Begründung, daß ein solches an dortigem Platze gebräuchlich sei, während der Prinzipal die Neujahrs- oder Weihnachtsgelder an die Handlungsgehilfen als reine oder höchstens remunatorische Schenkung aufgefaßt und deshalb die erhobene Klage abgewiesen haben will.

a) Wer war in dem berichteten Streite im besseren Rechte?

b) Ist der Fall dem gleich, da ein Gast einem Kellner oder dem Hausdiener oder dem Portier eines Gasthofes ein Trinkgeld gibt? Oder ein zu Besuch weilender Reisender dem Dienstboten seines Gastfreundes?

c) Wie verhält er sich zu dem Hingeben eines Geldstückes an einen an dem Wege sitzenden Orgelspieler? Oder an einen Taschenspieler, der des Abends in einer Restauration erscheint und Kunststücke vorführt?

d) Wie steht es rechtlich mit den Zigarren oder der Reichsmark, die ein Reisender einem Eisenbahnschaffner gibt, damit ihn dieser in seinem Abteil allein fahren lasse?

e) Ist die Dienstherrschaft nach dem BGB berechtigt, Weihnachts- oder Neujahrsgeschenke ganz oder zum Teil zu widerrufen. wenn im Laufe des folgenden Jahres der Dienstvertrag durch Schuld des Gesindes aufgehoben wird?

4. Ein Verein für Feuerbestattung erließ an seine Mitglieder ein Rundschreiben, in dem er bat, zur Erbauung eines Kolumbariums Beisteuern zu leisten. Ein Mitglied erklärte sich schriftlich bereit, die dazu nötigen 50000 ℳ zur Verfügung zu stellen.

Es hielt sich aber später nicht mehr daran gebunden, weil BGB 518 nicht erfüllt sei, wogegen der Verein meinte, daß wegen Fehlens der Bereicherung bei ihm eine Schenkung gar nicht vorliege. Wie ist zu erkennen?

5. Von drei Schwestern ist die eine (A.) ledig, die zweite (B.) verheiratet, die dritte (C.) verwitwet. A. lebt in bedürftigen Verhältnissen und geht die Eheleute B. um Unterstützung an. Diese sind dazu erbötig, wenn ihre zwei Kinder später es einmal zurückerstattet bekommen. Darauf erklärt sich C. bereit, zu bestimmen, daß nach ihrem Tode aus ihrem Nachlaß, der an Verwandte ihres verstorbenen Gatten fällt, die von den B. Eheleuten an A. zu zahlenden Summen den Kindern der B. bezahlt werden. Sie setzt dabei voraus, daß die Kinder sie, die C., überleben werden. Die B. Eheleute wünschen nun dieses alles in eine rechtliche Sicherheit gebracht zu sehen. Wie sind die beabsichtigten Rechtsakte juristisch zu konstruieren? In welchen Formen müssen sie abgeschlossen werden, um gültig und bindend zu sein?

6. A. schenkt dem B. ein Bild. Nach einiger Zeit meldet sich C. als Eigentümer des ihm gestohlenen Bildes und fordert es unter Nachweis seines Rechtes von dem B. Hat dieser einen Ersatzanspruch gegen A.? Ist es von Einfluß, ob A. gutgläubig war; — oder: ob er dem B. die Sache zusteckte, damit sie dort, und nicht bei A., gefunden würde; — oder: ob A. zwar das Eigentum des C. nicht kannte, aber bei ordentlichem Achthaben hätte kennen müssen; — oder endlich: ob A. den Sachverhalt dem B. mitgeteilt und dabei gesagt hatte, daß er dafür sorgen werde, daß B. das Bild werde behalten können?

7. Ein junges Mädchen vom Lande, das in der Stadt in Diensten stand, erhielt von seinem Bräutigam, einem Schneidergesellen, ein Lotterielos geschenkt. Dieses kam mit einem hohen Gewinn heraus. Nun löste das Mädchen die Verlobung. Kann der nun so um Liebe und Gewinn gekommene Schneider nicht die Schenkung rückgängig machen oder von der Undankbaren wenigstens etwas vom Gewinne fordern?

8. Vor dem Pariser Zivilgerichte klagten die Erben einer Generalin gegen den General selbst, der seit einigen Jahren der Reserve angehört. Die Generalin hatte im Ehevertrage ihrem Gatten ein Vermögen von $1^1/_2$ Millionen zuerkannt. Dieser hatte seit vielen Jahren ein intimes Verhältnis mit einem Frl. X., der er in Seebädern elegante Villen und in Paris eine prachtvoll ausgestattete Wohnung eingerichtet hatte. Frl. X. hatte zwei Kinder, die auf dem Standesamte als von unbekannten Eltern stammend angemeldet wurden. Bei der Taufe figurierte der General als Pate. Die Generalin wurde durch einen anonymen Brief, den eine entlassene Kammerzofe des Frl. X. an sie gerichtet, von der Untreue ihres Gatten in Kenntnis gesetzt. Die Eifersucht quälte die betrogene Gattin dermaßen, daß sie, als sie die Gewißheit von der Untreue ihres Gatten erhielt, den Verstand verlor und in eine Irrenanstalt gebracht werden mußte, wo sie verstarb. Ihre Erben klagten nun auf Herausgabe der Schenkung wegen Undankbarkeit. Wie wäre hierüber nach dem BGB zu erkennen?

LII

1. Wie steht es mit der rechtlichen Bedeutung und Wirksamkeit folgender Willenserklärungen?

a) *Gutsbesitzer Karsten schuldet dem Apotheker Lindeck 28 ℳ, in Worten: zwanzig acht Mark, welche Karsten auf mein Verlangen zu bezahlen hat. Was hiermit anerkannt und unterzeichnet Döbelnrod, 28. Mai 19.. Karsten.*
Zahlbar bis Juli und August.

b) In der Verlassenschaft des A. fand sich ein Paket mit Wertpapieren, auf dessen Umschlag die Aufschrift stand: *Mir anvertrautes Depositum, meiner Schwester B. gehörig. A. m. p.*

c) *Zwei Monate nach dato zahlen wir dem Herrn Hermann Retter die Summe von 666 ℳ Windecker & Cie.*
Ich verbürge mich für obigen Betrag. Georg Schiffner.

d) *Schuldschein über 514 ℳ 29 ₰.*
Wir, Endesunterzeichnete, urkunden und bekennen hiermit, daß wir unserer Tochter Karoline, Jacob Rollmann II. Ehefrau, zur Gleichstellung mit ihrem Bruder (der einen Prozeß gegen uns verursacht und ausgeführt hat, sogar mit Frau sich 300 fl. zugeschworen hat) dreihundert Gulden = 514 ℳ 29 ₰ schuldig geworden sind. Wir versprechen, solche Schuld als Kapital anzusehen und von heute an zu 5 % jährlich zu verzinsen, mit dem Bemerken, daß das Kapital nebst Zinsen nach unserem Ableben von unserem Nachlaß oder von unseren Erben bezahlt werden soll. Johannes Drehwald. Karoline Drehwald.

e) *Laut eingereichter Rechnung von Herrn L. W. zahle ich a conto an denselben morgen 10 590 ℳ.*

2. Dem Kämmerer der Stadt Berlin wurde einmal ein Schein vorgelegt, auf dem er anerkannte, dem Kaufmann Z. 2000 Taler zu schulden, und pünktliche Zahlung versprach. Er war sehr betroffen, da er zwar einen solchen Schein seines Wissens nicht ausgestellt hatte, die Unterschrift aber zweifellos von ihm herrührte. Endlich kam er dahinter, daß das Papier von einer Verfügung der städtischen Behörden, die er unterzeichnet, abgeschnitten worden und der über seinem Namen befindliche leere Raum mit obigem

Anerkenntnis ausgefüllt worden war. Der Kämmerer pflegte seitdem zu den überzeugtesten Anhängern des *Devotionsstriches* zu gehören; da, wie er sagte, nur dessen Anwendung es verhindere, daß man zur Zahlung solcher abstrakter Versprechen gerichtlich gezwungen werden könne. War diese Ansicht juristisch begründet? Gibt es vielleicht hier einen Unterschied zwischen römischem, gemeinem, preußischem und neuem bürgerlichen Rechte?

3. Der in den siebziger Jahren stehende kinderlose Witwer K. verpflichtete sich eines Abends schriftlich, als er wieder in trüber Stimmung an seinen Stammtisch kam, der Gesellschaft 300 ℳ zu feuchtfröhlichen Zwecken zu stiften, wenn er ein Jahr darauf noch leben würde. K. lebte wirklich an diesem Tage noch, lag aber schon krank zu Bett, so daß natürlich von der ihm gestifteten Feier abgesehen werden mußte. Er starb bald darauf und hinterließ drei Seitenverwandten ein Vermögen von über 100000 ℳ. Die Stammtisch-Gesellschaft machte nunmehr ihre Rechte geltend, jedoch weigerten sich die Erben, jene Schuld anzuerkennen. — Zur Schlichtung des Handels war nun vor allem die Entscheidung nötig: Ob jener Schein unter BGB 518 oder 780 falle?

LIII

1. Rechtliche Konstruktion folgender Tatbestände?

a) In einer mit der Überschrift *Obligation* versehenen Schuldurkunde bekennt, S. 2000 ℳ von G. als Darlehn erhalten zu haben; verspricht, diese Summe mit 4 % zu verzinsen und verpflichtet sich, das genannte Kapital sechs Monate nach geschehener Kündigung an den G. *oder sonstigen getreuen Inhaber der Obligation* zu zahlen.

b) *Lagerschein Nr. 1. Es lagern für Ihre werte Rechnung bei uns 53 Barrels schweres deutsches Vulkanöl im Gewicht von etwa 10000 Kilo ... Obige Barrels werden Ihnen nur gegen Rückgabe dieses Scheines ausgeliefert.*

c) Ser. VIII. 4%. Reihe 1.

Berliner Hypotheken-Bank, A.-G.

Talon zum Couponsbogen des Hypotheken-Pfandbriefes Lit. E. Nr. 412.

Talon

Dem Inhaber dieses Talons werden gegen dessen Rückgabe nach vorgängiger Bekanntmachung die Zins-Coupons für fernere zehn Jahre, der erste dieser Coupons fällig am 1. Oktober 19.., nebst einem neuen Talon ausgehändigt.

(Unterschrift.)

d)

Nr.	Nr. .... ℳ ....
Ausgehändigt am	*Die Reichsbank in Berlin*
	wolle zahlen gegen diesen Scheck aus meinem / unserem
	Guthaben an ....
ℳ	.... oder Überbringer*)
(Datum)	Mark ....
....	........................(Datum)

*) Schecks, in welchen der Zusatz *oder Überbringer* durchstrichen oder eine Zahlungsfrist angegeben ist, werden nicht bezahlt.

e) Gesetz über das Postwesen des Deutschen Reiches vom 28. Oktober 1871, § 49/2: *Die Postverwaltung ist nicht verpflichtet, die Legitimation desjenigen zu prüfen, welcher unter Vorlegung des vollzogenen Ablieferungsscheines, oder bei Paketen ohne Wertangabe unter Vorlegung des reglementsmäßig ausgelieferten Begleitbriefes, die Aushändigung der Sendung verlangt.*

2. Nach den Satzungen der städtischen Sparkasse zu A. erhalten die Einleger über die Einzahlungen ein Quittungsbuch unter ihrem, der Einleger, Namen; zur Empfangnahme der Einzahlung genügt aber die Vorlage des Quittungsbuches, und die Anstalt wird von allen Ansprüchen befreit, sobald bei Rückzahlung der Einlagen die Ausantwortung des Buches erfolgt ist. Nun hatte der Assistent Hallig nach und nach ein Guthaben von 1800 ℳ angesammelt, als er in Zerwürfnis mit seiner Frau geriet. Diese verließ ihn und nahm unter anderem das Sparkassenbuch ihres Mannes heimlich mit sich. Hallig machte alsbald bei dem Kuratorium der Sparkasse Anzeige und protestierte im voraus gegen die Zahlung der von ihm eingelegten Summe an einen Fremden. Gleichwohl wurde die Einlage hernach der Frau ausgezahlt. Hallig verklagte die Sparkasse, sein Forderungsrecht über 1800 ℳ anzuerkennen und ihm darüber ein neues Quittungsbuch auszustellen. Die Beklagte berief sich auf obige Satzungsbestimmungen und verwies den Kläger an seine Ehefrau. Von diesem wurde aber auf ein Urteil des dortigen Landgerichtes verwiesen, wonach gepfändete Sparkassenbücher nicht nach ZPO 821 als *Wertpapiere* behandelt werden dürften; was Beklagte freilich für irrige Rechtsmeinung erklärt. Wie ist hierüber zu befinden?

3. Der Kaufmann Hedebrook, der sich in bedrängten Vermögensverhältnissen befand, übergab im August v. J. seinem Bruder schenkungsweise 30 000 ℳ in Staatspapieren; dabei verschwieg er ihm seine üble finanzielle Lage und gab vor, daß er nur dem Beschenkten eine größere Unternehmung ermöglichen wolle. Jetzt hat Hedebrook seine Zahlungen eingestellt; und sein Gläubiger Katten ficht jene Zuwendung an (RGes v. 21. Juli 1879, § 3 : 3). Der Anwalt des Bruders bestreitet, daß überhaupt eine Zuwendung erfolgt sei. Die überlieferten Papiere seien nur ein rechtlich gesichertes Mittel zur Begründung eines Schuldverhältnisses, nicht aber selbst schon eine Obligation (JHERING, Jahrb. f. Dogmatik d. röm. Rechts I S. 49). Der jetzt zahlungsunfähige Hedebrook habe also nur eine Erwerbsmöglichkeit weggegeben, was bekanntlich nach römischem und heutigem Recht keine Schenkung sei (BGB 517). Dagegen meint der klägerische Vertreter, daß Hedebrook durch Ankauf der Staatspapiere mit dem Vertreter des Fiskus einen Vertrag abgeschlossen und die ihm fest zukommenden Vertragsrechte auf seinen Bruder übertragen habe. Wer von diesen hat die richtige Ansicht?

LIV

1. *50 ℳ Belohnung. In der Nacht zum Donnerstag wurde schon wieder eine Spiegelglasscheibe unseres photographischen Schaukastens in der Poststraße durch einen Steinwurf absichtlich zertrümmert. Wir sichern dem eine Belohnung von 50 ℳ zu, der uns den Täter so namhaft macht, daß er zur gerichtlichen Verantwortung gezogen werden kann. M. u. P., Atelier für Photographie.*

a) Wie würde eine solche Bekanntmachung juristisch heißen? Was für eine Willenserklärung liegt in ihr?

b) Was geschieht, wenn M. u. P. zu gleicher Zeit zwei oder mehr Briefe erhalten, welche alle der oben gestellten Bedingung entsprechen?

c) Der Täter hat sich freiwillig gestellt und Ersatz geleistet. Nach 3 Tagen läuft von X. eine Denunziation jenes ein, begleitet von dem Ersuchen um 50 ℳ. *Quid iuris?*

d) Die Zertrümmerung war von dem Täter nur fahrlässig geschehen. Nun meldet er sich, will die Scheibe mit 30 ℳ ersetzen und verlangt 20 ℳ, eventuell unter Abzug der Insertionskosten, heraus. Mit Recht?

2. Sind in folgenden Fällen die Preise verdient?

a) Dem Finder eines Armbandes war eine Belohnung öffentlich zugesichert worden. Als der Finder nach einigen Tagen sich meldet, wird ihm eröffnet, daß die Verliererin am Tage vorher gestorben sei.

b) Die drei ärgsten Erznarren in der ganzen Welt durch *Catharinum Civilem* (CHRISTIAN WEISE) 1672, *Komische Rechtsfälle:*

Der andere beschwerte sich über Titium, er habe einen Reichstaler in ein Schnupftuch gebunden und solchen an die Decke gehangen mit dem Versprechen, wer ihn mit dem Maule erschnappen würde, der sollte ihn behalten. Allein als Kläger solchen gefangen, sei ein Kuhfladen anstatt des Talers darin gewesen, bitte deshalben, Beklagten anzuhalten, daß er ihm geschehener Abrede nach den Reichstaler zahlen sollte.

c) Im Staate Süddakota war eine Prämie für jeden eingelieferten Wolfskalp ausgesetzt. Ein heruntergekommener Farmer, der einsam im Walde lebte, fing ein paar Wölfe und züchtete diese nun dutzendweise in einer Einzäunung, um so einen reichen Gewinn für sich zu erzielen.

3. Es war ein Preis auf eine bestimmte chemische Erfindung gesetzt worden. Ein Fachmann arbeitet daran und entdeckt das gewünschte Verfahren. Als er sich zu dem Preise meldet, wird ihm die Antwort, daß schon ein anderer den Preis erhalten habe. Ist damit die Sache rechtlich erledigt? — Man setze den Fall, daß der Betreffende an demselben Abend, an welchem er seine Meldung an die ausschreibende Gesellschaft geschickt hatte, zu seiner Überraschung gewahrte, daß jene Entdeckung inzwischen von einem Dritten gemacht und in einer Fachzeitschrift veröffentlicht worden war. Wie steht es juristisch mit dem Preise?

4. Dem Gutsbesitzer Axel wurde mittels Einbruches an Wertpapieren der Betrag von 17000 ℳ entwendet. Er sicherte dem eine Belohnung von 1000 ℳ zu, der ihm den Täter des bei ihm verübten Diebstahles bezeichne und ihm hierdurch die Möglichkeit verschaffe, wieder in den Besitz des Gestohlenen zu gelangen. Fiedler bezeichnete dem Axel den Dieb. Bei diesem fand sich die entwendete Summe bis auf 1200 ℳ vor; er wurde auch wegen Diebstahls bestraft. Axel weigerte sich aber, dem Fiedler die 1000 ℳ zu bezahlen, weil dieser selbst bei dem Diebstahl beteiligt gewesen, und er jedenfalls mit den nicht wieder erhaltenen 1200 ℳ aufrechnen könne; auch habe er die Belohnung nur versprochen, wenn er das ihm gestohlene Geld zurückbekäme, was nicht eingetreten sei. Kann Fiedler mit Fug Klage gegen Axel erheben?

LV

1. Sind folgende Vereinbarungen gültig und klagbar?

a) Jemand macht einem Freunde Vorhalt über dessen Neigung zum Hasardspiel. Dieser gelobt ihm, von nun ab sich gänzlich davon fern zu halten, und verspricht, falls er nur einmal wieder sich am Glücksspiele beteilige, dem Freunde eine Strafsumme zu zahlen.

b) Eine Zeitung veröffentlicht Preisrätsel und lost unter den richtig eingehenden Lösungen eine aus, deren Einsender den ausgesetzten Preis dann erhält.

c) Bei Erbteilungen findet sich außerordentlich häufig das Übereinkommen der Miterben, daß die Verlassenschaft in ebensoviele *Lose*, als es Erben sind, geteilt werde und dann jeder Miterbe den ihm zukommenden Anteil eben durch das Los zugewiesen erhalte.

d) In HAUFFS Märchen wird in der Erzählung *Sage vom Hirschgulden* von einem eigentümlichen Handel unter den drei Brüdern Zollern berichtet. Ein in der Mitte zwischen ihren Schlössern gelegener Fischteich war bei der Erbteilung durch ihren Vater dem ältesten Sohne, Kuno, zugewiesen worden. Dieser aber machte seinen Brüdern, des besseren geschwisterlichen Verhältnisses halber, das Angebot, den Teich als Gemeingut zu behandeln, was die anderen ablehnten, indem jeglicher ihn als alleiniges Eigentum haben wollte. Endlich einigten sie sich dahin, daß sie ihre Angelschnüre und Haken holten; und wer von den dreien im Laufe des Vormittags die meisten Fische geangelt, der sollte den Weiher zu eigen haben.

e) Infolge einer Wette hat sich der Hotelbesitzer W. verpflichtet, in der Zeit von zwei Jahren die Bibel abzuschreiben. Der Vertrag ist notariell abgeschlossen und besagt, daß die Abschrift fehlerlos sein muß; sämtliche Sternchen und Punkte muß die Abschrift enthalten, kein Komma darf vergessen werden, sonst erhält Herr W. die 2000 ℳ (den Preis für seine Arbeit) nicht; ferner darf er nur schreiben, wenn er keine Gäste hat. Vom Februar bis April soll die Arbeit zum 2. Buch Mose gediehen sein.

f) Eine neue Blüte geschäftlicher Konkurrenz ist jetzt in Berlin in der Einführung von *Gratistagen* aufgetaucht. Sie gibt sich in dieser Bekanntmachung: Bis 1. Dezember gebe ich einen Gratistag. Alle Waren, welche an diesem Tage bar in meinem Ladenlokal gekauft werden, werden den Käufern geschenkt, indem die für diese Waren bezahlten Beträge nach dem 1. Dezember in bar von meinen Kassen zurückgezahlt werden. Welches der Gratistag war, wird nach dem 1. Dezember bekannt gegeben.

g) Englische Blätter berichten folgende Geschichte: Ein Mann in London ward krank. Ein Freund besuchte ihn, fand ihn sehr schlecht und prophezeite ihm, daß er Weihnachten gewiß nicht überleben würde. Der Kranke aber fühlte sich besser, als der Freund glaubte, und versprach diesem 50 £, wenn er ihm dagegen verspreche, ihm für jeden Tag, den er nach Weihnachten leben würde, 2 sh. zu geben. Der Freund, seiner

Sache gewiß, nahm dieses an: der Vertrag ward notariell aufgesetzt, und der Kranke gab eine Banknote zur Sicherheit. Allein in kurzem ward er wieder ganz hergestellt, und sein Freund muß nun, jetzt schon seit mehreren Jahren, täglich die 2 sh. bezahlen.

2. Daraufhin trommelte Doktor Stein von Stein mit den Knäufen der Fingerringe ein bischen auf der Tischplatte und sprach sehr feierlich: Wenn unser Herr Hans Trautendorffer draußen auf dem Dorfe bei den Idealmenschen das kommende Jahr 1897 vom Anfang bis zum Ende als gewöhnlicher Bauernknecht zubringt, so werde ich mir am 1. Januar 1898 gestatten, ihm eine Ehrengabe von 20000 Kronen in bar zu überreichen. Wenn unser Herr Trautendorffer den sittlichen Charakteren auch nur einen Tag früher entlaufen sollte, so würde er zwei volle Jahre lang ohne Gehalt bei der *Kontinental-Post* den Mantel nach dem Winde drehen. — Genagelt und gesiegelt! rufe ich zustimmend. — Dann wollen wir es nur noch beim Notar aufstellen lassen. — (Aus Rosegger, Erdsegen. — Wie ist der Vertrag juristisch zu bestimmen: Spiel, Wette, Auslobung, Arbeitsvertrag, *facio ut des*, bedingte Schenkung — oder was sonst?

3. Lachs klagt gegen Rinfalt 5000 ℳ ein, die ihm Rinfalt aus Hasardspiel schulde. Im Verhandlungstermine bleibt Rinfalt aus, und Lachs trägt nun die Klage vor. Wie hat das Gericht zu erkennen? — Was ist zu sagen, wenn der Beklagte erscheint und vorbringt, daß vor dem Spiele verabredet worden: Es sollten etwaige Streitigkeiten vor einem bestellten Schiedsgerichte und nicht im ordentlichen Rechtswege ausgetragen werden?

4. Drei Studenten spielen einen Kaffeeskat. Der Verlierende soll den Kaffee bezahlen. Er kommt dem auch nach: Kann er später von den beiden anderen etwas zurückfordern?

Der Verlierende hat kein Geld bei sich. Einer der Gewinner legt für ihn aus. Der erstere weigert sich dann, das zurückzuerstatten. Mit Recht?

Ein Kommilitone, der am Spiele nicht teilgenommen, sondern nur zugeschaut hatte, gibt dem Verlierenden das zur Zahlung nötige Geld. Hat er einen klagbaren Erstattungsanspruch?

Der Verlierende bleibt den Betrag dem ihm bekannten Zahlkellner schuldig. Kann dieser mit Erfolg klagend auftreten? Wie stände es, wenn ihm der Schuldner seine Uhr als Pfand zurückgelassen, oder ein Freund des letzteren auf dem Abrechnungszettel sich schriftlich für richtige Zahlung verbürgt hätte?

Falls unter den Spielenden um Geld gespielt wurde, und der Verlierende einen Schuldschein ausgestellt hat: Wäre dieser einklagbar? Wie, wenn es ein Wechsel ist? Ist es rechtsbeständig, wenn der Verlierende zur Deckung der Spielschuld eine Brillantnadel an Zahlungsstatt hingibt?

5. Das Fräulein. Mein Herr, ich höre, daß Sie spielen, daß Sie Bank machen ... Ich muß Ihnen bekennen, daß ich gleichfalls das Spiel sehr liebe — ... Wären Sie wohl geneigt, mich in Gesellschaft zu nehmen? Mir einen Anteil an Ihrer Bank zu gönnen? Riccaut. Comment, Mademoiselle, Vous voulez être de moitié avec moi? De tout mon coeur. Das Fräulein. Vors erste nur mit einer Kleinigkeit — ... Hier habe ich, was ich ohnlängst gewonnen, nur zehn Pistolen. — Riccaut. Sehn Pistol? Ihr Gnad soll sein dafür interessir bei meiner Bank auf ein Dreiteil, pour le tiers. Das Fräulein. Wenn wir glücklich sind, mein Herr, so werden Sie mir meinen Anteil schon bringen. Sind wir aber unglücklich — Riccaut. So komm ik holen Rekruten. Nit wahr, Ihro Gnad? Das Fräulein. Auf die Länge dürften die Rekruten fehlen. Verteidigen Sie unser Geld daher ja wohl, mein Herr. (Aus Lessing, Minna von Barnhelm.) — Was für ein Geschäft lag hier vor? Ist es gültig und klagbar? Wie verhält es sich zu der Möglichkeit: da jemand von einem andern Geld nimmt, um bloß im Interesse des andern zu spielen? Oder umgekehrt: da er dem Dritten Geld hingibt, damit dieser für sich spielen kann?

LVI

1. Wie sind nachstehende Verabredungen rechtlich zu charakterisieren?

a) Mehrere Tagelöhner vereinigen sich, um gegen Bezahlung Holz zu spalten oder zu fällen.

b) Zwei Freunde verabreden, während der Pfingstfeiertage gemeinsam einen Ausflug zu unternehmen.

c) Ein Gerichtsassessor wird als Rechtsanwalt bei dem Landgerichte zugelassen und verbindet sich mit einem älteren, beschäftigten Anwalt in der Weise, daß der Jüngere von dem anderen eine feste Besoldung und weiter einen Teil der Reineinnahme erhält.

d) Ein Verleger übernimmt Herstellung und Vertrieb einer juristischen Monographie mit dem Beding, daß ein nach Deckung der gesamten Unkosten etwa erzielter Gewinn ihm und dem Autor zu gleichen Teilen zufallen soll.

e) Der Besitzer eines Rennpferdes, der nicht reiten kann, verbindet sich mit einem Reiter, der kein Rennpferd hat, zur Teilnahme an einem Wettrennen dergestalt, daß der Reiter das Pferd des anderen reiten soll, und ein erlangter Rennpreis gleich zu teilen ist.

f) Der Fiskus und ein Rittergutsbesitzer haben einen Vertrag geschlossen, um einen Bach in dem für das gemeinschaftliche

Flößereiinteresse erforderlichen Zustande zu erhalten. Es soll vor Beginn der Flößperiode eine gemeinsame Revision stattfinden und von beiden Teilen bestimmt werden, welche Ausbesserungen gemacht werden müssen; können sie sich nicht einigen, so soll die Königliche Regierung entscheiden und ein prozessualisches Verfahren nicht vorkommen.

g) Ein Geschäftsmann, der eine Schlachterei ankaufen und betreiben wollte, ging mit einem Kapitalisten einen Vertrag ein, wonach dieser ihm 30000 ℳ zur Verfügung stellte. Es sollte diese Summe dem Gläubiger mit 6 % verzinst werden und vom jährlichen Gewinn der Schlachterei ihm der fünfte Teil zukommen, während 4/5 dem Geschaftsmanne verbleiben.

h) Es bildet sich ein Komitee zur Errichtung eines Denkmales, wobei Sammellisten in dem Orte umgehen und Beiträge von Privaten entgegengenommen werden.

i) Kolibay und Averhoff schließen folgenden Vertrag: 1) *Kolibay besetzt den dem Averhoff gehörigen Ruda-Teich mit 100 Schock Besatzfischen ohne Entschädigung.* 2) *Im Herbst k. J. wird der Ruda-Teich von Kolibay und unter seiner Aufsicht befischt, und die Fische werden unter ihm und dem jetzigen Besitzer zur Hälfte geteilt.* 3) *Die Kosten der Fischerei bezahlen die beiden Unterzeichneten zur Hälfte.*

2. Wie sind — in Vergleichung mit den seither vorgeführten Tatbeständen — die folgenden Berichte rechtlich zu bestimmen?

a) Mrs. Armour in Sierra County, Neumexiko, besitzt eine Herde von 25000 Angoraziegen, aus denen sie einen Ertrag von ungefähr 25000 Dollars das Jahr erzielt. Sie hat ganz klein angefangen, da sie nach dem frühen Tode ihres Mannes in Not sich befand. Auf dem Viehmarkt der Stadt, wo sie wohnte, wurde eine Herde von 90 Angoraziegen zum Verkaufe ausgeboten, die aber keine Abnehmer fand, weil man sich von Rindviehzucht besseren Erfolg versprach. Mit geschäftlichem Scharfblick sah Mrs. Armour, daß aus dem Seidenhaar der Ziegen sich Kapital schlagen ließe. Da sie kein Geld hatte, machte sie dem Besitzer der Herde den Vorschlag, einen Teil der Herde übernehmen zu wollen und nach einem Jahre den Reingewinn mit ihm zu teilen. Der Vorschlag wurde angenommen.

b) Eine wenig bekannte Inselgruppe des Mittelländischen Meeres sind die Columbretes, ein kleiner Archipel vulkanischen Ursprungs zwischen den Balearen und der spanischen Küste. Die Inseln sind, von den Wächtern des Leuchtturmes abgesehen, unbewohnt. In den sie umgebenden Gewässern wimmelt es von Fischen, die schöner und schmackhafter als die an der spanischen Küste sind. Die Fischer, die von dem Festlande herüberkommen, sind nicht auf Tagelohn gedungen, sondern *a parte*, wie der Spanier sagt, d. h. auf Anteil. Sie werden nicht mit Geld ausgelohnt, sondern durch eine Partie der gefangenen Fische. Meist ist das Verhältnis so: Vier Mann besteigen ein Boot und ziehen auf Fang aus. Bei der Heimkehr teilt man die heraufgezogene Beute in acht Teile, von denen vier der Mietsherr erhält, wärend die anderen vier auf die Fischer entfallen.

3. M. und N. haben einen Steinbruch gepachtet und verabredet, daß sie das Pachtgeld gemeinschaftlich bezahlen wollen, den Steinbruch aber beliebig, jeder für sich, ausbeuten können. Was liegt hier juristisch vor?

4. A. hatte von dem Wirte W. die Erbauung einer Kegelbahn und eines dazu gehörigen Hauses übertragen erhalten, die Ausführung dann aber an B., C. und D. in der Weise weitergegeben, daß die drei letzteren den Bau auf gemeinschaftliche Rechnung ausführen, der zu erzielende Gewinn aber unter A., B., C. und D. zu je $^1/_4$ geteilt werden sollte. Als später Streit entstand, handelte es sich selbstverständlich in erster Linie um die richtige juristische Auffassung des Vertrages. Welches ist sie?

LVII

1. Wie haften nachstehend die einzelnen Gesellschafter den Gesellschaftsgläubigern?

a) In einem Gesellschaftsvertrage war dem einen Teilhaber die Geschäftsführung übertragen. Er schloß mit einem Dritten ein Kaufgeschäft in eigenem Namen, aber im Interesse der Gesellschaft ab.

b) Eine Gesellschaft übertrug die Beaufsichtigung der technischen Geschäftsführung, sowie der Bücher und der Kasse, einem Ausschusse von drei Mitgliedern, welche gemeinschaftlich ihre Beschlüsse fassen sollten; diese nahmen für die Gesellschaft ein Darlehn auf.

c) Es findet nach geschehener Auflösung eine Auseinandersetzung des Gesellschaftsvermögens statt; der eine Gläubiger möchte gerne gegen den einen Gesellschafter vorgehen, ehe jenes Verfahren beendet ist.

2. Aus dem Protokoll eines Verhandlungstermines bei dem Amtsgerichte X. K. trägt klagend vor: Er habe mit N. in vertragsmäßiger Gemeinschaft den Umbau einer Staatsstraße dem Fiskus gegenüber unternommen. N. habe die Kasse und die Rechnungen geführt, und er, K., verlange jetzt von ihm Rechnungsstellung über die von N. gemachten Einnahmen. N. erwidert, daß

K. nach ihren Abmachungen das erforderliche Material an Wandsteinen zu liefern gehabt, solches aber noch nicht gestellt habe; eine Verpflichtung zur Abrechnung bestehe also zurzeit noch nicht: K. könne keinen Anteil an der Arbeit verlangen, bis er selbst die Erfüllung der ihm obliegenden Verbindlichkeiten nachgewiesen habe. K. repliziert, daß dieser Einwand des nicht erfüllten Vertrages unzulässig sei und N. nur Schadensersatz deshalb in Anspruch nehmen könne. Entscheidung mit Gründen?

3. Ein Gesellschafter hat in seiner Eigenschaft als geschäftsführender Sozius das der Gesellschaft gehörige Haus zum unentgeltlichen Bewohnen zugewiesen erhalten. Bei der Auflösung zeigt sich, daß die ihm eingeräumte Wohnung stark beschädigt ist, so wie er überhaupt als ein nachlässiger Mensch in allen Geschäften sich erwiesen. Können die übrigen Gesellschafter ihn wegen der angegebenen Beschädigungen in jener Wohnung zum Ersatze heranziehen? Auf was für einen Beweis wird es dabei ankommen? Und wie steht es alsdann mit der Beweislast?

4. Fleißig war seit mehreren Jahren in der Wagenfabrik der Firma Theophil und Eggert als Arbeiter beschäftigt. Er verunglückte im Mai des ersten Jahres bei dem Transporte eines Waggons zur Eisenbahn in der Art, daß ihm ein Vorderrad des Transportwagens ein Bein unter dem Knie vollständig abschnitt. Während sich Fleißig noch in ärztlicher Behandlung befand, erklärte ihm einer der drei Mitinhaber der Firma, Georg Eggert junior: *Seien Sie unbesorgt; Sie werden von unserer Fabrik lebenslänglich versorgt;* — welches Versprechen Fleißig unter Ausdrücken besten Dankes fest annahm. Nach seiner Herstellung trat Fleißig wieder als Arbeiter in die Fabrik ein, wurde aber nach einigen Jahren doch entlassen. Hat Fleißig einen rechtlichen Anspruch? Gegen wen und worauf müßte er sich richten?

LVIII

1. Ein Beduine hatte eine Anzahl von Eiern, ein anderer eine Henne gekauft, und beide waren darin übereingekommen, durch die Henne die Eier ausbrüten zu lassen und die Küchlein darauf zu teilen. Zufällig kamen deren dreizehn heraus. Wie war nach unserem BGB die Auseinandersetzung vorzunehmen?

2. Zwei Schäfer auf dem Felde wollten miteinander ihr Abendessen verzehren. Der eine hatte fünf kleine Ziegenkäse, der andere drei. Kommt zu ihnen ein dritter Mann von der Straße herüber. *Laßt mich mithalten für Geld und gute Worte!* Also aßen sie selbdritt fünf und drei, sind acht Käslein, jeder gleich viel. Hierauf dankt ihnen der dritte Mann und schenkt ihnen acht Dublonen. — Der eine wollte nach der Anzahl seiner Käse fünf davon behalten und dem andern geben drei. Der andere sagte: *So? Der Herr hat uns das Geld miteinander geschenkt, also gehören jedem vier. Was deine fünf Stücke mehr wert sind, will ich dir herausbezahlen.* Da sie nicht einig werden konnten, brachten sie den Handel vor den Richter. Der geneigte Leser sinnt nach: Welchem von beiden hat der Richter recht gegeben?

(Aus Hebel, Erzählungen des rheinischen Hausfreundes.)

3. Ein Kapitalist (K.) schließt mit einem Techniker (T.) einen Gesellschaftsvertrag behufs Erwerbung und Betreibung einer Fabrik zur Anfertigung von Holzwaren. K. schießt 60000 ℳ ein, T. übernimmt die Oberleitung der Anstalt; jenes Kapital soll mit 6 % verzinst werden, im übrigen gleicher Anteil am Gewinn statthaben. Am Ende des ersten Geschäftsjahres: Gewinn nur 300 ℳ. Jetzt fordert K., daß T. ihm aus seinem kleinen Privatvermögen 3600 ℳ Zinsen ersetze. Ist er hierzu berechtigt?

4. Auf einer von Mitgliedern des hanseatischen Geschichtsvereins unternommenen Wisby-Fahrt wurde nach der Ankunft auf Gotland ein Festmahl abgehalten. Es wurde von dem Vereinsvorstande, der von den Teilnehmern mit den Vertragsabschlüssen mit Wirten, Reedern usw. betraut worden war, veranstaltet und danach von den allgemeinen Reisekosten, zu denen jeder Teilnehmer beigesteuert, bestritten; die Getränke sollte aber jeder für sich bezahlen. Es wurde sehr unterschiedlich getrunken: teurer Champagner und einfache Weine; und so geschah es, daß einer der Teilnehmer, der Bürgermeister in einer kleinen Stadt Pommerns und ein etwas genauer Herr war, sich nur eine Flasche billigen Rotweines bestellte und bei dieser während des ganzen Festes ausharrte. Am anderen Tage war aber bei der Abrechnung schlechterdings nicht mehr zu ermitteln, was und wieviel jeder einzelne getrunken hatte. Das Komitee schickte daher einen Diener mit einem Zettel herum: es müßte aus dem angegebenen Grunde auch das Getränk ausgeschlagen werden. Der Bürgermeister bezahlt unter Protest 15 ℳ. Kann er zurückfordern?

5. A. und B. in Halle a. S. spielen gemeinsam ein Los in der Sächsischen Lotterie, obgleich das Spielen in auswärtigen Lotterien in Preußen seit langem verboten war (Gesetze?) und dies nach herrschender Ansicht der Jurisprudenz (aus welchen Gründen?) noch jetzt gilt. Das Los gewinnt. A. zieht den Gewinn ein und weigert sich, etwas herauszugeben, weil aus einer verbotenen Handlung niemand Rechtsansprüche herleiten darf. Kann B. mit Aussicht auf Erfolg einen Anspruch erheben?

LIX

1. Welche Besonderheiten sind in folgenden Fällen zu bemerken? Und wie sind diese rechtlich zu behandeln?

a) Eine Gesellschaft sollte laut Vertragsbestimmung auf die Erben übergehen; bei dem späteren Tode des einen Gesellschafters schlagen dessen sämtliche Erben die Erbschaft aus.

b) Bei einer Gesellschaft beschließen die Teilhaber durch Mehrheit den Ausschluß des einen Gesellschafters.

c) Die Kinder eines im Dienste einer Dampfdreschgenossenschaft verunglückten Arbeiters klagen auf Schadensersatz; während des Prozesses meldet die Gesellschaft an, daß sie sich aufgelöst habe.

2. Läpke und Simson verabreden, bei einer auktionsweisen Parzellierung eines Rittergutes Grundstücke zu erstehen und für gemeinsame Rechnung wieder zu veräußern. Simson nimmt die Ausführung in die Hand und erhält den Zuschlag auf zwei Grundstücke für 6000 ℳ. Nach einiger Zeit tritt Läpke klagend gegen Simson auf und behauptet, daß die Grundstücke von Simson jetzt wieder an Dritte für 7000 ℳ verkauft seien; er sei bereit, die Hälfte der Unkosten zu tragen, die Simson liquidieren möge, verlange aber auch die Hälfte des Gewinnes. Simson entgegnet, er habe keinen Gewinn gemacht; da sich nämlich Läpke bis zu ihrem jetzigen Streite um die fragliche Sache gar nicht gekümmert habe, so habe er, Simson, seine Ansprüche aus den Parzellenverkäufen an seinen Bruder gegen den Ankaufspreis der Grundstücke und Ersatz seiner Unkosten mit 350 ℳ übertragen. Entscheidung mit Gründen?

3. Ein junger Kaufmann, der Mitglied eines Gesangvereines ohne Rechtsfähigkeit war, wurde durch einen Mehrheitsbeschluß der Mitglieder aus dem Vereine ausgeschlossen und erhob deshalb Klage darauf, daß dieses ungültig, und er fernerhin als Mitglied des Vereines zu betrachten sei. Von beklagtischer Seite wird die Zulässigkeit des Rechtsweges bestritten, weil nach § 5 der Vereinssatzungen jedes Mitglied in erwähnter Art ausgeschlossen werden könne, sobald es sich eine Beleidigung des Vorstandes zuschulden kommen lasse, was von dem Kläger geschehen sei. Dieser leugnet, daß er den Vorstand beleidigt habe, und da also die Mehrheit keinen Grund zum Ausschlusse gehabt, so sei er in seinen satzungsmäßigen Rechten verletzt und zum Beschreiten des Rechtsweges befugt. Wie wird das Gericht zu befinden haben?

4. Zwischen Nolte und Odin war ein Gesellschaftsvertrag auf 10 Jahre abgeschlossen worden, in dem sie sich zu persönlicher Tätigkeit im Geschäfte und zu Einlagen verpflichteten, und in dem für den Todesfall des Nolte bestimmt war, daß Odin binnen vier

Wochen nach dem Tode jenes zu bestimmen habe, ob die Gesellschaft mit den Erben des Nolte fortgesetzt werden, oder ob diese ausscheiden sollten. Es heißt dann wörtlich weiter: *Im Falle die Sozietät mit den Nolteschen Erben fortgesetzt werden soll, haben diese einen gemeinsamen Bevollmächtigten zu ihrer Vertretung in der Sozietät zu bestellen, mit welchem allein die übrigen Gesellschafter sich in Verhandlungen einzulassen brauchen.* Nach dem Tode des Nolte erklärt Odin rechtzeitig, daß dessen Erben in die Gesellschaft eintreten sollen. Es fragt sich:

a) welches der Umfang der Rechte der Nolteschen Erben ist?

b) welche Rechte der von ihnen gemeinschaftlich zu bestellende Bevollmächtigte hat?

5. Mehrere Automobilbesitzer bilden eine Versicherungsgesellschaft auf Gegenseitigkeit zur Sicherung der Gelder, welche einer von ihnen auf Grund des RGes. v. 3. Mai 1909 an verunglückte Personen werde bezahlen müssen. In dem Vertrage heißt es: *Wenn die von den Mitgliedern zu zahlenden Beiträge nicht ausreichen, den etwaigen Schaden zu decken, so kann durch Mehrheitsbeschluß für jedes Mitglied die nötige Summe als Beisteuer aufgestellt werden.* Ein Teilnehmer tritt am 16. Juni aus; am 31. Mai des folgenden Jahres wird beschlossen, daß für das mit dem 1. Juni v. J. abgelaufene Rechnungsjahr eine Beisteuer, und zwar auch von den Ausgeschiedenen, zu erheben sei. Ist jenes ausgetretene Mitglied zu dieser Zahlung verpflichtet?

LX

1. Wie ist über folgende Ansprüche begründet zu erkennen?

a) A. hatte eine Scheune erbaut, und zwar zum Teil auf eigenem, zum Teil auf einem Grunde, der dem B. gehörte, der aber von diesem dem A. zum Zwecke des Scheunenbaues vertragsmäßig überlassen worden. Eine gerichtliche oder notarielle Verlautbarung des Vertrages war unterblieben. Jetzt klagt B. gegen A. und verlangt Teilung der Scheune als Miteigentümer.

b) E. und F. besitzen gemeinschaftlich einen Wald. F. hat das Teilungsverfahren beantragt und verlangt, daß zum Zwecke der besseren Verwertung der Wald abgeholzt und dann als Ackergrundstück veräußert werden solle. E. widerspricht diesem Ansinnen.

c) Im Jahre 1869 wurden die bis dahin zu Z. bestandenen Brennholzgerechtigkeiten in der Weise abgelöst, daß den bisherigen Berechtigten gewisse Waldungen als Eigentum zugeschrieben wurden; wobei vertragsmäßig namentlich auch bestimmt wurde: Die Waldungen werden nicht Gemeindeeigentum, sondern bleiben ungeteiltes gemeinschaftliches Eigentum der früher Berechtigten, nach dem Verhältnis ihrer Bezüge. — Jetzt haben mehrere Teilhaber Klage auf Teilung des Waldes erhoben; deren Zulässigkeit die übrigen Beteiligten Widerspruch entgegensetzten.

2. A. und B. pachten gemeinschaftlich von einer Gemeinde eine Jagd auf sechs Jahre, unter solidarischer Haftbarkeit für das Pachtgeld. Jeder soll das von ihm erlegte Wild frei veräußern, und am Ende des Jahres soll dann gleichmäßig verteilend abgerechnet werden. Nach einem Jahre stirbt A. und wird von seinem Sohne X. beerbt. — Dieser ist zwar mit B. persönlich verfeindet, möchte aber doch die Jagd gern fortsetzen und klagt daher auf Anerkennung seines Rechtes, als Erbe seines Vaters in die Jagdpachtverträge einzutreten. B. leugnet, daß es eine *actio communi ineundo* gebe, und will sich auf nichts einlassen; während X. noch beibringt, daß die Gemeinde bereits das fällige Pachtgeld voll eingetrieben habe, da ja die Verpflichtungen seines Vaters auf Zahlung durch dessen Tod natürlich nicht erloschen seien. — Entscheidung?

3. Von der Landstraße zweigt ein Weg nach den Ländereien des S. ab. Der Weg ist Eigentum des S. Neben dem Wege ging früher von *a* nach *b* ein Graben, der dem K. und dem S. gemeinschaftlich gehörte und das Regenwasser vom Wege des S. aufzunehmen hatte. Wegen üblen Geruches wurde der Graben mit Bewilligung beider Teile zugeschüttet. Jetzt verlangt S., daß er den Streifen *a*—*b* zum Reiten, Fahren und Gehen, wie seinen Weg benutzen dürfe; dagegen fordert K., daß jener Streifen nach wie vor ein Grenzstück bleibe, welches das Wasser aufzusaugen habe, das vom Graben aufgefangen wurde. Findet auf diesen Rechtsstreit BGB 743 oder BGB 745 entscheidende Anwendung?

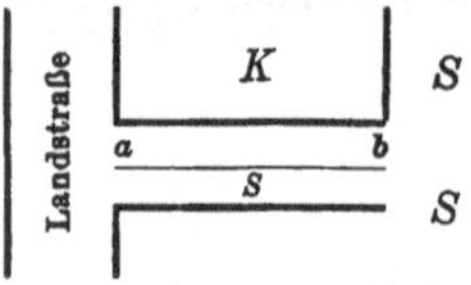

LXI

1. Wie sind folgende Rechtsfragen zu lösen?

a) Ein Dienstmädchen nimmt in Abwesenheit der Herrschaft von dem Postboten ein Paket mit Nachnahme von 8 ℳ für die Herrschaft in Empfang. Diese leugnet, das Paket bestellt zu haben. Es sei von einer fremden Handlung ohne Bestellung geschickt, und sie wolle jene 8 ℳ nicht ersetzen. — Der Kassierer eines Bankgeschäftes bezahlt einen fälligen Wechsel, der sich hinterher als gefälscht erweist.

b) In einer Gastwirtschaft erschien ein junger Mann und ließ sich ein Glas Bier geben. Unmittelbar nachdem er es getrunken, fiel er bewußtlos um. Es stellte sich später heraus, daß er aus Liebesgram Gift genommen hatte. Der Wirt benachrichtigte die Polizei, die, wie immer in solchen Fällen, den Armenarzt des Reviers holen ließ. Ehe dieser aber zur Stelle geschafft werden konnte, verschlimmerte sich der Zustand des jungen Mannes, weshalb der Restaurateur schleunigst einen anderen benachbarten Arzt zur Hilfe herbeiholte, der mit Erfolg Gegenmittel in Anwendung brachte. Der Lebensmüde, ein Mechaniker, ist dann im Krankenhaus wieder genesen. Der Arzt, der ihm das Leben gerettet, verlangte von ihm ein Honorar von 10 ℳ. Dieser Antrag wurde zurückgewiesen, weil er, der Gerettete, den Arzt nicht gerufen habe. Nun verklagte der Arzt den Wirt wegen des Honorars.

c) N. war von Q. durch leichtsinniges Überfahren schwer verletzt worden. Während seiner Krankheit hatte ihn sein Sohn Z. ernährt und verpflegt. Z. klagte hierauf gegen Q. auf Ersatz der von ihm betsrittenen Kur- und Unterhaltskosten. Q. bestritt, daß Z. deshalb wider ihn zu klagen befugt sei.

d) Ein Tagelöhner klagt gegen seinen Verwandten, einen wohlhabenden Bauer, auf Zahlung einer Entschädigung für geleistete Dienste, indem er bemerkt, daß ihn der kinderlose, bejahrte Beklagte schon in seinem, des Klägers, siebenten Lebensjahre zu sich genommen; daß er seitdem, in der Aussicht, demnächst dessen Hof zu erhalten, gegen Lebensunterhalt, 32 Jahre hindurch ihm die Dienste eines Knechtes geleistet, in den letzten Jahren, als der Beklagte wegen hohen Alters arbeitsunfähig geworden, sogar allein die Hofwirtschaft geführt habe; jetzt aber, nachdem jener seinen Hof einer Verwandten abgetreten, ohne bare Vergütung entlassen sei, weshalb er wenigstens für die letztere Zeit den üblichen Knechtelohn für seine Dienste beanspruche.

e) Auf der Straße wurden eines Tages die Pferde eines dort haltenden eleganten Fuhrwerkes scheu und rasten die Straße entlang, ohne daß der Kutscher noch irgend welche Gewalt über sie gehabt hätte. Da warf sich der Führer eines Milchwagens jenem Gefährt entgegen, faßte die Zügel der durchgehenden Pferde und brachte sie, indem er eine Strecke weit geschleift wurde, endlich zum Stehen. Dabei erlitt er einen schweren Schädelbruch mit Gehirnverletzung; infolge deren das linke Auge völlig erblindete. Schwere Arbeiten bewirkten Kopfschmerz und Schwindel, so daß er vorderhand seinen bisherigen Beruf als Kutscher nicht ausüben konnte. Der Eigentümer des Gespannes weigerte sich aber, dem Verletzten eine Entschädigung zu geben, da die Pferde sich schon von selbst beruhigt haben würden.

2. *Klage des Kaufmanns J. Prinz in F. gegen den Spediteur Th. Schwarzburg in L.:*

Ich lieferte am 12. August d. J. an Herrn Mühlenbesitzer Friedrich Krölfuß in L. 2 Kolli Fett. Nr. 115 J. P. gehörte dem eben Genannten, Nr. 116 J. P. gehörte Heinrich Krölfuß. Friedrich Krölfuß sollte es an diesen Adressaten abliefern und das an ihn adressierte für sich behalten. Er holte es jedoch nicht von der Bahn ab, sondern Th. Schwarzburg, Spediteur in L., empfing diese 2 Kolli. Anstatt nun dem Adressaten sie zuzuführen, blieb die Ware, ohne daß irgend jemandem davon Mitteilung gemacht wurde, mehrere Wochen bei Schwarzburg lagern. Jetzt nimmt der Adressat die Ware nicht mehr an. Ich habe deshalb den Schwarzburg zur Zahlung aufgefordert, erhielt aber weder Antwort noch Kassa.

J. P. 115 ist 1 Kanne Tran	28 Pfd. à 36 ₰ :	ℳ 10,08
J. P. 116 ist 1 Kanne Wagenfett	28 Pfd. à 20 ₰ :	ℳ 5,60
	Die Kannen:	ℳ 4,—
	Sa.:	ℳ 19,68

Ich lade den Beklagten vor das Amtsgericht L. und werde beantragen, den Beklagten 1) zur Abnahme, 2) zur Bezahlung und 3) in die Kosten zu verurteilen. J. Prinz.

Im anberaumten Verhandlungstermine bleibt der Beklagte aus. Welche Entscheidung ist begründetermaßen zu treffen?

3. In einer Oktobernacht erlitt ein Schiff auf der Elbe unterhalb Hamburgs Havarie; namentlich gingen dabei eine erhebliche Anzahl mit Petroleum gefüllter Fässer über Bord. Ein Arbeiter, der es beobachtete, unternahm es alsbald, dieselben aufzufischen und ihr Forttreiben zu verhüten, indem er sie teils in ruhiges Wasser, teils an Land brachte, teils abbäumte. In einer fast siebenstündigen angestrengten Tätigkeit, meistens bis zum Bauch im Wasser stehend, gelang ihm das Werk. Als er aber von dem Eigentümer der Fässer eine Belohnung erbat, verweigerte dieser eine solche. Die Arbeit sei, so gab sein Rechtsbeistand an, während der Nacht geschehen, wo der Arbeiter keine Lohnarbeit versäumt habe; und von Lohn sei bei einer *negotiorum gestio,* die sich dem Auftrage grundsätzlich anschließe, weder nach römischem Rechte, noch auch nach dem BGB die Rede.

Vgl. l. 36 D. de R. J. (50, 17); auch l. 1 § 4 D. mand. (17, 1); l. 2; 4; 6 § 1; 10 pr. D. de N. G. (3, 5). — BGB 662; 683.

Der Arbeiter wendet sich an einen Juristen mit der Bitte um Auskunft, ob sich das wirklich so verhalte; wenn er das gewußt hätte, so würde er die Fässer ruhig haben schwimmen lassen. Was wird er für Antwort erhalten?

4. Welche rechtlichen Besonderheiten liegen in den hierunter angeführten Rechtsfällen vor? Und wie stellen sich hiernach Rechte und Pflichten unter den Beteiligten?

a) Die Ehefrau eines Gemeinschuldners bittet dringend ihren vermögenden Bruder, daß er doch die Konkursmasse übernehmen und die Gläubiger befriedigen solle; dieser führt es aus.

b) Der Vorstand einer Ortsgemeinde nimmt zur Vereinnahmung und Verrechnung von Gemeindegefällen einen Rechner an und sichert diesem 1 % der eingehenden Gelder als Vergütung zu; der Rechner bezieht dies auch elf Jahre lang, als sich herausstellt, daß der Vorstand ohne Zustimmung der Gemeindevertretung zu jener Anstellung, nach dortigem Partikulargesetze, gar nicht befugt gewesen sei.

c) Nach dem Tode des D. nimmt eine entfernte Verwandte K., welche in seiner letzten Krankheit beständig um ihn gewesen war, auf Grund eines Testamentes die Erbschaft in Besitz, Verwaltung und Genuß. Hinterher stellt sich heraus, daß das Testament nichtig ist, weil D. bei seiner Errichtung nicht mehr gesunden Sinnes war, sowie daß die K. das genau gewußt hat.

5. Zwei Vettern führten beide den Namen Kaspar Nöthling. Der ältere hat in der Sparkasse seines Ortes 1100 ℳ eingelegt und darüber ein Sparkassenbuch in Händen. Als der jüngere Vetter stirbt und von seiner Schwester beerbt wird, veranlaßt diese, in dem Glauben, daß ihr Bruder jene Einlage gemacht, ein Aufgebotsverfahren wegen des angeblich verlorenen Sparkassenbuches und erzielt, da der ältere Kaspar Nöthling als Sachsengänger gerade in der Fremde weilt, ein Ausschlußurteil mit der Kraftloserklärung des Einlagebuches. Hierauf erhält sie die eingelegten 1100 ℳ von der Sparkasse ausbezahlt, die statutenmäßig befugt ist, belegte Gelder an jeden Überbringer eines Buches ohne Prüfung der Legitimation zurückzuzahlen. Erst nach einiger Zeit, bei der Rückkehr des noch lebenden Kaspar Nöthling, klärt sich die Sache auf. — Wie kann der wirkliche Einleger zu seinem Gelde kommen? Gegen wen hat er einen Anspruch auf Erstattung des Geldes und der verlorenen Zinsen, und in welcher Art müßte er begründet werden?

6. Bei Gelegenheit eines Sängerfestes hatte eine Bierausschankhalle (B.) mit dem Architekten A. einen Vertrag geschlossen, wonach A. gegen die feste Summe von 600 ℳ die sämtlichen Ausschmückungsarbeiten der Halle übernahm und sich namentlich verpflichtete, von dem Gärtner C. 1000 Meter Girlanden zu beziehen und anzubringen, zum Preise von 12 ₰ für den laufenden Meter. Es hat demnächst eine erhebliche Überschreitung dieser Zahl stattgefunden, da 3900 Meter verwendet wurden. Diese hat A. bei C. nachbestellt, und zwar unter dem Hervorheben, daß nach dem zwischen A. und B. geschlossenen Vertrage die B. verpflichtet sei, das nachbestellte Quantum zu bezahlen. Jetzt hat C. gegen

B. Zahlung der gelieferten Girlanden klagend verlangt. B. bestreitet ihre Zahlungspflicht überhaupt und insbesondere dem C. gegenüber. Wie ist hierüber zu erkennen?

LXII

1. Ist in den nachstehenden Fällen ein Rückforderungsrecht des Geschädigten begründet? Bejahendenfalls gegen wen? Auf Grund welcher Gesetzesbestimmungen?

a) H. findet in dem Nachlasse seines Vaters T. einen Mahnbrief des G. auf Bezahlung eines verfallenen Darlehns von 600 ℳ. H. zahlt diese Summe an G. Später erfährt er, daß G. vor einem Jahre den T. schon verklagt hatte, damals aber durch gerichtliches Urteil wegen eines, wie jetzt nachweisbar ist, falschen Eides des T. rechtskräftig abgewiesen war.

b) Es wendet jemand einem anderen etwas zu, in der irrigen Meinung, daß dieser sich um ihn in bestimmter Richtung verdient gemacht habe.

c) M. ist verpflichtet, dem N. den fünften Teil einer erhaltenen Erbschaft herauszuzahlen. Er macht einen ungefähren Überschlag und zahlt danach an N. unter dem Vorbehalt, nach etwa besserer Berechnung die Zahlung berichtigen zu können.

d) A. schickte an einen Lotteriekollekteur den Betrag für ein Achtellos durch Postanweisung. Der Tag der Ziehung verstrich aber, ohne daß er ein Los erhielt. Nun verlangte er sein Geld zurück, bekam aber keine Antwort.

e) X. hat von Y. ein Buch geliehen. Dieses kommt bei X. weg und X. gibt dem Y. Ersatz in Geld. Bald darauf meldet sich Z. bei Y. und bringt ihm das Buch, das X. verloren und Z. gefunden hat.

f) Jemand ist überzeugt, bei einem Kaufhandel von dem Verkäufer betrogen worden zu sein, kann es aber nicht beweisen und zahlt deshalb das Kaufgeld. Nachmals fallen ihm Beweismittel, die seinen erwähnten Verdacht bestätigen, in die Hand.

g) Der Erbe eines Darlehnsschuldners zahlt nach der Antretung der Erbschaft die 2400 ℳ betragende Schuld des Erblassers. Dann stellt sich heraus, daß diese erst in einem halben Jahre fällig gewesen wäre.

h) Ein Schuldner hat seinen Gläubiger mit Geld bezahlt, welches ihm zur Aufbewahrung anvertraut war, und ist dann zahlungsunfähig und flüchtig geworden.

i) Der Hauseigentümer H. hat dem Arbeiter J. gekündigt. J. zieht aber nicht aus und höhnt den H., als der persönlich ihn mahnt. Pfändbare Sachen hat J. nicht. *Wenn Sie mir 10 ℳ geben, ziehe ich gleich,* erklärt er. Um ihn los zu werden, gibt ihm H. das Geld. J. zieht aus, H. bereut dann seinen Schritt.

k) Ein Postbeamter hat Postanweisungen gebucht, die gar nicht eingelaufen sind. Die Post hat die Beträge den bezeichneten Adressaten ausgezahlt.

l) Von Fritz Reuter wird sehr humoristisch in der *Stromtid* erzählt, wie der Knecht des Kaufmannes Kurz mit dem Dungwagen irrtümlich auf den Acker eines Dritten fährt und dort den Mist streut und die Jauche auslaufen läßt.

2. Ein Testamentserbe hat gemäß einem in dem Testamente enthaltenen Vermächtnis eine kostbare Uhr dem Vermächtnisnehmer ausgehändigt. Nach einiger Zeit findet sich unter den Erbschaftspapieren ein gültiger Widerruf jenes Vermächtnisses.

a) Kann der Erbe die Uhr als sein Eigentum zurückfordern oder nicht?

b) Wie ist es, wenn der Vermächtnisnehmer sie an einen Dritten verkauft hat? oder verschenkt hat? oder sie erheblich beschädigt hat?

3. Über ein Grundstück war ein mündlicher Kaufvertrag abgeschlossen. Der Käufer zahlte 3000 ℳ an, obgleich der Verkäufer ihn bei der Zahlung nochmals fragte, ob sie nicht lieber zu einem Notar gehen wollten, da ja die verabredete Veräußerung ohne Form gesetzlich ungültig sei. Hinterher sieht sich der Käufer in seinem Vertrauen, daß der andere Teil schon erfüllen werde, getäuscht und will das Geld zurückhaben, wird aber von dem Gegner auf BGB 814 verwiesen. Wie steht es damit?

4. Ein Agent redete einem Kaufmanne zu, mit einer Brauerei einen Bierbezugsvertrag zu schließen. Als der Kaufmann erwiderte, er habe noch eine Schuld von 2000 zurückzugebender Flaschen seinem bisherigen Lieferanten gegenüber, so erklärte der Agent sich bereit, diese Flaschen unentgeltlich zu beschaffen, was er auch tat. Hierauf wurde der Bierbezugsvertrag mit der von dem Agenten vertretenen Brauerei geschlossen, jedoch nach vierwöchentlicher Dauer durch Einverständnis der Vertragsteile wieder gelöst. Der Agent verlangt nun den Ersatz des Wertes jener Flaschen. Mit Recht?

5. Der Inhaber einer Maschinenfabrik wurde leidend und mußte den Winter im Süden zubringen. Seine Frau leitete nach seinen allgemeinen Angaben unterdessen das Geschäft. Dabei nahm sie auch zur Bezahlung größerer laufender Ausgaben zwei Darlehne auf, obgleich sie dazu keine Anweisung erhalten hatte. Als ihr Mann zurückkam, fand er das schon vorher nicht gut stehende Geschäft noch viel schlimmer bestellt. Es war eine Unterbilanz da, die größer war, als die bei seiner Abreise, und beträchtlicher, als die Summe jener Darlehne. Er verweigert darum die Rückzahlung der letzteren, weil sie ohne seine Zustimmung aufgenommen worden seien, und verwies gegenüber der Klage aus BGB 812 auf BGB 818, 3. Wie ist hierüber zu erkennen?

6. Wie verhält es sich bei den kommenden Tatbeständen mit der Rückforderung und den dafür maßgeblichen Gesetzesstellen?

a) P. hatte dem Q. Geld gegeben, damit dieser einen Meineid schwöre und vor Gericht als Zeuge die Wahrheit nicht bekunde. Später verspricht Q. dem P., das erhaltene Geld wieder zurückzuerstatten.

b) Um seine Gläubiger zu schädigen und diesen angeblich ein zur Zwangsvollstreckung geeignetes Objekt zu entziehen, hat S. eine ihm gegen X. zustehende Forderung dem U. zum Scheine abgetreten. Später verlangt er von U. Rückgabe.

c) Z. hatte sich von einer auswärtigen Bibliothek Handschriften leihweise bestellt und gewünscht, daß diese an die in seinem Wohnorte befindliche Universitätsbibliothek gesandt würden, die ja jedenfalls bereit sein würde, die Manuskripte anzunehmen und ihm auf dem Lesezimmer zur Verfügung zu stellen. Die Handschriften werden an die Bibliothek gesandt, die sie annimmt, aber dem Z. nicht zur Verfügung stellt, da sie ihn aus irgend einem Grunde von der Benutzung der Bibliothek ausschließen zu können glaubt. Dagegen will sie die Handschriften auch nicht zurückgeben, weil sie behauptet, daß die fraglichen Gegenstände im Eigentume einer benachbarten Bibliothek ständen, der sie vor nicht langer Zeit entwendet worden sind.

7. Die Ehefrau Pausch wurde bereits am 130. Tage nach ihrer Verheiratung von einem Kinde entbunden, dessen Vater ein gewisser Mirus, und nicht ihr Ehemann, war. Mirus versprach nun dem Pausch 800 ℳ, wenn er das von seiner Frau geborene Kind als sein eheliches anerkenne und dementsprechend, die Vaterschaft des Mirus verschweigend, eine Erklärung bei dem Standesamte abgebe. Das geschah; und Pausch erhielt von Mirus eine Urkunde ausgestellt, worin dieser bekannte, hierdurch dem Pausch 800 ℳ schuldig geworden zu sein (BGB 780). Mirus bezahlte auch 200 ℳ, worauf Pausch sein Guthaben an Vierling übertrug. Jetzt weigert sich Mirus, weiter zu zahlen, behauptet auf erhobene Klage, daß der ganze Akt nichtig sei und fordert die bezahlten 200 ℳ widerklagend zurück. Entscheidung?

8. Kaiser Alexander I. von Rußland unternahm einst eine Fahrt zum Rheinfallfelsen bei Schaffhausen. Der Schiffsmann Gelzer, dem das Leben des Potentaten anvertraut war, rief ihm voll Besorgnis zu: *Hocket abe, Majestät!* als es nicht mehr ging, im Schiffe stehen zu bleiben. Darauf setzte sich Alexander, lächelnd über den biederen Zuruf, auf ein Brett, und dieses Brett wurde seither als Familienstück von den Nachkommen der glücklichen

Schiffsleute getreulich gehütet. Die Frau des letzten Inhabers kam auf den Gedanken, das Brett dem Großneffen desjenigen, der darauf gesessen, dem Kaiser Alexander III., zuzueignen, und wirklich wurde das Geschenk angenommen, und vom Zaren als Zeichen der Erkenntlichkeit der Geberin eine wertvolle Brosche geschenkt. Nun erhoben die zwei Geschwister und Miterben des Mannes der Schenkgeberin Ansprüche auf Teilnahme an dem Geschenke. Es ist darüber juristisch abzuurteilen, und zwar a) unter der Annahme, daß die Frau das Miteigentum der jetzigen Kläger kannte und trotzdem hinter deren Rücken vorging; b) unter der, daß sie im guten Glauben, das Brett gehöre ihrem Manne allein, handelte.

LXIII

1. Welche Zweifels- und Entscheidungsgründe kommen in folgenden Fällen rechtlich gestellten Verlangens zur Erwägung?

a) Ein Erbe hat von einem Erbschaftsschuldner Zahlung empfangen und eine Quittung ausgestellt. Um den Vermächtnisnehmern gegenüber genau dartun zu können, wieviel die Erbschaft beträgt und was er erhalten, möchte er gern jene Quittung einmal wieder haben und fordert sie von dem Empfänger in diesem Sinne zurück.

b) Von einem Hofbesitzer wird Verdacht gehegt, daß die seit kurzem in seinen Keller eindringende Feuchtigkeit durch die ordnungswidrige Beschaffenheit des Brunnens auf dem Nachbargrundstück verursacht werde. Er beantragt daher, durch Sachverständige jenen Brunnen untersuchen zu lassen.

c) Ein Drogist verklagt den Vater eines ihm entlaufenen Lehrlings auf Zahlung des Lehrgeldes. Der Beklagte erwidert, daß sein Sohn mit Recht die Lehre verlassen habe, da er in dem ganz schlecht geführten Geschäfte des Klägers nichts Ordentliches habe lernen können. Ein sachverständiger Augenschein in dem Hause des Klägers, sowie eine genaue Untersuchung von dessen Geschäft und Prüfung der mangelhaft geführten Bücher würden das bestätigen, welchen Beweis er daher vorzunehmen bitte.

d) Eine Genfer Zeitung drohte einmal, sie werde eine Liste der sämtlichen Freimaurer der Schweiz veröffentlichen. Die Großloge *Alpina* stellte darauf den gerichtlichen Antrag, das Schriftstück vorzuweisen. Es könne nur durch Vertrauensbruch das Verzeichnis in fremde Hände gekommen sein; und es solle deshalb nach Feststellung dessen gegen den Täter vorgegangen werden.

2. Jedem Gebildeten ist es geläufig, wie Gustav Freytag in seinem Romane *Die verlorene Handschrift* das vergebliche Suchen zweier Gelehrter nach einem Manuskripte des Tacitus schildert. Nach alten Notizen sollte die Handschrift um das Jahr 1500 im Kloster vorhanden gewesen sein; während im April des Jahres 1637 die letzten Mönche dieses Klosters, in schwerer Kriegszeit, das Kirchengerät und die Handschriften des Klosters an einer hohlen und trockenen Stelle des Hauses Bielstein vor den Schweden verborgen hatten. Schloß Bielstein stand zur Zeit der Erzählung noch wesentlich im alten Zustande und hatte seinen Eigentümer mehrmals gewechselt; war übrigens in der ganzen Gegend als Ort verrufen, an dem alte Mönche ihre Schätze vermauert hätten. — Hieran lassen sich folgende Rechtsfragen knüpfen:

a) Hätten die beiden Philologen den jetzigen Besitzer von Bielstein rechtlich nötigen können, daß er das Durchsuchen seines Hauses und Gutes nach der alten Handschrift dulde? Wäre es von Einfluß gewesen, wenn jene eine ganz bestimmte Stelle (etwa die, wo späterhin wirklich versteckte Gegenstände entdeckt wurden) als Ort des Versteckes bezeichnen konnten? Von welcher *actio* würde überhaupt die Rede gewesen sein? Oder hätte man vielleicht verlangen können, daß der Besitzer selber suche und nachgrabe?

b) Würde es für diese Fragen einen Unterschied machen, wenn nicht die genannten Gelehrten, sondern der Verkäufer und frühere Eigentümer des Gutes die Nachsuchung verlangt hätte? — oder der Rechtsnachfolger jenes Klosters?

c) Würde vielleicht das Angebot oder die Forderung einer Sicherheitsleistung für die Beantwortung der gestellten Fragen von Interesse sein?

3. Ein Fürst borgt 100 000 Thaler von drei *Bankiers*, welche dieses Geld zusammenschießen. Er gibt ihnen darüber eine gemeinschaftliche *Obligation*, die einer von diesen 3, welchem von den übrigen auch die Hebung der *Interessen* aufgetragen wird, in Verwahrung nimmt. Der Fürst befriedigt hernach 2 von ihnen, und bekommt die *Obligation* zurück. Der 3te, der seinen Antheil noch zu fordern hat, verlangt nun vom Fürsten die *Edition* der *Obligation*.

(Aus einem Pandekten-Praktikum des XVIII. Jahrhunderts.)

LXIV

1. Es wird jemand auf der Straße überfahren: a) von der elektrischen Straßenbahn, b) von einem Radfahrer, c) von einem mit 2 Pferden bespannten Fleischerwagen, d) von einem Automobil, e) von dem Rodelschlitten eines elfjährigen Knaben. — Unter welchen verschiedenen Voraussetzungen ist nach unseren Gesetzen

Ersatzanspruch begründet? Wie steht es mit der Beweislast von Schuld oder Zufall? Kommt etwas darauf an, wer das schädigende Gefährt geleitet hat? Macht es einen Unterschied, wenn die zuletzt genannte Person unzurechnungsfähig war?

2. In Paris hatte eines Tages der Flugtechniker de Rue einen Kreisflug vollendet und näherte sich der Aufstiegstelle, neben der ein Café liegt. Er stellte den Motor ab, um zu landen, schaltete ihn aber mit einer unwillkürlichen Armbewegung wieder ein und verschob den Lenkhebel: so sauste der Motor in einer Höhe von 5 Metern in voller Fahrt auf das Café zu und brach durch die Spiegelscheiben in das Innere des Lokals. Dabei wurde der Aeroplan völlig zerstört. Wer trägt den Schaden?

3. Ein merkwürdiger Unfall ereignete sich einmal im Betriebe der Berliner Stadtbahn. Ein Soldat, der, auf Urlaubsreise begriffen, in einem Fernzug bis zum Schlesischen Bahnhof fuhr, lehnte sich, um sich abzukühlen, zum Fenster hinaus. Der Soldat wollte sich nun vor der Möglichkeit eines Diebstahls sichern und hielt auch seinen Koffer, um diesen ständig vor Augen zu haben, zum Fenster hinaus. Als der Zug an einer Signalstange hinter dem Bahnhof Börse vorbeisauste, streifte das Gepäckstück die Stange und stürzte in die Tiefe. Der Koffer fiel in den Garten der *Deutschen Konzerthallen* an der Spandauer Brücke und dort dem Geschäftsführer auf den Kopf, so daß eine, glücklicherweise nicht gefährliche, Verletzung entstand. Kann der Verletzte von dem Soldaten eine Entschädigung verlangen?

4. Eine alte Frau, die in dem Hinterhause des A. zur Miete wohnte, fiel des Abends über eine große Kiste, welche ein anderer Mieter (B.) im Hofe hatte stehen lassen, und verletzte sich dabei nicht unerheblich. a) Kann die Frau gegen A. oder gegen B. mit einer Ersatzklage erfolgreich vorgehen? b) Kommt etwas darauf an, ob der A. den Hof beleuchtet oder dies zu tun unterlassen hatte? c) Wie stände es, wenn nicht die Mieterin, sondern ein Fremder (X.) in der angegebenen Weise zu Schaden gekommen wäre? d) Steht dem Gesagten der Fall gleich, da ein Hauseigentümer es unterließ, den Bürgersteig bei Glatteis nach polizeilicher Vorschrift mit Asche, Sand oder dergleichen zu bestreuen, und nun ein Vorübergehender zu Fall kam und sich beschädigte?

5. Ein Hühnerzüchter klagte gegen eine Schnapsfabrik auf Schadensersatz, weil sie berauschende Flüssigkeit in einen benachbarten Teich fließen lasse und dadurch seine Hühner und Enten betrunken und für seine Zwecke unbrauchbar mache. Der arme Mann erzählte eine traurige Geschichte von der Trunksucht seines Federviehes. Der Appetit der Hühner sei verloren, und sie wollten weder Eier legen noch fett werden. Sie seien beständig betrunken, außer Sonntags, wenn die Brennerei nicht arbeite. An diesem

Tage litten sie dafür am schrecklichsten Katzenjammer. Und am allerschlimmsten sei es Montags; da tränken sie ganz riesig, und weil an diesem Tage die Hennen oft in den Teich fielen, habe er einen Jungen anstellen müssen, um sie zu bewachen. Sie weigerten sich, zu fressen, bevor sie ihren Spaziergang nach dem Teich gemacht hätten. Am Lande benähmen sie sich dann abscheulich, und die Enten seien nicht besser als die Hennen. Wie ist hier zu erkennen?

6. Ein Schneidermeister hatte an einen jungen Mann eine Forderung von 270 ℳ, ohne daß es ihm glücken wollte, zu seinem Gelde zu kommen. Er verfügte sich nach der Wohnung des Schuldners und traf ihn an seiner Haustüre, wo er mit ihm in einen Streit geriet. *Wenn Sie mich nicht bezahlen, dann sollen Sie auch meinen Überzieher nicht länger tragen,* rief der Schneider und schnitt dem Schuldner mit einer Schere ein großes Stück Tuch aus dem Rocke, so daß dieser unbrauchbar wurde. Hat er sich dadurch nicht einem zivilrechtlichen Anspruche ausgesetzt? Macht es einen Unterschied, wenn er die Kleidungsstücke in der ausgesprochenen Erwartung der Barzahlung geliefert hatte?

7. Jemand, der bei einer Versicherungsgesellschaft für den Fall seines Todes seinen Angehörigen ein bestimmtes Kapital versichert hat, wird von einem Dritten ermordet. Nunmehr geht die Gesellschaft gegen den Täter deshalb vor, weil sie schon jetzt das versicherte Kapital unter Entbehrung weiterer Prämien und unter Verlust des Zwischenzinses hat auszahlen müssen, während nach dem gewöhnlichen Laufe der Natur der Tod des Versicherten so bald noch nicht zu erwarten stand. Was ist Rechtens?

8. Der Aufseher der Polizei empfing den Gefangenen mit finsterer Miene. Said wollte sprechen, aber der Beamte gebot ihm zu schweigen und verhörte nur den kleinen Kaufmann. Er zeigte ihm den Beutel und fragte ihn, ob ihm dieses Geld gestohlen worden sei. Kalum-Bek beschwor es. Aber sein Meineid verhalf ihm zwar zu dem Golde, doch nicht zu dem schönen Ladendiener, der ihm tausend Goldstücke wert war; denn der Richter sprach: Nach einem Gesetze, das mein großmächtigster Herr, der Kalif, erst vor wenigen Tagen geschärft hat, wird jeder Diebstahl, der 100 Goldstücke übersteigt und auf dem Bazar begangen wird, mit ewiger Verbannung auf eine wüste Insel bestraft. (Aus Hauff, Märchen: Saids Schicksale.)

Später klärte es sich auf, daß der Zeuge einen fahrlässigen Falscheid (StGB 163) geleistet hatte: Würde der damals fälschlich Verurteilte nach unseren Gesetzen einen Ersatzanspruch gegen den Schwörenden haben? Welche Paragraphen kommen in Betracht? Wie ist es, wenn infolge des fahrlässigen Falscheides eines Zeugen dem Gläubiger seine Forderung rechtskräftig aberkannt wird?

(Vgl. auch ZPO 580: 3); 586). Oder: falls der Kläger in einem Grenzstreit sich durch den genannten Zeugeneid bewogen findet, einen ungünstigen Vergleich mit seinem Gegner einzugehen?

9. In den bayerischen Alpen besteht noch immer die allbekannte Sitte oder Unsitte des *Haberfeldtreibens*. Unter welchen zivilrechtlichen Gesichtspunkt ist das Auftreten der vermummten Richter dem Angegriffenen gegenüber zu stellen? Kann dieser, wenn er auf Grund des Haberfeldes von aller Welt gemieden und in seinem Erwerbe geschädigt oder geradezu geschäftlich ruiniert wird, gegen ihm bekannte Anstifter, Teilnehmer oder Ausführer jenes Unfuges mit einer Schadensersatzklage auftreten?

10. In einem Marmorgeschäft traten die Arbeiter in Ausstand, weil der Inhaber einen entlassenen Arbeiter nicht wieder einstellen wollte. Über das Geschäft wurde von den Arbeitnehmern die Sperre verhängt. Der Inhaber erließ nun an sämtliche Marmorgeschäfte der Stadt ein Rundschreiben, in dem er die ausständigen Arbeiter mit Namen nannte und empfahl, sie nicht einzustellen. Jetzt stellten zehn der ausständigen Arbeiter gegen ihren seitherigen Arbeitgeber eine Entschädigungsklage an. Wie ist darüber zu befinden? Hätte nicht der Unternehmer wegen des *Boykottes* klagen können?

Ähnlich scheint folgender Fall zu liegen: Der französische Sozialistenführer Jaurès und zwei seiner Parteiblätter sind, nach Zeitungsmeldungen, vor nicht langer Zeit von den Gerichten Frankreichs verurteilt worden, dem Glashüttenbesitzer Rességnier 150000 Franken Schadensersatz zu leisten, weil sie ihn durch ihre Parteinahme für die Arbeiter in dem großen Glasarbeiterstreik geschädigt hätten. Das Urteil war namentlich darauf gestützt, daß die Agitatoren den Besitzer fälschlich eines Vertragsbruches gegen die Arbeiter durch angebliche Lohnverkürzung oder ungerechtfertigte Entlassung bezichtet hatten. Wie verhalten sich die beiden Tatbestände zueinander? Welches ist die richtige Entscheidung des zweiten nach unserem BGB?

Schließlich erwäge man die Handlungsweise des Bratt und des von ihm verleiteten jungen Elias bei Björnson, *Über unsere Kraft*: Würde von diesen Helfern und Förderern des Ausstandes mit rechtlichem Grunde ein Schadensersatz gefordert werden können?

11. Zahlreiche Verurteilungen Unschuldiger wegen Milchverfälschung sind in Potsdam vor Jahren vorgekommen, und zwar, weil das von der Potsdamer Polizei zu den Untersuchungen der Milch verwendete Galaktometer eine unrichtige Skala hatte. Der gerichtliche Sachverständige, Chemiker Dr. Bischoff aus Berlin, nahm an Gerichtsstelle eine Prüfung des Milchmessers vor, und es stellte sich heraus, daß die Skala einen halben Grad weniger zeigte, als sie eigentlich zeigen sollte. Dr. Bischoff erklärte, daß die Milchmesser vielfach nachgeahmt würden und wahrscheinlich sehr viele Polizeibehörden unrichtige in ihrem Besitze haben. Die Folgen sind für die Betroffenen sehr verhängnisvoll gewesen. Nicht nur, daß den Milchhändlern die Milch in den Rinnstein gegossen wurde, sie wurden oftmals auch mit Gefängnis bestraft, und das Urteil wurde von seiten des Gerichtes in den Blättern bekannt gemacht, wodurch die Milchhändler in ihrem Erwerbe empfindlich geschädigt wurden. Wer leistet, nachdem sich die Unrichtigkeit des von der Behörde verwendeten Galaktometers herausgestellt hat, den zu Unrecht Verurteilten Ersatz?

12. Sind folgende Rentenforderungen auf Grund von Schuldverhältnissen aus unerlaubten Handlungen nach dem Rechte des BGB in Ordnung?

a) Der Insasse eines Zuchthauses, der eine mehrjährige Strafe zu verbüßen hatte, wurde eines Tages früh 6 Uhr in seiner Zelle, auf dem Boden in Krämpfen liegend, gefunden. Er hatte erhebliche Brandwunden, die durch eine geplatzte Erdöllampe entstanden waren, die er selber umgerissen hatte. Der Gefangene war infolgedessen dauernd erwerbsunfähig geworden und verklagte die Staatskasse auf Entschädigung in Gestalt einer Rente.

b) In einer Sitzung der französischen Budgetkommission wurde kürzlich die merkwürdige Tatsache festgestellt, daß der französische Staat noch heute drei angeblichen Erben eines Mannes, der bei einer Jagd Ludwigs XVIII. einen Streifschuß erhielt, eine hohe Jahrespension zahlt.

13. In den siebziger Jahren fanden an verschiedenen Orten Bayerns *Bierkrawalle* statt, veranlaßt durch eine von den Brauern versuchte Erhöhung der Bierpreise, bestehend in tumultuarischem Zusammenrotten von Volkshaufen, welche gewalttätig in die Bierwirtschaften und Brauereien eindrangen und sie mit Inventar zerstörend beschädigten. Vielfach konnten nur einige wenige, die an dem Krawalle beteiligt gewesen, ermittelt werden.

a) Wie steht es mit den Ersatzansprüchen der geschädigten Wirte und Brauer?

b) In einem Falle wurde festgestellt, daß jemand den Tumultuanten Nachricht gebracht, wann die Gendarmen des Ortes sich entfernt hatten; und andere hatten alsdann Wache gestanden, um bei etwaigem Zurückkehren jener die Zerstörer zu warnen. *Quid iuris?*

c) Steht das Letzterwähnte dem Falle gleich, da ein reicher Bauer einem Strolche Geld gibt, auf daß er die Scheune eines ihm verfeindeten Dorfbewohners in Brand setze?

d) Bei einem jener Krawalle hatte sich der Hofhund des Wirtes den Eindringlingen entgegengestellt; einer der letzteren verwundet das Tier, später kommen andere und schlagen den Hund tot. Haftung?

14. Einige Kinder spielten im Hofe eines Grundstücks *Zeck*, ein Junge lief vor einem andern, ihn verfolgenden, auf die Straße hinaus, drehte sich dabei nach seinem Verfolger um und rannte gegen eine gerade des Weges kommende alte Dame, so daß diese zu Boden stürzte und sich einen Schenkelbruch zuzog. Sie machte darauf gegen den Vater des Jungen Ersatzansprüche geltend und verlangte von ihm im Wege der Klage für Kur und Pflege 300 ℳ. Ihr Vertreter stützte sich dabei auf BGB 825. Dagegen verwies der Vertreter des Beklagten auf den letzten Satz dieser Gesetzesbestimmung und beantragte Abweisung der Klage. Wessen Meinung ist begründet?

LXV

1. Kann in nachstehenden Fällen von dem Geschädigten ein Ersatzanspruch erhoben werden?

a) Ein Hund verfolgt eine Katze. Sie stürzt sich in ihrer Angst in das Kellerfenster ihres Eigentümers und wirft die dort stehenden Flaschen um.

b) Eine alte Frau wurde durch einen mit zwei Pferden bespannten Wagen eines Gasthofes überfahren und beschädigt. Das Gespann hatte der Kutscher des Gasthofes geleitet. Das Hotel gehörte einer Aktiengesellschaft.

c) Ein Gutsbesitzer war in einem Gasthofe abgestiegen. Während des Mittagessens stand sein großer Hund neben seinem Sitz. Ein Herr, der dem Gutsbesitzer gegenüber Platz genommen, wollte zahlen und dem Kellner einen Fünfzigmarkschein reichen, ließ aber das Wertpapier in eine Saucenschüssel fallen. Ein neben dem Gutsbesitzer sitzender Herr ergriff den Schein, um ihn, mit Sauce überzogen, dem Kellner zu reichen; in diesem Augenblicke sprang der Hund hinzu und verschluckte den Schein.

d) Fräulein Dufay vom Pariser Olympia-Theater hat eine merkwürdige Passion für Esel. Als sie kürzlich erfuhr, daß in einem benachbarten Dorfe ein solcher zu verkaufen sei, begab sie sich dorthin, um das Grautier anzusehen. Das gutmütig dreinschauende Tier ließ sich streicheln und liebkosen: die Küsse der Künstlerin erwiderte es aber nach Eselsart mit einem Biß in die Wange der Freundin. Fräulein Dufay hat nun gegen den Besitzer des Esels Klage auf Schadensersatz erhoben.

2. Eine Familie aus der Stadt besucht ihre Freunde auf dem Lande. Sie versäumen den letzten Zug, der von der benachbarten

Station abgeht, und der Landwirt leiht ihnen einen Wagen mit Gespann zur Heimfahrt, gibt ihnen auch seinen Kutscher mit. Als sie ein Dorf durchfahren, hetzt ein Bursche den kläffenden Hund seines Nachbars auf das Gefährt, die Pferde werden scheu, gehen durch und werfen den Wagen einen Abhang hinab, so daß die Fahrenden beschädigt werden. — Haben sie Ersatzansprüche gegen jemanden? Ist es von rechtlicher Bedeutung, falls der heimkehrende Familienvater, der mit Pferden umzugehen versteht, ohne begleitenden Knecht selbst kutschiert hat?

3. Ein Elefantentrupp, der zu einer Menagerie gehörte, wurde durch die Stadt geführt. Eine Kinderschar folgte den Elefanten, schrie hinter ihnen her und bewarf sie mit Steinen. Diese Verfolgung reizte eines der Tiere. Der Elefant hob mit seinem Rüssel ein neunjähriges Kind in die Luft, schleuderte es in die Höhe und ließ es auf den Boden fallen. Dann zertrat er das Kind mit seinen mächtigen Füßen. Besteht eine Pflicht zum Schadensersatz?

4. Wie ist über folgende Ersatzansprüche nach unserem bürgerlichen Rechte zu befinden?

a) Die *Korb- und Weidenwarenindustrie-Zeitung* führt lebhafte Klage über Wildschaden in den Weidenpflanzungen. In einem speziell angeführten Falle hatten Rehe an einer Weidenpflanzung einen Schaden von etwa 1000 ℳ angerichtet. Und im vorigen Sommer fand sich bei Besichtigung einer neu angelegten Pflanzung, daß zahlreiche Stöcke von den Hasen abgefressen worden waren, als die jungen Schößlinge etwa handlang waren. Die Anpflanzer wollen Ersatz.

b) Herzog Ernst August von Cumberland hat seine Besitzungen in Gmunden und Umgebung; dazu gehört auch das Jagdgebiet in Kirchham. Die Bauern dieses Dörfchens behaupten nun, daß sich im Jagdreviere des Herzogs die Eichhörnchen in erschreckender Weise vermehren und ihre Obstgärten, sowie Waldkulturen empfindlich schädigen. Sie wandten sich daher an die herzogliche Jagdleitung um Wildschadensersatz.

c) Ein Bienenschwarm wählte den Rücken einer im Nachbargarten angebundenen Ziege zum Sammelort und richtete das arme Tier derartig zu, daß es danach verendete.

d) Ein seltsames Waldschutzmittel hat ein Gutsbesitzer im Ostrowschen Kreise erfunden. Um die Bauern am Holzstehlen zu verhindern, kaufte er ein Rudel Wölfe und setzte sie in seinen Forsten in Freiheit. Die Bauern wagen sich nun nicht mehr in den Wald — der Gutsbesitzer aber auch nicht mehr. Die Wölfe haben sich schnell vermehrt und dehnen ihre nächtlichen Ausflüge bis in die Ställe der Umwohner aus.

5. Ist in den kommenden Tatbeständen eine gesetzliche Haftung jemandes begründet?

a) Im Juli 1902 stürzte der Campanile auf dem Markusplatze in Venedig infolge von Baufälligkeit ein. Es wurden der Palazzo reale und auch Privatgebäude beschädigt.

b) Der Harzklub, ein eingetragener Verein, hat verschiedene Aussichtstürme errichten lassen. Es mag der Fall gesetzt werden, daß durch Abbröckeln von Baumaterial oder durch Fehlen eines Geländers ein Besucher zu Schaden kommt.

Solche Türme und Schutzhütten sind zuweilen auch von Vereinen ohne Rechtsfähigkeit hergestellt worden.

c) Von einem Hause fiel einer vorübergehenden Frau ein Konsol, das zur Verzierung des Hauses unter dem Dache angebracht war, auf die Schulter und veranlaßte einen Bruch des Schlüsselbeines, an den sich eine chronische Entzündung schloß.

d) Ein Fuhrmann fuhr mit seinem eigenen Gespann ein Fuder Schilf im Auftrage eines Landwirtes nach des letzteren Gehöft. Bei der Einfahrt in den Hof stieß der Wagen an den einen Pfeiler des Torweges. Der Pfeiler löste sich und fiel mit einem Flügel auf den Fuhrmann, so daß dieser verletzt wurde.

e) Am Abend fällt beim Anzünden eine über der Straße hängende Bogenlampe herab, die vom städtischen Elektrizitätswerk gespeist wird, und es werden Personen durch die umherspringenden Splitter verletzt; — oder: der Draht der elektrischen Straßenbahn, einer A.-G., stürzt unglücklicherweise auf die Straße und erschlägt ein auf den Schienen stehendes Pferd.

6. Ein Herr trat auf ein Gitter, das einen Schacht bedeckte, aber nicht fest im Rahmen lag; das Gitter schlug um, der Herr fiel in den Schacht, schlug auf das tiefliegende Fensterbrett des Schaufensters und zog sich dabei eine schwere Verletzung zu, an der er etwa drei Monate kränkelte. Seine Ermittelungen ergaben, daß den Hauseigentümer eine Schuld an der mangelhaften Beschaffenheit des Gitters nicht treffe, dieses vielmehr von unbekannter Hand unbefugt in Unordnung gebracht worden sein müsse. Kann nicht trotzdem ein Ersatzanspruch geltend gemacht werden?

Drittes Buch.

Sachenrecht.

I

1. A. übergibt dem B. ein Buch:

a) weil B. es gekauft hat;
b) um es vier Wochen lang unentgeltlich zu benutzen;
c) weil A. es dem C. gestohlen hat und B. es als Hehler weiter veräußern soll;
d) weil es als Pfand für eine Schuld des D. an B. dienen soll;
e) weil B. das Buch verloren hat und A. es ihm als redlicher Finder zurückbringt;
f) damit B. es als Bote dem E. überbringe;
g) indem er in Unterschlagungsabsicht das aus der Bibliothek erhaltene Buch an B. veräußert;
h) weil B. als Geselle des Buchbinders A. das dem F. gehörige Buch heften und binden soll;
i) zur Ansicht, um es möglicherweise zu kaufen;
k) weil B. Vormund des M. ist und es für diesen von A. gekauft hat;
l) welches der städtischen Bibliothek, deren Vorstand A. ist, zugehört, damit B., als Bibliotheksdiener, es drüben im Büchersaale an seinen Platz einstelle.

Fragen: a) Welche Rechtsverhältnisse liegen vor? b) Wie steht es in jedem einzelnen Falle mit dem Besitze des Buches? c) Wie mit dem Eigentum?

2. Zwei Geschichten vom Finden (vgl. BGB 965; 966).

a) Als es Abend war, wollte Aschenputtel fort, und der Königssohn wollte es begleiten, aber es entsprang ihm so geschwind, daß er nicht folgen konnte. Der Königssohn hatte aber eine List gebraucht und hatte die ganze Treppe mit Pech bestreichen lassen; da war, als es hinabsprang, der linke Pantoffel des Mädchens hängen geblieben. Der Königssohn hob ihn auf und er war klein und zierlich und ganz golden.
(Aus Grimm, Hausmärchen.)

b) Herr Allworthy, ein Gutsbesitzer in Sommersetshire, erblickte eines Abends, als er von einer Reise zurückgekommen war, in seinem Bette ein kleines Kind, das, in grobes Leinen gehüllt, dort im Schlummer lag. Er beschloß, den Findling an sich zu nehmen und in seinem Hause aufzuziehen.
(Nach Fielding, Tom Jones.)

Was würde in diesen Fällen über den Besitz a) des Pantoffels, b) der dem Kinde von dessen unbekannten Eltern mitgegebenen Kleidungsstücke zu sagen sein?

3. Der Pächter einer fiskalischen Domäne hat auf einem zu dieser gehörigen, aber entfernt liegenden Vorwerke einen Verwalter eingesetzt, der die Verwaltung selbständig führt.

a) Wer ist Besitzer des Vorwerks und des dazu gehörigen Inventars?

b) Ist es von Einfluß, ob der Verwalter auf dem Vorwerke eine Wohnung zur selbständigen Benutzung eingeräumt erhalten hat?

c) Der Verwalter hat Knechte angenommen, die auf dem Gute wohnen und schlafen und in den ihnen angewiesenen Kammern in mitgebrachten Kisten Kleider und andere Gegenstände verwahren. Besitzverhältnisse? Wie stände es, wenn ihnen Schränke zur Aufbewahrung eingeräumt würden, unverschlossene oder verschließbare?

d) Ein Händler, der mit dem Verwalter Geschäfte gemacht, hat einen Regenschirm vergessen; letzterer hat den Schirm aufgehoben und in seinen Schrank gestellt; weigert auch die Herausgabe, weil er den andern nicht für den Eigentümer hält. Wer ist Besitzer?

e) Der Gerichtsvollzieher pfändet beim Verwalter ein dem Pächter gehöriges Stück Vieh und läßt es einstweilen im Stalle des Verwalters. Wie gestaltet sich hier der Besitz?

4. Bei einer Staatsanwaltschaft laufen zwei Anzeigen ein:

a) Gegen einen Uhrmacher, welcher eine Uhr zur Ausbesserung erhalten, aber abhanden gebracht hat;

b) gegen einen Holzhauer, der von dem vor der Haustür liegenden Holze, das ihm von dem im Hause wohnenden Mieter zum Kleinmachen überwiesen war, mit sich genommen hat.

Es fragt sich, ob gegen die beiden wegen Diebstahls oder wegen Unterschlagung Anklage zu erheben ist? (Diebstahl — StGB 242: *Wer eine fremde bewegliche Sache einem andern in der Absicht wegnimmt, dieselbe sich rechtswidrig zuzueignen* ... Unterschlagung — StGB 246: *Wer eine fremde bewegliche Sache, die er in Besitz oder Gewahrsam hat, sich rechtswidrig zueignet* ...)

5. In gleicher Richtung sind folgende Tatbestände zu erörtern:

a) Eine Dame, die als Badegast in einer Sommerfrische eine Privatwohnung genommen hatte, nahm aus dem von ihr benutzten Bette ihrer Wirtsleute etwa $1^1/_2$ ℔ Federn an sich.

b) Der Hausknecht im Gasthofe nimmt aus den Stiefeln, die der Gast zum Reinigen vor die Türe gestellt hat, die Loofachsohlen und eignet sie sich an.

c) Von einem Geschäftsreisenden sind Musterkoffer auf der Reise für eigene Schulden verpfändet worden.

d) Emile Augier trat eines Tages in ein Pariser Café, in dem er kurz vorher eine Erfrischung zu sich genommen, und wandte sich mit der ängstlichen Frage an den Kellner: Habe ich nicht auf dem Tische ein kleines Paketchen liegen lassen? — Nein, mein Herr, versetzte der Kellner. — O, das tut mir leid, das Paket enthielt einige wertvolle Skorpione. — Der Kellner wurde totenblaß, zog ein Paketchen aus der Tasche und reichte es dem Schriftsteller mit verlegenen Blicken. Augier entfernte sich mit vergnügtem Lachen, denn das Paket enthielt einen Schmuck, den er für seine Frau gekauft hatte.

e) Ein Gutsbesitzer hatte 120 Zentner Heu gekauft und auf dem Bahnhofe angeliefert erhalten. Hier nahm er einen Arbeiter zur Verladung des lose auf dem Bahnhofe liegenden Heues in einen Eisenbahnwaggon gegen Zahlung von 8 ℳ an und fuhr nach Hause, noch bevor der Arbeiter mit der Verladung des Heues begonnen hatte. Der Arbeiter führte unter Beihilfe einiger von ihm zu seiner Unterstützung angenommener Arbeiter die Verladung aus, behielt aber für sich eine Quantität Heu zurück.

6. Vogt hatte an Mansbach ein Haus mit angrenzendem Hofe bis zum 1. April vermietet. Er gedenkt, es später selbst zu beziehen, und schließt mit einem Verwandten, dem Maurermeister Urban, einen Vertrag, wonach dieser in dem Hause verschiedene bauliche Veränderungen vornehmen soll; zugleich weist er den Mansbach an, am 1. April die Schlüssel an den Urban zwecks Vornahme jener Arbeiten zu senden, was auch geschieht. Nachmals entsteht Streit zwischen Vogt und Urban. Letzterer behauptet, auf Grund Erbrechtes selbst Eigentümer des fraglichen Grundstückes zu sein und verweigert deshalb die Herausgabe der Schlüssel, worauf Vogt sofort nach dem Hause sich verfügt, ein Fenster einschlägt und in dem Gebäude sich wohnlich einrichtet. Es ist anzugeben, wie es nach den jeweiligen rechtlich bedeutsamen Handlungen mit dem Besitz gestanden hat?

7. Greb hat an Loos ein Bauerngut mit Inventar verpachtet. Eckert, ein Gläubiger des Loos, läßt wegen fälliger unbezahlter Forderungen verschiedene auf dem Hofe befindliche Mobilien durch den Gerichtsvollzieher pfänden. Nun stellt Greb Klage auf Freigebung dieser Gegenstände von der Pfändung an, indem er sich darauf beruft, daß sie in seinem mittelbaren Besitze sich befänden (BGB 868). Seitens des Beklagten wird Abweisung der Klage beantragt, da Greb Eigentum gar nicht habe behaupten können, eine Interventionsklage nach ZPO 771 aber nur zulässig sei, wenn *ein Dritter behauptet, daß ihm an dem Gegenstande der Zwangsvollstreckung ein die Veräußerung hinderndes Recht zustehe.* Wie ist zu entscheiden?

II

1. Ist in nachstehenden Fällen jeweils Besitz erworben? Und bejahenden Falles, von welchem Zeitpunkte an?

a) Es haben sich Krammetsvögel in Dohnenstrichen gefangen, Aale in Grundangeln, Fische in Reusen.

b) Ein Fluß war über seine Ufer ausgetreten und dann, mit Hinterlassung großer Lachen auf den überschwemmten Äckern, in sein Bett wieder zurückgekehrt; in diesen Lachen fanden sich nun Flußfische.

c) Ja, nu kreischen Sie man, Karfunken; so was ist auch noch nicht dagewesen. Mit der Bibel habe ich das Tierchen totgeschmissen. Am Grabe unserer Seligen. Am Ende ist es auch nur betäubt, denn ich sehe keine Wunde. Machen Sie ihm nur schnell den Garaus, daß er nicht erst zum Bewußtsein seiner Lage erwache, der arme Wicht! — So Pfarrer Südekum zu seiner Köchin, in der Novelle von Wolzogen, Der Bibelhase.

d) Auf einer Treibjagd hatte ein Treiber einen von einem Gaste des Jagdpächters erlegten, auf den Schuß hin am Platze liegen gebliebenen Hasen bei dem den Treibern obliegenden Sammeln des erlegten Wildes aufgehoben und im Walde versteckt, wo er ihn des Abends abholte und nach seiner Wohnung brachte.

2. Ein Bräutigam hatte vor einiger Zeit seine damalige Braut in seiner Wohnung zu einem Klavier geführt und gesagt: *Da ich nicht spiele, schenke ich es dir;* worauf sich jene bei ihm bedankt, das Klavier geöffnet und einen Walzer darauf gespielt hatte. Nachdem inzwischen die Verlobung gelöst und über den früheren Bräutigam der Konkurs eröffnet worden ist, so fragt es sich: ob die damals beschenkte Braut jetzt das fragliche Instrument, als ihr gehörig, aus der Konkursmasse verlangen kann?

3. In einem Mietvertrage war gesagt, daß eine Kündigung spätestens am 31. Dezember im Besitze des Vermieters sein müsse. Der Mieter warf einen Kündigungsbrief am 31. Dezember kurz nach 7 Uhr abends in einen am Geschäftslokale befindlichen Briefkasten des Vermieters, der sich schon nach seiner Privatwohnung in einem Vororte begeben hatte. Ist die Kündigung in Ordnung? Steht es dem Falle gleich, da die Zeitungsfrau die Zeitung vor der Korridortür der Abonnenten einfach hinlegt?

4. Die Versicherungsgesellschaft *Indemnitas* hatte ihre Vertretung in N. dem Agenten Goldmeister übertragen. Dieser geriet in Schulden, wurde verklagt und gepfändet. Dabei nahm der Gerichtsvollzieher eine Summe baren Geldes, das Goldmeister von Versicherten als Prämien eingenommen hatte und jetzt, der Instruktion gemäß, für seine Versicherungsgesellschaft in einem Fache seines Schreibtisches gesondert aufbewahrte. Die *Indem-*

nitas ging nun gegen den jene Zwangsvollstreckung betreibenden Gläubiger des Goldmeister klagend vor (ZPO 771), indem sie sich auf Besitz und Eigentum an dem gepfändeten Gelde berief. Ihr Gegner stellte dies in Abrede. Wer ist im Rechte?

L. 78 D. de solutionibus (46, 3). — BGB 948; 854. — ZPO 815.

5. Der Großhändler Braselmann in X. hatte der Firma Orthmann & Kurz in Y. seit längeren Jahren Waren geliefert, auch vor kurzem wieder ihr solche auf Kredit verkauft und auf dahingehende Anweisung der Bestellerin seinem in Z. wohnhaften Spediteur Fabel in 6 Fässern zur Verfrachtung an jenen übergeben, als die Nachricht eintraf, daß jene Firma in Konkurs verfallen sei. Braselmann stellt Nachforschungen nach den abgesandten Waren an und findet sie noch immer in den Händen des Spediteurs Fabel, der auf das Ersuchen um Herausgabe abschlägig antwortet, weil ihm die Waren von Orthmann & Kurz, mit denen er ebenfalls dauernd in Geschäftsverbindung gestanden, noch vor dem Ausbruche ihrer Zahlungsunfähigkeit überwiesen worden seien; und zwar zwei davon an Zahlungsstatt, die vier übrigen als Pfand für ungedeckte Forderungen seiner an jene Firma.

Braselmann ist nun der Meinung, daß letzteres nicht mit voller Kraft habe geschehen können, da die Waren noch gar nicht in den Besitz der jetzt verschuldeten Firma gekommen wären. Er wünscht aber vor der Ergreifung weiterer rechtlicher Maßnahmen ein genaues juristisches Gutachten hinsichtlich der seine Rechtslage betreffenden Zweifelsfragen. Es ist solches auszuarbeiten.

6. Als bei dem Fuhrmann Wolff einige Mobilien wegen einer unbezahlten Forderung, zu deren Erledigung er rechtskräftig verurteilt worden, gepfändet waren, erhob der Schmied Hedtmann eine Interventionsklage, worin er, gestützt auf einen mit Wolff schriftlich abgeschlossenen Kaufvertrag, sein Eigentum an den Pfandstücken geltend machte. Dieser Vertrag enthielt wegen der Übergabe folgende Bestimmungen: § 2. *Die Übergabe der verkauften Gegenstände erfolgt sofort mittels Vollziehung dieses Vertrags.* § 5. *Verkäufer kann augenblicklich die jetzt verkauften Sachen nicht gut entbehren, und werden ihm daher solche von seiten des Ankäufers auf unbestimmte Zeit im mietweisen Besitze belassen.* Da im Termine der Beklagte nicht erschien, so trug Hedtmann seine Klage vor und bat um Urteil. Wie hat solches zu lauten?

---

7. Jemand hatte zu Ostern eine Schar Kinder zu sich geladen und für diese in seinem Garten bunte Eier versteckt. Eine Anzahl der letzteren war aber von ihm so gut verborgen worden, daß er sich selbst nachher nicht mehr auf ihr Versteck besinnen konnte, und sie trotz längeren Suchens der ganzen Gesellschaft nicht gefunden wurden. Kaum hatten sich aber jene, des vergeblichen Suchens müde, sämtlich entfernt, als mehrere Nachbarskinder, die von ihrem Fenster aus alles beobachtet hatten, herzukamen und die Eier an sich nahmen.

a) Haben sich diese fremden Besitz zugeeignet? b) Kommt etwas darauf an, ob das Verstecken der Eier im umfriedeten Grundstücke des Verbergenden oder draußen im Walde bei einem Ausfluge geschieht? c) Ist etwa der Umstand eines zwischen Verstecken und jetzigem Finden liegenden längeren Zeitraumes von Bedeutung? d) Steht obiger Fall rechtlich demjenigen gleich, da jemand einen auf dem offenen Felde von einem Bauern über Nacht stehen gelassenen Pflug mit sich nimmt?

8. Vor einiger Zeit starb die Schutzmannswitwe Skirte, die bis zu ihrem Tode ein Vermögen von 5100 ℳ in Wertpapieren und etwa 250 ℳ in barem Gelde besessen hatte. Nach ihrem Hinscheiden fand sich nichts mehr vor. Endlich kam heraus, daß sich jene Vermögensstücke bei der Handelsfrau Kleinmann befanden. Diese war eine nahe Freundin der Skirte gewesen und von einer Aufwartefrau, die der kränklichen Skirte in der Wirtschaft half, eines Tages zu der letzteren gerufen worden, da diese im Sterben liege. Sie blieb bei der Sterbenden bis zu deren Tode und nahm dann die Wertsachen an sich. Von den gesetzlichen Erben wußte sie nichts. Der Staatsanwalt erhob gegen die Kleinmann Anklage wegen Diebstahls. Der Verteidiger beantragte Freisprechung, da die Kleinmann nicht, wie StGB 242 fordere, die Wertstücke *einem anderen* weggenommen habe; es war kein *anderer* mehr da, als die Tote, die nicht mehr besessen habe. Wie ist zu urteilen?

9. Der Käufer eines Grundstückes beginnt die an der Grenze stehende Hecke zu beschneiden. Da tritt der Nachbar auf und behauptet, daß er im alleinigen Besitze der Hecke sei: er habe sie vor 11 und 18 Jahren je einmal hauen und beschneiden lassen. Ist die Berufung des Nachbars auf seinen Besitz begründet?

10. Finderlohn (BGB 971) gibt es nur bei dem Finden einer *verlorenen* Sache (BGB 965), d. h. (richtiger Ansicht nach) einer solchen, deren Besitz verloren gegangen ist. Es ist zu prüfen, ob ein Anspruch auf Finderlohn in folgenden Fällen besteht:

a) Als ein Lehrling am Rathause vorbeiging, sauste plötzlich eine dickleibige Brieftasche vor ihm nieder. Sie war aus einem Fenster des Rathauses herabgefallen, in dem ein Herr, der die Rathaussäle besichtigte, seinen Mantel auf ein Fensterbrett gelegt hatte. Der Verlierer erschien denn auch alsbald und erhielt von dem Lehrling die von diesem aufgenommene Tasche.

b) Ein Soldat fand eines Tages, als er mit dem Wachrapport in die Kaserne ging, auf der Straße einen mit Bindfaden umwundenen und versiegelten Sack. Der Soldat hob den Sack auf, um ihn auf der Stationswache abzugeben. Unterwegs kam atemlos ein Postbediensteter daher, der mit dem Ausrufe: *Gott sei Dank, da ist ja der Postbeutel!* dem Soldaten den Sack abnehmen wollte. Allein der Soldat gab ihn nicht aus der Hand, sondern erklärte, er müsse den vorgeschriebenen Dienstweg einhalten. Auf der Stationswache, wo der Soldat die Meldung erstattete, wurde der Postbeutel amtlich eröffnet, und es fand sich darin die stattliche Summe von 200000 ℳ. Der Postbeutel war unterwegs aus dem Postwagen herausgefallen.

c) Eine Brillantbrosche im Werte von 2000 ℳ war in einer Badeanstalt in den Rhein gefallen. Zur Wiedererlangung des wertvollen Schmuckstückes, das gleichzeitig ein kostbares Andenken war, wurde ein Taucher berufen, dem es nach $1^1/_2$stündiger Arbeit gelang, die Brillantbrosche aus den Fluten des Rheins wieder an das Tageslicht zu befördern.

d) Vor einiger Zeit trieben an Ortschaften der Spree einige Dutzend Schiffahrzeuge, Rettungsboote von Zillen, Ruderkähne u. dgl. an. Die Fahrzeuge waren jedenfalls durch ein Unwetter von den Ankerplätzen losgerissen worden.

11. Eine Dame ließ in einer Droschke, die sie zu einer Spazierfahrt benutzt hatte, eine Tasche mit Goldsachen und Juwelen liegen. Der ehrliche Droschkenkutscher entdeckte am Abend, als er mit seinem Wagen nach Hause kam und das Verdeck aufschlug, in diesem die Tasche und begab sich damit sofort zur Polizei. Dort erfuhr er, daß wegen der vermißten Tasche bereits Nachfrage eingegangen sei. Nun stellte er die Tasche der Eigentümerin ordnungsmäßig zurück, verlangte aber auch den gesetzlichen Finderlohn von über 300 ℳ, während die Dame ihm nur 30 ℳ anbot, *da sie die Tasche noch gar nicht als verloren ansehen könne.* Wie ist dieser Rechtsstreit zutreffend zu entscheiden?

III

1. Gestattet unser Recht eine Selbsthilfe in diesen Fällen?

a) Ein Fuhrherr hat einem Kutscher eine Droschke anvertraut, hat sich aber schon mehrfach über ihn zu beklagen Anlaß gehabt. Eines Tages trifft er den Kutscher in angetrunkenem Zustande, Pferd und Wagen schlecht besorgt. Er will sie an sich nehmen, jener wehrt sich.

b) Bei dem Hausverwalter Lidde meldete sich jemand, der die Wohnung des demnächst ausziehenden Hauptmannes Kuppold besichtigen wollte. Sie trafen nur Frau Kuppold an, die sie nicht in die Wohnung lassen wollte und, als Lidde sie gewaltsam beiseite geschoben, wohl zehnmal sie aufforderte, die

Wohnung zu verlassen. Lidde berief sich aber darauf, daß er laut Mietvertrag das Recht habe, die Wohnung in den üblichen Tagesstunden zu besichtigen. Da erschien Kuppold selbst und hatte nicht übel Lust, jene hinauszuweisen.

c) *Unten und oben*, Gedicht von Geissler (ca. 1820): Ein Engländer sollte auf ärztlichen Rat sich Bewegung machen, litt aber an Podagra, und ließ deshalb die Räume des von ihm bewohnten Erdgeschosses in einen Wald umwandeln, in dem er mit Hunden auf Hasen Jagd machte. Der über ihm wohnende Philosoph bat vergebens um Ruhe: *Was ich in meinem Zimmer treibe, schiert das wohl einen andern was? Sprach Pitt, das ist nur meine Sache! Mir macht einmal das Jagen Spaß.* — Worauf jener über ihm eine Fischerei einrichtete; so daß das Wasser durch die Decke drang und in den Zimmern des Briten sich sammelte.

d) Ein Schuhmacher schickte dem Besteller die für diesen angefertigten Stiefel durch einen Lehrling mit einer quittierten Rechnung und der unbedingten Anweisung, die Stiefel nur gegen bare Zahlung auszuhändigen. Der Junge richtet das auch aus. *Ach was!* sagt der Besteller, nimmt dem Jungen die Stiefel ab und schlägt ihm die Türe vor der Nase zu.

2. R. hatte ein von dem X. erpachtetes Grundstück im Herbst mit Roggen bestellt und den darauf gewachsenen Roggen am 1. August des nächsten Jahres abgemäht und aufgestiegt. Am 3. August hatte V. diesen Roggen eigenmächtig abgefahren und eingescheuert.

a) Kann R. possessorisch klagen? Nach römischem, oder nach früherem gemeinen, oder nach jetzigem bürgerlichen Recht?

b) Wie geht es, wenn V. sich auf das Eigentum an dem Grundstücke beruft?

c) Kann X. gegen V. auftreten?

d) V. hatte schon am 4. August den Roggen an K. verkauft und am folgenden Tage übergeben. Kann K. von R. oder X. mit Besitzesklage belangt werden?

3. In einem Restaurant erscheinen Taschenspieler, um eine Vorstellung zu geben. Der eine steckt heimlich aus einem dazu bestimmten Kartenspiel einige Karten in herumhängende Überzieher von Gästen, — da tritt der Wirt dazwischen und weist die Künstler hinaus. Wie steht es nun mit Besitz und Eigentum an jenen Karten? Haben die Taschenspieler ein Recht, das Restaurant und die Mäntel der dort Anwesenden nach den für sie wertvollen Karten zu durchsuchen; — und sie (mit oder ohne Sicherheitsleistung) abzuholen? Macht es für alles dieses einen Unterschied aus, falls ein Gast, in dessen Überzieher eine Karte steckt, sich nach Hause begeben und das Kleidungsstück in seinen Schrank gehängt hat?

4. Z. hinterließ neun Kinder, welche seine Erbschaft antraten. Vor erfolgter Teilung wurde diese durch zwei Testamentsvollstrecker (BGB 2197; 2205) verwaltet. Dennoch ließ eine der Erbinnen eigenmächtig einen zu der Verlassenschaft gehörigen Garten nach ihren eigenen Wünschen zurechtmachen. Die Testamentsvollstrecker stellten gegen sie die Besitzstörungsklage an. Wie ist über diese zu befinden?

5. Der Verwalter (V.) des abwesenden Gutsbesitzers (G.) hatte eine für Rechnung des G. gekaufte Partie Eis durch den Knecht K. einfahren lassen, und zwar in wiederholten Fuhren über ein Grundstück des Nachbars N. und ohne auf den Protest von dessen gerade anwesenden Schäfer S. zu achten. Es fragt sich: welche Person befugt ist, eine Besitzstörungsklage anzustellen; und gegen wen diese gerichtet werden kann?

6. Ein Stadtmagistrat hatte in einer zum Stadtgebiete gerechneten Burgruine auf einem Berge neben der Stadt die lange unbeachtete spärliche Grasnutzung verpachtet. Nach einigen Jahren klagt der Fiskus, der die Ruine als sein Eigentum ansieht, aber anfangs die Sache wegen ihrer Geringfügigkeit vernachlässigt hatte, wegen Besitzentsetzung; die Stadt habe die Ruine eigenmächtig in Besitz genommen, und der staatliche Förster habe nicht gewagt, den Pächter zu vertreiben. Der Magistrat erklärt dies für unhaltbar. Der Staat könne durch Eigenmacht von Personen, die unter ihm stehen, überhaupt nicht des Besitzes entsetzt werden; höchstens komme der Förster als Besitzkläger in Frage, aber nicht gegen den Magistrat, sondern gegen den Pächter. Wie ist zu erkennen?

7. Der staatliche Kommissar für die Verwahrung und Verwaltung des Vermögens der aufgelösten Niederlassungen geistlicher Orden (preuß. Ges. v. 31. Mai 1875) nahm am 3. April 1877 Besitz vom Klostergebäude der Ursulinerinnen in Fritzlar, beließ jedoch die Nonnen bis zum nächsten Morgen, wo sie abreisen sollten, darin. Als sein Bevollmächtigter am folgenden Morgen in das Kloster trat, fand er die Tür verschlossen und in dem Kloster einen Vertreter des Grafen Bocholtz-Asseburg im Besitze der von den Nonnen ihm übergebenen Schlüssel, deren Herausgabe er auf Grund eines Kaufvertrages von 1875 verweigerte. Man einigte sich, die Schlüssel vorerst im Besitze eines Dritten zu lassen und Entscheidung des Kommissars einzuholen. Dieser ließ am 5. Mai die Schlüssel dem Dritten unter Androhung rechtlicher Zwangsmittel abnehmen. Darauf stellte der Graf gegen den Kommissar wegen Besitzentziehung Klage an. Welches Urteil ist nach dem BGB abzugeben?

IV

1. Herr Urian unternahm wieder eine Reise. Die Art und Weise, mit der er über seine Sachen verfügte, brachte ihn mannigfach in rechtliche Händel, bei deren Austrag es sich vor allem fragte: wie es in den einzelnen Tatbeständen mit dem Besitze sich verhalte?

a) Seinen Pudel gibt er dem Ehepaare in Pflege und Wartung, bei dem er selbst ein möbliertes Zimmer gemietet hat.
b) Zum Bahnhofe benutzt er eine Droschke; sein großer Koffer wird auf dem Bocke untergebracht und der Kutscher setzt sich darauf.
c) An der Bahn schaffen zwei von der Verwaltung angestellte Gepäckträger den Koffer nach der Abfertigungsstelle.
d) Da der Koffer sehr schwer ist, übergibt ihn Herr Urian dem gerade anwesenden Vertreter eines Speditionsgeschäftes, das von zwei Gesellschaftern betrieben wird, um den Koffer als Frachtgut durch die Bahn nachzusenden.
e) Mit seiner Reisetasche belegt Herr Urian einen Platz im Wagen. Er steigt nochmals aus, um ein Glas Bier zu trinken und findet bei der Rückkehr seine Tasche beiseite geschoben und jenen Platz von einer Frau mit einem kleinen Kinde besetzt.
f) Der Güterzug mit dem Frachtgut verunglückt; aus den Trümmern ziehen zwei Diebe den Koffer des Herrn Urian hervor. Da sie ihn nicht gleich öffnen können, schleppen sie ihn fort und verbergen ihn im Walde.
g) Zum Glück hatte Herr Urian seine Wertpapiere in einem fest verschlossenen eisernen Kasten einer Bank anvertraut, die den letzteren in ihr diebessicher verwahrtes und abgesperrtes Gewölbe verbringt.

2. Zwei Jäger schießen, ohne voneinander zu wissen, von zwei Seiten auf einen Rehbock und treffen bei dem verendenden Tiere gleichzeitig ein. Sie verabreden, ihn gemeinsam zu verwerten, und lassen ihn durch einen Waldarbeiter nach der Stadt schaffen. Wie steht es mit dem Besitze? Was ist die Folge, wenn ein Dritter sich den Bock aneignet, der eine der beiden Jäger aber zu gerichtlichem Einschreiten nicht zu bewegen ist?

3. Der Kaufmann Sachs will gegen seinen Vetter Weil klagen, da dieser die Sohle eines durch ihren gemeinschaftlichen Garten fließenden Grabens verändert habe, ohne ihn, den Sachs, vorher um seine Zustimmung zu ersuchen. Am liebsten wäre ihm eine rasche Erledigung durch einen Besitzesprozeß. Geht dies an?

4. Als der Landwirt X. starb, befand sich nur sein ältester Sohn A. im Hause. A. hatte seither schon wegen Alters und Krankheit des X. die Wirtschaft geführt. Der jüngere Sohn B.

ist Beamter in einer fernen Stadt. Die Brüder ändern an der seitherigen Art der Geschäftsführung zunächst gar nichts, B. erhält den ihm zukommenden Teil der Erträgnisse regelmäßig zugesandt. Jetzt verkauft A. ein Wäldchen an den Holzhändler C. Als B. es erfährt, widerspricht er, und als C. doch zu schlagen beginnt, verklagt ihn B. wegen Besitzstörung. Welches Schicksal wird diese Klage haben?

V

1. Kann in folgenden Tatbeständen die ruhige Ausübung des Rechtes nach den Vorschriften über Besitzesschutz durchgesetzt werden?

a) Zu Lasten eines Grundstücks ist ein Wasserleitungsrecht für das Nachbargut im Grundbuche eingetragen; die Leitung mit Schleusen ist fertig gestellt, aber noch nicht in Gebrauch genommen. Jetzt wird sie von dritter Hand zerstört.

b) Der Pächter eines tiefer gelegenen Grundstückes hat auf diesem im Jahre 1899 ein Bassin errichtet zum Auffangen des auf dem oberen Grundstücke entspringenden Wassers. Jetzt hält der obere Eigentümer das der Quelle entströmende Wasser auf seinem Grundstücke gänzlich zurück. Das Grundbuch ist dort noch nicht angelegt.

c) Ein von dem Gutsverwalter auf dem Hofe angestellter Schäfer hat auf dem Gemeindeland eine Triftgerechtigkeit tatsächlich ausgeführt; — Stammgäste eines Wirtshauses haben einen Fußpfad nach diesem über ein fremdes Grundstück als Recht in Anspruch genommen und so benutzt; — der Pächter einer Domäne hat ein Fischereirecht, als dieser zukommend, ausgeübt; — Mitglieder einer Stadtgemeinde sind häufig über den Kasernenhof, in der Meinung, ein bestehendes Recht auszuüben, gegangen.

2. Obwol J. A. S. durch die *ad eius instantiam* vor dem Ober-Amt zu Budissin abgehörte Zeugen so viel beygebracht, daß er und seine Vorfahren von 50. und mehr Jahren her in der *possession vel quasi* sich befunden, das Poritzscher Vieh in dem Poritzscher Teiche bis an die in der Mitten desselben stehenden Gräntz-Pfähle weyden zu lassen; Dieweil aber E. E. Rath zu Z., nachdem er dem von S. die bis dahin gegen Zahlung eines jährlichen *Locarii* in dem Poritzscher Teiche genossene Weyde aufgekündigt, bald darauf eine Verplanckung von Säulen und Brettern vor den Teich machen lassen, daß das Poritzsche Vieh darauf ferner nicht kommen sollen, besagter von S. hingegen, deswegen nichts erinnert, sondern die gemachte Verplanckung gantzer neun

Wochen unversehret stehen lassen, sodann aber im Angeben, daß besagter Rath zu der vorgenommenen Verplanckung nicht befugt gewesen wäre, eine Niederreißung der Plancken vorgenommen; So erscheinet daraus so viel, daß E. E. Rath der Stadt zu Z. wegen des Poritzscher Teiches, wider den von S. so lange billig zu schützen, bis besagter von S. wegen seiner *praetend*irten Weydegerechtigkeit in *possessorio ordinario*, oder *petitorio*, ein besseres Recht ausgeführet, V. R. W. (Nach Stryk, Usus modernus pandectarum.)

a) Wer ist in obiger Streitsache als Kläger aufgetreten? b) Welche Gründe haben das Gericht zu der angegebenen Entscheidung bestimmt? c) Würde es nach klassischem römischen Rechte, oder nach justinianischem, oder nach früherem gemeinen, oder nach preußischem Rechte ebenso verfahren und urteilen müssen? d) Wie ist die am Schlusse des Urteils erwähnte Möglichkeit weiteren rechtlichen Vorgehens näher zu denken? e) Wie würde über jenen Rechtsstreit nach unserem bürgerlichen Rechte zu befinden sein?

3. Ist in den nachstehenden Fällen eine Klage wegen Störung im Rechtsbesitze möglich?

a) Der Eigentümer bringt einen verschließbaren Schlagbaum an einem Wege an, über welchen einem andern ein im Grundbuche eingetragenes Fahrtrecht zusteht.

b) Seit langem hat ein Bauer alljährlich zu jeder Jahreszeit frei, offen und ohne Widerspruch seine Gänse und Enten aus seinem Gehöfte auf die Aue hinausgetrieben und an einer bestimmten Fläche sie aufhalten und weiden lassen. Er ging dabei von der Ansicht aus, daß allen Bauern des Dorfes dieses Recht an der dem Fiskus gehörigen Aue, einem buchungsfreien Grundstücke, zustände. Jetzt kommt von dem Fiskus ein Verbot.

c) Ein Kirchenvorstand ordnet das Anstreichen von Kirchenstühlen gegen den erklärten Willen der Inhaber an; — oder: er schließt den dort wohnenden Gutsbesitzer, der ein erbliches Kirchstuhlrecht hat, wegen kirchlicher Streitigkeiten von der Benutzung eigenmächtig aus (vgl. EG 133; — ALR II 11, 681 ff.; — preuß. AG z. BGB 40).

4. Bei dem Verkaufe seines Landgutes behält sich der Verkäufer A., der in der Nähe eine Villa besitzt, als dingliches Recht vor, daß er für Lebenszeit aus einer Quelle auf dem Landgute Wasser schöpfen dürfe. Dieses Recht wird so im Grundbuche eingetragen. Bald darauf vermietet er seine Villa an einen Rentner und zieht selbst in die Stadt. Der Mieter benutzt eine Zeitlang die Quelle, bis der jetzige Gutseigentümer es ihm untersagt und ihn tätlich hindert. Kann der Mieter der Villa wegen Besitzstörung klagen?

VI

1. Wie verhalten sich nachstehende Gesetze zu BGB 873?

a) *Edict* vom Erb- und Lagerbuch in den Residenzstädten Berlin und Cölln, vom 28. September 1693: ... 1. Daß auf jedwedem Rathause ein gewisses Erb- und Lager-Buch verfertiget und in demselben alle und jede bürgerliche Häuser ..., alle liegende Gründe in und vor den Residenzstädten ... nebst ihren *Possessoribus* verzeichnet und *numer*iret werden sollen ... 2. Daß, so oft von solchen Häusern und anderen liegenden Gründen etwas von einem andern verkauft oder durch Erbschaft oder auf irgend eine andere Art und Titul *transferi*ret oder veräußert wird, der neue *Possessor* es also fort anzugeben, damit dasjenige *Immobile*, so auf ihn gekommen, auf seinen Namen in dem Lager und Erbbuche verzeichnet und geschrieben werden möge, mit der Verwarnung, daß sonst sein *Titulus Possessionis* für ungültig und nichtig gehalten werden solle ... 3. Daß keine Pfandverschreibung oder Hypotheken, sie seien *conventionales* oder *legales vel tacitae*, *a die publicationis huius Edicti,* gelten noch einiges *ius reale* oder *praelationis* haben solle, wenn nicht der *Creditor* oder *Debitor* dieselbe in dem Erb- und Lagerbuche des Ortes, da das *Debitoris Immobilia* gelegen, verzeichnen lassen. ...

b) ALR I 10, 1: *Die mittelbare Erwerbung des Eigentums erfordert, außer dem dazu nötigen Titel, auch die wirkliche Übergabe derselben.* — 5: *Außer diesem Falle* [adiudicatio] *wird die gerichtliche Übergabe zur Erlangung des Eigentums niemals erfordert.* — 6: *Wer jedoch über ein Grundstück vor Gericht Verfügungen treffen will, der muß sein darauf erlangtes Eigentumsrecht dem Richter der Sache nachweisen und dasselbe in dem Hypothekenbuche vermerken lassen.* — 12: *Um die Ungewißheit des Eigentums der Grundstücke und die daraus entstehenden Prozesse zu verhüten, ist jeder neue Erwerber schuldig, sein Besitzrecht in das Hypothekenbuch eintragen zu lassen.* — 13: *Er kann und muß dazu von dem Richter, unter welchem die Sache gelegen ist, von Amts wegen angehalten werden.* — I 20, 390: *Hypothekenrechte können nur auf Grundstücke und solche Gerechtigkeiten, welche die Gesetze den unbeweglichen Sachen gleich achten, erworben werden.* — 391: *Auch findet die Erwerbung eines solchen Rechtes nur auf diejenigen Grundstücke und Gerechtigkeiten statt, die in die öffentlichen Hypothekenbücher eingetragen sind.*

c) CC. 711: *La propriété des biens s'acquiert ... par l'effet des obligations.* — 1138: *L'obligation de livrer la chose est parfaite par le seul consentement des parties contractantes. Elle rend le créancier proprietaire* ... (cf. 1583). — 2094: *Les causes légitimes de préférence sont les privilèges et hypothèques.* — 2117: *L'hypothèque légale est celle qui résulte de la loi. L'hypothèque judiciaire est celle qui résulte des jugements ou actes judiciaires. L'hypothèque conventionelle est celle qui dépend des conventions, et de la forme extérieure des actes et des contrats.*

d) Bayerisches Hypothekengesetz v. 1. Juni 1822, 9: *Zu einer Hypothek werden erfordert: I. ein Rechtstitel zu deren Erwerbung, welcher entweder a) in einer Bestimmung des Gesetzes selbst, oder b) in dem erklärten Privatwillen liegen kann; II. die Eintragung der Forderung in das Hypothekenbuch.*

e) Preußisches Gesetz über den Eigentumserwerb und die dingliche Belastung der Grundstücke, Bergwerke und selbständigen Gerechtigkeiten v. 5. Mai 1872, 1: *Im Fall einer freiwilligen Veräußerung wird das Eigentum an einem Grundstücke nur durch die auf Grund einer Auflassung erfolgte Eintragung des Eigentums im Grundbuch erworben.* — 12: *Dingliche Rechte an Grundstücken, welche auf einem privatrechtlichen Titel beruhen, erlangen gegen Dritte nur durch Eintragung Wirksamkeit und verlieren dieselbe durch Löschung. Der Eintragung bedürfen jedoch nicht die gesetzlichen Vorkaufsrechte, die Grundgerechtigkeiten, die Miete und Pacht* ... — 13: *Zur Eintragung eines Rechtes in der zweiten Abteilung des Grundbuchs genügt der Antrag des eingetragenen oder seine Eintragung gleichzeitig erlangenden Eigentümers unter bestimmter Bezeichnung des Rechtes und des Berechtigten.* — 19: *Das Recht der Hypothek und der Grundschuld entsteht durch die Eintragung im Grundbuch.*

f) Schweizerisches ZGB v. 10. Dezember 1907, 972: *Die dinglichen Rechte entstehen und erhalten ihren Rang und ihr Datum durch die Eintragung in das Hauptbuch. — Ihre Wirkung wird auf den Zeitpunkt der Einschreibung in das Tagebuch zurückbezogen, daß die gesetzlichen Ausweise der Anmeldung beigefügt oder bei den vorläufigen Eintragungen nachträglich rechtzeitig beigebracht werden.*

2. Wie sind die kommenden Tatbestände grundbuchamtlich zu behandeln?

a) In einer Gemeinde wird das Grundbuch neu angelegt. Dabei stellt sich aktenmäßig heraus, daß der der Kirchengemeinde gehörige Glockenturm auf einem Grundstücke steht, das im Eigentum der politischen Gemeinde sich befindet; und fernerhin, daß die letztere nach gültigem alten Privileg das Recht hat, von der Kirchengemeinde Unterhaltung einer schlagenden

Uhr auf dem Turme und regelmäßiges Mittag- und Abendläuten von dem Turme herab zu fordern.

b) Eine Zuckerfabrik hatte eine Anlage gemacht, die die Felder des Nachbarn der Gefahr starker Wasserzuführung aussetzte. Es kam ein Vertrag zustande, wonach sich der Nachbar verpflichtete, gegen die Anlage keinen Widerspruch zu erheben und die Fabrik dagegen versprach, jenem allen etwa entstehenden Schaden zu ersetzen.

3. Die Stadt Bachfurt hat zum Zwecke einer Straßenanlage von anliegenden Grundbesitzern Teile von deren Grundstücken erworben. Sie möchte diese zu festem Eigentum haben, sie aber im Grundbuche gar nicht mehr geführt sehen. Unter welchen Voraussetzungen würde das zulässig sein? Welche Schritte würde die städtische Verwaltung zur Erreichung jenes Zieles zu tun haben?

VII

1. Was ist über die Art der Einrichtung und Führung folgender öffentlicher Bücher, im Gegensatze zu unseren Grundbüchern, zu bemerken?

a) Aus dem Lübecker Ober-Stadtbuch 1284—1818. (Nach Rehme.)

1. 1412 Iudica. Hinricus Nyp pleno iure et in judicio pro suis debitis, in quibus sibi Johannes Tucketappe obligabatur, scilicet 110 marcis cum 4 solidis Lubicensibus sibique non solutis prosecutus est domum dicti Johannis sitam in fossa Danquardi priusque sibi pro eisdem debitis impignoratam, sicut jacet prope domum quondam Bernhardi Barenbrugen, quam sibi consilium jussit asscribi, salvo illi suo wicbelde, qui hoc habet in eadem. Supra 1410 Quasimodogeniti.

1410 Quasimodogeniti. Notandum quod Johannes Tucketappe emit a Conrado Brucgemaker quandam domum sitam in fossa Danquardi, sicut jacet prope domum quondam Bernhardi Barenbruggen, quam sibi coram consilio resignavit, salvo Hinrico Redinxstorp suo wicbelde, ut supra 1397 Brixii. Require domum supra cancellatum 1404 Oculi. — *Jussu consilii deletum.*

1404 Oculi. Notandum, quod Conradus Bruggemaker emit a Ludero Hoppener domum quandam quondam Margarete Spor olim Hermanni Kannegowen sitam in fossa Danquardi, sicut jacet prope domum quondam Bernardi Barenbruggen, quam sibi coram consilio resignavit, salvo Hinrico Redingstorp suo wicbelde supra 1397 Brixii.

1397 Bryxii. Notandum, quod Hinricus Redingstorp emit a Lusero Hoppener in domo sua quondam Margharete Spor olim Hermanni Lemeghowen sita in fossa Danquardi, sicut jacet prope domum quondam Bernardi Barenbrugghen, sex marcas denariorum wicbeldes annuatim, quas sibi coram consilio resignavit reemendam quamlibet marcam pro decem et septem marcis denariorum. Census Nativitatis Sancti Johannis baptiste et Nativitatis Cristi.

2. 1558 Lucae evangelistae. (Jacobi.) Dem erbarn hern Claus Bardewig burgermeister tho Lubeke dem hebben uth bevel und von wegen des rades cammerherren vor dem rade verlaten eynen gangk, so de belegen is in der Englischen groven, wandages Magdalenen Bartmanns thobehorende, dewelche vormals an den radt verfallen und bufellig gewesen, welch eme de radt heft heten toschriven. Gangk supra eodem folio 54. Marie. *Deleta et rescripta eodem folio 67. Jacobi.*

1558 Lucae evangelistae. (Mariae.) To dem gemeynen gude desser stadt Lubeck is gekamen eyn gangk, so de belegen is in der Englischen groven, Magdalenen Bartmanns thobehorende derwegen, dat to demsulven gange ein privat gehort, dewelche uthbringendes von noden gehort und de nabern sich deden beclagen, dat onen darvan grote scheden bejegnede; und dewile overst de Bartmannische dat privat nicht uthbringen laten wolde und also den gangk verlaten, is desulve an dat gemene gude verfallen na ludt und inholt eynes gerichtlichen processes im gerichteboke anno 1551 Conversionis Pauli geschreven, welch dorch den gerichtschriver vor dem rade ingetuget und verlaten und de radt heft in crafft dessulvigen procesz dem gemeinen gude heten thoschriven. Scriptura des gangs si inventa fuerit, sit per hanc deleta. *Deleta et rescripta infra eodem folio 54. Jacobi.*

b) Preußische *Hypothec*- und *Concurs*-Ordnung vom 4. Februar 1722.

(Corpus Constitutionum Marchicarum II, 2 p. 103 sq.)

Beilage A. *Form* wie ein Grund- und *Hypothequen*-Buch einzurichten und zu halten. (Siehe S. 236.)

2. In dem Grundbuche von Großendorf finden sich folgende Eintragungen:

Band I Blatt 11 Titelblatt:

I, 1. Resthufengut in Großendorf Nr. 11 mit Hofraum Kartenblatt 1 Parzelle 333/45.

2. Gemarkung Großendorf Kartenblatt 1 Parzellen 24 und 25.

IV. Gemarkung Großendorf

a) Kartenblatt 1 Parzelle 439/137.

b) Kartenblatt 1 Parzelle 440/138.

I. Fol.

Cölln Roß-Straße.

Nr. des Hauses	Hat *Pertinentzien*	Besitzer	*Titulus*	Wert RTlr.	Ist bei der *Societät* zur Ersetzung des Brandschadens eingeschrieb. für	Darauf sind versicherte Schulden	Rechtliche oder stillschweigende *Hypothequen*	Bezahlte und abgeführte Schulden	Der Besitzer hat an Vormundschaft über sich auch gehabt	Dessen Kinder aus voriger Ehe haben zu fordern	Der Besitzer hat in und bei der Stadt noch mehr liegende Gründe
250	Eine Wiese an der Ruster Lake *sub n.* 20 im Wiesenbach.	Jakob Reichmann.	Hat das Haus den 1. Mai 1718 von seinen Mit-Erben vermöge Teilungs-*Recessus* angenommen für ...	5000	2000	1000 Rtlr., so des Besitzers Vater, als er das Haus A. 1716 von N. N. gekaufet, schuldig blieben, und der Verkäufer ihm das Eigentums-Recht vorbehalten. 1000 Rtlr., so der Besitzer vermöge angeführten Teilungs-*Recesses* seiner Schwester Annen den 1. Mai 1720 schuldig blieben. 1000 Rtlr., so er ebenfalls seinem Bruder Peter A. 1721 zu bezahlen schuldig blieben. 500 Rtlr., so ihm Hans Gutsmuths den 3. *Jan.* 1719 vermöge *Protocolls* u. bestellter *Hypothec* geliehen	200 Rtlr. der Kirchen, von des Besitzers Erblasser *legiret*, daß selbige Anno 1724 den 4. *April* abgeführet, und bis dahin mit 5 *pro Cent* verzinset werden sollen; die Kirche aber hier *annotiren* lassen. Hier können auch die *fideicommissa* hergesetzt werden.	1000 Rtlr. väterliche Schulden hiergegen stehend den 3ten *Januar* 1719.	Von N. N. Sohn, so er Anno 1700 über sich genommen und deshalb vermöge der aus dem Vormundschafts-Amte *communicirten Registratur* an Gelde und andern Vermögen zu seiner Verwaltung empfangen 500 Rthlr. Ist solcher Vormundschaft erlassen etc.	N. N. pp. hat vermöge Vergleichs oder Teilungs-*Recessus de dat.* ... an *maternis* zu fordern 200 Rthlr. N. N., welchen des Besitzers zweite Frau in erster Ehe gezeuget, hat vermöge *Inventarii* und Vergleichs *de* ... an *maternis* 500 Rtlr. Vorstehende 500 Rtlr. sind aber gleich nach der Teilung, den ... bar bezahlet.	Eine Meyerey vor dem Cöpnicker Tore, *vid. n.* ... *fol.* ... *etc.* Eine Hufe Landes vor Berlin im Panckoschen Felde, *vid.* Berliner Ländereien *n.* ... Ein Havelland vor Berlin *vid. n.* ... *fol.* ... *etc.*

Band III Artikel 38 Erste Abteilung:

1. Flur Großendorf Kartenblatt 1 Parzelle 281/13.
2. Flur Großendorf Kartenblatt 1 Parzelle 285/164.

Für alles ist der Landwirt Heinrich Schaufler als Eigentümer eingetragen. Als vor kurzem ein Gläubiger des Schaufler die Zwangsvolltreckung in dessen Grundstücke betrieb (ZPO 866; 867), wurde vor allem fraglich: Wieviel *Grundstücke* sind hier vorhanden? Der Schuldner rechnete sieben heraus, der Gläubiger nur ein einziges. Beteiligte Juristen waren der Ansicht, daß zwei vorlägen; andere nahmen drei an, verteilten diese aber verschieden. Aus den Grundakten ergab sich folgendes: Das Grundbuch ist in Großendorf 1821 angelegt worden. Damals wurde das Anspännergut Nr. 11 eingetragen. Von diesem wurde allmählich verschiedenes veräußert; der Rest ist das unter I oben Verzeichnete. Als 1877 die Zurückführung der Grundbücher auf die Steuerbücher stattfand, teilte der damalige Grundbuchrichter jenen Restbestand nach den dort geführten Katasterparzellen so ein, wie es jetzt dasteht. — Die unter IV stehenden Parzellen waren ein Teil des einheitlichen Anspännergutes Nr. 9. Sie wurden zusammen von Schaufler 1896 erworben und auf Blatt 11 in dem nach Formular I geführten Grundbuche übertragen. Auch hier wurde durch selbständige Verfügung des Grundbuchrichters und ohne Antrag des Eigentümers in Übereinstimmung mit den Steuerbüchern die dermalige Zerteilung eingesetzt. — Die in Band III Artikel 38 aufgeführten Parzellen gehörten früher zu dem einheitlichen Gute in Großendorf Nr. 16. Sie waren in dem alten Grundbuche, vor der Zurückführung auf die Steuerbücher als *walzende Grundstücke* eingetragen und sind in dem späteren, nach Formular II geführten Grundbuche ebenso bezeichnet.

Es sind die in diesem Tatbestande genannten technischen Ausdrücke zu erläutern, und ist danach die vorhin gestellte Frage mit Gründen zu beantworten. — Vgl. preuß. GBO 4; 5; 13. — BGB 890. — GBO 2; 6. — ZVG 63. — VO. z. GBO 13 XI. 99: 2. — JM. 20. XI. 99: 3; 29.

VIII

1. Ist nachstehend der Antrag auf Eintragung begründet?

a) Es räumt A. dem B. im Sinne von BGB 1090 das Recht des Torfstichs ein. B. tritt sein Recht an C. ab. C. beantragt die Eintragung.

b) Von dem eingetragenen Eigentümer wird in mündlichem Vertrage einem Gläubiger eine Hypothek zu bestellen versprochen.

c) Ein Hauseigentümer hat einem Gläubiger notariell die Eintragung einer Hypothek bewilligt. Dann schreibt er an das

Gericht noch an dem gleichen Tage und widerruft die gegebene Zustimmung.

d) Als ein Kaufmann in Zahlungsschwierigkeiten kam, zog er noch Forderungen ein und bewilligte dem einen Schuldner bei der Zahlung am 25. November Löschung der Hypothek. Die Bewilligung wird sofort an das Gericht abgesendet. Am 26. November wird der Konkurs über den Kaufmann eröffnet. Am 27. November läuft die Löschungsbewilligung bei dem Amtsgericht ein.

2. A. hatte dem B. durch notariellen Vertrag ein Grundstück verkauft. B. reichte den Vertrag mit dem Antrag auf Umschreibung des Grundstückes auf seinen Namen beim Amtsgericht ein. Das Amtsgericht setzte Termin zur Auflassung an. Inzwischen war A. wegen Verschwendung entmündigt. Der Vormund des A. ließ das Grundstück dem C. auf; dieser wurde als Eigentümer eingetragen. B. verlangt, gestützt auf BGB 878; 894 die Zustimmung des C. zur Berichtigung des Grundbuches dahin, daß B. als Eigentümer eingetragen werde. Ist der Antrag begründet?

3. Die offene Handelsgesellschaft Dilling & Pramm in Vorstedt ist als Eigentümerin des Grundstückes 141/19 in Band VII Blatt 294 des dortigen Grundbuches eingetragen. Die Gesellschaft löst sich auf. Dabei verabreden die beiden Teilhaber, daß jenes Grundstück zur Hälfte an Dilling, zur anderen Hälfte an Pramm fallen solle, und stellen eine Grenze so fest, daß jeder immer den an seine anstoßenden Liegenschaften grenzenden Teil erhält. Wie ist diese Sache für das Grundbuch zu behandeln?

IX

1. S. bewilligte die Eintragung einer Hypothek auf sein Grundstück; der Gläubiger G. beantragte dieselbe. Nach Eingang des Antrags, aber vor der Eintragung ließ S. das Grundstück dem K. auf. Der Grundbuchrichter trug nun zunächst die Hypothek und sodann den Eigentumsübergang ein. K., der erst später von der fraglichen Hypothek erfuhr, klagte gegen G. auf Zustimmung zur Löschung. Mit Recht?

2. Der vermeintliche Erbe ist als Eigentümer des Grundstückes eingetragen worden und hat seinem Gläubiger eine Hypothek bewilligt. Dieser kennt den wahren Sachverhalt nicht. Er überträgt die Hypothek an jemanden, der es weiß, daß ein Dritter der Erbe ist. Rechtsfolgen?

3. Bruch hat auf sein Grundstück in N. für die dortige Sparkasse 9000 ℳ nebst Zinsen eintragen lassen; der Hypothekenbrief ist ihm aber, weil das bedungene Darlehn nicht gegeben wurde, von der Sparkasse zurückgeliefert worden. Bruch hat sodann die Hypothek dem Fridler übertragen, wobei diesem bekannt war, daß ein Darlehn darauf nicht gegeben war. Fridler hat die Hypothek wiederum dem Schippel, der den unterliegenden Tatbestand weiter nicht kannte, als Pfand zur Sicherung verschiedener Forderungen weitergegeben.

Nachmals wird das Grundstück des Bruch zwangsweise versteigert. Es fragt sich: ob Schippel den später, als die Sparkasse, eingetragenen Hypothekengläubigern vor- oder nachgeht?

4. Der Gutsbesitzer Schleicher hatte gegen die verwitwete Bergen, geborene Heß, eine Forderung von 5100 ℳ. Als ein gewisser Kaspar Heß, ein Oheim der Schuldnerin, gestorben und nach allgemeiner Annahme von der Bergen, als der nächsten Verwandten, beerbt worden war, ließ Schleicher, der ein vollstreckbares Urteil auf jene Summe erwirkt hatte, eine Sicherungshypothek auf dem hinterlassenen Hause des Kaspar Heß eintragen (ZPO 866).

Kurz darauf melden sich zwei Vettern des Verstorbenen, die Brüder Melchior und Balthasar Heß, und bringen ein Testament des Kaspar Heß vor, nach dem sie als Erben eingesetzt sind und der Bergen nur eine Summe von 3000 ℳ vermacht ist.

Konnen die beiden Brüder die Löschung jener Sicherungshypothek verlangen? Kommt etwas darauf an, ob die verwitwete Bergen als Eigentümerin eingetragen worden war? Wie stände es, wenn Schleicher nur eine Vormerkung hätte eintragen lassen?

5. Ist nachstehend die Eintragung einer Vormerkung oder eines Widerspruches zulässig?

a) Es hat G. von S. 500 ℳ Darlehn zu fordern. Er will durch Eintragung sich sichern, daß diese Summe später auch richtig bezahlt werde.

b) Der Eigentümer E. hat dem Käufer K. das Grundstück aufgelassen, und es ist danach Eintragung erfolgt. Bald darauf erklärt E. dem K., daß er die Auflassung anfechte, weil er zu ihr durch arglistige Täuschung bestimmt worden sei.

c) Ein Bauverein veräußert ein kleines Wohnhaus und behält sich ein Wiederkaufsrecht nach 99 Jahren vor.

d) Zvei Nachbarn streiten über die richtige Grenze zwischen ihren Grundstücken. Der eine beruft sich auf die im Grundbuche angegebene Größe der beiden Parzellen, die mit dem jetzigen Besitzstande stimmen. Der andere behauptet, daß es bei der Eintragung übersehen worden sei, sein Grundstück so von dem des Gegners abzuteilen, wie es nach dem notariellen Kaufe hätte geschehen müssen.

e) Auf Grund eines Vergleiches hat der eine Teil ein Grundstück nach 5 Jahren zu Eigentum zu beanspruchen. Er läßt das in Grundbuche eintragen. Dann erhebt der Bruder des jetzigen

Eigentümers gegen diesen Eintrag Protest, da er schon früher eine Forderung auf Eigentumsübertragung rechtsgültig erworben habe.

f) S. erbittet von der Bank B. ein Darlehn. B. trägt Bedenken, es zu geben, weil das Haus des S., das für das Darlehn verpfändet werden soll, schon mit einer Hypothek für G. belastet ist. S. überzeugt die B., daß er den G. dazu bewegen wird, auf seine erste Hypothek zu verzichten. In der Tat erlangt S. von G. dieses Versprechen für den Fall, daß dem S. eine in Aussicht stehende Erbschaft zufalle. B. läßt sich nun eine Hypothek an zweiter Stelle bewilligen, besteht aber darauf, daß sich S. schriftlich verpflichte, für diesen Fall die Hypothek löschen zu lassen.

6. Für A. war eine Vormerkung zur Erhaltung des Rechtes auf Auflassung eines auf den Namen des B. eingetragenen Grundstückes eingetragen. Ein Gläubiger des B. brachte wegen einer persönlichen Forderung das Grundstück zur Zwangsversteigerung. Es wurde dem C. zugeschlagen. In den Versteigerungsbedingungen ist über die Vormerkung nichts gesagt.

a) Welche Rechte hat A. vor dem Zuschlag? b) Nach dem Zuschlag? (ZVG 90; 91). c) An wen kann sich nötigenfalls der A. wegen Schadensersatzes halten?

7. In dem Grundbuche ist Peuß als Eigentümer eines Ackers eingetragen, der dem Weißen gehört. Letzterer steht vielmehr in der dritten Abteilung als Hypothekengläubiger mit 200 ℳ eingetragen. Jetzt erwirkt Kock ein vollstreckbares Urteil gegen Weißen und will gegen dessen unbewegliches Vermögen im Wege der Zwangsvollstreckung vorgehen. Dabei stellt sich jedoch heraus, daß Weißen vor einigen Monaten an Lüneborg *seine etwaigen Eigentumsansprüche an dem Acker* durch notariellen Vertrag abgetreten hat. Wie ist nun im Interesse der Klarstellung der Sachlage und der Durchführung von Urteil und Vertrag vorzugehen?

X

1. Welche Rechtsfolgen sind mit den kommenden Tatbeständen zu verknüpfen?

a) Die Gläubiger N. und O. und P. beantragen in dieser Reihenfolge an drei verschiedenen Tagen form- und sachgerecht Eintragung ihrer Hypothek. Am vierten Tage wird die Eintragung vorgenommen, aber durch Versehen des Grundbuchrichters in dieser Folge: P. — N. — O.

b) Ein Glaser-, ein Schlosser- und ein Malermeister gehen gemeinsam auf das Amtsgericht (für eine Gemeinde, in der RGes. v.

1. Juni 1909 über die Sicherung der Bauforderungen § 9 nicht eingreift) und beantragen jeder die Vormerkung zur Sicherung des Anspruches auf Einräumung einer Sicherungshypothek (BGB 648). Der Grundbuchrichter trägt sie noch an dem gleichen Tage in der angegebenen Reihenfolge als Nr. 1, 2, 3 in der dritten Abteilung ein.

c) S. nimmt von Z. Geld auf, um den an erster Stelle stehenden Gläubiger G. zu bezahlen. Hinter G. sind noch H. und J. als Hypothekengläubiger eingetragen. Zwischen S. und Z. war vereinbart, daß Z. an die Stelle des G. mit dessen Rang eingetragen werden soll. Statt dessen zahlt S. an G. und läßt dessen Hypothek einfach löschen. Nun beantragt Z. unter Vorlegung der genannten, notariell beurkundeten Abmachungen die Eintragung seiner Hypothek.

2. Der Gastwirt Popping hat von dem Bankier Helm ein Darlehn von 9000 ℳ mit 4 % Zinsen aufgenommen und dafür am 3. Februar eine Hypothek auf seinem Wohnhause eintragen lassen. Am 15. März räumt er seinem Schwager Klinkhart den Nießbrauch an jenem Grundstück ein, der an dem gleichen Tage in das Grundbuch eingetragen wird; dabei war bestimmt, daß aus den Mieten zuerst die Lasten und sodann die Hypothekenzinsen bezahlt werden sollen. Am 1. Dezember wird die Zwangsverwaltung über das erwähnte Haus eingeleitet. Nun entsteht die unter den Beteiligten streitige Frage: Wem die Mieterträge zuzuweisen sind? BGB 879; 1047; 1124.

3. In Abteilung III sind als Gläubiger eingetragen: 1. Röder mit 600 ℳ, 2. Oldenberg mit 400 ℳ, 3. Lüders mit 500 ℳ. Nun räumt Röder zuerst dem Oldenberg den Vorrang vor ihm, dem Röder, ein; und bald darauf ebenso dem Lüders. Bei der demnächst erfolgten Zwangsversteigerung werden bloß 800 ℳ erlöst. Wie sind diese zu verteilen? Was wäre die Folge, wenn Röder bloß dem Lüders den Vorrang eingeräumt hätte? Cf. l. 16 D. qui potiores in pignore vel hypotheca habeantur et de his qui in priorum creditorum locum succedunt (20, 4).

XI

1. Wem steht in den kommenden Fällen das Eigentum an dem betreffenden Gegenstande zu? Und welche rechtlichen Verhältnisse sind sonst unter den Beteiligten anzunehmen?

a) *Meine beiden Kinder sollen meine Erben sein, das Vermögen aber erst nach dem Tode meiner Ehefrau erhalten, welche bis dahin die unbeschränkte Nutznießung und Verfügung über meine Hinterlassenschaft haben soll.*

b) Ein alter Mann überträgt seinem nächsten Verwandten, in

dessen Hause er Unterkommen und Pflege gefunden hat, alle seine Habe, behält sich aber Zeit seines Lebens ausschließliche und freie Verwaltung und Nutzung vor.

c) A. schenkt dem B. zwei silberne Leuchter, die jedoch erst aus dem Nachlasse des A. an B. auszuliefern sind.

d) In Oberhessen bestand noch in dem 19. Jahrhundert die Mark Altenstadt, bereits in einer Urkunde vom Jahre 767, über eine Schenkung an das Kloster Lorsch, als *Altunstater marca* erwähnt; es waren vier Dörfer, die bezüglich eines Waldkomplexes von über 2000 Morgen und einer Weide, die mit 300 Stück Vieh hütbar war, in Gemeinschaft standen. Die Nutzungen kamen nach bestimmten Beschlüssen der Genossenschaft durch ihr Markgericht ausschließlich den einzelnen Mitgliedern der Markorte zu. — So war auf dem Märkergeding von 1703 beschlossen worden: Will einer bauen, so soll er dies dem Untermärker anzeigen; dieser soll dann die Baustelle einsehen, was an Holz dazu erfordert wird, spezifizieren und die Spezifikation dem Obermärkermeister zur Unterschrift vorlegen; hat dieser seine Genehmigung erteilt, *so soll der Untermärkermeister mit seinen Beigegebenen durch den Förster das bewilligte Holtz mit dem gewöhnlichen Markzeichen versehen, anweisen lassen, ... und soll auf andere Weise kein Holtz weder Bau- noch Brennholtz ausgegeben werden.* — Und in dem Protokoll des Märkergedinges *Actum Altstadt, den 1. Junny 1707* findet sich: Vermög Markbuchs *de Ao.* 1539 gehöre einem ackermann,[1] wan es Mastung[2] gibt noch soviel Vieh alß einem Einläufftigen, bei Außgebung des Holtzes aber zwen Wagen und 100 Wellen, dem Einläufftigen ein Wagen und 50 Wellen, dem zuwider aber werde an jetzo einem soviel gegeben, alß dem andern und dardurch der Walt ganz ruinirt. *Resolutum,* daß die bisherige *aequalitaet* mit Austheilung des Holtzes in Ansehung der *onerum,* so die Einläufftigen den andern gleich zu dragen hätten, mithin der Einläufftige dem vollen gleich gehalten werden sollte, die Beisassen[3] aber, so in

---

[1] D. h. einem Vollhufner. *Einläufftige* sind solche Märker, die keinen Ackerbau treiben.

[2] Wenn es Eicheln in den Markwaldungen gab, wurde je nach dem Erträgnis bestimmt, daß die Märker so und so viele Schweine in den Wald treiben durften, die dann von den Förstern zur Kontrolle eingebrannt wurden; war die Ernte eine so reichliche, daß mehr, als die in der Mark gezogenen Schweine davon ernährt werden konnten, so wurden noch Ausmärker gegen Vergütung zugelassen.

[3] Fremde, denen man in der Mark sich niederzulassen gestattete mit dem ausdrücklichen Bedinge, daß sie und ihre Nachkommen keine Nutzungsrechte anzusprechen hätten.

der Mark nicht gesessen, noch zu der Erhaltung was condribuiren, sollen davon gäntzlich ausgeschlossen und ihnen nichts gereichet werden.

2. Eine merkwürdige Gemeinde ist das Dorf Fort Mardyk bei Dünkirchen in Französisch-Flandern. Es wurde 1670 von Ludwig XIV. gegründet. Er schenkte vier picardischen Familien 1200 Quadratkilometer unter der Bedingung, daß sie und ihre Nachkommen den Seemansberuf ausüben und sich der Marinekonskription fügen. Jetzt sind dort etwa 1800 Einwohner. Die Hälfte der Ländereien wird verpachtet, und der Zins bildet das Gemeindeeinkommen. Die andere Hälfte dient dazu, jedem Einwohner bei seiner Verheiratung einen halben Quadratkilometer zu sichern, den er, wenn er will, verpachten, aber unter keinen Umständen veräußern oder abtreten darf.

Wer ist *Eigentümer?* Wäre eine solche Einrichtung bloß durch privaten Vertrag nach unserem bürgerlichen Rechte möglich?

3. Ein Grundeigentümer führte zur Erweiterung seines Hofraumes auf der Kirchbergödung Pl. Nr. 8 eine Mauer auf. Diese Ödung wird aber als gemeinsames Eigentum der Besitzer von Haus Nr. 4—10 in jenem Dorfe in Anspruch genommen; und es haben deshalb drei Hausbesitzer gegen jenen Bauenden auf Entfernung jener Mauer geklagt. Ist die Klage statthaft?

4. Von zwei Miterben eines Landgutes hat der eine seither in sehr dürftigen Verhältnissen gelebt, während der andere reich ist. Sie kommen nun in Streit über die Ausbesserung eines baufälligen Gewächshauses, das zur Unterbringung kostbarer exotischer Pflanzen und als prunkhafter Wintergarten eingerichtet war. Der erste will das kostspielige Gewächshaus eingehen lassen, während sein Genosse droht, daß er es ausbessern lassen und dies dann auf gemeinsame Rechnung stellen werde. Wenn nun der zweite sein Vorhaben ausführt: welches ist die Rechtsfolge?

5. Dem Begehren zweier Miteigentümer eines Hauses: es solle das Haus öffentlich feilgeboten und der Erlös geteilt werden, widersetzt sich der dritte Miteigentümer; er wolle seinen Anteil behalten, wenn die anderen den ihrigen verkaufen wollten, sei das ihre Sache. Jene verklagen ihn nun, mit dem angegebenen Antrage. Wie hat der Ausspruch des Gerichtes zu lauten?

XII

1. *In künftigen Zeiten wird, wie man hört, auf dem Erdball eitel Freude und Liebe sein. Die Menschheit wird . . . einhergehen, Palmzweige in der Hand, um dem letzten Haß und der letzten Bosheit Salz auf den Schwanz zu streuen und diese Nachtvögel* *für das große Museum der Zukunft auszustopfen. Bei solcher Jagd wird man finden, daß das letzte Nest der Unholde zwischen den Wänden zweier Nachbarhäuser hängt.*

Es mag sein, daß die launige Schilderung GUSTAV FREYTAGS damit etwas regelmäßig Begründetes getroffen hat. Für den Juristen erheben sich dabei aber allerhand Fragen. Wie ist es beispielsweise mit diesen Streitfällen zu halten?

a) Es ist streitig, ob eine belästigende Einwirkung unerheblich oder ungewöhnlich ist, und muß daher erwogen werden, wer die Beweislast trägt.

b) Der gleiche Zweifel erhebt sich bei einem Überbau über die Grenze, wenn der Nachbar bestreitet, daß ihm Vorsatz oder grobe Fahrlässigkeit zur Last falle.

c) In einem Dorfe war es seit langer Zeit üblich, die Dunggruben in den Gehöften so einzurichten, daß alle Grundstücke durch Geruch und Ausdunstung gleichmäßig beeinträchtigt wurden; und zwar in einer ganz erheblichen Weise. Jetzt wird ein neuer Pastor dort eingeführt, der sich über den Übelstand beschwert.

d) Ein Bergmann hatte sich ein kleines Haus gebaut, das durch Herüberfallen von Asche und Ruß aus der benachbarten Zeche sich als unbewohnbar erwies. Die Zeche erwiderte: das sei ganz natürlich; der Bergmann habe sich das selbst sagen können, denn die *Immission* hätte schon seit Bestehen der Zeche und lange vor dem Baue des fraglichen Hauses stattgefunden.

2. Kann in den folgenden Fällen ein Grundeigentümer wegen Verletzung seines Eigentums mit Fug klagend auftreten?

a) Durch die Kellerfenster der benachbarten Lichtgießerei und Seifensiederei wird ihm Rauch und Qualm zugeführt.

b) Aus den Kaminen der in einer nahen Straße befindlichen Fabrik kommt ihm belästigender Steinkohlenruß zu.

c) Ein Imker hat in seinem Garten 120 bevölkerte Bienenstöcke aufgestellt, deren Insassen nun mit großer Zahl in die Nachbargärten hinüberfliegen.

d) Ein Schuppen ist durch Funkenauswurf zweier Lokomotiven in Brand gesetzt, welche fünf Minuten vor Wahrnehmung des Feuers an jenem Schuppen in einer Entfernung von etwa 12 Meter in ganz gewöhnlicher Weise des Bahnbetriebes vorübergefahren sind.

e) Ein Luftschiff stürzt auf ein Grundstück und beschädigt dieses; — von einem Ballon wird Ballast ausgeworfen.

f) Die Grundbesitzer in Lichtenrade fühlen sich durch die Nähe der Berliner Rieselfelder empfindlich geschädigt. Der Berliner Magistrat kam den Beschwerdeführern entgegen, indem er einen

Schutzstreifen anlegen ließ. Letzterer bietet nun wohl gegen das Durchsickern der Abwässer, nicht aber gegen den üblen Geruch Schutz, der von dem Rieselland ausströmt. Auch behaupten die Lichtenrader, die Nähe des Rieselfeldes verunreinige ihr Trinkwasser.

g) Eine Witwe besaß außer einem Rotkehlchen und einer Lerche auch eine Grasmücke, durch deren Gesang eine gegenüber wohnende Frau sich belästigt fühlte. Der als Zeuge geladene Ehemann gab an, daß seine Frau durch den Gesang der Grasmücke derart nervös geworden sei, daß sie sechs Wochen in einer Heilanstalt hätte zubringen müssen, ohne indes Besserung zu finden.

h) Die Stadt Paris wurde einmal wegen ruhestörenden Lärmes verklagt. Und das kam so: Frau Muzart wohnte seit vielen Jahren in einer hübschen, ruhigen Straße. Da fiel es dem Gemeinderat ein, daß eine Schule gebaut werden müsse, und seine Wahl fiel auf das Haus neben Frau Muzarts Wohnung. Jetzt hatte diese viermal am Tage den Lärm und das Getrampel von 200 Jungen am Beginne und Ende der Schulzeit zu ertragen. Ja, am Sonntage vermietete die Stadt die Schulräume oft an Vereine, die dort teilweise stürmische Sitzungen abhielten. Auch fanden alsdann Schulakte, Preisverteilungen und dergleichen statt, die ebenfalls nicht sehr leise verliefen.

3. Welche Rechtsfolgen treten nachstehend ein?

a) Ein Bauherr hatte von einem Agenten ein Grundstück gekauft und dort ein Wohnhaus errichten lassen. Als es im Rohbau fertig war, stellte es sich heraus, daß das Haus auf dem unrichtigen Grundsück aufgebaut war.

b) Als ein Bau fertiggestellt war, entdeckt der Nachbar eines Tages, daß der Bau ein Meter weit über die Grenze hinausgebaut war, die nach der ihm zukommenden Dienstbarkeit von dem bauenden Eigentümer eingehalten werden soll.

c) Zwei Grundstücke gehören demselben Eigentümer. Er errichtet auf ihnen ein einheitliches Haus und verkauft dann das eine Grundstück einem Dritten.

4. Ist in folgenden Fällen eine Haftung der angegangenen Personen begründet?

a) Der Eigentümer eines Grundstückes, der durch Einziehung einer Straße die notwendige Verbindung mit einem öffentlichen Wege verloren hat, verlangt die Einräumung eines Notweges von dem Nießbraucher des benachbarten Grundstückes.

b) Der Pächter eines Obstgartens bei Königsberg hatte innerhalb des Rayons ohne die Genehmigung der Kommandantur der Festung einige kleine Baulichkeiten angelegt und wurde nach § 32 des Reichsgesetzes, betr. die Beschränkungen des Grundeigentums in der Umgebung von Festungen, vom 21. Dezember 1871 angeklagt.

c) Eine Gemeinde verklagte einen Landwirt, weil ihr Wegegrund einzustürzen drohe. Dies war dadurch herbeigeführt worden, daß der Vorbesitzer, von dem der Beklagte jenes Grundstück käuflich erworben, durch Vertiefung des Bodens dem Wege allen Halt entzogen hatte.

d) Der Eigentümer eines Grundstückes hatte das letztere an einen Restaurateur vermietet, der durch Veranstaltung von Gartenkonzerten und ähnlichen Vergnügungen die Ruhe der Nachbarschaft in so bedeutendem Maße störte, daß die Mieter der benachbarten Grundstücke ihren Hauswirten gegenüber Beschwerde führten und im Falle weiterer Störungen mit dem Rücktritt vom Vertrage drohten.

5. Auf einem hoch gelegenen Grundstücke hat infolge starker Regengüsse das wild ablaufende Wasser ohne Zutun des Eigentümers sich einen Graben gebildet, in welchem es in starker Strömung auf das unterhalb liegende Grundstück fließt und letzterem dadurch Schaden bringt, der nicht entstehen würde, wenn das Wasser sich nicht in jenem Graben sammelte, sondern in einzelnen Strömungen abflösse.

a) Ist der Eigentümer des unteren Grundstückes zu verlangen berechtigt, daß der Eigentümer des oberen den erwähnten Graben zuwerfe und dadurch dem Regenwasser seinen gewöhnlichen Abfluß verschaffe?

b) Würde es auf die rechtliche Entscheidung von Einfluß sein: wenn der oberhalb liegende Eigentümer im Interesse der Bewirtschaftung seines Grundstückes das bachweise Ablaufen des auf seinem Grund und Boden sich sammelnden Wassers durch Graben einer Furche bewirkt hätte?

c) Oder: wenn das betreffende Grundstück unterhalb einer öffentlichen Straße liegt und die Gemeinde, als Eigentümerin der Straße, diese pflastern und dabei eine Bodenerhöhung beseitigen läßt, welche sich quer über die Straße gezogen und die Besitzung des jetzt Geschädigten vor dem Zuströmen des Tagewassers geschützt hatte?

d) Oder: wenn der natürliche Ablauf des Regenwassers durch Veranstaltungen auf einem Grundstücke gehindert und geändert wird, welches sich eine Viertelstunde oberhalb befindet und durch die Besitzungen von fünf anderen Eigentümern von der geschädigten Parzelle getrennt ist?

6. In dem Dorfe Wendenstein läuft zwischen den Gehöften des Bergmannes Dürer und des Landwirtes Teutsch ein Zwischenraum von $1\frac{1}{4}$ Meter Breite. Die Nachbarn leben in Streit. Im Prozeßwege wird festgestellt, daß dem Dürer $\frac{1}{2}$ und dem Teutsch

³/₄ Meter von der Breite der Schlippe gehören. Diese Grenze wird abgemarkt und durch zwei umgeschlagene Nägel bezeichnet. — Jetzt errichtet Teutsch auf der Grenze eine zwei Meter hohe Planke. Dürer klagt auf deren Wegnahme, weil der ihm verbleibende Teil der Schlippe zum Gehen, zum Benutzen bei Reparaturen u. a. nicht mehr zu gebrauchen sei, was gegen BGB 921 und 922 verstoße. Teutsch erwidert, daß hier von einem Miteigentum ja keine Rede mehr sei; es sei der Winkel *pro diviso* abgeteilt, und er, Beklagter, habe nur sein Gehöft umfriedet. Dagegen meint der Anwalt des Dürer, daß das BGB die Rechte der Anlieger als *Nachbarrechte* konstruiere und nicht als *Miteigentum*, und daß danach die erhobene Klage begründet sei. Was der Vertreter des Beklagten bestreitet; mit dem Hinzufügen, daß BGB 921 nur von einer *Vermutung* spreche, die im jetzigen Falle durch die ergangene Grenzziehung sich erledigt habe. Wie ist zu entscheiden? — Vgl. auch EG 124; 181. — ALR I 8, 120—122; 139; 140; 141.

XIII

1. Allbekannt ist die Geschichte von der Windmühle bei Sanssouci, die der König dem Müller abkaufen wollte, weil sie ihm bei der Anlage des Parkes im Wege stand. Der eigensinnige Eigentümer wollte sie nicht hergeben. *Aber weißt du,* sprach nach der Überlieferung der König, *daß ich deine Mühle umsonst haben könnte, wenn ich wollte?* — *Ja,* antwortete der Müller, *wenn zu Berlin das Kammergericht nicht wäre!*

a) Unter welchen gesetzlichen Voraussetzungen würde heute die Mühle enteignet werden können? b) Welche Behörden und was für ein Verfahren kämen in Betracht? c) Wie steht es mit etwaigen Dienstbarkeiten, die auf der Mühle eingetragen sind? Wie mit Hypotheken, mit denen sie belastet ist? d) In welcher Weise würde Besitz und Eigentum übergehen?

2. Welche rechtlichen Bestimmungen kommen nachstehend zur Anwendung?

a) Auf einem Bahndamme werden Schwellen durch starken Regen losgespült. Die Verwaltung braucht schnelle Wiederbefestigung und nimmt von dem Nachbargrundstücke Erde und Kies.

b) Eine elektrische Straßenbahn ersucht die Hauseigentümer, ihr zu gestatten, an den Straßenseiten der Häuser Rosetten zum Befestigen der Querdrähte anzubringen. Die Besitzer gehen aber nur zum Teil auf das Ersuchen ein.

c) Gegen den Ausbau des Teltow-Kanals haben 25 Anwohner des Teltower Sees Einspruch erhoben. Während der Kreis Teltow den Wasserspiegel des Sees um etwa drei Meter senken und dessen Fläche erheblich verringern will, so fordern jene die Erhaltung des Sees in seinem natürlichen Umfange, als einen Bestandteil ihrer Grundstücke. Seither konnten sie in freier Weise rudern, segeln, angeln und Wasser für ihren Privatgebrauch aus dem See entnehmen. Letzteres war für den Restaurateur in Seehof gewiß höchst wertvoll und ebenso wichtig war das Recht eines Eigentümers, die Eisgewinnung zu verpachten, und das eines anderen, an und auf dem See Wasserwerke jeder Art und in beliebiger Ausdehnung anzulegen. Ein Fabrikbesitzer hatte das Recht erworben, *einen freien Seeblick zu haben,* den er sich durch Entfernung des Schilfrohres verschaffen durfte.

3. Als im August 1892 die Cholera in Hamburg ausbrach und vereinzelt auch andere Orte im Deutschen Reiche ergriff, wurde an den österreichischen Grenzstationen, besonders in Tetschen, das Gepäck der aus Deutschland kommenden Reisenden in der Weise behandelt, daß es in einen geschlossenen Raum verbracht und alsdann ein Dampfstrahl von der Lokomotive durch diesen geleitet wurde. Viele Gegenstände, namentlich alle Ledersachen, verdarben dabei vollständig. Auf Vorhalt von Reisenden erwiderten die Beamten, daß im öffentlichen Interesse das Privateigentum vernichtet werden dürfe. Ein auf jene Weise Geschädigter fragte bei einem Juristen an, ob dieses richtig stehe? Und ob er nicht wenigstens von den Beamten Entschädigung verlangen könne?

4. Ein Gutsbesitzer hatte für den Bau einer Eisenbahn vier Grundstücke abtreten müssen. Er forderte als Entschädigung 10000 ℳ, während die Bahn nur 8000 ℳ geben wollte. Der Kläger trat durch Benennung von Sachverständigen den Beweis für die Begründetheit der Höhe seiner Forderung an. Das Gericht vernahm den Experten und dieser legte in ausführlichem Gutachten dar, daß der Wert der enteigneten Grundstücke, besonders wegen dortiger Sandgruben und Tonlager allerdings 10000 ℳ betrage. Das Gericht hielt die Darlegungen des Sachverständigen aber nicht für zutreffend und setzte unter Erwägung der Verhandlungen im Verwaltungsstreitverfahren aus eigener freier Schätzung (ZPO 287) die zu gewährende Entschädigung auf 8500 ℳ fest. — Der Kläger ergreift Rechtsmittel dagegen. Er wirft dem Gerichte vor, einen unzutreffenden Satz angewandt zu haben. Es hätte nur nach ZPO 412 verfahren können. In dem vorliegenden Falle handele es sich gar nicht um Schadensersatz, wovon ZPO 287 spreche, sondern um die Höhe eines Kaufpreises. — Der Gegner führt aber dawider aus, daß dieses eine veraltete und unrichtige Konstruktion der Enteignung sei. Es sei allerdings aus öffentlichrechtlichen Gründen nur der Wert der enteigneten Grundstücke frei abzuschätzen. Wie ist zu erkennen?

XIV

1. Wie ist in folgenden Fällen zu verfahren, damit Eigentum an dem Grundstücke übergehe?

a) Der Verkäufer eines Hauses hat sich geweigert, die Auflassung vorzunehmen und ist auf die Klage des Käufers dazu rechtskräftig verurteilt worden.

b) Nach dem Abschlusse des Verkaufes ist der Veräußerer gestorben und von seinem einzigen Sohne beerbt worden.

c) In dem Grundbuche ist jemand als Eigentümer eingetragen, dem dieses Recht gar nicht zusteht; der wahre Eigentümer will das Grundstück veräußern.

d) Die Brauereidirektoren Lang und Heßler, Vorstand der Vereinsbrauerei Unterburg, A.-G. zu Unterburg, erscheinen am 3. Dezember vor dem Grundbuchrichter und tragen vor: Die Vereinsbrauerei habe in der Generalversammlung vom 19. Oktober beschlossen, zwei Grundstücke der beiden Direktoren anzukaufen. Sie legen eine Ausfertigung des notariellen Protokolls jener Versammlung vor und beantragen die Auflassung der Grundstücke auf die Aktiengesellschaft.

2. Die 18jährige Tochter eines wohlhabenden Bauern hatte sich mit einem Nachbarsohne verlobt. Unter Mitwirkung des Vaters der Braut errichten die Brautleute einen notariellen Ehevertrag (BGB 1432ff.), in dem sie für ihre künftige Ehe allgemeine Gütergemeinschaft festsetzen (BGB 1437f.). Von dem Paten des Mädchens wird diesem ein Feldgrundstück als Brautgabe zugesagt. Alle Beteiligten leben in Frieden und Freundschaft, möchten aber gerne die Eigentumsfragen baldigst geregelt sehen, womöglich ohne Zuziehung des Vormundschaftsgerichts (BGB 1812; 1821, 1: 2). Was hat da grundbuchamtlich zu geschehen?

3. Glaukus wendete sich zu Burbo und sagte: Mein guter Mann, dieses ist deine Sklavin, sie singt gut, sie ist geschickt in der Pflege der Blumen ... Willst du sie mir verkaufen? — Sie kostet mich 6 Sesterzien, jetzt ist sie 12 wert, sagte Stratonice. — Ihr sollt 20 haben; kommt sogleich zum Richter, und dann nehmt das Geld in meinem Hause in Empfang. — Ich würde das gute Mädchen nicht für 100 Sesterzien verkaufen, sagte Burbo weinerlich, wenn es nicht dem edlen Klodius zu Gefallen geschähe. — *An dabis?* sagte Glaukus in der gebräuchlichen Frage des Käufers an den Verkäufer. — *Dabitur!* erwiderte Burbo. (Aus Bulwer, Die letzten Tage von Pompeji.) — Ist nach heutigem Rechte eine entsprechende Formalität bei der Übereignung von Grundstücken vorgeschrieben? Ist *die Einigung*, von der unsere Gesetze reden, *ausdrücklich* vorzunehmen und formalistisch *zu erklären,* oder genügen Äußerungen der Parteien, aus denen man auf sie *mittelbar* *schließen* kann? Es kommen namentlich BGB 873; 925; GBO 20; 29 in Betracht. Die Gerichte waren über deren Bedeutung aber so verschiedener Meinung, daß schließlich nach GBO 79, 2 das RG in einer viel bemerkten Ausführung eingreifen mußte. Wie ist über die genannte Frage begründet zu befinden?

4. Zu einem Hause gehören Doppelfenster, die als Kastenfenster im Sommer abgenommen zu werden pflegen. Wie verhält es sich nachstehend mit dem Eigentum an ihnen?

a) Der Erwerber des Hauses erfährt erst zwischen der Auflassung und der Übergabe von dem Vorhandensein jener Fenster.

b) Die Fenster waren ausdrücklich mitveräußert, befinden sich aber zur Zeit der Auflassung bei einem Glasermeister, der sie ausgebessert hat und ein Pfandrecht an ihnen geltend macht (BGB 647).

c) Der Verkäufer des Hauses fällt in Konkurs, ehe das Haus aufgelassen ist. Er hatte aber das Haus dem Käufer schon übergeben. Nun stellt sich heraus, daß die genannten Fenster dem jetzigen Gemeinschuldner nur geliehen waren.

5. Nach Märkischem Provinzialrecht läuft keine Ersitzung irgendwelcher Art gegen Kirchen in bezug auf Grundstücke. Nun ist Herr von Karwitz als Eigentümer eines Ackers im Grundbuche eingetragen, der in der Tat der Kirche zu Wünstock gehört. Kann nun nicht doch vielleicht die Frage der Ersitzung nach jetzt geltendem Rechte (BGB 900; 927; EG 189, 3) in Betracht kommen?

6. Theodor Storm erzählt in seiner Novelle *Der Schimmelreiter,* wie in der Mitte des 18. Jahrhunderts an der friesischen Küste der junge Deichgraf Hauke Haien durch Anlegung eines noch heute stehenden Dammes dem Meere einen Landbezirk — *Koog* — abgewann, der seither als Vorland vor den Deichen den Fluten offen gestanden, jetzt aber treffliches Weide- und Kornland gesichert abgab. *Das Vorland gehörte hier der Gemeinde, ihren einzelnen Mitgliedern eine Zahl von Anteilen, je nach der Größe ihres Besitzes im Gemeindebezirk oder nach sonst zu Recht bestehender Erwerbung.* — Drei Jahre nach der Eindeichung aber *war die Zeit gekommen, die bisher nur idealen Anteile in wirkliche zu verwandeln und allen Teilnehmern ihre bestimmten Stücke für immer eigentümlich zuzusetzen.*

a) Von was für Rechtsverhältnissen ist hier die Rede? Welches ist ihre richtige Konstruktion? Was ist über die am Schlusse erwähnte Umänderung nach Voraussetzungen und Folgen zu bemerken?

b) In unserer Zeit werden die Landgewinnungs- und Befestigungsarbeiten an der Westküste Schleswigs energisch fortgesetzt. Es wird beabsichtigt, im Anschluß an den Hattstedter Deich vor dem Sophien-Magdalenen- und Desmercièreskoog einen neuen $4^3/_4$ Kilometer langen Deich zum Schutze des Vorlandes, das 430 Hektar groß ist, zu erbauen. Der neue Koog wird Piek, die Meed- und die Jacobshallig umfassen. Das Land stand seither nur zum kleineren Teile in Privateigentum und war im übrigen herrenlos. — Welche rechtliche Bedeutung hat dieses gegenüber dem vorhin berichteten Tatbestande?

c) Vor einiger Zeit wurden die Londoner Behörden darauf aufmerksam, daß im Norden der Stadt, in Hackney Street, zwei Häuser in ganz baufälligem Zustande sich befänden. Dabei stellte sich heraus, daß der Besitzer seit etwa zehn Jahren verschwunden ist, und niemand seinen Namen weiß. Grundbücher gibt es in England nicht. — Wie steht dieses zu den seitherigen Fällen unserer Frage? Und wie würde es nach unserem BGB und dem es ergänzenden Landesrecht (vgl. preuß. VO z. GBO v. 13. XI. 99: 16—20) zu behandeln sein?

XV

1. Wie steht es im folgenden mit dem Erwerbe des Eigentums?

a) Es sendet V. für Rechnung des K. Waren, die K. gekauft hatte, an den Spediteur S. am 7. November. Am 10. November überträgt K. seinen Anspruch auf jene Waren an den Q. Inzwischen hatte S. sie zur Weiterbeförderung an das Speditionsgeschäft von T. gegeben, der die Waren nun an die Adresse des K. zur Bahn liefert. Während die Sachen am Ankunftsorte lagern, depeschiert V. an S., daß er jene Waren dem K. nicht abliefern solle; ebenso S. dem T., und dieser der Güterexpedition am Orte des K.

b) Ein Farmer verkauft Schweine, die ihm in den Urwald entlaufen sind, an einen Erwerber, mit der Beredung, daß der letztere sich die Tiere selbst aufsuchen soll.

c) Mehrere Erben haben sich nach mancherlei Streit über die Teilung der Erbschaft endlich geeinigt. Der eine setzt das Ergebnis der Beredung in einem ausführlichen Schriftstücke auf, unterschreibt es und sendet es dem anderen Teile zu, um es auch zu unterzeichnen. Der tut es und behält die Urkunde.

2. X. hat eine von seinem Lieferanten Y. übersandte und von der Eisenbahn ihm abgelieferte Quantität Gummi angenommen, aber noch an demselben Tage dem Y. brieflich angezeigt, daß die Ware nicht vertragsmäßig sei, und er sie deshalb nicht empfangen wolle, vielmehr ihm, dem Y., zur Verfügung stelle. Y. gerät aber kurz darauf in Konkurs. Es fragt sich, ob X. oder die Konkursmasse jene Ware als Eigentum beanspruchen können?

3. Als in der Zeit vor Weihnachten viele Tausende von Tannenbäumen aus dem Harz in die Ferne gesandt wurden, entlieh ein

Fuhrmann aus Schierke von einem Landwirt in Elend zwei Pferde, um die übernommenen Fuhren rechtzeitig besorgen zu können. Der Knecht des Fuhrmannes verkaufte das eine Pferd an einen Händler, der ihm unterwegs begegnete und den Knecht für den Eigentümer hielt. Dieser erhielt eine Anzahlung und sollte das Tier dem Käufer in Wernigerode nach drei Tagen zuführen. Allein vorher trat der Landwirt, der von dem Handel erfahren hatte, dazwischen und nahm das Pferd zu sich zurück; weigerte auch dessen Herausgabe, als der Händler sich auf BGB 932 und 935 berief. Wie ist die Rechtslage?

Was wäre die Folge, wenn der Knecht das Pferd an einen Wirt — sonst in gleicher Weise, wie im vorstehenden Tatbestande — verpfändet, und der Gläubiger dann in gewohntem Verfahren es verkauft hätte? (BGB 1207.)

Wie wäre zu entscheiden, falls das Pferd für eine Schuld des Fuhrmannes von dem Gerichtsvollzieher gepfändet gewesen, und der Knecht nun Auftrag erhalten hatte, es heimlich an einen Dritten zu veräußern?

4. Der Fleischer Rauchfuß hatte einen Wagen mit Hund für 30 *M* an die Witwe Volkland verkauft, unter Vereinbarung wöchentlicher Abzahlungen von 3 *M*. Dann tat ihm der Handel leid. Als Frau Volkland 12 *M* bezahlt hatte, forderte er sofortige Zahlung des Restes oder Rückgabe von Wagen und Hund für 6 *M*. Als jene nicht darauf einging, holte Rauchfuß heimlich Wagen und Hund ab und verkaufte sie nochmals für 30 *M* an den Handelsmann Nates, der den Handwagen und das Tier vormals oft bei Rauchfuß gesehen hatte und von dem früheren Handel nichts wußte. Ist Nates Eigentümer der genannten Sachen geworden?

5. Der Reisende der Firma Wiegk kehrte eines Tages im Gasthofe zum *Weißen Hirsch* ein und stellte seinen Reisewagen dort ab. Am andern Tage ließ der Stellmacher Hanner den Wagen aus dem Gasthofe abholen und verweigerte später seine Herausgabe. Er habe den Wagen für den Kommis Tibbe, den früheren Reisenden des Wiegk, gefertigt und sich bis zur Zahlung das Eigentum vorbehalten. Tibbe habe aber trotzdem den Wagen an Wiegk weiter verkauft. Entscheidung?

6. Eine lehrreiche Geschichte bietet die Handlung in dem Fastnachtsspiel: *Der Kuhdieb* von Hans Sachs.

Zu einem Bauer kommt eines Abends ein Wegefahrer und bittet um ein Nachtquartier. Er bekommt es zugesagt; am andern Morgen wollen sie gemeinsam zur Stadt auf den Jahrmarkt ziehen. In der Nacht steht der Fremde auf, stiehlt dem Bauer eine Kuh und verbirgt sie im nahen Walde. Dann legt er sich wieder auf das Lager. Und am Tagesgrauen gehen sie zusammen ab; wobei der Dieb die Kuh aus dem Verstecke holt und dem etwas bedenklich dreinschauenden Bauern als sein, des Diebes, Eigentum vorstellt. Als sie in die Nähe der Stadt gekommen, spricht der Dieb: Höre, ich darf mich von früher her dort vor den Wächtern nicht zeigen. Verkaufe du doch meine Kuh. Du triffst mich im Wirtshause und bringst mir das Geld. — So geschieht es. Der Bauer verhandelt die Kuh an einen dritten Käufer für sechs Taler, — betrügt seinen Auftraggeber, indem er ihm bloß fünf Taler als angeblich vollen Erlös abliefert und erhält einen Taler als Vermittelungsgebühr. Der Kuhdieb aber sucht das Weite.

De iure evictionis et de mandatu quaesitum est — l. 49 D. mandati (17, 1). — Cf. l. 35 D. de ARD (41, 1).

XVI

1. Wie ist nachstehend die Zeit der Ersitzung zu berechnen?

a) Ein im Ersitzungsbesitze befindlicher Kanarienvogel entfliegt dem Erwerber am 1. Juli. Am 8. August wird er dem letzteren von einem redlichen Finder zurückgebracht.

b) Der redliche Besitzer einer gestohlenen Sache schenkt und übergibt sie am 15. Januar einem andern. Dabei wird ausgemacht, daß die Sache an den Schenker zurückfallen solle, falls er noch Kinder erhalte. Dies tritt am 1. Mai des nächsten Jahres ein. Am 20. Mai händigt der Beschenkte dem andern die Sache wieder aus.

c) Ein Student jagt seinen Pudel fort und will ihn nicht mehr haben. Er wußte nicht, daß er ihn bloß im Ersitzungsbesitze hatte. Nach einiger Zeit trifft er das Tier abends auf der Straße. Der Hund wedelt ihn an und wird von seinem früheren Herrn wieder mitgenommen.

d) Im vorigen Falle hat ein Dritter das aufgegebene Tier an sich genommen und dadurch in Ersitzungsbesitz erhalten.

2. Erst längere Zeit nach dem Tode des Q., als dessen Hinterlassenschaft längst von seinem nächsten Verwandten S. angenommen und in Besitz genommen war, fand sich ein Testament des Erblassers in welchem R. gültig als Erbe eingesetzt war.

a) Ist nicht S. inzwischen durch Ersitzung Erbe geworden?

b) Einen wertvollen alten Schrank hatte Q. schon neun Jahre lang im Ersitzungsbesitze gehabt: hatte ihn jetzt der S. ersessen?

c) Q. hatte verschiedenes Silberzeug zu seinen Lebzeiten von T. geliehen; S. hatte angenommen, daß es im Eigentume des Q. gestanden hatte. Wie verhält es sich hier mit der Ersitzung?

d) Wenn Q. ein Wilddieb war, der das Geweih eines von ihm gewilderten Hirsches aufbewahrte: kann dies S. oder R. ersitzen, wenn sie gutgläubig sind?

3. Der Käufer einer Sache war am 1. April, zwei Monate nach abgeschlossenem Kaufe, gestorben. Wenn nun die Kaufsache gar nicht im Eigentume des Verkäufers gestanden hätte, sondern ihrem Eigentümer gestohlen worden wäre: von wann ab würde eine Ersitzung laufen — vom Tage des Kaufes, oder der Übergabe an den Verstorbenen, oder der Antretung der Erbschaft, oder der etwa erst nachträglich an den Erben geschehenen Ablieferung der Sache? Auf wessen guten Glauben kommt es an?

4. Im Jahre 1839 erhob die Domkirche zu Cöln gegen den Großherzoglich hessischen Fiskus Klage auf Herausgabe einer Sammlung von Büchern und Manuskripten, 129 Bände begreifend; dieselben gehörten der Klägerin, seien aber während der französischen Revolution nach dem Kloster Weddinghausen im Herzogtum Westfalen (das bis 1803 zum Kurfürstentum Cöln gehört hatte, dann an den Landgrafen von Hessen-Darmstadt abgetreten und 1816 an Preußen übertragen wurde) geflüchtet und von dort 1815 dem Museum und der Hofbibliothek in Darmstadt einverleibt worden. Der Beklagte berief sich auf Ersitzung. Er gab an, daß er geglaubt habe, die fraglichen Manuskripte im Kloster Weddinghausen hätten diesem gehört und sonach bei dessen Einziehung dem hessischen Fiskus gebührt. Dagegen stellt die Klägerin das Vorhandensein des guten Glaubens bei dem Beklagten in Abrede.

Wenn der Fall nach dem BGB zu entscheiden wäre, so würde es sich fragen: a) In welcher Richtung kann hier die Frage des guten oder bösen Glaubens überhaupt aufgeworfen werden? b) Auf was für Personen, als Träger des *Glaubens,* kommt es an? c) Welcher der streitenden Parteien fällt die Beweislast zu?

XVII

1. Welchen Einfluß hat in den folgenden Fällen die Verbindung von Sachen, die verschiedenen Personen gehören, auf das Eigentum an jenen Sachen?

a) Eine Wagenladung Steinkohlen wird von den Leuten des Lieferanten irrig mit den Kohlen eines Dritten statt mit denen des Bestellers zusammengeschüttet.

b) Ein Kaufmann nimmt des Abends die Ladenkasse zu sich und wirft das auf dem Ladentische liegende Geld noch hinein; es hatte aber dem Lehrlinge gehört.

c) In einem gesellschaftlichen Kreise zeigt jemand eine seltene ausländische Goldmünze; ein anderer droht im Scherze, sie in eine auf dem Tische stehende Armenbüchse zu werfen, und sie fällt aus Ungeschick jenes wirklich hinein.

d) In einem Gasthofe erlaubt sich jemand den schlechten Spaß, die vor den Türen stehenden Stiefel am späten Abend durcheinander zu werfen.

e) Mehrere Holzhändler vereinigen am Oberlaufe des Flusses verschiedene ihnen jeweilig gehörige Baumstämme zu einem Flosse, das an der Mündung wieder zerlegt werden soll.

f) Mehrere ausgezogene Bienenschwärme verschiedener Eigentümer vereinigen sich beim Anlegen.

g) In einer Schulklasse war für die Schüler die gleiche Sorte von Stahlfedern angeordnet, und jedes Kind führte stets einige bei sich; ein Schüler mengt in der Pause die sämtlichen durcheinander.

h) Mehrere Blumenhändler setzen ihre Pflanzen zu einer großen schönen Gruppe zusammen; — später wird von einem derselben auf eine ihm gemachte Bestellung aus abgeschnittenen Blumen jener Gruppe ein Kranz gewunden.

i) Von einem Bauplatze stehlen zwei Fuhrknechte einen Wagen Backsteine und verkaufen ihn an einen benachbarten Hauseigentümer, welcher die Steine bei der Aufführung eines Anbaues an seinem Hause verwendet.

2. Der Löwe von San Marco, das alte Wahrzeichen Venedigs, mußte im Jahre 1891 einer eingreifenden Reparatur unterzogen werden, wobei er von der roten Granitsäule der Piazetta herabgenommen wurde. Die Wiederherstellung des historischen Löwen erwies sich jedoch als ein hartes Stück Arbeit, weil die Verschiedenartigkeit des antiken und des heutigen Metalles eine Verschmelzung hinderte. Der Ingenieur Luigi Vendrasca überwand nun diese Schwierigkeit dadurch, daß er von der innern Konstruktion des Löwen einen Abdruck nahm und nach diesem einen Bronzeguß von entsprechender Stärke anfertigen ließ, welcher, unterstützt von einem Metallgerüst, nun im Innern des kostbaren Tieres sitzt und es hoffentlich auf weitere Jahrhunderte hinaus dauerhaft macht.

Gesetzt nun aber, daß er dabei Metall erwarb, das gar nicht dem Verkäufer gehörte, wie würde dann der geschädigte Eigentümer jener Bronze rechtlich vorgehen können?

3. Einen merkwürdigen Prozeß hatte vor kurzem Sarah Bernhardt zu führen. Es handelte sich um das Zepter der Theodora, der byzantinischen Kaiserin in dem bekannten Stücke von Sardou. Das funkelte von Gold und Edelsteinen. Ein Löwenkopf aus Bergkristall, den ein feines Perlenhalsband umschlang, saß auf der Spitze des Herrscherstabes, dessen Handhabe mit Smaragden, Rubinen und Türkisen geschmückt war. Köpfe von Engeln und Dämonen glänzten längs des Stabes einziseliert.

Um dieses Zepter also klagte der Juwelier Foix gegen die Schauspielerin und Theaterdirektorin Sarah Bernhardt, die bei ihm für die Theodora-Ausstattung eine Reihe von Kleinodien bestellt hatte, die auf seiner Rechnung mit 33718 Franken angesetzt waren. Frau Sarah hatte hierauf 23150 Franken bezahlt, worauf Herr Foix das Zepter aus dem Theater wegholen ließ und es ihr immer nur abends beim Beginn der Vorstellung leihweise überließ, um es dann nach dem Fallen des Vorhanges wieder mit nach Hause zu nehmen. Dieses Hin- und Hertragen des Zepters wurde der nervösen Künstlerin aber bald langweilig und eines Abends warf sie den Boten des Juweliers, der Theodoras Herrscherstab wieder abholen wollte, in wenig fürstlicher Weise zum Theater hinaus. Sie fügte hinzu, daß sie eine Anzahl ihrer eigenen Perlen und Edelsteine zu dem Schmuck des Zepters hergegeben habe, so daß nach der von ihr geleisteten Bezahlung das Wertstück jetzt ihr gehöre.

Wie würde hierüber nach dem deutschen BGB zu befinden sein?

4. Was ist nachstehend über etwaige Eigentumsveränderungen zu bemerken? (Vgl. I § 18 Nr. 1—4.)

a) Im Dorfe Grugnay im Kanton Wallis erfolgte im Januar 1906 ein Erdrutsch, wobei gewaltige Massen mit einem Walde in das Tal stürzten. Die Bäume setzten sich zum Teil auf dem fremden Gebiete an und wuchsen dort weiter.

b) Zwischen den Dörfern Witzwort und Ulvesbüll hatte das schwarze Moor sich niedergelassen und weithin die fruchtbaren, fettig grauen Marschäcker bedeckt ... Das begriffen die Eiderstedter Bauern sofort, daß das angeschwemmte Moorstück eine Tatsache, und noch dazu eine sehr schlimme, nicht wegzuleugnende und noch weniger wegzuschaffende Tatsache sei, durch welche ihnen ein gut Teil ihrer besten Kornäcker verdorben und verloren gegangen. Darum, nachdem sie etliche Zeit die Köpfe geschüttelt hatten, fingen sie an zu murren und zu schelten. *Ihr Hungerleider, macht Euch mitsamt Euren Hundehütten und Eurem ganzen Moorlande von unserem Grund und Boden hinweg!* Im Namen der Dünenleute antwortete Tedje mit Sanftmut: *Liebe Brüder, wir haben keine Schuld an Eurem Schaden ... Wir sind des Glaubens, daß Gott selber auf Wellen uns getragen und hierher gebracht hat* ... Paulinus nahm das Schiedsamt an ... *So spreche ich nach Recht und Redlichkeit: Das Moorland ist diesen Dünenleuten vom Rungholter Rat zu Erb und Eigen gegeben worden, und sie sollen es für sich und ihre Nachfahren behalten, — die Marsch- und Kleierde aber, so an 30 Fuß darunterliegt, soll den Eiderfriesen, ohne alle Einrede, für ewige Zeiten gehören.* (Aus Dose, Vor der Sündflut: Erzählung von Rungholts Ende.)

5. Ein Bauer, der Fuhrwesen betreibt, hatte vor 6 Jahren von dem Kirchenvorstande einen Pfarracker gepachtet und darauf einen Pferdestall errichtet. Die Pachtzeit lief ab, und der Acker wurde an einen Dritten verpachtet. Der Bauer hatte nicht mehr darauf geboten, auch den Stall abgebrochen, aber dessen Pflaster sitzen lassen. — a) Wer ist nun Eigentümer der Steine? b) Darf sie die Pfarrei herausnehmen, sie verkaufen und den Mehrwert für sich behalten? Oder muß sie jenen Bauer um Erlaubnis angehen? ihm vielleicht eine Frist zur Entfernung bestimmen? c) Kann sie der frühere Pächter jetzt noch wegnehmen? Ohne oder mit Erlaubnis der Pfarrei? Auf welche Weise würde er jetzt noch das Eigentum erwerben? d) War eigentlich das Abbrechen des Pferdestalles durch den Bauer rechtlich zulässig gewesen?

6. Es hat ein Spitzenhändler einem Klöppelmädchen Zwirn und zugleich ein Muster gegeben, daß sie nach solchem und daraus Spitzen verarbeiten solle, welches sie auch getan, jedoch, nachdem ein Stück fertig gewesen, dasselbe an ihre Muhme die Arethuse verkaufet, und es wird: Ob der Spitzenhändler, ohne das Klöppelmädchen zu belangen, gedachtes Stücke Spitzen von Arethusen zu vindizieren berechtigt sei? gesetzmäßiger Unterricht begehret. (Aus Hommel, Rhapsodia quaestionum in foro quotidie obvenientium nec tamen legibus decisarum.)

7. Ein Tischlergeselle hatte eine aus drei Räumen bestehende Wohnung inne. Er bezahlte den Zins nicht, bekam gekündigt und wurde auf Räumung verklagt. Als der Vollstreckungsbeamte kam, sah er zu seinem Erstaunen, daß in der Stube, Kammer und Küche die Fußbodendielen, die der Hauswirt im vergangenen Sommer neu hatte legen lassen, fehlten. Der Mieter gestand, daß er, von bitterer Not getrieben, die noch gut erhaltenen Dielen zu Schemeln und Fußbänken verarbeitet und die gefertigten Waren verkauft habe. Wie steht es hier mit dem Eigentume?

8. Des Ruprechts Hahn hat seines Nachbars weiße Henne betreten, die darauf ein Ei gelegt, dasselbe hat der Nachbar seines Schwagers schwarzer Henne auszubrüten untergelegt, ist auch von ihr ausgebrütet und erzogen worden. Als nun das ausgebrütete Hühnlein zu seinen mannbaren Jahren gekommen, will dasselbe sowohl der Ruprecht, als auch der Nachbar und der Schwager haben. (Aus Abele, Metamorphosis telae iudiciariae, das ist: Seltsame Gerichtshändel.) Was ist Rechtens?

9. A. verkauft dem B. eine Drehorgel für 300 ℳ und behält sich bis zur Abtragung des Kaufpreises das Eigentum vor. Die Orgel wird schlecht; und B. gibt sie einem andern Musikanten, dem C., zum Umarbeiten. Dieser setzt eine Walze ein, vergrößert den Kasten, bringt ein neues Register an, kurz stellt das Instrument neu her; liefert es dann an B. für 415 ℳ wieder ab und behält sich gleichfalls das Eigentum vor, bis seine Forderung befriedigt sei. Nach kurzem fällt B. in Konkurs. A. und C. treten als Aussonderungsberechtigte auf.

a) Hat einer von ihnen, und wer, Aussicht durchzudringen?

b) Steht vielleicht einem von ihnen gegen den andern ein Anspruch auf Schadensersatz oder Herausgabe der Bereicherung zu?

XVIII

1. Wie steht es mit dem Eigentumserwerb an diesen neu entstehenden Sachen?

a) Eine Porzellanfabrik hatte sich ein Vorkaufsrecht auf ein Grundstück mit Porzellanerde vertragsmäßig gesichert; das Recht war in das Grundbuch eingetragen. Jetzt hebt der Eigentümer Erde aus und verkauft und übergibt sie an eine andere Fabrik.

b) An einem Garten bestand ein Erbbaurecht (BGB 1013). Im Spätsommer steigen Diebe ein und stehlen Obst.

c) Im Grundbuche ist an einem Hause ein Nießbrauch für den Bruder des Eigentümers eingetragen. Das Haus stürzt ein.

d) Den Bauernhöfen eines Dorfes steht das dingliche Recht zu, aus der herrschaftlichen Waldung Bau- und Brennholz in bestimmter Art und Menge zu beziehen (BGB 1105).

e) Der im Grundbuche eingetragene Eigentümer einer Sandgrube veräußert diese formgerecht. Der Erwerber nutzt die Grube. Dann stirbt er, und sein Erbe setzt die Nutzung fort, obgleich er inzwischen erfahren hat, daß der Veräußerer zur Zeit der Veräußerung geisteskrank gewesen war.

2. In einer Gesellschaft von Jägern bewundert der eine die Hündin eines andern. Dieser verspricht ihm, von dem zu erwartenden Wurfe ein Tier verkäuflich zu überlassen. Wann erwirbt der Liebhaber das Eigentum an dem später geworfenen Jungen?

Steht dem der Fall gleich: da ein Gartenbesitzer einem Rosenfreunde gestattet, zur Sommerszeit sich täglich einen Strauß blühender Rosen aus dem Garten zu holen?

Oder: falls der Pächter einer Domäne, zu der ein See gehört, diesen See zum Fischen und im Winter zur Eisgewinnung weiter verpachtet?

3. Der Viehhändler Höchster verkaufte im Frühjahre an den Landwirt Maar eine trächtige Kuh zum Preise von 230 ℳ. Es sollten 100 ℳ bar, der Rest in bestimmten Teilen gezahlt werden. Bis zur völligen Bezahlung des Kaufpreises behielt sich Höchster das Eigentum vor. Im Juni kam das Kalb zur Welt. Im Dezember verendete die Kuh. — Maar geriet in zerrüttete Verhältnisse. Die von ihm geschuldeten Zahlungen blieben aus und waren nicht beizutreiben, da er nur das notdürftigste Mobiliar noch besaß, und das damalige Kalb, jetzt trächtiges Rind, das einzige Stück Vieh im Stalle war (ZPO 811: 3). — Nun klagt auch Höchster wegen seiner Forderung. Er beantragt zugleich, den Beklagten zu verurteilen: anzuerkennen, daß das im Juni geborene Kalb unter dem zu seiner Sicherheit vereinbarten Eigentumsvorbehalt stehe. — Beklagter bestreitet die Verhaftung des Rindes, da mit dem Zugrundegehen der Kuh die Sicherheit erloschen sei und sich nicht durch Rechtsnachfolge auf das Kalb übertragen habe. Vielmehr habe durch die Geburt des Kalbes die Kuh keine Veränderung als Sache erlitten, und nur für diese besondere Sache habe der Eigentumsvorbehalt bestanden. — Entscheidung?

XIX

1. Wird in den kommenden Fällen von dem die Sache sich Aneignenden an ihr Eigentumsrecht erworben?

a) B. hat eine von F. ihrem Eigentümer E. gestohlene Sache dem gutgläubigen Besitzer C. abgekauft. Nachmals gibt er sie auf. A. bemerkt dieses und eignet sich die Sache an.

b) Es findet jemand eine vom Eigentümer weggeworfene Sache und eignet sie sich, unter Verschweigung des Fundes, in dem Glauben an, daß der Eigentümer die Sache wider Willen verloren habe.

c) Jemand eignet sich eine verlorene Sache in der Meinung an, daß sie von ihrem bisherigen Eigentümer aufgegeben worden sei.

d) Ein Jäger in Graubünden erlegt einen Bären, als dieser gerade ein soeben geraubtes Schaf verspeisen wollte; er eignet sich mit dem Bären auch das Schaf an und läßt es zu Hause braten. (Cf. l. 44 D. de ARD. 41, 1.)

e) Eine Arbeiterfrau las sich aus den großen Kehrichthaufen, die die städtische Reinigungsanstalt draußen auf einem städtischen Grundstücke aufgeschichtet hatte, einen Sack voll Abfälle, namentlich Pferdemist, heraus, um ihn als Dung zu verkaufen.

2. Handelt es sich im folgenden um Aneignung herrenloser Sachen?

a) Mit einer Ausstellung war eine Lotterie verbunden; zu einigen ausgespielten Sachen meldeten sich die Gewinner nicht, die dafür festgesetzte Frist verstrich, und es eigneten sich verschiedene Angestellte die Sachen an.

b) Das Bürgermeisteramt von Fröschweiler machte bekannt, daß Waffenstücke aus den Kriegergräbern von der Schlacht am 6. August 1870, Münzen, Gewehrkugeln, Knöpfe usw. an bestimmtem Tage öffentlich versteigert werden sollten.

c) Im Jahre 1907 verunglückte das französische Luftschiff *Patrie*. Einzelne Teile fielen in Schottland zur Erde, es wurde aber fraglich, wem der Ballon, der keine Besatzung an Bord hatte, eigentlich gehörte, falls er im Meere gefunden würde.

3. Sind in nachbenannten Lagen die Tiere herrenlos geworden?

a) Aus einem zoologischen Garten entflog einmal ein Pelikan. Der große weiße Vogel wurde noch oft an den Ufern des nahen Flusses gesehen, wo er sich Fische fing. — Einem Geflügelhändler gingen eines Tages 1200 Gänse durch, die nachher noch zum Teil an und auf dem Flusse beobachtet wurden.

b) Sehr ergötzlich schildert Auerbach, *Der letzte Hofmops*, wie bei dem feierlichen Empfang des Landesfürsten im Bergstädtchen *Michel Mops* dem begrüßenden Amtmann bellend an die Brust springt, durch das Gedränge heulend davon rennt, über die Wiese hinab, dem Walde zu, dann nicht mehr gesehen und ohne Erfolg gesucht wird, weil er weit fortgelaufen und *ins Preußische* gekommen ist.

c) Von einem Rittergute entlief eine Kuh, die sich nun als wütendes Tier in der Umgegend herumtrieb.

d) Über Gordone di Sopra am Gardasee befand sich eine für den Vogelfang eingerichtete Hütte. In der Hütte hielt sich der Vogelfänger verborgen. Nahebei befanden sich in Käfigen mehrere abgerichtete Vögel, die durch ihren Gesang die freien, zu fangenden Vögel herbeilocken sollten. Solch ein Lockvogel kostet 15 Lire. Nun kamen auf ihrem Morgenspaziergange zwei deutsche Damen an das Vogelhaus. Als sie die gefangenen Vögel in den Käfigen sahen, glaubten sie durch die Befreiung der Vögel ein gutes Werk zu tun und öffneten die Käfige. Natürlich flogen die Vögel eiligst aus den Käfigen heraus.

e) Um zu erforschen, welche Wanderungen die Fische machen, hat die biologische Anstalt auf Helgoland eine Anzahl der verschiedenartigsten Seefische eingefangen und nach einer Kennzeichnung wieder ausgesetzt. Diese Zeichnung besteht aus einer aus Aluminium gearbeiteten kleinen Marke mit dem Zeichen *H. 02* und einer fortlaufenden Nummer und ist an einem Ringe befestigt, der durch den Rücken oberhalb der Schwanzflosse gezogen wurde. Das Institut hat alle Fischereivereinigungen der Nordsee von dieser Maßnahme in Kenntnis gesetzt und zwar mit der Bitte, beim Fangen solcher gekennzeichneten Fische den Fangort und die Zeit des Fanges genau zu notieren und der Anstalt sofort davon Mitteilung zu machen, worauf die Fische gegen Belohnung abgeholt werden sollen.

f) Auf dem Lido hatte sich einmal ohne Erlaubnis der Obrigkeit der Eigentümer eines zoologischen Museums niedergelassen. Sein Geschäft ging schlecht; und die Behörde verklagte ihn zudem noch wegen unerlaubter Besitzergreifung des Terrains. Daraus wurde ein Prozeß, den ein junger Anwalt in Venedig führte. Allein plötzlich machte sich der Eigentümer des Museums aus dem Staube und ließ die Schlüssel seiner Bude dem Verteidiger zurück, der die Tiere in Verwahrung nehmen sollte.

4. Ein Mietshaus in einer kleineren Stadt war längere Zeit sehr vernachlässigt worden und wurde nach dem Tode des letzten Besitzers einer durchgreifenden Ausbesserung unterzogen. Der damit betraute Baumeister vollführte dies, während die Mieter darin wohnten. Im dritten Stockwerke entdeckte er, daß unter einem hervorstehenden Balken der Mörtel sich gelöst hatte und eine Fuge entstanden war. Er gab einem Arbeiter Auftrag, die Dielen dieses Geschosses aufzuheben. Dabei stieß der Arbeiter auf einen Bienenschwarm, der sich unter dem Fußboden häuslich eingerichtet hatte. Die Bienen wurden vertrieben, und etwa 20 ℔ Honig dadurch erlangt. Wem kommt das Eigentum an dem Honig zu?

5. In der Gemarkung des Städtchens Halsbach wird Treibjagd gehalten. Ein flüchtiger Hase kommt die Wettingstraße herab. Er flüchtet in das Haus des Arztes Horstissel, rennt in seiner Angst die Treppe hinauf und stürzt aus dem offenen Treppenfenster in den gepflasterten und ummauerten Hof an der Hinterseite des Gebäudes, wo er tot liegen blieb. Horstissel bringt des Abends am Stammtische die Sache zur Sprache. Es erhebt sich eine Meinungsverschiedenheit darüber, ob Horstissel den Hasen behalten dürfe, oder ob er ihn dem Jagdpächter oder dem Fiskus oder der Stadtgemeinde abzuliefern verpflichtet sei. Einer der Anwesenden meint, das sei doch entschieden *Fallwild*, wenn ein Hase aus dem ersten Stocke herabstürze; — ein anderer glaubt gehört zu haben, daß man sich sogar das abgeworfene Geweih eines Hirsches, das man im Walde finde, nicht aneignen dürfe. Von einem Dritten wurde folgender Vorfall erzählt: Ein standesherrlicher Förster hatte von seinem Dienstherrn die Erlaubnis erhalten, in ordnungsgemäßer Weise in den ihm unterstellten Waldungen zu jagen; er sollte aber das erlegte Wild bei der gräflichen Kammerverwaltung abliefern. Dann hatte aber eines Tages der Förster einen Rehbock geschossen; ihn aber heimlich zu seinem Nutzen verkauft. Wie ist über diese Fragen zu erkennen?

6. Im vergangenen Sommer entflog ein Papagei seinem Käfig und hielt sich mehrere Tage, seine Freiheit genießend, auf den Bäumen eines Gartens auf. Endlich erbarmte sich ein Anwohner des hungernden Tieres, lockte es durch Füttern an sich und brachte es in einem Käfig unter. Um aber nicht in den Verdacht der Unterschlagung zu kommen, ließ er durch ein Inserat der Welt mitteilen, daß ihm ein Papagei zugeflogen sei und der Eigentümer den Vogel gegen Erstattung der Futterkosten in Empfang nehmen könnte. Das las die Polizei und forderte auf Grund von BGB 967 die Herausgabe des *gefundenen* Papageies. Da der Besitzer des Tieres die Herausgabe verweigerte, kam es zu einem Zivilprozesse. Wie war dieser begründetermaßen zu entscheiden?

7. Wie sind auf die kommenden Tatbestände die Vorschriften des BGB über *Fund* anzuwenden?

a) Vor nicht langer Zeit machte der Rektor einer deutschen Universität bekannt, daß sich in Verwahrung der Universität eine seidene schwarz-rot-goldene Verbindungsfahne mit dem Doppeladler des alten Deutschen Reiches befindet. Die Akten der Universität geben keinen Aufschluß über die Herkunft der Fahne und die Veranlassung für die Universität, sie in Verwahrung zu nehmen.

b) Ein Kammerherr aus Potsdam hatte nach der Rückkehr von der Sommerreise einen in Berlin in einem Bankhause hinterlegten kostbaren Schmuck, der aus einem Diadem mit Aigrette sowie aus einem Kollier mit Brosche bestand, und ferner ein Paket Aktien im Werte von 14000 ℳ von dem Bankhause wieder abgeholt und zur Fahrt nach dem Potsdamer Bahnhof einen Straßenbahnwagen benutzt. Beim Verlassen des Wagens ließ er jedoch sowohl die Aktien, als auch das Etui mit dem Schmuck in dem Wagen liegen, dessen Schaffner die beiden Stücke der Straßenbahnverwaltung ablieferte.

c) Einem Fleischermeister wurde in der Nacht ein Pferd gestohlen. Um 8 Uhr morgens kam das Roß plötzlich führerlos die Straße heruntergejagt und trabte auf das Gehöft des Schlächtermeisters. Das Tier war mit einem vollständigen Geschirr versehen. Vermutlich hatte der Dieb das Pferd gleich einspannen wollen. Dieses lief aber davon und nahm den ihm wohlbekannten Weg nach dem Grundstück seines Herrn. Das Geschirr hat einen Wert von etwa 300 ℳ.

d) Bei Leerung eines zum Bezirk des Darmstädter Bahnhofspostamtes gehörigen Briefkastens wurde ein an die *Oberpostdirektion Darmstadt* gerichteter, unfrankierter Brief gefunden, der außer einigen Stücken Zeitungspapier zwei Tausendmarkscheine enthielt. Die Behörden, die die anonyme Sendung mit einem Postdiebstahl in Verbindung brachten, forschten nach dem Absender; doch waren alle Bemühungen ohne Erfolg.

e) Vor einiger Zeit sah ein Mann aus dem gallegischen Dorfe Bens, unweit der Stelle, wo der deutsche Dampfer *Salier* gesunken war, eine Leiche auf den Wellen treiben. Als er gewahrte, daß die Flut den toten Körper ans Land trieb, ergriff er ihn und schleppte ihn aufs Trockne. Das Erste, woran er sich nun machte, war, die Taschen des Ertrunkenen zu durchsuchen, in der Absicht, etwa vorhandene Wertsachen und Geld an sich bringen.

8. Wie ist es nachstehend mit dem Eigentume an den wieder entdeckten Gegenständen zu halten?

a) Ein Möbelhändler hatte auf einer öffentlichen Versteigerung ein altes Zylinderbureau gekauft und es als Schreibsekretär für seine geschäftlichen Notizen benutzt. Später entschloß er sich, das alte Möbel neu aufarbeiten zu lassen, um es dann noch an den Mann zu bringen. Er übergab es einem Tischlermeister, der einen Gesellen damit beauftragte, die notwendigen Ausbesserungen vorzunehmen. Hierbei stieß der Geselle auf ein Geheimfach, das er ohne Mühe öffnete. Darin fand er Wertpapiere, nämlich zwei Stück Berliner Stadtanleihe über 300 und 200 ℳ mit Zinsscheinen und Talons.

b) Der Hund des A. scharrt auf dem an B. verpachteten Grundstücke des C. in einem kürzlich erst durch D. gegrabenen Loche, stößt auf einen Lederbeutel mit ganz alten Münzen und läuft mit diesem fort. Unterwegs nimmt E. ihm denselben ab. — Nun machen die sämtlichen Genannten Anspruch auf den Schatz, und der Fiskus meldet sich auch noch dazu.

c) Ein merkwürdiger Fund wurde einmal im Kreise Westhavelland, unweit der Stadt Friesack, im Flußbette der Dosse gemacht. Bei dem niedrigen Wasserstande eines Jahres kam ein großer, eichener Kahn zum Vorschein, der den Franzosen während der Kriegsjahre am Anfange des vorigen Jahrhunderts zum Transport gedient hatte. Das Fahrzeug wurde 1813 von den Franzosen an der Wiesenbrücke bei Friedrichsbruch in den Grund gebohrt, damit es nicht den anrückenden preußischen und russischen Truppen in die Hände fiele. Es sind nun Anstalten getroffen, den Kahn völlig zu heben, damit man der vermutlich darin aufbewahrten Kriegskasse der Franzosen habhaft werde.

9. Vor einigen Jahren erregte in Juristenkreisen *die Perle in der Auster* als Gegenstand rechtlicher Zweifelsfragen ein ungewöhnliches Interesse. Es handelte sich um den einfachen Tatbestand, daß ein Herr mit einer Dame ein Weinrestaurant besucht und für seine Begleiterin ein Dutzend Austern bestellt. In der Schale der einen Auster findet die Dame eine Perle. Wie steht es hier mit Besitz und Eigentum?

Eine Köchin hatte für 7 ℳ eine Pute gekauft. Als sie bei der Zubereitung des Bratens zu Hause den Magen des Tieres öffnete, fand sie darin eine ziemlich große Perle, die in Gold gefaßt und von der Pute mit dem Futter verschluckt worden war. Steht dieser Fall dem zuerst angeführten rechtlich gleich?

XX

1. Von einem Gutsbesitzer wird ein Acker an den Nachbarn in formloser Beredung verkauft. Der Käufer bezahlt die Hälfte des Preises und erhält den Acker übergeben. Dann verzanken sie sich. Der Gutsbesitzer klagt auf Herausgabe des Ackers (BGB 985). Der Beklagte will zurückhalten, bis die Anzahlung ihm wieder gewährt sei. Er beruft sich auf BGB 986; wogegen der Kläger sagt, daß der andere Teil gar nicht ihm gegenüber *zum Besitze berechtigt* sei. Wer ist im Rechte?

2. Aus der Kathedrale von Ascoli wurde 1902 ein Meßgewand gestohlen, das ein wunderbares Werk der Webekunst aus dem 13. Jahrhundert war. Es zeigt, aus Goldfäden und Brokat kunstvoll gewirkt, die Bilder der Jungfrau mit dem Kinde, die Kreuzigung, das Haupt Christi und viele andere Figuren. Der Diebstahl wurde in raffinierter Weise von Leuten ausgeführt, die die Sache sich genau ausgedacht und den Kastellan betrunken gemacht hatten. Das Gewand kaufte der amerikanische Millionär Pierpont Morgan von einem Händler, der es auch schon durch Kauf an sich gebracht hatte. Er soll 40000 ℳ dafür bezahlt haben.

War Morgan verpflichtet, das Meßgewand herauszugeben? Wie verhält es sich mit dem Kaufpreis, den Verpackungs- und Frachtkosten, den Prämien für die Versicherung des kostbaren Gegenstandes, mit Auslagen für etwa nötige Ausbesserungen? Was wäre zu sagen, wenn jemand das gestohlene Gut gerade in der Absicht einlöste, um es der Kirche zu erhalten und zurückzugeben?

3. B. hat in gutem Glauben dem A. gehörige, diesem gestohlene Tauben gekauft; er weigert dem A. die Herausgabe. A. läßt ihm eine Klage zustellen: allein in der folgenden Nacht werden die Tauben durch ein Raubtier vernichtet, weil B. in unverantwortlich leichtsinniger Weise auf die Zugänge zum Schlage nicht acht gehabt hatte. Rechtsfolge?

Was wäre zu bemerken, falls die Tauben durch Nachlässigkeit des B. entwischt und zu C. geflogen wären, der ihre Herausgabe weigert?

4. Dem Unternehmer U. war in Aussicht gestellt, daß ihm die Herstellung eines Teiles des Nordostseekanals übertragen werden würde. Er errichtete deshalb an passender Stelle eine große Arbeiterbaracke. Später zerschlugen sich die Verhandlungen; und jene Strecke wurde dem Unternehmer W. übertragen. Dieser belegte die Baracke mit Arbeitern und benutzte sie auch anderweitig. U. klagt jetzt gegen W. auf *Herausgabe der Baracke, aller gezogenen Nutzungen und Schadensersatz.*

Inwieweit ist die Klage begründet: a) Wenn W. die Baracke in Besitz nahm, weil er sie für eine vom Eigentümer aufgegebene gehalten hat? b) Wenn er sie in Besitz nahm, obwohl er wußte, daß sie dem U. gehöre? c) Wenn er sie von einem Dritten, der sie in Besitz genommen hatte, gutgläubig gemietet hat.

5. Eine Gemeinde nahm den benachbarten Standesherrn, dessen Vertreter Steine aus dem ihr gehörigen Steinbruche genommen und veräußert hatten, auf Ersatz des Wertes der Steine in Anspruch. Der Beklagte wendete ein, die Klage sei nicht begründet, da er nur verbunden sei, der Gemeinde so viel Steine von gleicher Beschaffenheit zurückzugeben, als er genommen habe. Das Gericht erster Instanz hat den Beklagten nach dem Klagantrage verurteilt: Da die unversehrte Rückgabe, die die Gemeinde in erster Linie verlangen könne, nicht mehr möglich sei, so sei Anspruch auf Entschädigung in Geld begründet. Kann dem Beklagten zur Ergreifung eines Rechtsmittels geraten werden?

---

6. Kann in nachstehenden Fällen mit der Eigentumsfreiheitsklage erfolgreich vorgegangen werden?

a) Ein Gastwirt hat einen Garten gemietet und veranstaltet dort übermäßig lärmende Konzerte und Aufführungen. Die Mieter der Nachbarhäuser fühlen sich beschwert.

b) In einem Nachbarhause wird ein Bordell betrieben.

c) Ein Bauer war über die Wiese eines Nachbars seit längerem gefahren, wird aber jetzt von dem Nachbarn auf Unterlassung verklagt. Er beruft sich darauf, daß der von ihm benutzte Weg über die Wiese, soviel er nur wisse, ein öffentlicher Weg sei.

d) Vor einem Kaffeehause stellt auf dem Bürgersteige der Wirt Tische und Stühle auf, nachdem er sich vergewissert, daß die Polizei keinen Widerspruch erheben werde. Dann will die Stadt jene Benutzung der Straße nicht dulden, da sie den öffentlichen Verkehr hemme.

7. Der Zuckerfabrik Ersleben war die Konzession nach GO 26 unter der Bedingung erteilt worden, daß sie der Aller keine unreinen Substanzen zuführe. Sie führte dieser gleichwohl flockige Abwässer zu; die Flocken blieben an dem Mühlrade einer unten gelegenen Mühle hängen und erschwerten, ja verhinderten die Umdrehung. Der Müller wünscht zu wissen, ob er auf Einstellung des Betriebes oder nur auf Schadensersatz klagen kann?

Ähnlich scheinen folgende Fälle zu liegen: Nach Einrichtung der elektrischen Straßenbahn beschwert sich der Inhaber eines physikalischen Institutes, in dessen Nähe die Bahn vorbeifährt. Durch die Herstellung einer so nahen Stromleitung würden die wissenschaftlichen Beobachtungen im Institute beeinflußt, insbesondere wären alle Versuche, bei denen Magnet in Anwendung kommt, nicht mehr exakt möglich.

Auch über die elektrische Hochbahn sind Klagen von Berliner Hausbesitzern erhoben worden. Wegen des großen Geräusches der vorbeifahrenden Züge vermieteten sich die dortigen Wohnungen schlechter. Auch seien Verkäufe von Häusern schon gehindert worden, da die Käufer durch den Lärm abgeschreckt wurden.

Wie verhalten sich die aus diesen Tatbeständen entspringenden Rechtsfragen zueinander?

8. Dem Pianofortefabrikanten F. ist ein Klavier gestohlen worden. Später findet er es zufällig bei dem Referendar R. wieder, der es von einer Klavierhandlung H. gemietet hat. F. kann sein Eigentum nicht mehr nachweisen, wohl aber den früheren Besitz. Er will deshalb auf Grund von BGB 1007 vorgehen.

a) Kann F. den Referendar verklagen? b) Wie wird sich dieser am zweckmäßigsten verhalten? c) Kann F. sofort die H. verklagen? d) Ist es von Bedeutung, ob H. das Klavier gutgläubig von einem Dritten erworben hat? e) Wie sind die vorstehenden Fragen zu beantworten, wenn F. das Klavier verliehen und nicht zurückerhalten, der Entleiher es vielmehr verkauft hat?

XXI

1. Wie sind folgende Tatbestände juristisch zu konstruieren?

a) Der Großherzog von Hessen gewährt auf der ihm gehörigen Ludwigshöhe bei Darmstadt dem Alice-Frauen-Verein für Krankenpflege das Recht zur Errichtung und Unterhaltung einer Pflegerinnen-Heimstätte mit Hospital. Der Verein hat eine jährliche Abgabe von 10 ℳ zu zahlen. Das Recht erlischt nach Ablauf von 99 Jahren oder sobald die Gebäude nicht mehr jenen Zwecken dienen oder der Verein sich auflöst. Alsdann fallen die gerade vorhandenen Gebäude dem Großherzoge zur freien Verfügung zu.

b) Der Brocken ist Eigentum des Fürsten Stolberg-Wernigerode. Die fürstliche Verwaltung gab der Brockenbahn A.-G. den Grund und Boden unentgeltlich ab. Das Brockenhotel ist für 40000 ℳ jährlich einem Pächter übertragen. In Schierke wurde von der fürstlichen Kammer verschiedenes Land zum Hotelbau abgegeben, und zwar für 6000 bis 20000 ℳ Jahrespacht für den Morgen; die Pachten wurden meist auf 18 Jahre abgeschlossen.

c) Die Ruine der Moritzburg in Halle a. S. steht im Eigentume des Fiskus. Er hat sie der Stadt zu dauerndem Rechte überwiesen. Diese will sie im Innern ausbauen und die Sammlungen der städtischen Museen dorthin verlegen. Der Charakter als Ruine soll nach außen gewahrt bleiben.. Der eine Teil bleibt der Universität vorbehalten, und zwar sowohl die Magdalenenkapelle, als auch neu eingerichtete Turn- und Fechtsäle.

2. Zwischen Bendergasse und Saalgasse in Frankfurt a. M. befindet sich das Blöcksche Haus, dessen Keller weit in die Straße hineinragt. Die Stadt will den Keller entfernen und fordert die Anerkennung ihres Eigentumsrechtes. Sie sei Eigentümerin alles dessen, was über und unter der Straße liege. Auch sei nach der Frankfurter Reformation von 1578 die Anlage solcher Keller verboten. Der Beklagte wendet ein, der Keller sei schon längst vor der Reformation nachweislich vorhanden gewesen. Das BGB habe hierauf keinen Einfluß. Wie ist zu erkennen?

3. Es will jemand einer nahe befreundeten Person unentgeltliche Wohnungsbefugnis in einigen Räumen seines Hauses zuwenden. Welche Rechtsverhältnisse stehen da zur Wahl? Und wie stellen sich die Rechtsfolgen bei den einzelnen?

4. Wenn X. letztwillig verordnet, daß zugunsten des Z. und seiner Erben *ein dingliches freies Wohnungs- und Nutzungsrecht an den beiden unteren Stockwerken des Xschen Hauses nebst allem zur Zeit des Todes darin befindlichen Mobiliar und Inventar* stattfinden solle: wie ist dieses rechtlich durchzuführen?

XXII

1. Welche juristischen Begriffe finden auf nachfolgende Tatbestände Anwendung?

a) Ein Landwirt hat sich einem Zichorienfabrikanten gegenüber vertragsweise verbindlich gemacht, einen Teil seiner Felder auf die Dauer von sechs Jahren mit Zichorienwurzeln zu bebauen und an jenen die Frucht abzuliefern.

b) Aus einem Hofe geht eine Rinne über den Nachbarhof, in der von dem erstern überflüssige Mistjauche abfließt. Der Eigentümer jenes behauptet, daß der Nachbar laut Vertrag verpflichtet sei, den Abfluß nicht zu hindern und die Rinne stets imstande und unverstopft zu halten.

c) Ein Müller hatte seinen Mühlgraben ausschöpfen und den Schlamm auf die anstoßende Wiese eines Dritten niederlegen lassen, mit der Behauptung, daß er auf Grund von Rechtsersitzung vor 1900 dazu befugt sei und es dem Wieseneigentümer obliege, den Schlamm wegzuschaffen.

d) Der Gutsbesitzer Voß schließt mit der Bahnverwaltung einen Vertrag, wonach ihm gestattet wird, sein Gut mit dem benachbarten Bahnhofe durch ein Gleis zu verbinden; und zwar so, daß ihm *ein dauernder Anschluß seines Kalkofengleises an der Station Wünschendorf gewährleistet wird.* Das Gleis liegt zum größten Teile auf Grund und Boden der Eisenbahn; und zu seiner Herstellung und Unterhaltung soll die Bahnverwaltung in bestimmter Weise Beihilfe leisten.

2. Sind folgende Abmachungen fähig, in das Grundbuch eingetragen zu werden?

a) Ein Krämer hat in einer Nebenstraße einen Laden zum Betriebe eines Grünwaren- und Vorkostgeschäftes gemietet. An der Ecke der Hauptstraße bringt er an einem Hause mit Bewilligung des Eigentümers ein Schild an, das auf sein Geschäft aufmerksam macht.

b) Jemand läßt sich das Recht einräumen, das von dem Dache des benachbarten Hauses abfließende Regenwasser mittels einer hierzu eingerichteten Rinne nach einem Behälter im eigenen Hause abzuleiten, um es hier zu eigenem Bedarfe zu benutzen; — oder das Recht, aus dem Brunnen des Nachbars mittels einer dort angebrachten Röhre Wasser nach seinem Gebiete zu leiten.

c) Es wird ein Graben angelegt, in dem Wasser aus einem öffentlichen Flusse abgeleitet wird, um zur Wiesenbewässerung und Benutzung für die Hauswirtschaft verwendet und nötigenfalls verbraucht zu werden. Der Graben durchläuft die Grundstücke verschiedener Eigentümer und mündet sodann wieder in den Fluß ein, aus dem er abgeleitet worden ist. Die Beteiligten verabreden, diese Sachlage dauernd so zu erhalten.

d) Ein Hauseigentümer verspricht dem ihm befreundeten Nachbar vertragsmäßig, daß er einen Dachvorsprung über seinem Anwesen dulden wolle, solange das überragende Haus im Besitze des Nachbars sich befinden werde.

e) M. schließt mit N. einen Vertrag ab, durch welchen ihm ein auf dem Gute des N. befindlicher Felsen zum Ausbrechen von Steinen auf unbestimmte Zeit und längstens auf einen Zeitraum von 20 Jahren gegen eine bar zu zahlende Summe von 400 ℳ und die Zusage einer bestimmten Menge von Bruchsteinen überlassen wird.

f) Der Käufer eines Hauses bedingt sich von dem Verkäufer, in dessen Händen zwei benachbarte Grundstücke verblieben sind, das Recht aus, Waren und andere Gegenstände, welche sich auf seinen, des Käufers, Haus- oder Geschäftsbedarf beziehen, und insbesondere die für seinen Geschäftsbetrieb erforderlichen Steinkohlen, über jene Grundstücke transportieren zu dürfen.

g) Ein Gutsbesitzer, dessen Felder von der Eisenbahn durchschnitten werden, verzichtet der Bahn gegenüber auf den Ersatz jeglichen Schadens, der ihm durch die Anlage und den Betrieb der Bahn erwachsen würde.

3. Dem Zauß steht ein Fahrtrecht über das Grundstück des Nelke zu, an dessen Grenzen Zäune mit Toren an den Wegen angebracht sind. Nelke klagt jetzt gegen Zauß, weil dieser die Tore stets offen ließe. Zauß beantragt Klagabweisung, da Nelke jetzt ein selbständiges Recht beanspruche, das aus dem Eigentum nicht folge, für das er aber einen Erwerbsgrund gar nicht angegeben habe; — wogegen Nelke anführt, daß ihm nicht zuzumuten sei, das Tor jedesmal hinter dem Zauß wieder zu schließen, da ihm infolge der Dienstbarkeit nur ein *pati*, nicht aber ein *facere*, eine die Ausübung der Dienstbarkeit erleichternde Handlung, obliege. Entscheidung?

4. Einem Juristen wird nachstehende Frage vorgelegt: Mein in einem Garten neuerbautes Haus steht durch einen von mir angekauften Weg mit einer gepflasterten Straße in Verbindung. Den Anliegern habe ich für sich und ihre Hausbewohner das Recht grundbuchamtlich gegeben, jenen Weg zu begehen und zu befahren. Es hat nun der eine Anlieger sein Grundstück, das nur durch meinen Weg erreichbar ist, geteilt verkauft; und es will der eine Käufer auf seinem Teile eine Fabrik, der zweite dagegen eine Privatschule anlegen. Die Frage ist: Kann ich auf Grund davon, daß die Fabrikarbeiter oder Schüler nicht *Hausbewohner* sind, ihnen die Benutzung meines Weges verbieten und dadurch die Erbauung der Fabrik oder der Schule verhindern?

5. Auf dem bei einer kleinen Stadt belegenen Schloßberge stehen die Ruinen eines Schlosses. Sie sind mit Anlagen umgeben, in denen sich auch ein Schießstand und eine Kegelbahn befinden. Zu den Anlagen führen ein Fuß- und ein Fahrweg. Der Schloßberg mit beiden Wegen steht im Eigentume einer Witwe, deren verstorbener Ehemann, ihr Erblasser, mit der Stadt vor 1900 einen Vertrag auf Benutzung des Schloßberges geschlossen hatte, des Inhaltes: daß die Ruinen und Anlagen mit dem Zugange über den Fußweg dem gesamten Publikum für ewige Zeiten zum Besuche und beliebigen Aufenthalte offen stehen sollen, und daß auch seitens des Publikums auf dem Grundstücke gesellige Belustigungen, insbesondere am Schießstande und auf der Kegelbahn, vorgenommen werden dürfen. Zugleich hat er sich für sich und seine Rechtsnachfolger verpflichtet, die Ruinen und Anlagen stets in dem bisherigen Stande zu erhalten. — Vor einiger Zeit verkaufte die Witwe den Schloßberg an einen Rentner. Zwischen diesem und der Stadt entsteht ein Streit, in welchem der jetzige Eigentümer die Möglichkeit eines derartigen Rechtsverhältnisses in Abrede stellt, während die Stadt ihrerseits noch eine Erweiterung ihrer Berechtigung behauptet, nämlich ein Recht auf Benutzung des Fahrweges, weil seit vielen Jahren das Publikum ihn unbeanstandet auch benutzt hat.

Es ist Gutachten mit Gründen abzugeben.

XXIII

1. Wie sind diese Tatbestände grundbuchamtlich zu behandeln?

a) Eine Gemeinde nimmt *für ihre ärmeren Ortsbürger* eine auf zwei Tage in der Woche beschränkte Leseholzgerechtigkeit in den Waldungen der dortigen Standesherrschaft in Anspruch.

b) Es finden sich in Deutschland nicht selten Landstädte oder Dörfer, durch deren Mitte die Staatsgrenze geht. Die so getrennten Gemeinden haben dann zuweilen ein Rathaus, das auf dem Grund und Boden der einen steht, zur gemeinsamen Benutzung in fester, dauernder Weise eingerichtet, dieses etwa auch nach einzelnen Räumen oder ganzen Stockwerken des Gebäudes abgegrenzt.

c) Für den X. ist auf der Wiese des Z. ein Fahrtrecht an beliebiger Stelle bestellt und im Grundbuche eingetragen. Jetzt schließen sie einen Vertrag: Der Z. solle für sein Grundstück das Recht haben, Gartenanlagen einzurichten und die Fahrt des X. auf einen schmalen Streifen zu beschränken.

2. Eine Baugesellschaft erwirbt ein großes Stück Land, um eine Villenkolonie darauf anzulegen. Sie entwirft ein Straßennetz, und will die Wege, Plätze, freien Anlagen selbst ausbauen. Die unbebauten Parzellen bietet sie öffentlich an Liebhaber zum Verkaufe an. Dabei will sie aber festhalten, daß die Bebauung nach gewissen einheitlichen Vorschriften geschieht: daß Vorgärten angelegt werden, die Gebäude als Landhäuser mit geringer Höhe auszuführen sind, störender Gewerbebetrieb unterlassen werden soll.

Es ist ein Gutachten darüber zu erstatten: Welche juristischen Mittel zur Erreichung jener allgemein vorschwebenden Absichten nach dem BGB zu Gebote stehen? Insbesondere ist zu prüfen: ob die abgegrenzten Baustellen untereinander und dem Straßennetze gegenüber dinglich belastet werden können? Ob dieses jetzt schon oder erst nach dem einen oder dem andern Verkaufe zulässig erscheint, und wie dabei im Grundbuche zu verfahren ist?

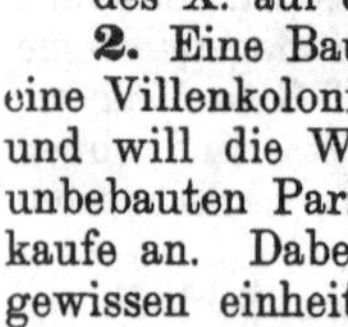

via publica.

3. B. hat über das Grundstück des A. von e bis f das Fahrtrecht. Da in der Richtung von a über c eine neue Fahrstraße angelegt wird, so verkauft er sein Recht an C., der nur auf dem an der Grenze von b und d laufenden Fußpfade an sein Grundstück gelangen kann. A. behauptet nun, daß damit das Fahrtrecht erloschen sei. Mit Recht? Wie wäre es, wenn B. sein Recht an C. nur vermietet hätte?

4. An dem Gute des Ameis bestand eine Wasserschöpf- und Bleichgerechtigkeit zugunsten des benachbarten *Eßhofes.* Das auf letzterem befindliche Wohngebäude ist von dem jetzigen Besitzer abgebrochen und ein anderes eine Strecke davon aufgeführt und dann an Ziegler verkauft worden. Der Ameis will aber jetzt die Ausübung jenes Rechtes durch Ziegler nicht dulden, weil das neue Haus fast vollständig auf einem zu dem Eßhofe nicht gehörigen Grundstücke stehe und nur etwa drei Meter weit auf das alte Gebiet des Eßhofes herüberrage. Entscheidung?

5. Es ist eine sichere *communis opinio* der heutigen Jurisprudenz, daß Landseen Gegenstände des Privateigentums sind, und die bekannten Sätze von der *alluvio,* wie dem *alveus derelictus* auf sie keine Anwendung finden (EG 65). Wenn der Spiegel eines Sees sich senkt, so kommt also das freigewordene Land entweder in das Eigentum des Seeeigentümers oder es wird, beim gänzlichen Fehlen eines solchen, einfach *res nullius.* Zweifelhafter kann es mit der folgenden Frage stehen: Einem Gutsbesitzer kam unbestrittenermaßen das Recht der Viehtränke in dem benachbarten Binnensee, der Schaf- und Zeugwäsche, sowie die Befugnis zu, am Ufer des Sees einen Kahn zu halten. Nun trat der See um zwei Meter zurück, und es entstand dadurch freies Vorland. Welchen Einfluß hat dies auf die erwähnten Berechtigungen?

6. Als ein baufälliges Hintergebäude abgerissen und an dessen Stelle ein neues Haus aufgeführt wurde, ließ der Bauherr in der Rückwand des Neubaues ebenso, wie es in dem abgebrochenen gewesen war, Fenster nach dem Hofe des Nachbars zu anbringen. Dieser gibt an, daß zwar dem abgerissenen Hause seinem Grundstücke gegenüber das Fensterrecht dinglich zugestanden habe, will sich aber nicht dazu verstehen, die Fenster in dem neuen Gebäude zu dulden. Muß er sie sich gefallen lassen?

7. Einem in Hamburg belegenen Hause stand eine *Fleetganggerechtigkeit* an dem an derselben Straße belegenen Grundstücke des Neelsen zu. Das herrschende Grundstück wurde von Feldmann gekauft, mit anderen ihm gehörenden Grundstücken zu einem einzigen verbunden und mit einem einheitlichen großen, *Dovenhof* benannten, Gebäude bebaut.

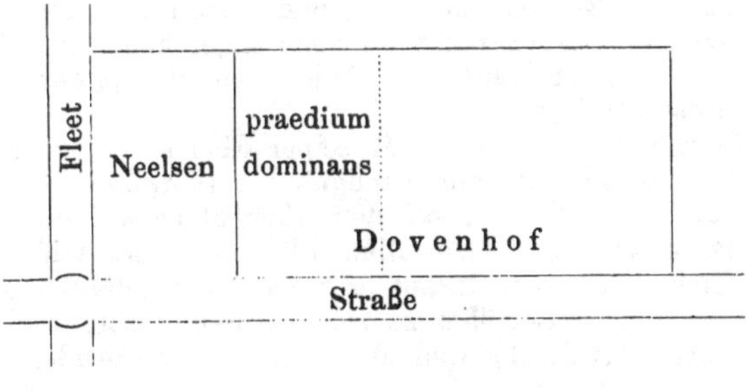

Es besteht seitdem Streit zwischen Feldmann und Neelsen über die erwähnte Dienstbarkeit. Neelsen behauptet ihr Erlöschen, weil das alte Gebäude untergegangen und überhaupt das herrschende Grundstück in seiner Eigenart vernichtet worden sei. Feldmann bestreitet dies und führt für sich an, daß er ja nur Anerkennung der Fortdauer seines Rechtes im seitherigen Umfange verlange, ohne es für den Dovenhof im ganzen ausüben zu wollen. Der Streitfall ist zu begutachten.

XXIV

1. Es hatten A. und B. gemeinschaftlich einen Einbruchsdiebstahl ausgeführt. Bei der Teilung des Raubes wurde dem A. eine Standuhr zugewiesen. Später ließ B. wegen einer Forderung an A. die Uhr pfänden und erstand sie bei der öffentlichen Versteigerung. Aus Furcht vor Entdeckung bestellte er dem X. den Nießbrauch an der Uhr und übergab sie ihm, jedoch ohne Mitteilung des Sachverhaltes. Jetzt klagt der Bestohlene gegen X. auf Herausgabe der Uhr. Kann sich X. auf seinen Nießbrauch berufen?

Wie wäre es, wenn ein mit jenem Diebstahl Unbekannter die Uhr bei der Versteigerung gekauft und demnächst zu Nießbrauch übergeben hätte?

2. R. läßt sich von S. den Nießbrauch eines Gartens für sich und seine Erben versprechen. Sein einziger Sohn T. stirbt vor ihm. Kann U., der Enkel des R., nach dem Tode des R. den Nießbrauch für sich beanspruchen?

Wie ist die Rechtslage, wenn S. durch Testament dem R. jenen Nießbrauch als Vermächtnis hinterlassen hätte?

Unmittelbar nach dem Tode des S. erfährt Z., ein Gläubiger des R., von dem oben genannten Vermächtnis. Kann er ein Recht des R. pfänden lassen?

3. Unter anderen Gegenständen hat jemand auch den Nießbrauch an einer Herde von 100 Stück Schafen letztwillig hinterlassen erhalten. Bei seinem Tode sind davon nur noch 20 vorhanden. Der Nießbraucher hat 20 neue angeschafft, und 70 junge Lämmer sind aus der Herde da. Wie steht es mit der Rückgabe der Herde an den Eigentümer?

4. George Rudolph, der mit seiner Ehefrau 18 Jahre in der Ehe gelebt und keine Kinder erzeuget, hat *in anno* 1738 das Unglück, daß ihn im Walde, bei dem Herrenholzmachen, ein abgehauener Buchbaum im Niederfallen mit einem Aste trifft, und am Kopfe tödlich verwundet, darauf er nach Hause gefahren wird und den Richter nebst 2 Schöffen zu sich berufen lässet, vor selbigen ein Testament errichtet, und darinnen seines Bruders Philipp

Rudolphs 2 Söhne zu Erben einsetzet, seiner Ehefrau aber den *usum fructum* von seinem Hintersiedlersgütchen *ad dies vitae* verordnet. Diesen *usum fructum* genießt dieselbe 5 Jahre lang, wird aber von einem Sachsen-Eisenachischen Soldaten in ihren alten Tagen gereizet, ihn zu heiraten, da sie denn den ihr geordneten *usum fructum* an ihre Schwester Anna, George Villmars Ehefrau, gegen etwas gewisses *ad dies vitae cedi*ren will, in welche Cession aber Philipp Rudolphs Söhne nicht gehehlen wollen, sondern bei dem Gerichte dagegen *protestando* einkommen, da denn die Frage entstund: Ob die Wittib Rudolph ihren *usum fructum* an ihre Schwester *cedi*ren könne? (Aus Theoph. Chr. Becker, Sammlung merkwürdiger Rechtsfälle.)

5. Nach dem Testamente eines verstorbenen Gutsbesitzers traten dessen zwei Kinder als Erben ein, während der Witwe der lebenslängliche Nießbrauch des hinterlassenen Gutes zugewiesen war. Nach einigen Jahren verheiratete sich die Witwe zum zweitenmal. Sie errichtete hierauf mit ihrem jetzigen Ehemanne einen Vertrag, in welchem sie ihm die Mitbenutzung und Mitbewirtschaftung des Nießbrauchsgutes verschrieb, während im übrigen Gütertrennung festgesetzt wurde. Später verzichtete sie den Kindern gegenüber durch notariellen Vertrag auf ihr Nießbrauchsrecht. Zwischen den beiden Kindern und ihrem Stiefvater brachen nicht lange danach Zwistigkeiten aus, die zu einer Klage jener gegen letztern auf Räumung des ihnen eigentümlich zustehenden Hofgutes führten. Der Beklagte machte geltend, daß ihm nach dem angeführten Vertrage das dingliche Recht zur Mitbenutzung des Hofes zustehe. Die Kläger aber bestritten, daß dieses der Fall sei, und führten noch an, daß der Beklagte durch schlechte Bewirtschaftung des Gutes — worüber nähere Tatsachen angegeben wurden — alles Nutzungsrecht verloren haben würde. Wie war zu entscheiden?

6. N. hat den Nießbrauch an einem Fischteiche auf dem Gute des A. Der Teich trocknet aus. A. will nun den Grund und Boden für sich bebauen, N. beansprucht die Nutzung für sich. Wer ist im besseren Rechte?

7. Unter den zu Nießbrauch gegebenen Gegenständen befinden sich 100 Zentner Weizen. Beim Tode des Nießbrauchers entsteht Streit zwischen seinen Erben und dem forderungsberechtigten Eigentümer, da der Preis des Weizens sehr gefallen war und der letztgenannte diese Differenz auch ersetzt verlangt. Wer hat Recht?

XXV

1. Nachdem der Abschnitt in BGB 1068—1084 durchgegangen ist, sind folgende Fragen zu beantworten: a) Kann ein Nießbrauch an einem Nießbrauche bestellt werden? b) An einer Grunddienstbarkeit? Wie, wenn der Eigentümer des mit dem Nießbrauche belasteten Grundstückes eine Grunddienstbarkeit für dieses Grundstück erwirbt? c) An einer Forderung auf *Schmerzensgeld* nach BGB 847? d) An der Forderung des Gesellschafters aus dem Gesellschaftsverhältnisse? e) An der Forderung des Vermieters gegen den Mieter auf Mietgeld? f) An der Forderung des Fabrikarbeiters auf Arbeitslohn?

2. V. hat seiner Ehefrau W. den Nießbrauch seines Kapitalvermögens vermacht; Erbe ist sein Bruder F., und zwar durch Erbfall vom 26. Juni. Das Kapital bestand aus vier Pfandbriefen der Hamburger Hypothekenbank zu je 5000 ℳ. Nun weigert aber F., die am 1. Juli fälligen halbjährlichen Zinsen mit 100 ℳ an W. zu geben, ihr überhaupt die Papiere zu liefern, weil sie noch nicht die gesetzliche Sicherheit geleistet habe.

a) Wenn W. diese nun nachträglich am 1. August leistet (auf welche Art und Weise?): was kann sie alsdann verlangen? b) Was ist die Folge, wenn nachmals einer jener Pfandbriefe ausgelost wird? c) Welchen Einfluß würde es haben, wenn späterhin ein Nachtrag zum Testamente sich fände, worin V. seiner Ehefrau die Sicherheitsleistung überhaupt erlassen hatte?

3. Wenn an einer Rentenforderung ein Nießbrauch begründet ist, was ist die Folge, wenn a) der Gläubiger dem Nießbraucher die Rentenforderung nachträglich abtritt? b) der Nießbraucher den Schuldner beerbt? c) eine Vereinigung durch Erbfall in den Personen des zur Rente Berechtigten und des sie Schuldenden vorkommt?

4. Es hat D. dem L. ein Gut auf 12 Jahre verpachtet. Nach einem Jahre räumt L. an dieser Pachtung dem U. lebenslänglichen Nießbrauch ein. Wie ist dieser Tatbestand juristisch zu konstruieren? Welches ist insbesondere das Verhältnis von L. und U. in Recht und Pflicht?

5. Ein ganz verschuldetes Ehepaar hatte von dem noch vorhandenen eingebrachten Vermögen der Ehefrau für seinen 19jährigen Sohn, der im benachbarten Orte Schneiderlehrling war, einen Acker gekauft, einen andern gepachtet und vier Gänse gekauft, und alle diese Gegenstände für jenen in Gewahrsam, Verwaltung und Nutzung behalten. Ein Gläubiger des Vaters ließ nun die noch ausstehenden Ernten des gekauften wie des gepachteten Ackers und die vier Gänse pfänden. (ZPO 814.) — Der Sohn erhob, vertreten durch den Vater, Klage, weil ihm an den gepfändeten Gegenständen das Eigentum zustehe. (ZPO 771.) Die Klage machte geltend, daß der Vater nur Nießbraucher und nicht Eigentümer wäre, weder der Grundstücke noch der Gänse noch der Ernten; wogegen der Beklagte behauptete, daß an den Gänsen zufolge des uneigentlichen Nießbrauches allerdings Eigentum bestände und der

Vater durch die Verwaltung und Nutzung der Äcker an den Früchten Eigentum erwürbe, so daß sie auch gegen ihn gepfändet werden könnten. Wie ist hierüber zu erkennen?

XXVI

1. Einer Witwe ist von ihrem verstorbenen Ehemanne der Nießbrauch an dem Handelsgeschäfte des Testators vermacht worden, während der Bruder des Verstorbenen dessen Erbe wird. In der Verfügung des Erblassers heißt es, daß die Nießbraucherin von jeder Sicherstellung befreit und zur Veräußerung aller beweglichen Gegenstände und Wertpapiere berechtigt sein solle.

a) Wer ist als Firmeninhaber in das Handelsregister einzutragen? b) Was ist als der dem Nießbrauche unterliegende Gegenstand aufzufassen? c) An wen können sich die Gläubiger des Verstorbenen halten? Kommt etwas darauf an, ob es Gläubiger aus dem Betriebe des jetzt fraglichen Handelsgeschäftes sind oder solche aus andern Schuldverhältnissen her? d) Was ist am Ende des Nießbrauches dem Eigentümer herausgegeben?

2. Es hat N. den Nießbrauch an dem Vermögen des E. Inwieweit und in welcher Art können folgende Gläubiger des E. gegen den N. mit Erfolg vorgehen: a) E. hatte ein Grundstück von V. gepachtet, der nun Pachtzins fordert? b) Die Pacht war von dem Vater des E. abgeschlossen worden, und es waren noch zwei Ziele zu berichtigen, die zu Lebzeiten des Vaters fällig geworden waren? c) Auf den E. war ein Pachtrecht seines Vaters als Verpächter übergegangen?

3. In dem Testamente eines Erblassers waren die Kinder des Privatmannes Dauer zu Erben eingesetzt. Ihre Mutter hatte den Nießbrauch und die freie Verwaltung des Vermögens erhalten. Jede Berechtigung des Vaters aber sollte völlig ausgeschlossen sein. Ein Gläubiger, der eine Schuld des Erblassers einklagen wollte, richtete diese Klage wider *die Ehefrau Dauer für sich und ihre Kinder.* Das Amtsgericht wies die Klage ab, *soweit sie gegen die Beklagte für ihre Person gerichtet ist,* dagegen verurteilte es die Beklagte *als Verwalterin des Vermögens ihrer Kinder* auf die Schuld. War dieses nach BGB 1085 ff. zutreffend geurteilt?

4. Die Witwe Gutermuth hat den Nießbrauch an dem Vermögen ihres verstorbenen Mannes, während ihren beiden Kindern das Eigentum zugefallen ist. Die Witwe verpachtet nach einiger Zeit einen Acker an Sparman auf 10 Jahre. Einer ihrer Gläubiger, namens Fuchskehl, erwirkt nicht lange nachher Pfändung des Pachtgeldes. Nach fünf Jahren wandert die Witwe nach Amerika aus, nachdem sie sich wieder verheiratet und auf ihren Nießbrauch verzichtet hat. Die Geschwister Gutermuth lassen zunächst das Pachtverhältnis ruhig weiter bestehen. Da sie aber dann gern das Grundstück selbst bewirtschaften wollen, so schließen sie nach Ablauf eines Jahres einen Vertrag mit Sparman, wonach sie ihm das Pachtgeld erlassen, und er in die Aufhebung der Pacht eingewilligt. — Nun verklagt Fuchskehl den Sparman auf Zahlung der Pachtgelder des letzten Jahres; er verweist besonders auf ZPO 832. Dagegen bestreitet Sparman, daß er im Hinblick auf den berichteten Sachverhalt zur Zahlung noch verpflichtet sei, und will den Kläger an die Geschwister Gutermuth verwiesen haben. Welche rechtliche Erwägungen kommen in Betracht; und wie ist nach solchen der vorliegende Rechtsstreit zu entscheiden?

XXVII

1. Sind folgende Rechtsverhältnisse zur Eintragung in das Grundbuch geeignet? Wie sind sie rechtlich zu bestimmen?

a) Bei dem Verkaufe eines Hauses übernehmen die Verkäufer für sich und ihre Besitznachfolger die Verpflichtung, in dem ihnen gehörigen Nachbarhause keine Spezereihandlung zu betreiben, sofern und solange in dem verkauften Hause selbst eine solche betrieben werde.

b) Zwischen einer Gasanstalt und der dortigen Stadt kommt ein Vertrag zustande, wonach die Gasanstalt im Bereiche der Stadtgemeinde unter Straßen der letzteren Röhren legen darf.

c) An die Westseite der neuen Reformschule am Savignyplatz grenzt ein schmaler, glatt verputzter Brandgiebel. Der Eigentümer des Giebels wollte ihn zu einer Reklamebemalung verwerten. Der Magistrat bot ihm darauf an: Die Stadt wolle den Giebel architektonisch verzieren, um das Bild des Schulhauses nicht zu stören; die Verzierung wäre in Ziegelverblendung und Bemalung auszuführen. Der Eigentümer ging darauf gegen eine einmalige Abfindung von 1000 ℳ ein.

d) Eine gemeinnützige Baugesellschaft mit juristischer Persönlichkeit veräußert ein von ihr errichtetes Haus und bedingt sich im Kaufvertrage aus, daß der Käufer in den nächsten 25 Jahren *nur an minderbemittelte Familien* vermieten dürfe, und daß *Schlaf- und Kostgänger* dort nicht gehalten werden sollen.

e) Es baut A. widerrechtlich an das Haus des B. so dicht heran, daß des B. Fenster verdunkelt werden. B. erklärt, daraus keine Rechte herleiten zu wollen, wenn A. sich verpflichte, den verbauten Fenstern gegenüber mehrere Quadratmeter Wand mit blendend weißer Farbe anzustreichen und dauernd in diesem Zustande zu erhalten. A. verspricht es.

2. Ein Ehepaar hatte ein ihm gemeinschaftliches Hausgrundstück vertragsweise abgetreten und als Gegenleistung eine bestimmte Summe Geldes sowie *die Benutzung des verkauften Hauses zur eigenen Wohnung* für die Lebensdauer der veräußernden Eheleute zugesichert erhalten. a) Welches Rechtsverhältnis ist hierdurch entstanden? b) Wie verhält sich dazu die Abrede eines Einsitzrechtes, für das *die Regeln der Miete* gelten sollen? c) Welche rechtliche Bedeutung hat der Brief, durch den König Ludwig II. dem Könige von Preußen das Mitbenutzungsrecht an der Burg von Nürnberg eingeräumt hat?

3. Der Architekt Burger ist im Grundbuche Band 123 Blatt 112 als Eigentümer des Wohnhauses Bachstraße 7 eingetragen. Auf diesem Grundstücke stehen in der dritten Abteilung unter Nr. 1 eine Hypothek von 8000 ℳ und unter Nr. 3 eine solche von 5000 ℳ für den dortigen Knappschaftsverein eingetragen. Der Eigentümer und der Hypothekengläubiger haben in einer Urkunde vom 2. Januar bewilligt und beantragt, daß bei diesen Posten im Grundbuche für den Knappschaftsverein das Recht eingetragen werde: *das Pfandgrundstück auf Verlangen jederzeit zwecks Feststellung seiner baulichen Beschaffenheit besichtigen zu dürfen.* — Das Grundbuchamt hat Bedenken, ob diese Eintragung zulässig ist. Es kommt dabei selbstverständlich auf Klarstellung der juristischen Art des begründeten Rechtes an. Wie ist hierüber zu befinden? BGB 1115; 1090; 100 (vgl. Mot. 3, 475).

XXVIII

1. Was für juristische Begriffe finden nachstehend Anwendung? Sind die Rechte zur Eintragung in das Grundbuch geeignet? Würden sie nach dem heute geltenden Rechte in Preußen gestattet sein? Können sie zwangsweise beseitigt werden?

BGB 1018; 1090; 1105. — EG 115. — Preuß. Ges. v. 2. März 1850, 91. — Preuß. AG z. BGB 30.

a) Von einem eigentümlichen Vertrage wird aus Luzern berichtet: Der Käufer des Heimwesens ist verpflichtet, dem Verkäufer alle Sonntage zum *Zobig* ein Butterbrot, 5 Zoll lang und eben so breit, zu geben, und zwar so, daß die Butter das Brot vollständig unsichtbar macht und an der obern Fläche des Brotes alle Löcher und Unebenheiten vollständig gedeckt werden.

b) Als Staßfurt zu Anfang des 19. Jahrhunderts noch zwei völlig getrennte Gemeinwesen bildete, nämlich die am rechten Bodeufer gelegene Stadt Staßfurt und das links liegende Dorf Alt-Staßfurt, war von der Kirchengemeinde des letzteren eine auf freier Vereinbarung mit den damaligen Hausbesitzern, 70 an der Zahl, begründete kirchliche Abgabe von 75 ₰ im Jahr eingeführt worden, die zu $^1/_3$ der Kirche zufiel, zu $^2/_3$ als Kantor-, Küster- und Organistengeld regelmäßig in den vier Quartalen des Jahres mit 25, 25, 13 und 12 ₰ eingezogen wurde und noch heute die Bezeichnung *Quartalsgeld* führt. Das Dorf Alt-Staßfurt besteht seit der Einverleibung in die Stadt Staßfurt überhaupt nicht mehr. Trotz dieser veränderten Gemeindeverhältnisse, sowie der anderweitigen Regelung der Gehaltsverhältnisse der kirchlichen Beamten der gegenwärtigen St. Petrigemeinde wird die kirchliche Abgabe von 75 ₰ auf jedes Haus nicht nur weiter erhoben, sondern diese Last auch auf jedes neugebaute Haus übertragen, so daß zurzeit 429 Hausbesitzer der Petrigemeinde auf diese Art abgabepflichtig geworden sind.

c) Die katholische Partei in Württemberg hat vor einiger Zeit den *Anzeiger vom Oberland* aufgekauft und mit dem klerikalen *Deutschen Volksblatt* verschmolzen. Bei dem Ankaufe mußte die ihn betreibende Gesellschaft auch das Haus, eine ehemalige Schönfärberei, übernehmen, in dem die Buchdruckerei sich befindet. Nun ruht aber auf diesem Gebäude laut Eintrag im Grundbuch als unlösbare Last die Verpflichtung, alljährlich im September die Kosten für einen Predigtgottesdienst über — einen Artikel des Augsburgischen Glaubensbekenntnisses nebst Gesang und Musik in genau bestimmtem Betrag zu bestreiten.

d) Der Käufer einer Gastwirtschaft verpflichtete im Kaufe sich und seine Rechtsnachfolger, während der nächsten 15 Jahre das Bier von der Brauerei des Verkäufers zu beziehen. *Diese Verpflichtung,* hieß es im Vertrage weiter, *soll als dingliche Belastung im Grundbuche vorgemerkt werden.*

2. Das weiße Roß von Berkshire. Bei dem Städtchen Reading im obern Themsegebiet liegt ein etwa 300 Meter hoher Kreidehügel, mit dichtem Grase bedeckt. In diesem Rasengrün erblickt man das schneeweiße Gestein des felsigen Untergrundes dicht unter dem Gipfel des Hügels bloßgelegt in der phantastischen Gestalt eines gewaltigen jagenden Pferdes: das ist das weiße Roß von Berkshire. Vor mehr als tausend Jahren wurde dies Wahrzeichen in den grünen Grund geschnitten — zum Andenken an die Entscheidungsschlacht, die der Angelsachsenkönig Alfred der Große 887 dort den Dänen lieferte. Von Zeit zu Zeit wird die Figur des weißen Rosses, dessen Länge nahezu 120 Meter beträgt, von den Flecken und Schäden befreit, die die Unbill des Wetters ihr zufügt. Nicht nur sind die umwohnenden Pächter dem Staate gegenüber zu diesen Reinigungsarbeiten verpflichtet, sondern auch der Gutsherr, auf dessen Grund und Boden sich das Roß befindet.

Alljährlich in der Mitte des September ziehen die Leute mit Hacke und Schaufel, Spaten und Besen herbei zu gemeinsamer Tätigkeit, bis das Roß wieder in der früheren Reinheit der Linien in schneeiger Weiße dasteht. Nach beendigter Arbeit finden Spiele und Volksbelustigungen und eine festliche Bewirtung durch den Gutsherrn statt. — Wie würden wir nach unseren Gesetzen diese Rechte und Pflichten benennen? Und was wäre über deren juristische Ausführung zu bemerken?

3. Die Gemeindeschmiede von Reinsdorf hatte nach einer Jahrhunderte alten Bestimmung jährlich 13 Schock Spindnägel den Grafen von Wildenfels zu liefern. Das ist seit 1836 nicht mehr geschehen. Jetzt macht das gräfliche Rentamt diese Forderung geltend und verlangt als Ersatz 3,25 ℳ für jedes Jahr, im ganzen also weit über 200 ℳ. Wie ist hierüber zu befinden?

4. Einem adligen Gute im Großherzogtum Oldenburg stand in dinglicher Art das Recht zu, von ehemaligen Gutsuntertänigen, die jetzt benachbarte Bauernstellen hatten, gewisse Gefälle zu beziehen; auch waren diese damit belastet, bei der Unterhaltung und Ausbesserung einiger Wege tatkräftig Hilfe zu leisten. Der letzte Besitzer jenes Gutes hatte drei Söhne. Er überwies dem ältesten das Hauptgut. Der zweite, ein Offizier, sollte die erwähnten Renten und Gefälle von den Bauernstellen beziehen. Der dritte endlich erhielt eine Abfindung in Kapital und bekam ein Vorwerk des Gutes zu Eigentum, mit allen auf diesen Teil sich beziehenden Rechten, also auch denen, die sich auf die Instandhaltung der das Vorwerk berührenden Wege erstrecken. Wie steht es mit der rechtlichen Möglichkeit dieser Anordnungen nach dem BGB?

XXIX

1. Rechtliche Konstruktion dieser Tatbestände?

a) Da sprach er zu dem Erben: Naemi, die vom Lande der Moabiter wiederkommen ist, bietet feil das Stück Felds, das unsers Bruders war, Elimelechs. — Darum gedachte ich's vor deine Ohren zu bringen und zu sagen: Willst du es beerben, so kaufe es vor den Bürgern und vor den Ältesten meines Volkes; willst du es aber nicht beerben, so sage mir's, daß ich's wisse; denn es ist kein Erbe, ohne du, und ich nach dir. Er sprach: Ich will's beerben.

(Ruth 4, 3 und 4; vgl. Leviticus 25, 25.)

b) Bei dem Verkaufe eines Hauses bedingt sich der Verkäufer aus, daß ihm für den Fall einer Weiterveräußerung des Grundstückes in den nächsten drei Jahren ein einzutragendes Recht des *Rückkaufes* zustehen solle.

c) Von Lettin nach Dölau wird eine Kreisstraße gebaut. Auf einem der deshalb enteigneten Äcker ruht seit langem die im Grundbuche eingetragene Last: daß die dort vorhandene Porzellanerde an niemanden sonst, als an die Königliche Porzellanmanufaktur in Berlin verkauft werden dürfe.

d) In den Satzungen einer Aktiengesellschaft findet sich die Bestimmung: Wenn ein Aktionär seine Aktie an einen Fremden veräußern will, so steht den übrigen Aktionären ein Vorkaufsrecht zu; es ist deshalb von der beabsichtigten Veräußerung und von dem Preise dem Aufsichtsrate Anzeige zu machen; eine dies nicht beachtende Veräußerung soll *der Gesellschaft gegenüber* wirkungslos sein.

2. In einem neuerlichen Rechtsstreite kam es auf diese Tatsachen an: Es hatte jemand von einer Stadt durch notariellen Vertrag ein Grundstück gekauft und dabei folgende Verpflichtungen übernommen: 1. Auf dem Grundstücke in den nächsten sechs Monaten ein näher beschriebenes Haus zu erbauen, bei Meidung einer Vertragsstrafe von 100 ℳ; 2. die ordnungsmäßig vorgeschriebene Entwässerung des Grundstückes auf seine Kosten zu besorgen; 3. den an der Straße gelegenen Teil nur in einer Entfernung von fünf Metern von dem Straßenrande an zu bebauen und jenen Streifen auf Verlangen der Stadt zur Verbreiterung der Straße gegen eine bestimmte Vergütung zurück zu überlassen. — Diese Beredungen sollten nach der Absicht der Parteien im Grundbuche eingetragen werden. Es fragte sich daher: wie sie zu charakterisieren sind, und ob ihre Eintragung zulässig ist?

3. L. 3 §§ 1, 2, 3 C. de emphyteutico iure (4, 66).

... *Disponimus attestationem domino transmitti et praedicere, quantum pretium ab alio re vera accipit. — Et si quidem dominus hoc dare maluerit et tantam praestare quantitatem, quantam ipsa veritate emphyteuta ab alio accipere potest, ipsum dominum omnimodo haec comparare: — Sin autem duorum mensuum spatium fuerit emensum et dominus hoc facere noluerit, licentia emphyteutae detur, ubi voluerit* ... [a. 530]

Wie verhalten sich die Bestimmungen dieses Gesetzes Justinians zu denen des BGB 1105—1112?

4. Bodstein verkauft seinen Bauernhof an Krasting für den Kaufpreis von 14000 ℳ. Der jüngere Bruder des Bodstein wird zugezogen und ihm grundbuchamtlich das Recht eingeräumt, nach Verlauf von zwei Jahren den Hof für denselben Preis und zu den nämlichen Bedingungen, unter denen er jetzt übergehe, von Krasting käuflich zu übernehmen. Nach einem Jahre veräußert Krasting ohne weiteres den Hof an den Ökonomen Allendorf.

a) Welche Rechtsverhältnisse und rechtliche Einzelfolgen daraus sind zwischen den genannten Personen begründet?

b) Krasting hatte bloß 1500 ℳ bar angezahlt und den Rest gestundet erhalten. Ist dieses von maßgeblicher Bedeutung für die Rechtsstellung des jüngeren Bodstein?

c) Wenn der jüngere Bruder nur das Recht erhalten hätte, zu den nämlichen Bedingungen einzutreten, die der neue Kaufliebhaber geboten: Gibt es eine Klage auf Mitteilung dieser Bedingungen?

d) Was ist zur Geltendmachung seines Rechtes von dem jüngeren Bodstein zu behaupten und zu beweisen? Wie steht es damit, wenn Krasting vorbringt, daß jener auf geeignete Mitteilung gar keine Antwort gegeben, Bodstein dagegen sagt, daß er seine Annahme zu den nötigen Bedingungen erklärt habe?

5. Hat Dorothea Ballhornin Christoph Seideln ein nebst ihrem Wohnhause gelegenes Haus verkauft, einen Teil des Hofraumes aber bei ihrem Wohnhause behalten, gleichwohl aber dem Käufer, im Falle dieser Platz an einen Fremden oder Dritten verkauft werden sollte, den Vorkauf versprochen. Da sie nun nachgehends ihr Wohnhaus samt diesem Hofraum an ihren Sohn Gottfried Schrötern verkauft, hat Seidel sich wegen des Vorkaufes sich nicht gemeldet. Nunmehr aber, da besagter Schröter das Haus weiter zu verkaufen gesinnet, gibt er sich an und verlangt den Vorkauf des obenbenannten Platzes. Entstehet also die Frage, ob sein Suchen diesfalls gegründet sei? (Aus Leyser, Meditationes ad pandectas.)

XXX

1. Wie sind die kommenden Fragen richtig zu behandeln und zu entscheiden?

a) In einem Bezirke von Hessen wird das Grundbuch neu angelegt. Die Gräflich Botesche Rentkammer beantragt, eine größere Anzahl von Grundstücken als Fideikommißgut des Gräflichen Hauses einzutragen. Diese Eigenschaft der Ländereien wurde festgestellt.

b) Ein Fideikommißbesitzer gerät mit den Agnaten in Streit, weil diese ein Aufsichtsrecht über die Verwaltung des Gutes beanspruchen. Dabei kam in erste Erörterung: An welchem Orte jener zu klagen habe — an seinem Wohnorte, an dem des Stifters, oder des jetzigen Geschlechtsältesten, oder im Bezirke des belegenen Gutes, oder bei jedem einzelnen Agnaten.

c) Von dem jetzigen Inhaber des Fideikommisses werden Schulden aufgenommen und zur Sicherheit für diese das Gut mit allen seinen Einkünften verpfändet. Darauf wird die Eintragung dieses Pfandrechtes in das Grundbuch beantragt.

d) Am letzten Tage des Juli stirbt der Inhaber des Fideikommisses.

Er hinterläßt eine Tochter. Sein jüngerer Bruder lebt noch. Die Tochter beansprucht die diesjährige Ernte mit den sonst noch vorhandenen Früchten, sowie die Pachtgelder bis zum Ende des Jahres.

2. Die Witwe des Domdechanten W. v. Z. hat in ihrem Testamente über ihren Nachlaß in der Weise bestimmt, daß 1. 1500000 ℳ einen unantastbaren Kapitalfonds bilden sollten, aus dessen Zinsen Erziehungsgelder, Stipendien und andere Unterstützungen an die Nachkommen ihres verstorbenen Bruders gezahlt werden sollen. 2. Der übrige Nachlaß sollte nach § 17 des Testamentes gleichfalls unangreifbar sein, und nur dessen Einkünfte von Jahr zu Jahr vollständig in halbjährigen Raten zu gleichen Hälften an die beiden Kinder des Bruders der Stifterin und weiterhin nach Majoratsrecht an deren Abkömmlinge zu beliebiger Verwendung ausgezahlt werden. Das Vermögen beider Stiftungen soll aber ein und derselbe Administrator verwalten. — Nach dem Tode der Stifterin entstanden Streitigkeiten über die richtige Auffassung jener Verfügungen und danach über die zur Genehmigung zuständige Behörde und über die Behandlung der hinterlassenen Vermögensmassen überhaupt.

Quellen: BGB 80ff. — EG 59; ALR 2, 4, u. preuß. Ges. v. 15. Febr. 40; Österr. BGB 618ff.; Bayr. Edikt (VII. Beil. zu II, 4 der bayr. Verf.-Urk.) v. 26. Mai 18; Sachs.-Weim. Ges. v. 22. April 33; Hannover. Ges. v. 13. April 36; Braunschweig. Ges. v. 20. Mai 58; Hessisches Ges. v. 13. Sept. 58; Sächs. GB 2527ff.

3. Seit Menschengedenken war in der Familie von Rodau die Auffassung verbreitet, daß durch einen Familienvertrag von 1764 ein Familienfideikommiß begründet worden sei. So war auch das Gut in einem alten Hypothekenbuche und zwar als *Familieneigentum derer von Rodau* eingetragen. Seit langen Zeiten ist dann weiter nichts gebucht worden. Im Jahre 1853 starb Gottlieb von Rodau, der Inhaber des Gutes, mit Hinterlassung einer Tochter. Das Gut nahm sein Bruder an sich. Von diesem ging es wiederholt durch Erbfall auf andere männliche Abkömmlinge über. Jetzt wird rechtskräftig entschieden, daß vormals ein Familienfideikommiß gar nicht begründet worden ist. Wer ist nun Eigentümer? Wie steht es mit der Möglichkeit einer Eigentumsklage gegen Dritte, — oder unter den Mitgliedern der Familie von Rodau?

XXXI

1. Welche juristischen Besonderheiten sind nachstehend gegeben? Was für begriffliche Eigenart weisen die einzelnen Tatbestände auf?

a) S. stellt dem G. einen Schein aus: *Ich verspreche hierdurch, dem G. 1000 ℳ zu zahlen und dies durch Hypothek sicherzustellen.* — Oder: *Ich erkenne an, aus verschiedenen Kaufgeschäften dem G. noch 3512 ℳ zu schulden; ich bewillige dafür ein Pfand auf meinem Hause in der Untergasse 17. Das Geld ist am 31. Dezember d. J. zu zahlen, mit 4½ % Zinsen und 100 ℳ Vertragsstrafe bei Säumigkeit.*

b) Ein Gutsbesitzer, dessen Tochter heiratet, verspricht ihr einen jährlichen Zuschuß von 1200 ℳ und will dieses als Vorbehaltsgut der jungen Frau (BGB 1369) sicherstellen und amtlich eintragen lassen.

c) In einer Stadt übernahm ein auswärtiger Gastwirt eine Schankwirtschaft. Zu den Stammgästen gehörte ein Herr, der von den Seinen etwas kurz gehalten wurde, so daß er mitunter nicht über die nötigen Barmittel zur Begleichung seiner Zeche verfügte. Dem neuen Wirte klagte der Stammgast, daß es daheim mit seiner Beköstigung schlecht stehe, und von Mitleid erfaßt ließ sich der Wirt auf das Haus des Gastes 7665 ℳ eintragen, aber nicht gegen Erlegung der ganzen Summe, sondern gegen Zahlung einer täglichen Rate von 1 ℳ, so daß nach 21 Jahren der Wirt dem Gaste die ganze Summe gezahlt hat.

d) Ein Großbauer teilte seinen Hof und bestimmte, daß der Empfänger der größeren Stelle eine Rentenschuld von jährlich 180 ℳ für den jedesmaligen Eigentümer des zweiten Gutes zu tragen habe.

2. Als Georg von Frundsberg 1528 starb, hinterließ er bedeutende Schulden. Er hatte sein Vermögen in den Dienst des Kaisers gestellt und für diesen Landsknechte auf eigene Kosten geworben. Um das zu können, hatte er sein Schloß zu Mindelheim und seine weiteren Besitzungen verpfänden müssen.

a) In welchen Formen würde er dieses nach heutigem Rechte machen können? Ist es von Bedeutung, wenn die Grundstücke in verschiedenen Amtsbezirken liegen? Können sie im einzelnen in abweichender Weise — als gewöhnliche Hypothek, als Sicherungshypothek usw. — und doch in einheitlicher Belastung verhaftet werden?

b) War der Anteil des Frundsberg an der Markgenossenschaft Mindelheim (vgl. III § 11, Nr. 1 d) verpfändbar?

c) Hätte Frundsberg seine Güter in der Weise für die zu zahlende Rente verpfänden können, daß die Verpfändung von dem Schuldner nicht — oder doch nicht während der Lebenszeit des Gläubigers — gekündigt werden dürfte?

d) Wenn sich unter den von Frundsberg verpfändeten Grundstücken solche seiner Frau befanden: wäre es rechtlich genügend gewesen, wenn letztere vor Gericht erklärt hätte, daß sie mit der Haftung ihrer Grundstücke *für die Schulden ihres Mannes* einverstanden sei?

3. Eine Eigentümergrundschuld soll in eine Hypothek für einen Dritten umgewandelt werden. Wie ist das zu denken? Was ist dazu nötig? Welche Antwort ist auf diese beiden Fragen zu geben, wenn eine Höchsthypothek in eine gewöhnliche Hypothek umgewandelt werden soll?

4. Es sind gegenwärtig noch viele *Kautionshypotheken* des preußischen Rechtes im Verkehr.

Quellen: ALR I 20, 14: *Soweit wegen künftiger Ansprüche Kaution gefordert und geleistet werden kann, soweit können dergleichen Ansprüche auch durch Pfand oder Hypothek sichergestellt werden.* EEG 24: *Wenn die Größe des Anspruches zur Zeit der Eintragung noch unbestimmt ist (Kautionshypotheken), so muß der höchste Betrag eingetragen werden, bis zu welchem das Grundstück haften soll.* — 64: *Der eingetragene Eigentümer ist berechtigt, auf Grund der Quittung oder Löschungsbewilligung die Post auf seinen Namen umschreiben zu lassen oder über sie zu verfügen.* — 67: *Die Vorschrift der §§ 63—66 finden auf Kautionshypotheken keine Anwendung.* — EG z. BGB 192. — Preuß. AG z. BGB 33 § 1.

a) Wie verhält sich jene frühere Rechtseinrichtung zu der Höchsthypothek des BGB? b) Was wird aus den vor dem 1. Januar 1900 begründeten Kautionshypotheken, deren Valuta vorher bezahlt war? c) Wenn eine Kautionshypothek für 40000 ℳ Baugelder eingetragen war, und es sind bloß 30000 ℳ von dem Eigentümer in Anspruch genommen: wie steht es mit den verbleibenden 10000 ℳ? d) Insbesondere: kann der Eigentümer über diese durch Abtretung verfügen? e) Eine Kautionshypothek ist zur Sicherugn von Ansprüchen aus Wechselverkehr mit 8000 ℳ eingetragen. Dahinter stehen zwei weitere Hypothekengläubiger. Jetzt beantragen die Beteiligten Umschreibung in eine gewöhnliche Hypothek von 8000 ℳ mit 4 % Zinsen vom 1. Januar des laufenden Jahres an. Ist das ohne weiteres zulässig? (Vgl. BGB 1190.)

5. Es gibt G. dem S. ein Darlehn von 4000 ℳ. Das Kapital soll mit 4½ % verzinst werden. Wenn der Schuldner mit einer Zinszahlung in Verzug geraten wird, so soll der Zinsfuß sich von da ab auf 6 % erhöhen. Ist eine solche Vereinbarung eintragungsfähig? Und welche Form der Hypothek muß hier gewählt werden? (BGB 1113; 1115; 1190.) — Wie steht es mit diesen Fragen, falls mit den Zinsen immer 1½ % des verbleibenden Kapitals als Tilgungsbeiträge geleistet werden sollen? (Vgl. BGB 197; 902.)

6. Im Grundbuche war eine Sicherungshypothek von 25000 ℳ für die Forderungen einer Kreditbank aus ihrer Geschäftsverbindung mit Clarus eingetragen. Jetzt überreicht ein Notar dem Grundbuchamte eine notarielle Urkunde, in welcher der Grundeigentümer Clarus erklärt, die Sicherungshypothek solle an zweiter Stelle auch der Witwe Kärger für ihre Forderung aus dem Geschäftsverkehre mit Clarus haften; während sie an erster Stelle der Kreditbank verhaftet bleibe. Clarus bewilligte und beantragte demgemäß die Eintragung in das Grundbuch, und die Kreditbank stimmte der Erklärung des Clarus zu. — Über die Zulässigkeit einer solchen Eintragung bestehen nun in der heutigen Jurisprudenz zwei entgegengesetzte Ansichten, deren Erörterung zur Klärung der hier fraglichen Rechtseinrichtungen dienen kann. Es ist besonders folgendes jeweils zur Erwägung zu stellen:

a) Von der die Zulässigkeit der Eintragung verwerfenden Ansicht wird vorgebracht, daß eine Hypothek mit ungewissem Berechtigten nicht denkbar sei; eine Hypothek, die bedingt für X. und Y. wirken soll, ermangle des Erfordernisses des im Gesetze (wo?) vorgeschriebenen bestimmt Berechtigten. — Dagegen meinen andere, daß durch die Eintragung eines Betrages als Höchstbetrag den Erfordernissen von BGB 1190 genügt sei, auch wenn die Sicherungshypothek für die Forderungen der beiden Gläubiger nacheinander haften soll. Auch sei die Zulässigkeit des oben gewünschten Eintrages durch Analogie aus BGB 1180 zu folgern.

b) Die verneinende Auffassung bringt noch vor, daß die nötige Zustimmung der Verfügungsberechtigten im obigen Tatbestande fehle. Denn die Kreditbank sei nicht in dieser Lage, weil sie von ihren Rechten nichts aufgebe; der gegenwärtige Eigentümer aber auch nicht, sondern erst derjenige Eigentümer, der zur Zeit der Erledigung des Hypothekenrechtes des eingetragenen Gläubigers Grundstückseigentümer sein wird. — Von der anderen Seite wird BGB 185, 1 herangezogen; der Tatbestand dieser Gesetzesbestimmung werde durch die vorliegende Einwilligung des eingetragenen Gläubigers durchaus erfüllt.

c) Seitens der ablehnenden Lehre wird vorgeschlagen, daß der Grundeigentümer lieber eine Grundschuld in der gewünschten Höhe für sich eintragen lasse und diese erst dem X. und dahinter dem Y. verpfände. — Das erscheint der zweiten Ansicht in der Zulässigkeit zweifelhaft. Wollte aber der Eigentümer zwei Sicherungshypotheken hintereinander eintragen lassen, so käme der zweite nach der Absicht der Beteiligten zu schlecht weg; und BGB 1179 könnte wohl kaum dabei benutzt werden.

Es ist die Streitfrage zu begutachten.

XXXII

1. Wenn der gnädige Herr Pfandbriefe der Landschaft aufnimmt auf sein Gut, fuhr Herr Ehrenthal mit Feuer fort, so kann er jede Stunde erhalten fünfzigtausend Taler in gutem Pergament. Sie zahlen dafür der Landschaft vier vom Hundert, und wenn Sie die Pfandbriefe liegen lassen in Ihrer Kasse, so erhalten Sie davon Zinsen drei und ein halb vom Hundert. Dann zahlen Sie ein halbes Prozent zu an die Landschaft, und durch das halbe Prozent wird noch amortisiert das Kapital. (Aus Freytag, Soll und Haben.)

Von welcher Rechtseinrichtung ist hier die Rede? Welche Schritte hat der Freiherr zu tun, um jenen Rat auszuführen? Was für Formen sind dabei zu wahren?

2. Was gilt im folgenden über die Begründung der Hypothek?

a) Auf Antrag des Eigentümers wurde auf dessen Haus eine Hypothek für den Verkäufer des Grundstückes wegen des Restkaufgeldes eingetragen. Der Brief wurde dem Eigentümer vom Grundbuchamte ausgehändigt. Dann hat der Eigentümer die Hypothek einem Kaufmanne abgetreten und dem letzteren den Brief ausgehändigt, da er diesen Brief niemals aus der Hand gegeben hatte.

b) Im Grundbuche war P. als Eigentümer eingetragen. Er bestellte dem Q. eine Hypothek. Dann erstritt R. rechtskräftig das Urteil, daß er, und nicht P., der Eigentümer sei. Q. übertrug die Hypothek dem S., der den Sachverhalt kannte; dieser gab sie an den T. weiter, der von jenem Gerichtsurteile nichts wußte, sondern nur das unberichtigte Grundbuch kannte.

c) Ein Bauunternehmer hatte durch eine Bauausführung eine Forderung gegen den Hauseigentümer auf 5000 ℳ erworben (vgl. BGB 648). Diese Forderung übertrug er an eine andere Firma, die nun einen Anspruch auf Einräumung einer Sicherungshypothek erhob.

3. Ein Grundeigentümer, der nicht in guten Verhältnissen lebt, erhält von einem Verwandten Besuch, der wegen Verschwendung entmündigt ist. Er beredet den letzteren, ihm ein Darlehn gegen Verpfändung eines Grundstückes zu geben. Der sagt es zu. In Erwartung des Darlehns begibt sich der Grundeigentümer auf das Grundbuchamt, bewilligt für seinen Verwandten eine Hypothek und gibt Anweisung, den Brief an den Vormund zu senden. Der Vormund will von der Sache nichts wissen und liefert den Brief an das Vormundschaftsgericht, das ihn an das Grundbuchamt zurückschickt. Wie sind diese Vorkommnisse nach unserem Hypothekenrecht zu bestimmen? Was hat jetzt zu geschehen, damit der Grundeigentümer die eingetragene Belastung vom Halse bekommt?

4. Zwei Brüder hatten ein Grundstück zu gleichen Anteilen im Miteigentum. Der eine verpfändet seinen Anteil. Hierauf beschließen sie, das Grundstück räumlich zu teilen, so daß jeder an seinem abgetrennten Stücke Alleineigentum erhält. Die Auflassung wird nach diesem Teilungsplane vorgenommen. Wie steht es jetzt mit jener Hypothek? Cf. l. 3 § 2 D. qui potiores in pignore vel hypotheca habeantur etc. (20, 4).

5. Auf dem Hofe des Ökonomen Ungefroren lasteten für erhaltene Darlehn: eine erste Hypothek des Landwirtes Münch zu 10000 ℳ und eine zweite des Kaufmanns Türckheim zu 4000 ℳ. Vor sechs Jahren kaufte Münch dem Ungefroren, der auszuwandern beabsichtigte, den verpfändeten Hof ab, mit der Verabredung, daß der Kaufpreis durch Übernahme der an dem Hofe bestehenden Hypotheken seitens des Münch getilgt sein solle. Nach einiger Zeit veräußerte Münch den Hof weiter an den Bauer Hülsemann, mit dem er dabei vereinbarte, daß Hülsemann zur Berichtigung des auf 21000 ℳ festgesetzten Kaufpreises die oben erwähnten Hypotheken im Betrage von 14000 ℳ übernehme, bestimmte Ländereien dem Münch überlasse und den Rest von 2000 ℳ bar bezahle. Als nun später Hülsemann in Konkurs geriet, so fragte es sich, wie es mit Bestand und Rang der angeführten Hypothekenschulden sich verhalte?

6. Welche rechtlichen Folgen verknüpfen sich mit den kommenden Tatsachen?

a) Der Schuldner, der sein Haus verpfändet hatte, bezahlt seine Schuld und überläßt darauf die Hypothek seiner Ehefrau, der er sie in notariellem Akte abtritt.

b) Eine Hypothek war für 10000 ℳ bestellt worden. Der Schuldner zahlt 2000 ℳ ab. Dann verkauft er das verpfändete Haus. Der neue Eigentümer zahlt seinerseits 5000 ℳ.

c) Ein Bauer hatte einem Händler für dargeliehene Summen eine Hypothek bestellt, dann aber aus Vieh- und Getreideverkäufen gegen den Händler Forderungen erworben. Nun tritt der Händler die Hypothek einem anderen Geschäftsmanne ab. Der Bauer will diesem gegenüber mit seinen Gegenforderungen aufrechnen. Vgl. BGB 406; 1156; 1157.

7. Auf dem Grundstücke des S. ist für den G. wegen der ihm aus laufendem Kredite mit S. erwachsenen und noch erwachsenden Ansprüche eine Höchsthypothek von 55000 ℳ eingetragen. Das Grundstück kam zur Zwangsversteigerung; und G. erhielt seine Forderung ausbezahlt. — Nun verklagte ihn X. auf Zahlung von 18000 ℳ. Diese Summe hatte X. von S. rechtskräftig zu fordern; und dafür den als Eigentümerhypothek in Betracht kommenden Teil jener Hypothek pfänden und sich zur Einziehung überweisen lassen. G. widersprach der Klage. Die

Eigentümerhypothek würde erst durch Zahlung des S. an G. entstanden sein; vorher könnte man sie wohl nicht pfänden. Wie ist zu erkennen?

8. Ein Bauer hatte der Sparkasse für ein Darlehn von 2500 ℳ sein Haus verpfändet. Einem Händler war von ihm für 200 ℳ ein Ackerland mit Hypothek belastet worden. Der Bauer ist der Kasse gegenüber mit 100 ℳ Zinsen im Rückstande. Er bittet den Händler, auf seine Hypothek zu verzichten, um den Acker zur Befriedigung der Sparkasse frei zu halten. Der Händler ist dazu bereit. — Welche formellen Schritte sind nun zu tun? Wie faßt das geltende Recht diese juristischen Handlungen auf? Was für Folgen knüpfen sich an sie?

9. Die Erben eines Hypothekengläubigers willigten bis auf einen in die Löschung der Hypothek. Der Nichteinwilligende wurde rechtskräftig verurteilt zu erklären, daß er zu seinem Teile das Recht auf die Hypothek aufgebe (ZPO 894). Der Eigentümer des belasteten Grundstückes beantragte in notariell beglaubigter Form die Löschung der Hypothek. Das Grundbuchamt hat aber Bedenken, ob diesem Antrage stattzugeben ist. Es scheint ihm mit *Verzicht* und *Löschung* und *Aufhebung* nicht alles gleichmäßig und plan zu liegen. In den Gesetzen finden sich doch bei der Frage der Endigung einer Hypothek Unterscheidungen im Sinne jener Begriffe; und der obige Tatbestand sei danach zweifelhaft. Was ist hierzu begründetermaßen zu bemerken? Vgl. BGB 875; 1168; 1183; — GBO 19.

XXXIII

1. Einem Darlehnsgläubiger war ein von dem Pfandschuldner später veräußertes und von den Erben des Käufers besessenes Wohnhaus verpfändet. Kann der Gläubiger wegen rückständiger Zinsen oder auch wegen des Kapitals etwa fällige Mietgelder in Anspruch nehmen? Gegen wen hätte er sich zu wenden? Welche Rechtssätze kommen in Betracht?

2. Der Käufer eines Hauses, auf dem eine Hypothek ruht, hat es wegen Baufälligkeit niederreißen und ein anderes an die Stelle setzen lassen. Jetzt wird die Hypothek gegen ihn geltend gemacht. Kann er wegen der auf den Neubau verwandten Kosten Ersatz verlangen und bis dahin das Haus zurückhalten? Wem kommen die aus dem Neubau gezogenen Nutzungen zu? Was hat es insbesondere für rechtlichen Einfluß, wenn diese, namentlich die Mietzinsen, infolge des Neubaues sich erheblich höher stellen als vorher? — Ist nach dem BGB eine *antichretische* Hypothek zulässig? Oder die Bestellung des Nießbrauches zwecks Tilgung einer Schuld an Stelle einer Hypothek? — Wie stände es, wenn nach der Errichtung des Neubaues einem Dritten daran der Nießbrauch durch Eintragung im Grundbuche bestellt worden wäre (BGB 1047; 1124)?

3. Der Eigentümer eines Waldes hat ihn hypothekarisch belastet. Dann beginnt er, ihn schonungslos auszuschlagen, wodurch der Wert des Unterpfandes ganz außerordentlich herabgesetzt wird. Kann der Pfandgläubiger rechtliche Schritte hiergegen ergreifen?

In dem Walde stand ein altertümliches Jagdschlößchen. Der in Geldbedrängnis befindliche Eigentümer läßt es verfallen; auch die seitherige Versicherung gegen Feuersgefahr eingehen. Berechtigt dieses den Hypothekengläubiger zu bestimmtem Vorgehen gegen den Pfandeigentümer?

4. In dem Grundbuche ist auf dem Hause des W. eine Darlehnshypothek von 5000 ℳ zugunsten des U. eingetragen. Die Eintragung war auf Grund einer Schuldurkunde des W. geschehen, in welcher dieser bekannte, 5000 ℳ als Darlehn von U. in bar erhalten zu haben. Jetzt klagt U. auf Rückzahlung von 5000 ℳ. Von dem W. wird entgegnet, daß er damals nur 2000 ℳ von U. wirklich erhalten habe. U. gibt das zu; behauptet aber, daß er nach einem Monat dem W. noch 3000 ℳ als Darlehnsvaluta, in Geld und verrechneten Wertpapieren übermittelt habe. W. bestreitet dieses. — Hiernach fragt es sich: Welche sachliche Bedeutung ist den bestrittenen Behauptungen der beiden Teile beizumessen? Wie steht es mit Beweislast und Beweisfrage? BGB 607; 891; 1137; 1138; 1141; 1148.

5. Auf eine Briefhypothek von 6000 ℳ sind 1200 ℳ abbezahlt. Die Abzahlung ist aber aus Saumseligkeit der Beteiligten weder auf dem Briefe noch im Grundbuche gewahrt, auch ein Widerspruch nicht eingetragen worden. Die Hypothek wird an einen Dritten abgetreten. Es sind folgende Zweifel zu lösen:

a) Geht die Hypothek in Höhe von 6000 ℳ auf den neuen Erwerber über, — sei es, daß dieser von der Abzahlung der 1200 ℳ weiß, oder sie ihm unbekannt ist?

b) Der Grundstückseigentümer und persönliche Schuldner erhebt nachträglich Feststellungsklage gegen den neuen Hypothekengläubiger dahin, daß die persönliche Forderung des letzteren nur noch 4800 ℳ betragen. Kann sich dieser erfolgreich dagegen verteidigen?

BGB 892; 893; 1137; 1138; 1145; 1156; 1157.

6. Das gepfändete Rathaus. Ein Droschkenkutscher in Marylebone, einem Teile von London, kam mit seinem Fuhrwerke dadurch zu Schaden, daß eine Straße schlecht gepflastert und beleuchtet war. Er verklagte daraufhin die nachlässige Stadtverwaltung von Marylebone auf 6000 ℳ Schadensersatz und erstritt von dem höchsten Gerichtshof ein obsiegendes Urteil. Allein der Zahlungstermin verstrich und der Kutscher erhielt sein Geld nicht. Zornentbrannt schickte er sofort den Gerichtsvollzieher aus, um das Maryleboner Rathaus zu pfänden. Nach englischer Sitte nahm der *Bailiff* feierlich von dem Hause Besitz und ließ sich dort häuslich nieder. Die Beamten konnten nicht auf eigene Faust die fällige Summe anweisen, die Kassierer sie auch gar nicht auszahlen. Alle ergriff die Furcht, der *Bailiff* möchte sich am Ende an des Bürgermeisters goldener Amtskette und seinen sonstigen wertvollen Insignien vergreifen. Zum Glück war der *Bailiff* ein friedlich gesinnter Mann, der sich damit begnügte, es sich in einem weichen Lehnstuhl bequem zu machen und dort den Tag zu verschlafen. Am Abend kam ein reicher Bürger der bedrängten Korporation zu Hilfe und legte die 6000 ℳ aus seiner Tasche aus.

a) Wäre dieser Vorgang auch bei uns rechtlich möglich gewesen, sei es gegenüber einer Stadtgemeinde oder einem Privatmanne? Kennt unser Recht überhaupt eine derartige Pfändung von Grundstücken?

b) Wie ist die Handlung des obigen reichen Bürgers juristisch zu bestimmen? Welche Rechtsfolgen knüpfen sich an sie?

c) Wie hat sich ein bei uns die Zwangsversteigerung Betreibender mit den Hypothekengläubigern an dem Grundstücke auseinanderzusetzen? Kommt etwas darauf an, ob er selbst Hypothekengläubiger ist oder nicht; — und, wenn er es ist: ob er den übrigen vor- oder nachsteht?

d) Würden nach deutschen Gesetzen die in dem beschlagnahmten Hause befindlichen Wertstücke mit versteigert werden?

e) Wie steht es mit Miet- oder Pachtzinsen, die von dem Grundstücke des Schuldners jetzt fällig werden?

XXXIV

1. Von welchen Rechtseinrichtungen ist nach dem BGB im folgenden Gebrauch gemacht?

a) Ein Gast ist nicht in der Lage, die Zeche zu bezahlen und läßt zur Sicherheit seine Uhr dem Wirte.

b) Jemand nimmt ein Darlehn auf und übergibt dem Gläubiger zur Deckung einen Paß oder andere Legitimationspapiere.

c) Zur Sicherung eines Darlehns von 3000 ℳ überträgt der Schuldner dem Kreditierenden eine Reihe von Wirtschaftsgegenständen zu Eigentum, wobei sie ihm gegen einen Mietzins von 150 ℳ noch auf ein Jahr belassen werden. Gegen Zahlung von 3000 ℳ hat der Schuldner ein Wiedereinlösungsrecht.

d) Ein Mühlenbesitzer erhält bei dem Vorschußvereine der benachbarten Stadt einen Kredit bis zum Betrage von 9000 ℳ eingeräumt; sein Bruder verbürgt sich für die pünktliche Rückzahlung dieses Kapitals als Selbstschuldner. Um diesem für alle möglichen Fälle Sicherheit zu verschaffen, verkauft der Müller sein gesamtes Mobiliar an ihn, gegen die Verpflichtung des Käufers, die Benutzung der Gegenstände einstweilen dem Verkäufer zu überlassen. Sobald der letztere die Schuld von 9000 ℳ samt Zinsen abgetragen hat, *soll der Kaufvertrag mit allen seinen Folgen aufgehoben sein.*

2. Sind folgende Sicherheitsleistungen juristisch gleich zu beurteilen?

a) Ein Kassierer bestellt bei Antritt seiner Stelle eine Kaution.

b) Für ein von einer Bank aufgenommenes Darlehn hinterlegt jemand eine Schuldverschreibung des Staates.

c) Es verpfändet jemand einen versiegelten Beutel oder eine ebensolche Rolle mit Goldstücken.

3. Wiedereinführung des Flaschenpfandes. Um in Zukunft die aus der pfandfreien Hergabe der Flaschen entstandenen, auf die Dauer unerträglichen Verluste im Flaschenbiergeschäft zu verhindern, haben die unterzeichneten Brauereien sich untereinander vertraglich verpflichtet, vom 5. März ab für eine jede Bierflasche einschließlich Patentverschluß, in welcher gegen Entgelt Bier geliefert wird, ein Pfand von 10 ₰ zu erheben, welches nur gegen Rückgabe der gebrauchsfähigen Flaschen zurückerstattet wird. — Um die Wiedereinführung des Pfandes möglichst zu erleichtern, haben die unterzeichneten Brauereien beschlossen, ihren Abnehmern in weitgehendem Maße entgegenzukommen und erklären sich bereit, die am 5. März bei der Kundschaft vorhandenen leeren Flaschen als Ersatz für Pfandflaschen anzunehmen, so daß der vorbezeichnete Pfandbetrag von 10 ₰ pro Stück nur für diejenige Anzahl von Flaschen in Anrechnung kommt, um welche die Zahl der gelieferten vollen Flaschen die der zurückgegebenen leeren Flaschen überschreitet. — Pfandflaschen bleiben ebenso wie die bisher ohne Pfand ausgegebenen Flaschen Eigentum der unterzeichneten Brauereien und sind unverkäuflich.

a) Was ist das für eine *vertragliche Verpflichtung*, welche die Brauereien *untereinander* eingegangen sind? b) Was ist ein *Flaschenpfand?* c) Welche Forderung soll es decken? d) Wie steht es mit der Zurückbehaltung der 10 ₰ als Ausübung des *Flaschenpfandes?* e) In welcher Art ist die Annahme *als Ersatz* beim ersten Male juristisch zu denken? Wie bei späteren Fällen?

4. Im Sommer 1773 übernahm Wolfgang Goethe, damals Advokat in Frankfurt a. M., die Anwaltschaft in folgendem Rechtshandel: Am 5. April 1769 hatte der Frankfurter Buchhändler Raspe sein Haus, sein Handelsgeschäft und alles, was er sonst noch besaß, an den Geheimen Rat von Günderode verpfändet; am

4. Juli 1769 aber trat Raspe, um eine eingeklagte Wechselschuld zu bezahlen, 46 Ballen Bücher, welche in einem ermieteten Gewölbe des Weißfrauenklosters lagen, an Gebrüder Stiebel käuflich ab. Die Bücher blieben in jenem Gewölbe liegen, dessen Mietzins Raspe zu bezahlen fortfuhr. 1771 jedoch, als auf Günderodes Betreiben des Raspe Besitztümer unter gerichtliches Siegel gelegt wurden, ließen die Gebrüder Stiebel wenige Stunden vorher jene Bücher aufs eiligste in ihr Geschäftslokal überbringen.

a) Wie stand es mit Besitz- und Eigentumsverhältnissen? b) Was war über Verpfändung und Pfandrecht zu bemerken? c) Hatte von Günderode gegen die Gebrüder Stiebel einen Anspruch?

5. Ein Förster hatte einem Krämer für rückständige Kaufschuld eine wertvolle Hündin verpfändet. Der Schuldner stirbt am 15. März; Erbe ist sein Sohn, die Witwe soll lebenslänglich den Nießbrauch des Nachlasses haben. Am 28. März wirft das Tier Junge. In wessen Eigentum fallen diese? Und welche Rechtsfolgen treten sonst bezüglich ihrer ein?

6. Ein Landwirt verpfändet einem Händler wegen einer bei diesem aufgelaufenen Schuld eine Kuh. Diese wird bei dem Gläubiger krank; er läßt einen Tierarzt kommen. Es fragt sich:

a) Kann der Gläubiger das dem Tierarzt bezahlte Honorar von dem Landwirte zurückfordern? Wer hatte überhaupt mangels besonderer Beredung die Futter- und Unterhaltskosten des verpfändeten Tieres zu tragen?

b) Ist es in der ersten Frage von Einfluß: ob die Kuh zur Zeit der Verpfändung bereits krank war oder dies erst bei dem Gläubiger wird? Oder: ob das Tier bei der Kur gesund wird, oder ob es mit Tod abgeht?

c) Was ist die rechtliche Folge, wenn andere Tiere in dem Stalle des Gläubigers angesteckt werden und zugrunde gehen?

d) Wie steht es mit der letzten Frage, falls diese Tiere nicht dem Händler selbst gehörten, sondern ihm auch von Dritten verpfändet waren?

7. Ein Mieter hatte dem Vermieter vertragsmäßig die Befugnis gegeben, die sämtlichen eingebrachten Sachen des Mieters im Falle der Nichtzahlung der Miete als Pfänder zurückzuhalten. Als der Vermieter von diesem seinem Rechte Gebrauch machen wollte, zeigte es sich, daß der Mieter seine ärmlichen Haushaltungsgegenstände verschleppt hatte. Nun wurde der Mieter wegen verbotenen *Rückens* angeklagt. Ist er strafrechtlich zu verurteilen? ZPO 811; StGB 289.

8. Ein Arbeiter hatte einen Hausstand gegründet und das Mobiliar aus einem Abzahlungsgeschäft durch den üblichen Vertrag entnommen, daß die Sachen erst in sein Eigentum übergehen sollten, wenn die letzte Rate dafür bezahlt wäre. Als er die Kaufsumme noch nicht zur Hälfte abgetragen, konnte er seine Wohnungsmiete nicht bezahlen. Der Hauswirt kündigte ihm deshalb und behielt, kraft seines gesetzlichen Pfandrechtes, das Mobiliar zur Sicherung seines Mietanspruchs zurück. Nun meldete sich der Inhaber des Abzahlungsgeschäftes, wies dem Vermieter seinen Vertrag vor und verlangte die Herausgabe der Möbel für sich. Der Hauswirt weigerte sich dessen, worauf der Abzahlungshändler gegen ihn auf Herausgabe der Sachen klagte. Der Beklagte beantragte Abweisung der Klage, weil er sich wegen des Eigentums seines Mieters in gutem Glauben befunden, und nach dem BGB für den Erwerb des Pfandrechtes der Satz *Hand muß Hand wahren* gelte (BGB 1207; 1257). Der Kläger widersprach der Anwendbarkeit jenes Satzes in unserem Falle (BGB 559). Wie ist zu erkennen?

9. Die Gläubiger eines Geschäftsmannes hatten 200 ℳ an barem Gelde gepfändet. Der Hausherr des Schuldners machte sein gesetzliches Pfandrecht als Vorrecht geltend und verlangte den Betrag für sich. Das Amtsgericht nahm an, daß bares Geld eine *eingebrachte Sache* sei, wenn es in die Mieträume gelange, und gab deshalb der Klage statt. Das Landgericht führte dagegen aus, daß das BGB darüber, welche Sachen *eingebracht* seien, nichts sage, und zwar nach den Motiven deshalb nicht, weil der Begriff schon lange feststehe. Nach früherem Recht aber hätten als eingebracht nur die Sachen gegolten, die in die Mieträume gebracht seien, *um dort zu sein.* Gerade beim Gelde aber seien am ersten Zweifel möglich, ob das zutreffe. Hier war nun aber durch ein eigentümliches Spiel des Zufalls Geld gepfändet worden, das der Mieter, wie er als Zeuge bekundete, für die Miete zurückgelegt hatte. Welche Ansicht verdient den Vorzug?

XXXV

1. Welche Rechtsverhältnisse werden mit folgenden Tatbeständen gegeben? Welche Folgen knüpfen sich an sie an?

a) Darlehn von 100 ℳ erbeten. Sparkassenbuch kann zur Sicherheit hinterlegt werden.
b) 4000 ℳ werden gegen Verpfändung einer Hypothek — oder: eines Grundschuldbriefes — von 17 000 ℳ gesucht.
c) Auf eine industrielle Aktie im Werte von 5000 ℳ werden 3000 ℳ auf ein Jahr zu erborgen gewünscht.
d) Beamten werden Darlehn gewährt gegen Versatz von Lebensversicherungs-Policen.
e) Es soll eine Hypothek an einem verpachteten Zehntrecht bestellt werden.

f) 2000 ℳ Darlehn gewünscht. Bürgschaft ist das Manuskript eines Gedichtes, das auf 10 000 ℳ geschätzt wird.

2. Ein Jagdliebhaber hatte auf einer Feldflur die Jagd für 1050 ℳ gepachtet. Er geriet aber in Zahlungsschwierigkeiten, so daß der Gerichtsvollzieher zuletzt bei ihm ein- und ausging und bald kein Pfandobjekt mehr hatte. Das Gericht legte zu guterletzt Arrest auf die Jagd und teilte dem Schulzenamte mit, daß der bisherige Pächter nicht mehr jagen dürfe, da die Jagd gepfändet sei. Welche Rechte haben nun die Gläubiger, und welche Folgen treten überhaupt ein? Was ist hierüber zu bemerken, falls der Gepfändete nur Teilhaber an der Jagdpacht ist, also die Pfändung seines Anteiles in Frage steht?

3. A. tritt gegen B. klagend auf: Von ihm, dem A., sei dem S. ein Darlehn gegeben worden gegen Verpfändung einer dem S. gegen T. zustehenden Forderung. Diese Forderung habe S. vor kurzem an B. abgetreten und diesem dabei alle auf die Forderung bezüglichen Urkunden und Beweismittel überantwortet. Diese werden nun gerichtlich herausverlangt. B. bestreitet, daß eine solche Klage rechtlich begründet sei. Er habe mit A. nicht das Geringste zu schaffen, und es habe dieser an den verlangten Papieren weder Eigentum noch Pfandrecht selbst behaupten können. Welches Urteil ist zu fällen?

Könnte A. gegen T. vorgehen? Kommt etwas darauf an, ob dem T. eine Anzeige von der Verpfändung zugegangen ist, — sei es von S. oder von A. oder von beiden oder von einem Dritten?

4. X. hat die ihm an dem Grundstücke des Y. zustehende Hypothek für ein von Z. aufgenommenes Darlehn unter Übergabe des Hypothekenbriefes verpfändet. Welche Rechte kommen dem Z. wegen der Hypothek zu? Muß diese oder die durch sie gedeckte Forderung ihm noch besonders überwiesen werden; und würde das letztere einen Unterschied in seiner Rechtsstellung ausmachen?

5. Ackermann hat als Vermächtnisnehmer von Knierim eine alte wertvolle Musikdose zu fordern. Diese war dem Knierim vor Jahren durch Erbgang zugefallen; und nunmehr hatte ein Verwandter, der ihn zu seinem Erben eingesetzt hatte und am 11. Januar verstorben war, ihm die Verpflichtung auferlegt, binnen Jahresfrist jene Dose an den dem Testator befreundeten Ackermann herauszugeben. Letzterer hatte hierüber von Knierim einen Schuldschein erhalten, wonach ihm jene Dose am 24. Dezember überliefert werden sollte. Am 15. Mai nimmt Ackermann von Pückel ein Darlehn auf vier Wochen auf und verpfändet ihm dafür die ihm gegen Knierim zustehende Forderung, wobei er den ihm ausgestellten Schuldschein seinem Gläubiger übergibt. Knierim wird hiervon in Kenntnis gesetzt; da aber seine Vermögensverhältnisse sich verschlechtern, verkauft er am 8. Juli die Musikdose an Lauer gegen Barzahlung. Nach einigen Tagen wird der Konkurs über ihn eröffnet. Es wird bei uns angefragt, ob Pückel von Lauer Herausgabe der Spieldose verlangen kann? Oder ob er im Konkurse auftreten kann und worauf?

Viertes Buch.

Familienrecht.

I

1. Liegen rechtsgültige Verlöbnisse vor?

a) Ein junger Mann übersendet einer Dame, der er gesellschaftlich näher getreten ist, einen goldenen Verlobungsring, erhält aber keine Erwiderung darauf. Er schreibt an sie, mit der Bitte, binnen drei Tagen zu antworten, bleibt aber wieder ohne Antwort (BGB 516).

b) Es wird jemand dazu bewogen, ein Eheversprechen abzugeben und zwar dadurch, daß ein Dritter ihm in arglistiger Täuschungsabsicht unwahre Angaben über die Vermögensverhältnisse des anderen Teils gemacht hat.

c) Wie stand es in diesem Falle: Ein junger Bauer hat einem Mädchen erklärt, daß er 120 Morgen Grundbesitz und nur 12 000 ℳ Schulden darauf habe. Sie hat ihm nun die Ehe versprochen. Dann stellt sich heraus, daß er weniger als 100 Morgen und 19 000 ℳ Schulden hat.

d) Die zwei, die sich heimlich verlobt haben, sind 19 und 16 Jahre alt.

e) Ein wegen Trunksucht Entmündigter verlobt sich mit einer Witwe 3 Monate nach dem Tode ihres Ehemannes.

f) Der Freiherr von Knigge war Hofjunker des Landgrafen von Hessen-Kassel. Er war eine Schalksnatur und konnte seinen lustigen Einfällen oft gegen seine eigene Lehre — *Umgang mit Menschen* — nicht widerstehen. Damit kam er bei der Landgräfin, einer geborenen Prinzessin Brandenburg-Schwedt, weniger gut an. Eines Tages gelang es ihr sogar, ihm eine Schlinge zu legen, in der er sich fing. Sie hatte eine Hofdame, ein Fräulein Henriette B., die von Natur sehr stiefmütterlich bedacht war. Diese kam Knigge so komisch vor, daß er sie sofort nach ihrem Eintritt in die Hofgesellschaft zur Zielscheibe seines Witzes machte. Er stellte sich in sie verliebt und machte ihr mit meisterhaft gespielter Leidenschaft den Hof. Als er aber einmal gerade im besten Zuge war, stand plötzlich die Landgräfin vor den beiden, und nun übernahm sie die Weiterführung des Lustspiels. *Das freut mich, mein lieber Knigge,* sagte sie einfach, *daß ein Mann wie Sie, meine liebe Henriette heimzuführen beabsichtigt. Meinen Segen haben Sie und*.. Auf einen Wink von ihr näherten sich jetzt die übrigen Teilnehmer der Gesellschaft, und die Fürstin teilte ihnen alsbald mit, daß Herr von Knigge und Fräulein von B. verlobt wären. Knigge fand nicht den Mut zu widersprechen, und Henriette widersprach erst recht nicht.

2. Sind nachstehend klagbare Ansprüche nach unserem Verlöbnisrecht gegeben?

a) Unter den im britischen Museum aufbewahrten demotischen Papyri befinden sich einige Heiratskontrakte. In einem dieser alten Schriftstücke wird uns mitgeteilt, daß im fünften Jahre der Herrschaft des Königs Ptolomäus Euergetes ein Mann, namens Soter, seiner Braut verspricht, ihr hundert Drachmen zu zahlen, falls er die seinerseits eingegangenen Bedingungen nicht erfüllt. Andererseits aber, wenn er sein Eheversprechen hält, soll ihm die gesamte Mitgift mit allem Grundbesitz der Braut am Tage der Hochzeit gehören. — (Vgl. EG 170; 198; 199.)

b) Der Bräutigam zieht unter nichtigen Vorwänden den Termin der Hochzeit hinaus; es sind jetzt vier Jahre seit der Verlobung verflossen. — Ein Brautpaar (erzählt Seidel) feiert nach 25 Jahren *die silberne Verlobung*.

c) Ein junges Mädchen hat Medizin studiert und besitzt nun eine lohnende Praxis. Es lernt einen Historienmaler kennen und verlobt sich mit ihm. Dieser aber verdient sehr wenig und kann eine Familie nicht ernähren. Da er es nicht über sich gewinnt, sich von seiner Frau versorgen zu lassen, so löst er einseitig das Verlöbnis.

3. Ein junger Amerikaner hat sich während einer Reise durch Europa mit nicht weniger als vier Amerikanerinnen verlobt, und zwar in der kurzen Zeit von vier Monaten. Keine dieser Bräute hatte eine Ahnung, daß die Beziehungen zu den drei anderen einfach aufrecht erhalten wurden. Sind diese Verlöbnisse nach dem BGB rechtsgültig? Liegt ein *wichtiger Grund* vor, wenn der Bräutigam eine seiner vier Bräute nun heiratet? Was wäre juristisch zu bemerken, wenn er nun nach der Hochzeit sich noch mit einer fünften verlobte?

4. Der Fohren Jos hat eine kleine Erbschaft benutzt, um sich eine feine Himmelbettstatt fertigen zu lassen. In seinen alten Tagen kommt er auf den Gedanken, noch zu heiraten und bewirbt sich um die Ganger Lena, eine ältere Kuhmagd. Die verlangt aber ein *Brautpfand*, und Jos gibt die Himmelbettstatt zum Pfande dafür, daß es ihm mit dem Heiraten Ernst ist. Nachher reut es ihn, und er möchte gerne zurücktreten, dann aber sei, eröffnet ihm die Braut, das *Brautpfand* verfallen und die Himmelbettstatt gehöre dann ihr. (Aus Greinz, Bergbauern.) Wie steht es rechtlich damit?

5. Die Witwe Ernest stellt gegen den Buchhalter Gegnitz folgende Klage an: Vor vier Jahren lernte meine Tochter Herrn Gegnitz kennen und verlobte sich mit ihm. Er schob jedoch die Hochzeit von Tag zu Tag hinaus und machte endlich die Erfüllung seines Eheversprechens davon abhängig, daß mein Sohn die Schwester des Herrn Gegnitz heirate. Als mein Sohn nicht darauf eingehen wollte, erklärte der Herr Gegnitz, daß er von der Verlobung zurücktrete. Während der Zeit des Brautstandes genoß Herr Gegnitz bei mir mindestens 600 Abendessen im Mindestwerte von je 50 ₰, zusammen 300 ℳ, ferner wenigstens 60 Mittagessen im Mindestwerte von je 1 ℳ. Weiter ließ er drei Wochen seine Schwester bei mir verköstigen, wofür ich 40 ℳ beanspruche. Endlich ist mir durch das Verlobungsmahl und durch die Verlobungsanzeigen ein Schaden von 60 ℳ erwachsen. Diese 460 ℳ werden klagend gefordert. — Der verklagte Bräutigam a. D. führt an, daß er sich für die bei Frau Ernest genossene Gastfreundschaft dahin entgeltlich gezeigt habe, daß er sowohl seiner Braut als auch deren Mutter wertvolle Geschenke, bestehend in Schmucksachen und Kleidungsstücken gemacht und die Damen wiederholt in das Theater und sonstige Vergnügungslokale geführt habe, woraus ihm Auslagen von mehr als 200 ℳ erwachsen seien. Er hält die eingeklagten Ansprüche gesetzlich nicht für begründet.

In einem anderen Falle klagte der Vater der Braut von dem früheren Bräutigam 940 ℳ Kollegiengelder und Promotionsgebühren ein, die er jenem in Erwartung der baldigen Heirat zugewandt habe; ferner 400 ℳ bar gewährte Darlehn, 120 ℳ für Entwertung der schon lange liegenden Ausstattung der Braut und 6000 ℳ für Verminderung der Versorgungsmöglichkeit der Braut durch die Ehe, weil sie älter geworden und daher einer größeren Mitgift bedürfe.

Wie ist über diese verschiedenen Ansprüche zu befinden?

6. Der Carabiniere Vincenzo Riggio, der in dem Vesuvdorfe Roccamonfina stationiert war, lernte dort ein Mädchen aus ehrbarer Familie, Carolina Trucco, kennen. Er verliebte sich in die erst 15jährige Schöne und hielt um ihre Hand an, die ihm auch der Vater des Mädchens zusagte. Die Heirat sollte, mit Rücksicht auf die große Jugend der Carolina, noch um ein Jahr aufgeschoben werden. Es währte aber nicht lange, so gestand Carolina ihren Eltern, daß mit der Hochzeit keine Zeit zu verlieren sei. Der Vater des Mädchens nahm sogleich mit dem Bräutigam Rücksprache, dieser aber suchte Ausflüchte und erklärte schließlich rund heraus, daß er die Carolina nicht mehr heiraten wolle. Die Eltern des Mädchens stellten nun gegen den wortbrüchigen Carabiniere Klage an. — Es kam zum Termin. Die verratene Carolina war mit ihren Eltern zugegen. Der Richter ermahnte den Carabiniere, er solle doch dem armen Mädchen sein Versprechen halten, erhielt aber zur Antwort: Ein Mädchen, das ich zu meiner Frau machen soll, darf sich nicht vor der Hochzeit wegwerfen. Diese harten Worte scheinen der armen Carolina die Besinnung vollends geraubt zu haben. Sie zog einen kleinen Revolver aus der Tasche und streckte ihren Verführer durch drei Kugeln tot nieder. — Wie ist über diesen Fall nach unserem BGB zu urteilen? Im besondern: a) War ein rechtsgültiges Verlöbnis zustande gekommen? b) Worauf ging die angestellte Klage? c) War ein *wichtiger Grund* zum Rücktritte gegeben? d) Welche Ersatzansprüche des Mädchens kommen in Frage? e) Wie steht es mit Gegenansprüchen nach BGB 829? f) Welchen Einfluß würde es haben, wenn der Beginn der Angelegenheit 1899, ihr Abschluß im Jahre 1900 geschehen wäre?

II

1. Ein Handwerksmeister hatte an dem Tage, an dem er den Bund fürs Leben schließen wollte, schon so stark gefrühstückt, daß, als das Brautpaar mit den Zeugen auf dem Standesamt anlangte, der Standesbeamte es ablehnte, die Trauung zu vollziehen.

a) War der Standesbeamte zu dieser Zurückweisung befugt?
b) Steht den Parteien ein Rechtsmittel dagegen zu?
c) Was wäre die Folge gewesen, wenn der Standesbeamte die Angetrunkenheit des Bräutigams unbeachtet gelassen hätte?

2. Der Pfarrer Don Abbondio war gebeten, Renzo Tramaglino und Lucia Mondella morgen zu trauen. Als er am 7. November 1628 von einem Gange nach Hause zurückkehrte, stieß er auf zwei *Bravi*, welche Mordgesellen im Namen des Don Rodrigo, eines gewalttätigen italienischen Großen, ihm die Trauung untersagten. Der Pfarrer, in Angst um sein Leben, fügte sich. — Da faßten die Verlobten einen besonderen Plan. Zwei Freunde von ihnen gingen des Abends zu Don Abbondio, um eine Schuld zurückzuzahlen. Der Pfarrer schrieb eine Quittung und reichte das Papier hin. *Tonio streckte die Rechte aus, es zu nehmen, trat nach der einen Seite, sowie Gervaso auf seinen Wink nach der andern: und siehe da, zwischen ihnen standen Renzo und Lucia... Renzo sagte: Herr Pfarrer, in Gegenwart dieser Zeugen, diese ist meine Frau. Seine Lippen waren aber noch nicht wieder zur Ruhe gekommen, als Don Abbondio, nachdem er die Lampe aufgenommen, mit der Rechten den Teppich, der den Tisch* *bedeckte, gepackt und wütend an sich gerissen hatte, Buch, Papier, Tintenfaß zu Boden werfend, auf Lucia losstürmte. Die Arme mit ihrer so sanften und eben damals bebenden Stimme hatte kaum hervorbringen können: und dieser —, als Don Abbondio ihr gröblicherweise auch den Teppich über Kopf und Angesicht geworfen hatte, um sie abzuhalten, die Formel ganz auszusprechen... Dann warf er die Lampe nieder, daß sie erlosch, tappte nach der Tür, fand sie, fuhr hinaus und verschloß sich drinnen...* (Nach MANZONI, I promessi sposi.)

Auf welche Rechtseinrichtung geht diese Erzählung zurück? Wie stand es damit nach dem römischen und dem kanonischen Rechte? Wie nach dem protestantischen Eherechte? Was sagt darüber das neuzeitliche bürgerliche Recht — vor und nach dem BGB? Wie greift hier das Dekret *Ne temere* v. 2. August 1907 ein?

3. Kaiser Maximilian (1493—1519) war 1490 insgeheim und durch Prokuratur mit Anna von Bretagne ehelich getraut worden. Maximilian wollte sich der Unauflöslichkeit dieser ehelichen Verbindung sichern und den Mangel der leiblichen Konsummation während seiner Abwesenheit durch eine besondere Feierlichkeit ersetzen. *On mit la jeune mariée au lit, et l'ambassadeur autrichien, tenant à la main la procuration de son maitre, introduisit sa jambe nue jusqu'au genou dans la couche nuptiale.* Anna nannte sich nunmehr Römische Königin. Aber am 6. Dezember 1491 reichte sie ihre Hand Karl VIII., König von Frankreich. (GÖSCHEL, Zerstreute Blätter aus den Hand- und Hilfsakten eines Juristen.)

Welche juristisch besondere Art von Eheschließung wird hier berichtet? Ist sie heute noch zulässig? Könnte der Fernsprecher benutzt werden (BGB 147)? Wie verhält sich BGB 1317 in dieser Hinsicht zu 925? Verstieß der Schluß des vorstehend Erzählten gegen BGB 1309?

4. Im Jahre 1750 wurde in England unter Georg II. das alte kanonische Recht für die Eheschließung aufgehoben. Dagegen blieb es in Schottland in Geltung, weshalb viele Leute, die in England bei der beabsichtigten Heirat auf Schwierigkeiten stießen, sich jetzt nach Schottland wandten. Der erste Einfall, Trauungen auf schottische Weise vorzunehmen, gebührt, wie es heißt, einem gewissen Josef Paisley in Springfield, der um 1750 in der Mitte des nachmals durch ihn *Gretna-Green* genannten Platzes, auf einem Hügel an der Heerstraße nach Schottland, ein Haus erbaute und einen Handel, namentlich mit Spirituosen und Tabak, eröffnete. Um sein Geschäft zu heben, erbot er sich, seine Kunden umsonst oder wenigstens viel wohlfeiler zu trauen, als es die benachbarten Geistlichen taten. Als 1790 sein Haus abbrannte, zog Paisley nach Springfield zu seinem Freunde, dem Hufschmied Daniel David Lainy; und nun setzten sie das Geschäft der Trauung zusammen fort. Nach dem letzteren hießen auch späterhin alle schottischen Friedensrichter, die unschwierig kopulierten, *Schmiede von Gretna-Green.* — Durch Gesetz von 1857 wurde vorgeschrieben, daß die Brautleute wenigstens drei Wochen in Schottland wohnen müssen.

Welche formellen Voraussetzungen fordert statt dessen unser bürgerliches Recht? Gibt es für Bayern, die in Norddeutschland sich verheiraten, besondere Vorschriften? Ist eine in *Gretna-Green* geschlossene Ehe bei uns gültig — sei es, daß beide Teile Schotten, Engländer oder sonstige Ausländer, oder daß sie Deutsche sind, oder daß der eine Teil deutsche Staatsangehörigkeit besitzt?

5. In Wien hatte vor längeren Jahren ein gewisser Josef Weyerhofer das Ordensgelübde vor dem Abte Hauswirth abgelegt, vor zwei Jahren aber das Kloster verlassen und später seinen Übertritt zum Altkatholizismus angemeldet. Als er vor einiger Zeit eine Ehe eingehen wollte, verlangte das Standesamt von ihm den Nachweis, daß kein Ehehindernis obwalte, weshalb er als Wiener beim dortigen Magistrate um ein Ehebefähigungszeugnis einkam. Ein solches wurde ihm verweigert, da er als Geistlicher schon die höheren Weihen empfangen und damit das Gelübde der Ehelosigkeit abgelegt habe. Statthalterei und Ministerium wiesen seinen Rekurs ab, und so brachte er die Beschwerde beim Verwaltungshofe ein. Dieser erkannte auf Abweisung der Beschwerde, da ein Geistlicher, der die Weihen empfangen, keine Ehe schließen dürfe.

Österr. BGB 63: *Geistliche, welche schon höhere Weihen empfangen, wie auch Ordenspersonen von beiden Geschlechtern, welche feierliche Gelübde der Ehelosigkeit abgelegt haben, können keine gültigen Eheverträge schließen.* Was ist hierzu nach unserem BGB 1323; 1330; 1588 zu bemerken?

6. Im englischen Gesandtschaftshotel zu Dresden nahm der englische Geistliche eine Trauung vor, ohne daß die standesamtliche Eheschließung vorangegangen war. Ist die Ehe gültig?

7. An der österreichischen Grenze erstrecken häufig deutsche Pfarreien ihren Sprengel in das Ausland, während die Pfarrkirchen im Inlande liegen. Kann hier nicht der Geistliche allein eine gültige Ehe erklären, — sei es zwischen deutschen oder österreichischen Staatsangehörigen?

8. Der Rhetor Marcus Annaeus Seneca verbreitet sich in seinen *controversiae* über nachstehendes *thema: Dives pauperum de nuptiis filiae interpellavit tertio. Ter pauper negavit. Profectus cum filia naufragio expulsus est in divitis fundum. Appellavit illum dives de nuptiis filiae. Pauper tacuit et flevit. Dives nuptias fecit. Redierunt in urbem. Vult pauper educere puellam ad magistratus. Dives contradicit.* — Welche rechtliche Zweifelsfrage ist hier aufgeworfen? Wie ist sie nach unserem Rechte begründet zu entscheiden?

III

1. Wie steht es mit der Gültigkeit nachstehender Eheschließungen?

a) Ein junger Mann von 19 Jahren, der noch nicht für volljährig erklärt ist, heiratet mit Genehmigung seines Vaters. Der Standesbeamte erhebt keinen Einspruch.

b) Martin Caß hat sich mit Elise Ormond verheiratet. Er behauptet, daß er sie leidenschaftlich liebt, wenn er in ihrer Gegenwart ist, aber wenn dieser Einfluß aufhört, empfindet er den größten Widerwillen gegen sie. Er wollte sie als Haushälterin annehmen. Bei der ersten Zusammenkunft fühlte er ihren hypnotischen Einfluß. Sie heftete ihren Blick auf ihn und fragte ihn, ob er sie nicht heiraten wolle. Obgleich er nein sagen wollte, konnte er nur bejahend antworten. Sie hielt ihn bei seinem Versprechen. Dr. Kempster, ein berühmter Sachverständiger für Geisteskrankheiten, bestätigte vor Gericht, daß Caß durch einen seltsamen Einfluß ernstlich angegriffen und für seine Handlungen nicht verantwortlich wäre.

c) C. 26 X. de sponsalibus et matrimoniis (4, 1): ... *Consequenter quaesivisti, cum quandam mulierem quidam aliter inducere nequivisset, ut sibi commisceretur carnaliter, nisi desponsasset eandem, nulla solennitate adhibita, vel alicuius praesentia dixit ille: Te Joannes desponsat, cum ipse Joannes non vocaretur, sed finxit, se vocari Joannem, non credens esse coniugium, eo quod ipse non vocaretur hoc nomine, nec habere propositum contrahendi, sed copulam tantum exequendi carnalem: utrum inter praedictos sit matrimonium celebratum, cum mulier consenserit in eundem et ille dissenserit et dissentiat, nec aliud quicquam egerit, quam superius est expressum, nisi quod cognoverit eandem?* ... *[a. 1213]*

d) Ein interessantes Vorkommnis ereignete sich jüngst in einem idyllischen Dörfchen in Roßshire. Ein Londoner Rechtsanwalt, der während seiner Sommerreise auch nach jenem romantisch gelegenen Fleckchen der Erde verschlagen wurde, verliebte sich dort in eine junge Lehrerin. Die Dame nahm zuerst wenig Notiz von ihm. Der Jurist ließ sich jedoch nicht abschrecken. Vor kurzem trafen die beiden bei einer großen *Teaparty* im Pfarrhause zusammen. Die hübsche Schottin war sehr gut gelaunt, sogar ein wenig übermütig. Der Pastor selbst war nicht anwesend, und sein Vertreter, ein lebenslustiger junger Kandidat, ließ sich zu einem regelrechten Komplott verleiten. Er machte der Lehrerin den Vorschlag, sich auf der Stelle mit dem Rechtsanwalt trauen zu lassen, und das junge Mädchen, das die Sache nur für einen Scherz hielt, willigte ohne Bedenken ein. Man setzte sich in Positur, beantwortete die üblichen Fragen, und der kleine Zwischenfall war für den Augenblick beendet.

2. Sind in folgenden Tatbeständen nach unserem Rechte Ehehindernisse gegeben? Was ist die Folge, wenn sie nicht beachtet worden sind?

a) Ein Beamter hatte nacheinander drei Frauen. Die zweite brachte ihm einen unehelichen Sohn mit in die Ehe, den er adoptierte. In der Ehe mit der dritten Frau bekam er eine Tochter. Der Sohn wurde Matrose und verliebte sich in die Tochter. Er nahm seinen Abschied als Matrose und will das Mädchen heiraten.

b) Ein älteres Mädchen verliebte sich mit 47 Jahren in einen 15jährigen Jungen. Um ihn heiraten zu können, verleitete sie ihn dazu, seinen Geburtsschein zu fälschen und sich für 22 Jahre alt auszugeben.

c) In einem anderen Falle mit gleicher Unterlage lieh dem Jüngling sein älterer volljähriger Bruder seine Papiere, so daß jener die Ehe unter falschem Vornamen einging. Erst nach 6 Jahren wurde es entdeckt.

3. Kann gegen die geschlossene Ehe in diesen Fällen rechtlich vorgegangen werden?

a) Ein berüchtigter Hochstapler, der als Baron O'Nello, sogar als Erzherzog Franz Ferdinand und mit anderen Namen fälschlich auftrat, näherte sich einer jungen Dame unter dem Namen eines Assistenzarztes Dr. Arend, verlobte sich mit ihr und überredete sie, sich in London mit ihm trauen zu lassen.

b) Die Gattin des Grafen von Salviac, geb. Kanter, ließ die Trennungsklage gegen den Grafen von Salviac anstrengen. Die Klage stützte sich darauf, daß die Gräfin von Salviac sich nur deshalb zur Ehe entschlossen hätte, weil sie den Grafentitel erwerben wollte, daß aber der Ehemann den Grafentitel zu Unrecht führe.

c) Die Gräfin von Torrecusa ist die Tochter des reichen Bauunternehmers Fiocca. Sie hatte sich, erst 18 Jahre alt, heimlich mit einem jungen Arzte verlobt. Bald darauf lernte der Graf von Torrecusa die schöne und reiche Signorina kennen und hielt um ihre Hand an. Der Vater des Fräuleins war hochbeglückt, daß seine Tochter Mitglied einer so vornehmen Familie werden solle. Als die Signorina von der Heirat nichts wissen wollte, brachte er sie nach einem abgelegenen Abruzzennest und suchte sie dort mürbe zu machen.. Die Signorina hatte keine Mutter mehr und ihre Großmutter war dem armen Kind auch keine Stütze. Im Gegenteil, die Großmutter quälte das Fräulein womöglich noch ärger als der Vater, daß es den

Grafen von Torrecusa heiraten solle. Man beraubte die Signorina ihres Schmuckes und ihrer schönen Kleider, mißhandelte sie auf die erdenklichste Weise und sperrte sie endlich bei Wasser und Brot in ein Kellerloch ein. Schließlich gab das arme Kind nach und ließ sich mit dem Grafen von Torrecusa trauen.

4. Es war einmal ein Rittersmann, der zog aus mit Knappen und Reisigen nach dem heiligen Grabe und zum Kampfe gegen die Ungläubigen und ließ Eltern und Braut und alle Verwandte zurück. Aber er kam nimmer heim. Und waren schon viele Jahre hingegangen, da stand eines Abends vor dem Tore ein Mann, der zeigte sich als der Ausgezogene, ob er gleich durch die Zeiten und Schicksale gar vielfältig verändert erschien. Doch als er seinen Ring vorwies und sein Gewaffen und Schild, und alles so wohl erkannte und in guter Erinnerung hatte, so im Schlosse war und geschehen, da freuten sich alle und nahmen den Verlorenen wieder unter sich auf. Und erhielt selbiger das väterliche Erbe und alle seine Güter und machte auch in Bälde Hochzeit mit der verbliebenen Braut, und lebte herrlich und in Freuden. — Aber es war alles eitel Betrug und Schalksstreich gewesen; und das war also gekommen. Der da ausgezogen, lag schon seit Jahr und Tag im Morgenlande begraben; dieser aber, so zurückgekehrt, das war sein Freund gewesen, mit welchem er gar vieles stets von seiner Heimat und den Leuten dort gesprochen, und der auch seinen Schmuck und Rüstung, als jener tödlich gefallen, zu sich genommen.

Welche Folgen würde die nüchterne Rechtsbetrachtung des heutigen Juristen an diese Geschichte aus alter Zeit zu knüpfen haben? Wie stände es hiernach im besondern mit der abgeschlossenen Ehe?

IV

1. Aus den Gesetzen des Hammurabi, Königs von Babylon, um 2250 v. Chr.: *Wenn jemand kriegsgefangen wird und in seinem Hause Lebensunterhalt nicht vorhanden ist, wenn dann seine Frau in ein anderes Haus geht und Kinder gebiert: und wenn später ihr Mann zurückkehrt und in seine Heimat kommt: dann soll dieses Weib zu ihrem Gatten zurückkehren, die Kinder aber zu ihrem Vater folgen. — Wenn jemand seine Heimat aufgibt, entflieht, und darauf seine Ehefrau in ein anderes Haus geht, wenn dann jener zurückkehrt und seine Ehefrau nehmen will: weil er von seiner Heimat sich losgerissen hat und geflohen ist, soll die Ehefrau des Flüchtlings zu ihrem Ehemanne nicht zurückkommen.* — Welcher Rechtseinrichtung des BGB stellt sich dieses zur Seite? Worin liegt ihre Ähnlichkeit, womit fallen sie auseinander?

Cf. l. 12 [11] D. ad legem Juliam de adulteriis coercendis (48, 5).

2. Bei dem großen Brande der *opéra comique* in Paris am 25. Mai 1887 fanden an fünfzig Personen ihren Tod. Unter den Opfern befand sich eine Dame, deren Persönlichkeit anfangs nicht festgestellt werden konnte. Schließlich meldete sich ein vorübergehend in Paris weilender reicher Italiener namens Monti de Rosa und erklärte, die Unbekannte sei seine Frau, die ohne sein Wissen der Vorstellung im Theater beigewohnt habe. Hiernach beantragte er bei dem Zivilgerichte der Seine die Todeserklärung seiner Frau. Bei der Verhandlung brachte er fünf Zeugen vor, die eidlich bekundeten, daß sich seine Gattin an dem Abend des Brandes in der Komischen Oper befunden habe und zweifellos in den Flammen umgekommen sei. Das Gericht erkannte infolgedessen im Sinne des Antrages. Kurz nachher heiratete Monti de Rosa eine junge Neapolitanerin, von der er jetzt vier Kinder hat. — Da tauchte zu Anfang des Jahres 1890 plötzlich die Nachricht auf, daß seine Frau keineswegs tot sei, sondern zurückgezogen in Lissabon lebe. Und das Gerücht bestätigte sich. Die Verschollene hatte zufällig die Vorgänge von 1887 vernommen, zeigte die Sache dem Staatsanwalt in Neapel an und beantragte strenge Bestrafung ihres Mannes, der sich der Doppelehe schuldig gemacht habe. Zugleich erhob sie bei der französischen Staatsanwaltschaft gegen die fünf Zeugen aus dem Jahre 1887 Klage wegen Meineids. — Die Zeugen erklärten unumwunden, zu ihrer damaligen Aussage durch Monti de Rosa überredet worden zu sein. Nun verlangt jene Frau von dem Gericht, das sie für tot erklärt hat, ein Erkenntnis, daß sie noch am Leben ist. Beweis hierfür will sie durch Urkunden und Zeugen beibringen. Zugleich klagt sie gegen die fünf Zeugen, die aus Gefälligkeit oder Gewinnsucht seinerzeit ihren Tod bekundet haben, auf Schadensersatz. Endlich will sie gegen die Gültigkeit der Ehe des Monti di Rosa vorgehen. — Wie ist über diese Fragen nach deutschem bürgerlichem Rechte begründetermaßen zu befinden?

V

1. Darf der Ehemann die Briefe seiner Frau öffnen, — die von ihr geschriebenen oder die an sie einlaufenden? Kommt etwas darauf an, ob er gegründeten Verdacht der ehelichen Untreue seiner Frau hat?

2. Ein Kaufmann war drei Monate lang auf einer Geschäftsreise. Seine zu Hause gebliebene Ehefrau wird krank und beruft einen Arzt. Dieser behandelt sie und hat jetzt 45 ℳ Honorar zu fordern. Welcher Person hat er hierüber eine Rechnung zu senden; und gegen wen kann er eine Klage anstellen?

3. Ist in den kommenden Tatbeständen die Eigenschaft als Ehefrau ein Hindernis? Hat die betreffende Stellung der Frau auf die des Ehemannes Einfluß?

a) Eine städtische Lehrerin war von der Schulverwaltung entlassen worden, obgleich sie auf Lebenszeit angestellt gewesen, weil sie sich jetzt verheiratet hatte.

b) In einem anderen Falle wollte der jetzige Ehemann der Lehrerin, gegen deren Willen, aber mit Ermächtigung des Vormundschaftsgerichts, das Rechtsverhältnis seiner Frau zu der Stadt durch Kündigung lösen.

c) Die Prinzessin Friedrich Karl von Hessen war zum Chef des Füsilier-Regimentes Nr. 80 ernannt worden. Damit hat sie militärisch den Rang eines Obersten. Ihr Gemahl aber war Hauptmann und Kompagniechef im 81. Hessischen Infanterie-Regiment.

4. Streitigkeiten über die Wohnung von Eheleuten?

a) Die Ehefrau eines Arbeiters hat eine Wohnung gemietet und ein Angeld bezahlt. Dann erklärt der Mann, daß er die Wohnung nicht nehme, da er nicht zugestimmt habe.

b) Der Sohn einer Gastwirtin heiratet. Da es ihm geschäftlich schlecht geht, so zieht er wieder in das Haus der Mutter und verdient sich als Kellner soviel, daß er seine Frau und sein Kind unterhalten, ihnen aber keine besondere Wohnung stellen kann. Nun verlangt er, daß die Ehefrau mit ihm dort wohne; was diese ablehnt, da sie sich mit der Schwiegermutter nicht vertragen könne.

c) Im vorigen Falle erklärt sich schließlich der Ehemann bereit, für eine eigene Familienwohnung zu sorgen. Aber die Frau entgegnet, daß sie ihm nicht traue; und daß er erst die Wohnung bereit stellen möge. Worauf der Mann wieder vorbringt, daß er seinerseits der Ehefrau mit ihrem Rückkehrversprechen nicht traue; es könne ihm nicht zugemutet werden, auf das Ungewisse Monate hindurch die Kosten einer Familienwohnung auf sich zu nehmen, wenn die Frau bisher die Rückkehr zu ihm geweigert habe.

d) Ein merkwürdiger Prozeß hat vor nicht langer Zeit das Seinegericht zu Paris beschäftigt. Die Gattin des Grafen Jean de Castellane, geb. de Talleyrand-Périgord, klagt gegen die Gattin des Herzogs von Talleyrand-Périgord und Sagan. Gegenstand der Klage: Frau Jean de Castellane will vom Gericht in die Lage versetzt werden, ihren Bruder, den Herzog von Talleyrand-Périgord und Sagan, jederzeit besuchen zu dürfen. In der Klageschrift erklärt die Klägerin, daß zwischen ihr und ihrem Bruder stets ein inniges Verhältnis bestanden habe, daß der Herzog sich stets gefreut habe, wenn er sie, die Schwester, bei sich sehen durfte, daß die Beklagte aber sich diesen Besuchen widersetze und ihr, der Klägerin, die Tür vor der Nase zuschlage. Wenn auch ihr Bruder schwach und krank sei, so stehe doch ihm allein die Verfügung über die eheliche Wohnung zu.

5. Die Ehefrau U. führt einen leichtfertigen Lebenswandel und empfängt Besuche fremder Herren in verfänglicher Weise bei sich zu Hause und außerhalb ihrer Wohnung. Der Ehemann M. will Verwaltung und Nutznießung des Vermögens der U. nicht gleich verlieren und deshalb jetzt noch nicht auf Scheidung klagen. Kann er der U. im gerichtlichen Wege verbieten, mit fremden Männern in ungehöriger Art zusammenzukommen?

6. Zwischen zwei Eheleuten war ein Vertrag geschlossen worden, wonach die Frau, die das Gewerbe einer Hebamme betrieb, neben der gemeinsamen Wohnung eine besondere Unterkunft in einem anderen Teile der Stadt für sich mieten sollte, über die sie allein zu verfügen berechtigt wäre.

a) Ist jener Vertrag unter den Eheleuten rechtsgültig? Wie verhält er sich zu BGB 1353?

b) Kann hinterher der Ehemann der Frau noch untersagen, in einer Familie, mit der er verfeindet ist, den dort gewünschten Hebammendienst zu versehen?

c) Unterliegen die in der zweiten Wohnung befindlichen Gegenstände dem BGB 1362? Ist es von Bedeutung, ob es sich um einen Schreibtisch oder um eine Nähmaschine oder um ein Paar Ohrringe handelt?

7. Baronet William Abdy hatte eine vermögenslose Ungarin, Fräulein Maria Theresia Petruska, geheiratet. Im Heiratsvertrage setzte er ihr eine jährliche Rente von 20000 Fr. und außerdem im Überlebensfalle ein Wittum von 75000 Fr. jährlicher Rente aus. Nach einigen Jahren trennte sich das Ehepaar infolge von Mißhelligkeiten. Der Gatte zog nach London, während Madame Abdy in Paris lebte. Sie machte in Paris große Ausgaben und geriet in Schulden. Unter anderem nahm sie bei einem Herrn Pecquignot eine größere Anleihe auf, und zwar auf Grund eines Pfandes von höchst seltenen und äußerst wertvollen Spitzen, die Mister Abdy während der ehelichen Gemeinschaft angekauft hatte. Dieser, der auf seine Spitzensammlung großen Wert legte, klagte gegen seine Frau und ihren Gläubiger auf Wiedererstattung seiner Spitzen. — Wenn der Streit unter unserem BGB stände:

a) Könnte er sich auf die für den Ehemann sprechende Eigentumsvermutung stützen? Oder umgekehrt der Gläubiger auf eine *praesumtio Muciana* für die Frau — l. 51 D. de donationibus inter virum et uxorem (24, 1)?

b) Würde die Frau sich nicht in jedem Falle auf BGB 1361 berufen können? Oder der Gläubiger auf BGB 679?

8. Tatbestand. Die Ehefrau des Beklagten erhielt auf Bestellung von der klagenden Firma Waren im letzten Jahre (Waschstoffe, Leinenwaren, Handschuhe, Hemden usw.) im Betrage von 134 ℳ. Die Klägerin behauptet, daß diese Waren in der Haushaltung des Beklagten notwendig gewesen seien. Der Beklagte hat diese tatsächlichen Behauptungen der Klage zugegeben, aber folgendes hinzugefügt: Als er im vergangenen April eine Rechnung bei der Klägerin bezahlte, habe er zu den Inhabern der Firma gesagt, sie sollten seiner Frau nichts weiter borgen, er käme für nichts auf und lehne die Zahlung jeder weiteren von seiner Frau aufgenommenen Schuld ab. Von der Klägerin wird die Richtigkeit dieser Behauptung eingeräumt. Sie hält sie aber für unerheblich, da eine derartige Erklärung zur Eintragung in das Güterrechtsregister nicht geeignet sei, und nur Erklärungen dieser Art Dritten gegenüber Wirksamkeit besitzen (BGB 1435). Dagegen beruft sich der Beklagte auf BGB 1357, 2 und verweist gegenüber BGB 1357, 1 auf BGB 168 (vgl. auch 130). Wie ist zu erkennen?

VI

1. Eine Ehefrau hatte sich mit Abschreiben Geld verdient und davon eine Schreibmaschine angeschafft. Sie war einem Kaufmann noch Geld schuldig, und dieser ließ die Schreibmaschine pfänden. Jetzt erhob der Ehemann dagegen Widerspruch. Mit Recht?

2. Ein alter Bauer hat seinem Sohn und dessen Braut sein Gut übergeben. Es ist den Verlobten je zur Hälfte im Grundbuche zugeschrieben worden. Dann findet die Hochzeit statt. Die Vermögensverhältnisse der jungen Eheleute gestalten sich aber nicht günstig. Besonders verhängnisvoll wird ihnen eine Bürgschaft, die sie als Mitbürgen für einen Verwandten geleistet haben. Der Gläubiger geht hieraus gegen sie klagend vor und erwirkt verurteilendes Erkenntnis. Wie wird dieses in das Vermögen der beiden Eheleute vollstreckt, das fast nur aus dem oben erwähnten väterlichen Gute besteht? Was für Folgen treten ein, wenn über eines von ihnen der Konkurs verhängt werden muß?

3. Wem gehören die Hochzeitsgeschenke, die von Verwandten und Freunden beider Teile anläßlich deren Vermählung gespendet werden? Unterliegen sie dem Verwaltungs- und Nutznießungsrechte des Ehemannes? Gilt das gleiche von den Verlobungsgeschenken, die der jetzige Ehemann seiner damaligen Braut gespendet hat? Kann bei einer späteren Scheidung der Mann sie von seiner früheren Frau zurückfordern?

4. Der Gutsbesitzer M. hatte gegen seine Frau die Scheidungsklage angestrengt. Bis zur Austragung ihres Prozesses lebten beide Gatten getrennt auf zwei verschiedenen Besitzungen. Um seiner Frau nun einen Possen zu spielen, verpachtete M. den Hof seiner Frau. Die Bäuerin weigerte sich, den Fremden einzulassen und das ihr gehörige Haus zu räumen. Kann sie dazu gerichtlich gezwungen werden?

5. Eine Ehefrau verkauft das zu ihrem eingebrachten Gute gehörige Haus in notariellem Vertrage an einen Dritten, ohne die Zustimmung ihres Mannes einzuholen. Ist der Verkauf gültig? Was kann der Käufer rechtlich machen?

6. Zwischen zwei Eheleuten wird bei Eingehung der Ehe vereinbart, daß eine Kuh Vorbehaltsgut der Frau bleiben, im übrigen gesetzliches Güterrecht gelten soll. Dies wird in das Güterregister eingetragen, weitere Eintragungen sind nicht erfolgt. — Die Kuh hat später ein Kalb geworfen; dieses Kalb ist auf der Weide von einem Sonntagsjäger, der es für ein Reh angesehen hat, erschossen worden. Dieser läßt sich von den beiden Eheleuten unverbrüchliches Schweigen versprechen und zahlt dann als Entschädigung für das Kalb 300 ℳ an den Ehemann aus. In der Freude seines Herzens über das gute Geschäft vertrinkt der Ehemann einen ansehnlichen Teil des Geldes im Wirtshaus und verschenkt in leicht angetrunkenem Zustande den Rest. — Die Ehefrau will jetzt den Gastwirt und den Beschenkten auf Rückgabe verklagen. Welche Bestimmungen kommen in Betracht? Ist danach die Klage begründet?

7. Elsa Meyer ist im Grundbuch als Eigentümerin eines Grundstückes eingetragen. Sie verheiratet sich mit einem Namensvetter, ohne einen Ehevertrag zu schließen. Im Grundbuch ist kein neuer Eintrag erfolgt. Später läßt Elsa Meyer das Grundstück dem Bander auf, der nicht weiß, daß die Meyer verheiratet ist. Bander bestellt dem Daudt eine Hypothek. Sobald der Ehemann der Meyer Kenntnis von der Auflassung erhält, erklärt er, daß er nicht einwillige.

a) Kann der Ehemann Berichtigung des Grundbuches wegen des Eigentumes des Grundstückes verlangen? b) Oder: wegen der Hypothek? c) Kann er vielleicht von Bander oder Daudt wegen der Hypothek Ersatz verlangen? d) Wie stände es, wenn die Ehefrau dem Bander ein ihr gehöriges Möbelstück verkauft und übertragen hätte?

8. Die Ehefrau X. hat eine für das Vermögen ihres Ehemannes bedenkliche Neigung, sich neue Hüte anzuschaffen. Nach mancherlei Erfahrungen läßt der Ehemann in das Güterregister eintragen, daß die Schlüsselgewalt seiner Ehefrau hinsichtlich der Beschaffung neuer Hüte ausgeschlossen sei, schenkt ihr aber gleichzeitig drei neue Hüte. Am folgenden Tage entdeckt die Ehefrau einen besonders schönen Hut, der 200 ℳ kosten soll und kauft ihn alsbald, bleibt das Geld aber schuldig. Der Kaufmann, der weiß, daß die Ehefrau weiteres Vermögen als ihr Eingebrachtes nicht hat, ist im Zweifel, wie er sich verhalten soll, nachdem ein Jahr verstrichen und der Hut unmodern und wertlos geworden ist. Er befragt zwei Anwälte. Der eine rät ihm, die Frau sofort zu verklagen (BGB 1399), zumal die Klage sonst verjähren würde — der andere rät ihm ab, da der Ehemann seine Zustimmung zu dem Rechtsstreit nicht geben werde und das Urteil somit dem Manne gegenüber unwirksam sein würde (BGB 1400), Kläger also nur unnütze Kosten davon hätte. Welcher Rat ist der bessere? Falls der Kaufmann sich zur Klage entschlösse, wie würde er zweckmäßig den Antrag formulieren? (Vgl. ZPO 739.)

VII

1. Wenn auf den Namen der Ehefrau ein Grundstück eingetragen ist, was hat im Grundbuche zu geschehen, wenn als Güterstand eintreten soll: a) Gesetzliches Güterrecht, b) Gütertrennung, c) allgemeine Gütergemeinschaft, d) Errungenschafts-, e) Fahrnisgemeinschaft?

2. Die Gattin eines reichen Amerikaners hielt sich in Paris auf und sah dort einen Schmuck, der ihr sehr gefiel, aber 80000 Fr. kosten sollte. Sie erbat telegraphisch die Zustimmung ihres Ehemannes zu dem Ankaufe. Dieser antwortete: *No. price too high.* In der Depesche, die sie ausgehändigt erhielt, war aber der Punkt hinter dem ersten Worte des Textes weggefallen, so daß es nun hieß, daß kein Preis zu hoch sei. Darauf kaufte sie einen noch schöneren Schmuck für 300000 Fr. Könnte der Juwelier nach unserem BGB von dem Ehemanne Bezahlung verlangen? Wie würden hierbei die verschiedenen Güterrechtssysteme eingreifen, und in welcher Weise wäre nach ihnen jeweils die Angelegenheit zu regeln?

3. Zwei Ehegatten leben in Gütertrennung. Die Ehe, aus der ein Knabe entstammt, gestaltet sich unglücklich. Die Frau verläßt das Haus des Mannes und klagt nun auf Herausgabe der ihr gehörigen Mobilien, die sie in die eheliche Wohnung mitgebracht hatte. Der Ehemann verweigert die Herausgabe, weil die Klägerin verpflichtet sei, zu ihm zurückzukehren. Diese erwidert, daß der Mann ihr durch grobe Beschimpfungen das Zusammenleben mit ihm unmöglich gemacht habe. Sie behalte sich vor, auf Scheidung zu klagen, halte aber zurzeit ihren Klageantrag davon unabhängig aufrecht. Wie ist hierüber rechtlich zu urteilen?

4. Ein Ehemann, der mit seiner Frau in allgemeiner Gütergemeinschaft lebte, hatte eine Schuldurkunde gemäß ZPO 794:5) ausgestellt. Auf Grund derselben ließ der Gläubiger auf ein gütergemeinschaftliches Grundstück eine Sicherungshypothek eintragen (ZPO 867). Die Ehefrau verlangte klagend die Löschung der Hypothek; sie führte aus, daß diese nach BGB 1445 als ungültig anzusehen sei, da andernfalls der Ehemann auf einem Umwege trotz 1445 ohne ihre Einwilligung über ein zum Gesamtgut gehöriges Grundstück verfügen könne. Der Gläubiger bestritt in erster Linie die Berechtigung der Frau zur Anstellung der Klage und hielt in der Sache die Klage für unbegründet. Welches Erkenntnis ist abzugeben?

5. X. hat die Gebäude und Erntevorräte des Hofes zu K. bei der Feuerversicherungsgesellschaft zu Y. versichert. Der Hof ist abgebrannt und ein Schaden von 23000 ℳ entstanden. Nach der Behauptung des X. haben die versicherten Gegenstände zu seinem und seiner Ehefrau gütergemeinschaftlichen Vermögen gehört. Gegen die Ehefrau des X. ist Anklage wegen Brandstiftung erhoben. Sie hat die Tat eingestanden und sich vor dem Strafurteil aufgehängt. X., der in fortgesetzter Gütergemeinschaft mit seinen Söhnen lebt, möchte auf Zahlung der ganzen, oder doch des auf ihn entfallenden Teiles der Versicherungssumme, die von der Versicherungsgesellschaft geweigert wird, Klage erheben. Ist anzunehmen, daß dies Erfolg haben werde? Welcher Klagantrag würde von X. zu wählen sein?

6. Der Maurermeister N. hatte in drei Ehen gelebt, jedoch nur Kinder aus der ersten hinterlassen. Güterstand war Errungenschaftsgemeinschaft. Während der dritten Ehe hatte er einen Bauplatz erworben und auf diesem ein Wohnhaus aufgeführt. Über das Haus gab es nun Streitigkeiten zwischen der Witwe und den Kindern erster Ehe. Hierbei fragte es sich: War die Frau zu Lebzeiten des N. Miteigentümerin gewesen? Wurde sie es mit seinem Tode, oder durch die Auseinandersetzung mit den Kindern, oder vermittelst einer Umschreibung im Grundbuche?

7. In einem Ehevertrag war Errungenschaftsgemeinschaft vereinbart. Dem Ehemann war während der Ehe von seinem Bruder der Nießbrauch an einem Landgute vermacht. Das Gut war zu jährlich 4000 ℳ verpachtet. Der Ehemann hatte den gesamten Pachtvertrag alljährlich auf die Sparkasse gebracht, ebenso Zinsen und Zinseszinsen zum Kapital schreiben lassen. Im Auseinandersetzungsverfahren machten die Erben des Ehemannes geltend, der fragliche Nießbrauch sei nach BGB 1522 eingebrachtes Gut gewesen, folglich nach BGB 1524 auch der auf Grund des Nießbrauchsrechtes erworbene Pachtertrag; nur die Zinsen und Zinseszinsen seien Gesamtgut geworden. Die Ehefrau gab zu, daß der Nießbrauch eingebrachtes Gut gewesen sei, wollte aber den Pachtertrag auf Grund von BGB 1525 als Gesamtgut angesehen wissen. Wie ist die angeregte Streitfrage zu entscheiden?

8. Als Güterstand einer Ehe galt Fahrnisgemeinschaft. Der Ehemann erwarb mit Mitteln des Gesamtgutes ein Grundstück, verschenkte dieses aber ohne Wissen seiner Frau alsbald an den mit den Rechtsverhältnissen der Ehegatten bekannten A., der es schleunigst für 2000 ℳ dem gutgläubigen B. verkaufte und aufließ. Die Frau verklagte ohne Zustimmung des Mannes den A. auf Rückgewähr von 2000 ℳ. Dieser entwich, sobald er die Klage zugestellt erhalten hatte, mit dem Gelde nach Amerika. Das Schiff ging unterwegs mit Mann und Maus unter. — Die Frau nahm darauf die Klage zurück. Es waren aber bereits 100 ℳ Kosten entstanden. Bei der demnächstigen Auseinandersetzung waren an Gesamtgut 2000 ℳ bar vorhanden. Nach dem Auseinandersetzungsplane sollte jeder der beiden Ehegatten 1000 ℳ erhalten. Die Ehefrau beanspruchte aber mit Rücksicht auf jene Vorgänge mehr.— Wieviel kann sie mit Recht im ganzen verlangen?

VIII

1. Würde in den folgenden Fällen die Scheidung der Ehe nach unserem Rechte statthaft und wirksam sein? Könnte eine neue Ehe der Geschiedenen statthaben, — sei es, daß die Ehe dem Bande nach geschieden oder die eheliche Gemeinschaft aufgehoben war? Stände es den Getrennten (in den beiden letzten Möglichkeiten) frei, sich später wieder ehelich zu vereinen?

a) James Hurlbutt hatte Ruth Emery in Quebeck geheiratet. Er wollte sein Glück in den Weststaaten versuchen und ließ seine junge Frau im Hause ihres früheren Prinzipals zurück. Sie wechselten eine Zeitlang Briefe, kamen dann aber in mißverstehenden Ton und hörten schließlich auf, sich zu schreiben. Ein Versuch der Frau, nach einigen Monaten wieder anzuknüpfen, mißlang, da der Brief als unbestellbar zurückkam. Nun ließ sie sich wegen *böslicher Verlassung* scheiden. Später heiratete sie einen alten Herrn, namens Beresford, der nach zweijähriger Ehe starb. Zur Ordnung der Erbschaft reiste sie nach Montana, traf dort ihren früheren Gatten wieder, der sie nicht erkannte, aber solches Gefallen an ihr fand, daß er ihr einen Antrag machte und sie zum zweiten Male heiratete.

b) Siegfried, Pfalzgraf im Triererland, wurde zum Kriegszuge gegen die Mauren entboten. Seine Gemahlin, Genoveva, die er in guter Hoffnung zurückgelassen, wurde vom Ritter Golo mit Verführungsanträgen bestürmt und, als sie solche zurückwies, bei Siegfried verleumdet und des Ehebruchs beschuldigt. Mit ihrem im Gefängnis geborenen Knaben wurde sie vom abwesenden Gatten zum Tode verurteilt. Die Knechte, die das Urteil vollstrecken sollten, ließen sie aber in der Wildnis leben.

Sieben Jahre lang fristete sie mit ihrem Kinde Schmerzenreich ein kümmerliches Dasein, bis sie von Siegfried eines Tages auf der Jagd entdeckt wurde. Ihre Unschuld kam an den Tag, und sie wurde im Triumph auf das Schloß zurückgeführt. (Tieck, Leben und Tod der heiligen Genoveva.)

c) Eine originelle Ehestandsgeschichte schildert Ottilie Wildermuth in der Novelle *Streit in der Liebe und Liebe im Streit.* Ein schwäbisches Bauernpaar, seit jungen Tagen sich zugetan und verbunden, versteht es doch nicht, sich in der Ehe zu finden. Endlich verläßt der Mann die Frau. Es wird von ihr Scheidungsklage angestellt. Von da ab vertragen sie sich. Einträchtig wandern sie zum Gerichte, so daß der Gerichtsdiener sie für ein Brautpaar hält. Endlich werden sie geschieden. Aber sie konnten nicht voneinander lassen. Sie bewirtschaftete den Hof; er verdang sich als Kutscher, wurde aber bald auch einmal dienstlos. *Dann nahm er seine Zuflucht zu Liesbeth, als ob sich das von selbst verstände, und sie wohnten zusammen, arbeiteten zusammen und stritten sich zusammen, wie in den alten Tagen . . .*

2. Ein Ehemann hatte auf Scheidung geklagt. Es ergab sich durch die Beweiserhebung, daß der Kläger, der das Gewerbe eines Korbmachers im Umherziehen betrieb, hierbei schon seit mehreren Jahren von einer ledigen Frauensperson begleitet wurde, mit der er zwei Kinder erzeugt hatte. Dagegen hatte seine Ehefrau mit einem anderen Korbmacher ebenfalls in einem ehebrecherischen Verhältnisse gelebt und war mit diesem vagabundierend herumgezogen.

a) Wenn die Klage der Beklagten öffentlich zugestellt werden mußte (ZPO 203—207), und die Beklagte in dem zur mündlichen Verhandlung anberaumten Termine nicht erscheint: Was hat nun gerichtsseitig zu geschehen (ZPO 618)?

b) Das Gericht entnimmt dem Vorbringen des Klägers, daß dieser vollständig damit einverstanden war, daß seine Ehefrau ein ehebrecherisches Leben führe. Ist dieser Umstand beim Ausbleiben der Beklagten zu berücksichtigen? Und würde darin eine *Verzeihung* liegen? (BGB 1570; ZPO 622.)

c) Muß man im obigen Tatbestande nicht sagen, daß *jeder Teil eine so tiefe Zerrüttung des ehelichen Verhältnisses verschuldet hat, daß dem Ehegatten die Fortsetzung der Ehe nicht zugemutet werden kann* (BGB 1568)?

d) Gibt es einen Rücktritt von der *Verzeihung;* — wann würde man ihn anzunehmen haben, und welche Rechtsfolgen könnten sich mit ihm verbinden?

3. Die Gattin eines mäßig begüterten Kaufmannes strengte die Klage auf Ehescheidung an, weil ihr Mann es wissentlich dulde, daß sie mit ihrem Liebhaber in ihrem Hause ehebrecherischen Umgang habe. Wie ist hierüber zu erkennen?

4. Es war eine Scheidungsklage seitens des Ehemannes eingereicht worden, weil seine Frau seit anderthalb Jahren eine getrennte Wohnung innehabe und nicht zu ihm zurückkehre. Die Ehefrau erwidert, daß diese Tatsachen den Begriff der *böslichen Verlassung* nach dem BGB nicht erfüllten. Darauf erklärt der Ehemann, daß in jedem Falle die Voraussetzungen von BGB 1568 gegeben seien, und es deshalb auf BGB 1567 gar nicht mehr ankomme. Er bleibe daher bei dem Antrage auf Scheidung der Ehe; *eventuell* beantrage er, die Beklagte *zur Herstellung der ehelichen Gemeinschaft* zu verurteilen (BGB 1567, 2 : 1). Von seiten der Ehefrau wird die klägerische Auffassung von BGB 1568 im Verhältnisse zu 1567 als rechtsirrtümlich dargestellt. Dazu komme, daß der Kläger durch seine Scheidungsklage zeige, daß es ihm mit dem *eventuellen* Antrag gar nicht Ernst sei; so daß dieser unter BGB 1353, 2 falle. Wie ist zu erkennen?

5. Charles Lecocq, der Komponist von so vielen Operetten, beging die Unvorsichtigkeit, zu heiraten unter der Bedingung der Gütergemeinschaft einschließlich jeder Vermögenszunahme. Als seine Ehe geschieden wurde, beanspruchte seine Frau die Hälfte aller von den Werken ihres Mannes eingebrachten Tantièmen nicht nur während der Zeit ihres gemeinsamen Lebens, sondern auch für die Zukunft. — Ist dieser Antrag nach dem Recht unseres BGB begründet? Welche Bestimmungen kommen in Frage? Wäre es danach von Interesse, wenn der geschiedene Ehemann auf jene Einkünfte angewiesen ist, um nicht selbst Not zu leiden? Oder, falls die geschiedene Frau einen wohlhabenden Vater hat?

IX

1. Kann eine Tochter von ihrem Vater die Leistung einer *Aussteuer* (BGB 1620) verlangen, sobald sie sich verlobt hat, — oder muß sie erst die Ehe abgeschlossen haben?

Ist die *Aussteuer* in geeigneten Sachen (Möbel, Wäsche, Gerütschaften usw.) zu gewähren, — oder kann sich der Vater durch Geldzahlung nach seiner freien Wahl lösen?

Hat eine bereits verheiratete Tochter die *Aussteuer* selbständig einzuklagen, — oder muß ihr Ehemann auftreten?

2. Ein 18jähriges Mädchen hat sich mit Einwilligung der Eltern verlobt. Der Vater ist aber ein eigenartiger Mann, er überwirft sich mit dem Bräutigam wegen politischer Meinungsverschiedenheiten, und erklärt endlich: Solange ich etwas zu sagen habe, dürft ihr nicht heiraten. — Was ist Rechtens?

3. Wer ist nachstehend unterhaltspflichtig? Und wie groß ist der ihn treffende Anteil?

a) Ein Vater hat fünf Kinder. Zwei Töchter sind zur Gewährung eines Unterhaltsbeitrages außerstande.

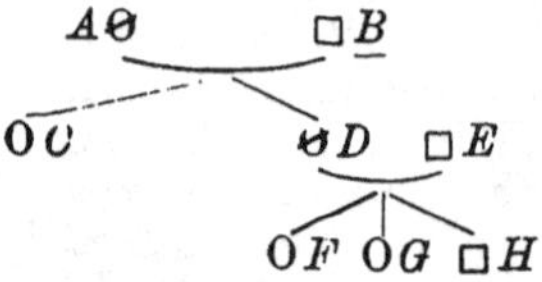

b) Die B. ist bedürftig und hat Anspruch auf gesetzlichen Unterhalt. Die H. ist leistungsunfähig; die übrigen Personen können leisten.

c) Ein alter Mann wird hilfsbedürftig. Er ist verwitwet und hat von nahen Verwandten nur eine verheiratete, vermögende Tochter, deren Ehemann ebenfalls Vermögen besitzt.

4. Sind folgende Unterhaltsansprüche begründet?

a) Ein 24jähriger Studiosus der Chemie klagte gegen seinen Vater, einen Fabrikbesitzer, auf Zahlung des Unterhalts von monatlich 500 *M*, weil er seine Studien noch nicht vollendet habe und darum nicht in der Lage sei, sich und seine Familie — er ist verheiratet und Vater eines Kindes — selbständig zu erhalten. Der Anspruch in der beantragten Höhe sei den Vermögensverhältnissen des Vaters, der ein Einkommen von jährlich 100000 *M* besitze, angepaßt. Der Beklagte wandte ein, daß sein Sohn durch eigenes Verschulden in Notlage geraten sei. Er habe Schulden gemacht, die Prüfungen nicht rechtzeitig abgelegt und könne die Ansprüche an ihn deshalb nur insoweit erheben, als sie den notdürftigen Lebensunterhalt betreffen. Der Sohn denke nicht ernsthaft daran, seine Studien zu vollenden, sondern wolle ihn schon zu Lebzeiten beerben.

b) Vor einigen Jahren ereignete sich in Grimma ein Brunnenunglück, bei dem der Brunnenbauer Thiele verschüttet wurde und erst nach tagelanger gefährlicher Arbeit gerettet werden konnte. Hierbei wurden von der Stadt Grimma an notwendigen Ausgaben für die Rettung nahezu 1500 *M* aufgewandt. Diese Summe forderte die Stadt von dem Vater des damals Verschütteten ein. Der Vater lehnte jedoch jede Bezahlung der entstandenen Kosten ab.

c) Der Vater eines Studenten der Medizin war von diesem auf dem Prozeßwege für die Mittel zur Erlangung der Doktorwürde in Anspruch genommen worden. Er weigerte sich, die geforderte Zahlung zu leisten, weil die Kosten zur Erlangung der akademischen Doktorwürde nicht zum standesgemäßen Unterhalte gerechnet werden könnten, da nach GO 29 der Besitz des Doktortitels nicht mehr die unerläßliche Vorbedingung für die Ausübung des ärztlichen Berufes wäre.

d) Gegen einen Kaufmann wird von einem Rechtsanwalte Klage

erhoben. Die Töchter des Beklagten sind 19 und 20 Jahre alt. Sie sind im Januar d. J. mit ihren Eltern in Streit geraten. Der Beklagte wandte sich deshalb an das Vormundschaftsgericht, mit der Bitte, ihn bei der Erziehung der Töchter zu unterstützen (BGB 1631, 2). Letztere ersuchten den Kläger um Rechtsbeistand. Dieser hat ihn jenen gewährt und sie auf Grund der ihm erteilten Vollmacht vor dem Vormundschaftsgerichte vertreten. Dadurch sind ihm Auslagen und Gebühren von 45 ℳ entstanden. Er behauptet, daß der Vater verpflichtet sei, ihm diese Summe zu ersetzen. Der Beklagte weigert sich.

5. Eine Ehefrau war von ihrem Manne unter Zurücklassung des gemeinsamen Kindes verlassen worden. Es lagen alle Voraussetzungen der gesetzlichen Unterhaltspflicht des Ehemannes vor. Danach erhob die Frau gegen ihn Klage, mit dem Antrage, ihr die gesetzliche Unterstützung für sie selbst und für das Kind zu zahlen. Der erste Teil des Antrages stand außer Streit. Bei dem zweiten erhob sich aber das Bedenken, ob die Klägerin befugt sei, die Ansprüche des Kindes gegen den Vater — sei es kraft eigenen Rechtes oder als Stellvertreterin des Kindes — geltend zu machen. Wie ist hier zu befinden? Würde es einen Unterschied machen, wenn sie eine geschiedene Ehefrau wäre?

6. Ein reicher Bauer, der mit seiner Frau einen Scheidungsprozeß führte, vertrug sich mit seinem 23jährigen Sohne nicht, der bei ihm im Hause lebte und in der Wirtschaft des Vaters tätig war. Nun verlangte der Vater, daß der Sohn das Haus verlasse. Der Sohn aber wollte nicht gehen: er müsse zum Schutze seiner, Mißhandlungen ausgesetzten Mutter im väterlichen Hause bleiben; wenn er gehe, so habe er nichts zu leben, und in fremden Dienst zu gehen, habe er als Sohn vermögender Eltern nicht nötig.— Nun stellt der Vater Klage gegen ihn an. Wie wird der Antrag gelautet haben? Wird er mit der Klage durchdringen? Wäre anders zu entscheiden, wenn der Sohn noch minderjährig wäre?

X

1. Wie sind folgende Streitfälle begründet zu lösen?

a) Die Gattin eines ehemaligen bayerischen Gesandten am russischen Hofe klagt gegen ihren Gatten wegen Weigerung des Erziehungsrechtes ihrer zehn und zwölf Jahre alten Kinder. Die Frau begründet ihre Klage damit, daß ihr Gatte von seinem einmal gefaßten Entschluß, die beiden Mädchen gegen ihren, der Mutter Willen auf die Dauer von sechs Jahren in einem von Salesianer Nonnen geleiteten Mädchenpensionat unterzubringen, nicht abzubringen sei. In dieser Bestimmung ihres Mannes sieht sie einen Mißbrauch seiner elterlichen Gewalt. Der Beklagte verwahrt sich gegen diesen Vorwurf. Manche deutsche Prinzessin verdanke den Salesianerinnen ihre Ausbildung, und es sei Zeit, den Mädchen eine entsprechende allgemeine Bildung angedeihen zu lassen.

b) Ein nahe an der deutschen Grenze wohnender russischer Gutsbesitzer hatte sich trotz seines griechisch-katholischen Glaubens mit einer römisch-katholischen Polin verheiratet. Der Ehe entsprossen drei Töchter, die auf Verlangen der Mutter römisch-katholisch getauft und erzogen wurden. Auf Grund eines kaiserlichen Ukas, nach dem die Kinder in dem Glauben des Vaters zu erziehen sind, forderten die Behörden, daß die drei Töchter zur orthodoxen Religion übertreten sollten. Wahrscheinlich auf Betreiben des dortigen römisch-katholischen Geistlichen ergriffen darauf die jungen Damen, die inzwischen sämtlich volljährig geworden waren, die Flucht, und es gelang ihnen, ohne angehalten zu werden, über Eydtkuhnen deutsches Gebiet zu erreichen. Der Vater wünschte ihre Rückkehr.

c) Ein katholischer Handwerker in Breslau hatte sich mit einem evangelischen Mädchen verheiratet, war aber schon im ersten Jahre der Ehe gestorben. Zwei Monate nach seinem Tode gibt die Frau einem Knaben das Leben. Sie läßt ihn evangelisch taufen und erzieht ihn in ihrem Glauben. Nach zehn Jahren kommt sie mit geistlichen und weltlichen Behörden in Streit, die die Fortführung der seitherigen religiösen Erziehung untersagen. Sie machen darauf aufmerksam, daß der verstorbene Vater weder selbst, noch auch für das Kind aus der katholischen Kirche ausgeschieden wäre. (BGB 1684; EG 134; Dekl. v. 21. Nov. 1803 z. ALR II 2, 76, sowie das. 77—84.)

2. Wegen Ehebruches der Ehefrau erfolgte die Scheidung einer Ehe. Die Frau wurde für den schuldigen Teil erklärt. Wegen der Kinder geschah gerichtlicher Spruch nach BGB 1635. Dem widersetzte sich die Frau. Indem sie nachwies, daß die Kinder bei ihrem Vater schlecht aufgehoben sein würden, beantragte sie, ihm die Fürsorge für deren Person zu nehmen und sie ihr anzuvertrauen. Wie ist das zutreffend zu entwirren und zu ordnen?

3. Vor einigen Jahren wurde in einer juristischen Zeitung folgender belehrende Tatbestand als Beispiel vorgeführt: Ein Trunkenbold wird entmündigt und in eine Heilanstalt gebracht. Nach seiner Entlassung aus der Anstalt begeht er eine schwere Körperverletzung an seinem minderjährigen Kinde und wird deshalb zu neun Monaten Gefängnis verurteilt. Seine Frau läßt sich darauf von ihm scheiden und verheiratet sich einige Jahre später wieder. Wie gestaltet sich die Vertretung des Kindes?

4. Ein Student hatte sich in der Universitätsstadt gegen den Willen seiner Eltern verlobt. Als er eines Nachts nach Hause kam, wurde er an der Haustür von drei Männern gepackt und gewaltsam mit einem Automobil nach seiner Heimatstadt entführt. Es waren seine Eltern, die dieses ins Werk gesetzt hatten. Waren sie nicht wegen *Freiheitsentziehung* (StGB 239) strafbar?

5. Ein Führer der dänischen Partei in Schleswig schickte seinen Sohn in eine Schule, die auf dänischem Gebiete lag. Er wurde angeklagt, weil sein Sohn ohne Entschuldigung die Schule in Preußen nicht besuchte (ALR II 12, 43; KabO v. 14. Mai 1825; Verf. 21). Der Angeklagte erklärte, er hätte besonders deshalb seinen Sohn in eine dänische Schule geschickt, weil dort auch gymnastische Übungen mit den Schülern vorgenommen würden. Nach BGB 1631 habe der Vater nicht nur das Recht, sein Kind zu erziehen, sondern auch seinen Aufenthalt zu bestimmen. Was ist über das Verhältnis der angeführten Gesetzesbestimmungen zu bemerken? Welche amtlichen Schritte sind danach begründet?

6. Vor dem BGB ist es nicht selten vorgekommen, daß ein Vater mit dem mütterlichen Vermögen eines Kindes ein Erwerbsgeschäft, z. B. einen Tabaksladen, im Namen des Kindes kaufte und als dessen Stellvertreter betrieb.

a) Nach dem BGB gehen solche Schiebungen nicht ohne weiteres mehr. Warum nicht?

b) Es könnte aber sein, daß dem Kinde von dritter Seite ein solches Erwerbsgeschäft zufällt. Wie ist alsdann die rechtliche Stellung des Vaters?

7. Nach dem Tode des Vaters wird der Mutter ein Beistand bestellt (BGB 1687). Die Mutter behandelt das Kind schlecht, sorgt nicht für es und mißbraucht es zum Betteln und Stehlen. Der zum Beistand bestellte Mann fordert deshalb das Kind von der Mutter heraus, um es sonstwo unterzubringen. Die Mutter weigert sich. Wie ist die Rechtslage? Und was kann gesetzlich geschehen?

8. Ein 18jähriges Mädchen verheiratet sich — 1. mit Zustimmung ihrer Eltern; 2. oder des Vormundes; 3. oder des Vormundschaftsgerichtes.

a) Wie steht es nun mit der Besorgung ihrer persönlichen Angelegenheiten und mit der Verwaltung und Nutzung ihres Vermögens? b) Bedarf es der besonderen Bestellung eines gesetzlichen Vertreters? c) Wie steht es, wenn die Ehe ohne Einwilligung des gesetzlichen Vertreters geschlossen war, und der Standesbeamte darauf nicht acht gegeben hatte? d) Die minderjährige Ehefrau will ein Grundstück, das sie von ihrer Mutter geerbt hat, an ihren Ehemann auflassen. Ihr Vater lebt noch. Wie ist nach den Rechten zutreffend zu verfahren?

XI

1. Miß Tristram von Blent ließ sich von Sir Edge entführen. Sie heirateten und lebten zwei Monate zusammen. Dann trennten sie sich, und die Dame reiste als angebliche Gattin eines Kapitän Fitzhubert mit diesem nach Deutschland. Nach einem Jahre wird sie von einem Knaben entbunden.

a) Welches war die Rechtslage des Kindes? Konnte der Ehemann der Flüchtigen gerichtliche Schritte tun? Stand es ihm frei, das Kind als das seinige zurückzufordern, oder es nicht als solches anzuerkennen?

b) Konnte der Kapitän die Ehelichkeit des Kindes anfechten? Vermochte es die Mutter ihrerseits?

c) Durfte im obigen Tatbestande der Standesbeamte, dem damals der Ehebrecher die Geburt des Kindes anzeigte, das Anerkenntnis des Meldenden, daß er der Vater des Kindes sei, ablehnen, — oder war er berechtigt oder verpflichtet, es in das Geburtsregister einzutragen?

d) Da seine Mutter später eine englische Baronie erbte, wollte sie, nachdem die Ehelichkeit des Kindes erfolgreich angefochten war, es adoptieren. War das zulässig? Was für rechtliche Wirkungen hat die Annahme an Kindesstatt durch einen deutschen Standesherrn oder einen Angehörigen des niederen Adels?

2. Viel bestritten ist unter den Juristen folgende Frage: Der Ehemann A. ist seit seiner polizeilichen Abmeldung vom 5. Februar 1897 verschollen. Durch Urteil vom 29. November 1908 ist er für tot erklärt worden; als Zeitpunkt seines Todes ist der Ablauf des 31. Dezember 1907 festgestellt. Am 20. Februar 1909 wird von der Ehefrau des A. ein Kind geboren. Wie ist die Rechtsstellung des Kindes zu beurteilen?

3. Der Vormund eines unehelichen Kindes verklagt einen Burschen auf Zahlung von Unterhaltskosten. Der Beklagte entgegnet, er habe sich mit der Mutter nur einmal, vor 7 Monaten, eingelassen; das neugeborene Kind sei aber, wie die ärztliche Untersuchung nachweisen werde, 9 Monate alt. Der Kläger bestreitet die Zulässigkeit dieses Vorbringens. Entscheidung?

4. Auf eine Alimentationsklage aus unehelicher Vaterschaft erfolgt vom Beklagten der Einwand, daß der Erzeuger zur Zeit des Beischlafes wahnsinnig gewesen sei. Welche rechtliche Bedeutung hat dieses Vorbringen?

5. Ein junger Mensch ist rechtskräftig zum Unterhalte des von ihm erzeugten unehelichen Kindes verurteilt worden. Jetzt stirbt er und wird von seinen beiden Schwestern beerbt. Wie steht es nunmehr mit dem Unterhaltsanspruche jenes Kindes?

6. Ein minderjähriges Mädchen war geschwängert worden. Sein Vater schloß mit der Frau N. einen notariellen Vertrag dieses Inhaltes: Frau N. verpflichtete sich, zur Ausgleichung aller Ansprüche, die dem Mädchen, seinen Eltern und dem zu erwartenden Kinde gegen den (nicht genannten) Schwängerer zustehen würden, den Betrag von 1200 ℳ zu zahlen. Gegen Zahlung dieser Summe verzichteten die Eltern für sich, ihre Tochter und das zu erwartende Kind auf alle Ansprüche gegen den Vater des letzteren und übernahmen die diesem obliegende Unterhaltspflicht ihrem ganzen Umfange nach. Auch versprachen sie Stillschweigen über die Person und Familie des Schwängerers, unter Beifügung einer Vertragsstrafe für den Bruch des Schweigens.

War dieser Vertrag gesetzlich zulässig? Hätten nicht in jedem Falle noch andere Personen und Behörden zugezogen werden müssen? BGB 1714; 1821; 1822; 1912.

7. Es wird jemand als außerehelicher Vater auf Leistung von Unterhalt verklagt. Es fragt sich: a) Kann er verlangen, daß ihm das Kind ausgehändigt werde, damit er es bei sich erziehe? b) Welchen Einfluß hat seine erklärte Bereitwilligkeit, die Mutter des Kindes zu ehelichen, während diese sich weigert, darauf einzugehen? c) Welcher Unterschied zeigt sich in diesen Fragen zu folgendem Tatbestand: Ein ehelicher Vater, der auf Zahlung von Geldrente an sein achtjähriges Kind in Anspruch genommen wird, macht geltend, daß ihm sein Kind von seiner, seit Jahren von ihm getrennt lebenden Ehefrau widerrechtlich vorenthalten werde; solange dies geschehe, sei er nicht verpflichtet, Alimente zu zahlen; werde ihm das Kind übergeben, so werde er für dessen Unterhalt in seinem Hause Sorge tragen?

8. Zu der Zeit kamen zwei Huren zum Könige, und traten vor ihn. — Und das eine Weib sprach: Ach, mein Herr, ich und dies Weib wohnten in Einem Hause, und ich gebar bei ihr im Hause. — Und über drei Tage, da ich geboren hatte, gebar sie auch. Und wir waren beieinander, daß kein Fremder mit uns war im Hause, ohne wir beide. — Und dieses Weibes Sohn starb in der Nacht; denn sie hatte ihn im Schlafe erdrückt. — Und sie stund in der Nacht auf und nahm meinen Sohn von meiner Seite, und legte ihn an ihren Arm, und ihren toten Sohn legte sie an meinen Arm. — Und da ich des Morgens aufstund, meinen Sohn zu säugen, siehe da war er tot. Aber am Morgen sah ich ihn genau an, und siehe, es war nicht mein Sohn, den ich geboren hatte. — Das andere Weib: Nicht also; mein Sohn lebt und dein Sohn ist tot. Jene aber sprach: Nicht also; dein Sohn ist tot und mein Sohn lebt. Und redeten also vor dem Könige. (1. Könige 3, 16—22.)

a) Welche rechtliche Stellung würden jene Weiber zu ihren

Kindern nach dem BGB haben? b) Kann nach unserem Rechte eine uneheliche Mutter die Herausgabe des Kindes von einem Dritten verlangen, der es ihr vorenthält? Haben dabei der Vormund oder das ordentliche Gericht oder das Vormundschaftsgericht einzugreifen? c) Ein Mädchen hatte sein uneheliches Kind einem Ehepaare in Pflege gegeben. Der Ehemann wurde danach dem Kinde als Vormund bestellt. Dann verzanken sich die Genannten; und die Mutter verlangt ihr Kind heraus. Der Vormund weigert sich, da das Kind gut aufgehoben sei. Wer ist im Rechte? d) Was für Rechtsfolgen treten für das Kind ein, wenn seine uneheliche Mutter eine Ehe eingeht? Kommt etwas darauf an, ob sie den Erzeuger des Kindes oder eine fremde Person heiratet?

9. Die A. verheiratete sich, nachdem sie eine von B. erzeugte uneheliche Tochter geboren hatte, mit dem C. Aus dieser Ehe ging ein Sohn hervor. Nach dem Tode des C. heiratete sie den B., welcher die Vaterschaft zu jener Tochter anerkannte. Einige Zeit später starb ein Oheim der A. Dieser hatte testamentarisch *dem ältesten ehelichen Kinde der A.* ein Vermächtnis von 300 ℳ ausgesetzt. Fällt es dem Sohne oder der Tochter zu?

XII

1. Wie hat das uneheliche Kind gegen seinen Vater zu klagen: daß er eine Rente zahle, oder: daß er sich als Erzeuger bekenne, oder: daß ein Rechtsverhältnis zwischen ihnen bestehe, oder wie sonst? Vgl. BGB 1310; 1589; 1708; 1713; 1718; 1720.

2. Der Oberförster Kreyßig kommt mit seiner Ehefrau, die tatsächlich von ihm getrennt lebt, dahin überein, daß das Kind aus ihrer Ehe, als vorerst noch der mütterlichen Pflege und Erziehung bedürftig, bis zum sechsten Jahre bei der Mutter sich aufhalten und erzogen werden soll. Später reut es den Vater, und er fordert das Kind mit gerichtlicher Klage zurück, indem er geltend macht, daß jene Vereinbarung keinen gültigen Vertrag abgebe, da seinen Gegenstand das Kind bilde und die Mutter durch die Zurückhaltung des Kindes einer Besitzentziehung durch verbotene Eigenmacht sich schuldig mache (BGB 861). Entscheidung?

3. Eine Bauersfrau trägt einem Anwalt vor: Ihre alte Mutter sei jetzt gestorben und habe kurz vor ihrem Tode gestanden, sich vor 49 Jahren einer Kindesunterschiebung schuldig gemacht zu haben. Der Mann der alten Frau sei damals Arbeiter auf einem Gut gewesen. Dieses Gut sei ein Lehnamt, so daß es, falls der Besitzer keine männlichen Erben hinterlassen, an eine andere Familie gefallen wäre. Um das zu verhindern, sei damals ein Töchterchen der Gutsherrschaft mit einem zu derselben Zeit geborenen Knaben der Arbeiterfrau vertauscht worden. Die Bauersfrau behauptet, nach dem Geständnis ihrer angeblichen Mutter, daß sie die damals vertauschte Tochter des verstorbenen Rittergutsbesitzers sei, während der jetzige Rittergutsbesitzer der Sohn des Landarbeiters wäre. Sie will nun ihre Rechte geltend machen und betraut den Anwalt mit der Wahrnehmung ihrer Interessen. Was kann da juristisch geschehen?

4. Ein Prozeß um die Leiche eines Kindes kam jüngst zur gerichtlichen Entscheidung. Die beiden, den höheren Kreisen der Gesellschaft angehörigen Gegner waren die seit einiger Zeit gerichtlich geschiedenen Eltern des Kindes. Während nämlich der Vater gegen das Scheidungsurteil, das der Mutter das damals noch lebende Kind zusprach, Berufung eingelegt hatte, war das Kind gestorben. Beide geschiedene Gatten beanspruchten das Recht für sich, das Kind in der eigenen Familiengruft zu beerdigen, und so entspann sich um die Leiche ein Prozeß. Die Leiche war inzwischen in einem vorläufig hergerichteten Grabe beerdigt worden. Wie ist hierüber zu befinden?

XIII

1. Ist in folgenden Fällen eine Vormundschaft anzuordnen?

a) Der Vater eines zweijährigen Kindes stirbt. Die Witwe ist 20 Jahre alt. Ihr Vater lebt noch.

b) Ein Seemann ist seit einem Jahre verschollen. Seine Ehefrau lebt mit einem Sohne von vier Jahren in Danzig.

c) Ein Trunkenbold soll entmündigt werden; er wehrt sich jedoch dagegen, und es ist Gefahr vorhanden, daß er bis zur Erledigung des Verfahrens den Rest seines Vermögens noch ziemlich durchbringt.

2. Eine jüdische Waise von 19 Jahren erhält von ihrem Vormund die Aufforderung, ihre Stelle in einem Geschäfte zu kündigen, weil in dem Geschäfte an Sonnabenden gearbeitet würde. Die Waise beantragt beim Vormundschaftsgerichte die Verfügung des Vormundes aufzuheben, damit sie ihre Stelle behalten könne. Wie ist hierüber begründetermaßen zu beschließen?

3. Es wird jemand wegen Geisteskrankheit entmündigt. Der Vormund verpachtet einen Acker des Entmündigten auf zwölf Jahre, und zwar mit Zustimmung des Vormundschaftsgerichtes (BGB 1902, 2). Nach einem Jahre erhebt der Entmündigte Klage auf Aufhebung der Vormundschaft und dringt damit durch.

Wie steht es nunmehr mit jenem Pachtverhältnis?

Falls die Genehmigung des Vormundschaftsgerichtes zu dem Pachtvertrage gar nicht erteilt worden wäre: würde dieser trotzdem für die Dauer von vier Jahren gültig sein — sei es, daß die Entmündigung, wie oben, nach einem Jahre aufgehoben worden, oder derartiges bis jetzt nicht erfolgt ist, aber der Vormund gern den Pächter wieder los sein möchte?

4. Für den Mündel hatte der Vormund ein Grundstück für 18000 ℳ gekauft. Der Kauf war von dem Vormundschaftsgerichte nach BGB 1821, 1 : 4) genehmigt worden. Hierauf beredet der Vormund mit dem Verkäufer, daß nur 11100 ℳ bar zn zahlen seien; der Rest von 6900 ℳ solle durch Übernahme einer auf dem Grundstücke lastenden Hypothek von dieser Höhe getilgt werden. Nun verfügen sie sich auf das Grundbuchamt, um die Auflassung vorzunehmen. Der Grundbuchrichter hat aber Bedenken, die Umschreibung vorzunehmen, wegen BGB 1822: 10). Der Vormund meint, daß diese Bestimmung auf den vorliegenden Tatbestand nicht passe, auch nach der Genehmigung des Kaufes als solchen durch BGB 1825 erledigt sei. Entscheidung?

5. Durch notariellen Vertrag hatte der Vormund V. des minderjährigen M. einem Bauunternehmer K. einen dem M. gehörigen Bauplatz veräußert; und hinzugefügt, daß er dafür Garantie übernehme, daß M. bei seiner Volljährigkeit dies genehmigen werde. Ein Versuch des V., die nach BGB 1821 und 1829 erforderliche Genehmigung des Vormundschaftsgerichtes zu erhalten, mißlang. Bald darauf starb V. und wurde von seinen Vettern M. und N. beerbt. M. wurde nach zwei Monaten volljährig, weigerte sich aber, auf Ansinnen des K. jenen Verkauf des Bauplatzes zu genehmigen. Es fragt sich, ob K. gegen M. und N., oder gegen einen von ihnen, mit einer Entschädigungsklage aus dem Garantieversprechen des V. nach dem Rechte des BGB erfolgreich vorgehen kann?

6. Durch allgemeine Verfügung des Justizministers v. 19. Dez. 1899 werden nach AG z. BGB 85 eine Reihe von öffentlichen Bankanstalten bekannt gemacht, bei denen die Hinterlegung von Wertpapieren in den Fällen BGB 1082; 1392; 1667; 1814; 1818; 2116 stattfinden kann. Worin sind die angezogenen Gesetzesbestimmungen sich gleich oder ähnlich, worin dagegen untereinander verschieden?

7. Für ein achtjähriges Mädchen erster Ehe war seine Mutter, die sich zum zweiten Male verheiratet hatte (BGB 1697), zur Vormünderin bestellt worden. Das bedeutende Vermögen war im Reichsschuldenbuch eingetragen. Von den Zinsen sollten 1500 ℳ jährlich für das Kind verausgabt, der Rest aber sicher angelegt werden. Statt dessen verbraucht die Mutter für das Mädchen über 3000 ℳ und leiht den Überschuß einem Kaufmann gegen Handschein. Es fragt sich nun: a) Kann das Vormundschaftsgericht wegen der geschehenen Verwertung der Zinsen einschreiten? b) Liegt ein Grund für die Entlassung der Vormünderin vor? c) Hat das Gericht für das kommende Jahr vielleicht selbst die Verwaltung in die Hand zu nehmen? — BGB. 1631; 1800; 1837; 1886.

8. Die Pflegebefohlene Luise Malvin war seit mehreren Jahren im Dienste des Inspektors Sorge in Salsitz. Der Vormund verlangte, daß sie in ein von ihm vermitteltes Dienstverhältnis in Amleben treten solle. Luise Malvin weigerte sich; Sorge rief die Entscheidung des Vormundschaftsgerichtes an. Dieses entschied, daß der Anordnung des Vormundes von dem Mündel Folge zu leisten sei. Hiergegen legte der Waisenrat in Salsitz Beschwerde ein, weil der Aufenthalt in Amleben dem Wohle des Mündels unzuträglich sei. Das Vormundschaftsgericht sprach sich dahin aus, daß der Waisenrat zur Erhebung der Beschwerde nicht berufen und nicht zuständig sei. *Quid iuris*?

9. Vor längeren Jahren vermählte sich ein reformierter Standesherr mit einer Prinzessin aus katholischem Hause. In dem Ehevertrage war bestimmt, daß die Prinzen in der reformierten Konfession des Vaters, die Peinzessinnen in der katholischen Konfession der Mutter erzogen werden sollten. Nach dem Tode beider Eltern wurden für den Prinzen und seine beiden Schwestern aus jener Ehe Vormünder eingesetzt; und zugleich ein Familienrat nach BGB 1858 ff. bestellt. Dieser versuchte, die Erziehung des Prinzen in katholischem Sinne zu leiten; er traf schließlich gegen den Willen und Widerspruch des Vormundes die Anordnung, daß der Unterricht des Knaben in der protestantischen Religion zu unterbrechen und ein katholischer Religionslehrer für ihn anzunehmen sei. Der Vormund wandte sich an das Amtsgericht. Dieses machte bei dem Familienrate Vorstellungen, indem es namentlich auf den Inhalt des Ehevertrages der verstorbenen Eltern verwies. Allein der Familienrat beharrte auf dem einmal von ihm beschlossenen Vorhaben. Steht dem Vormundschaftsrichter das Recht der Beschwerde gegen einen solchen Beschluß des Familienrates zu, der abweichend von der von ihm vertretenen Ansicht gefaßt ist?

XIV

1. Sind in den kommenden Tatbeständen die gesetzlichen Voraussetzungen für eine Pflegschaft gegeben?

a) Nach der Konfirmation tritt ein Junge, der Schlosser werden will, in die Lehre; und zwar wird er Lehrling in der Werkstatt seines Vaters (BGB 107; GO 126b).

b) Eine Witwe mit einer minderjährigen Tochter erster Ehe hatte von ihrem Ehemanne letztwillig den Nießbrauch am Kindesvermögen in besonders freier Art vermacht erhalten. Sie will sich wieder verheiraten und wünscht Klarheit darüber, ob ihre Nutznießung dann noch weiter daure (BGB 1697; vgl. 1686; 1630; 1795; 181).

c) Es soll nach dem Tode eines Ehegatten die Auseinandersetzung der Erbschaft unter den ihn beerbenden zwei minderjährigen Kindern und dem überlebenden Ehegatten stattfinden (BGB 181; 1775; 1795; 1915).

d) Es will jemand gegen seine Ehegattin wegen Geisteskrankheit auf Scheidung klagen. Zur Durchführung des Scheidungsprozesses beantragt er bei dem Vormundschaftsgerichte, seiner Ehefrau einen Pfleger zu bestellen, da diese volljährig und nicht entmündigt sei.

2. In einem Dorfe lebt ein verkrüppelter und geisteskranker Mensch. Seine Verwandten wollen, um Kosten zu vermeiden, gar keine gerichtlichen Schritte tun und lehnen es ab, einen Antrag auf Entmündigung zu stellen. Der Krüppel belauscht eines Tages den Bürgermeister, als dieser sich mit anderen Einwohnern darüber bespricht, was wegen jenes zu tun sei. Darüber gerät der Kranke in Wut und weigert sich, irgend einen Beistand oder Vormund oder Pfleger anzunehmen. Was kann nun in dieser Angelegenheit zum Besten des Kranken und seiner Umgebung rechtlich geschehen?

3. Für den Rentner D., welcher infolge eines Schlaganfalles stumm und unfähig war, seine Vermögensangelegenheiten zu besorgen, war eine Pflegschaft eingeleitet und V. zum Pfleger bestellt worden. Ein Bruder des D. beantragte später im angeblichen Auftrage des D., den V. zu entlassen. Er wies nach, daß V. sich um den D. gar nicht bekümmert, ihn nie besucht habe; daß D. in Kleidung und Wäsche ganz abgerissen dasitze, trotz seines großen Vermögens, welches V. allerdings zu vermehren strebe. Auch bei den Maßnahmen zur Verwaltung des Vermögens habe V. niemals versucht, eine Auskunft von D. über dessen Ansichten und Wünsche zu erlangen, obwohl man sich mit D. wohl verständigen könne. Das Amtsgericht gab dem Antrage statt, das Landgericht wies ihn auf von V. erhobene Beschwerde ab. Nunmehr legte der Rechtsanwalt X., gestützt auf eine von D. ausgestellte Vollmacht, weitere Beschwerde ein, mit dem Antrage, den Beschluß des Amtsgerichts wiederherzustellen. Das Kammergericht ordnete Anhörung des V. an. Dieser machte geltend, daß die Beschwerde schon deshalb zurückgewiesen werden müsse, weil Beschwerdeführer als Bevormundeter nicht selbst Rechtsmittel einlegen könne; im übrigen sei sie unbegründet. Wie ist zu entscheiden? Und auf Grund welcher Bestimmungen?

4. Für Frau v. K. ist auf dem Rittergute ihres Ehemannes ein erhebliches Kapital als Vorbehaltsgut mit dem Vermerk eingetragen, daß die Verfügung über dasselbe während der Lebenszeit der Gläubigerin nur einem *Kuratorium* zustehen soll, welches, aus 2 Personen bestehend, von ihrem Vater zu ernennen sei und, bis dies geschehen, von letzterem allein gebildet werden soll. Der Vater der Frau v. K. ist verstorben. Sie hat mit der Anzeige, daß er keine Bestimmungen über das *Kuratorium* getroffen habe, beantragt, zwei Pfleger zur Verwaltung und Verfügung über jenes Kapital zu bestellen. Ist dem Antrag stattzugeben oder nicht?

XV

1. Liegen die Voraussetzungen der Fürsorgeerziehung vor?

a) Der Magistrat einer Stadt hat für ein von den Eltern verwahrlostes Mädchen die Fürsorgeerziehung beantragt. Das Amtsgericht ordnet sie an. Der Vater legt sofortige Beschwerde ein. Ehe hierüber entschieden ist, wird das Mädchen 18 Jahre alt.

b) In dem Dorfe A. lebt seit einiger Zeit eine liederliche und arbeitsscheue Frauensperson mit zwei unehelichen Kindern von zwei und vier Jahren. Sie ist vollständig mittellos. Ihren Unterstützungswohnsitz hat sie in dem Dorfe B.

c) Ein von seinen Eltern stets mißhandeltes kleines Kind ist von einem wohltätigen Menschenfreunde zur Pflege und Erziehung bei zuverlässigen Bürgersleuten freiwillig untergebracht worden. Der Vater hatte zwar gebrummt und geflucht, als dieses geschah, hat aber bis jetzt keine Schritte zum Herausverlangen getan.

d) Einer Ehe ist ein jetzt einjähriges Kind entsprossen. Der Vater ist dem Trunke ergeben, die Mutter betreibt Prostitution.

2. Wie steht es in diesen Fragen mit der Vertretung des Minderjährigen in rechtlichen Angelegenheiten?

a) Ein zwölfjähriger Knabe ist von seinem Vater zu Diebstählen verleitet und deshalb in eine Erziehungsanstalt verbracht worden. Er wird jetzt testamentarisch an einer Erbschaft beteiligt, die zu gerichtlichem Auseinandersetzungsverfahren und verschiedenen Prozessen gegen die Erben führt.

b) Dem Antrag der Behörde auf Anordnung der Fürsorgeerziehung widersprechen die Eltern, weil sie das Kind nicht vernachlässigten und dessen Arbeitskraft in der gemeinsamen Wirtschaft dringend nötig hätten. Das Vormundschaftsgericht wünscht zunächst objektive Aufklärung und Wahrung der Interessen des Kindes.

c) Es erscheint zweckmäßig, einen der Fürsorgeerziehung anvertrauten jungen Menschen einem Handwerker in die Lehre zu geben; aber es erheben sich Zweifel, wer mit dem Meister den

Vertrag für den Lehrling abzuschließen habe: Vater, — Provinzialverband, — Vormund, — Pfleger, — Vormundschaftsgericht.

3. Im Jahre 1828 saß ein Bürger zu Nürnberg abends vor seiner Tür, als ein junger Mensch von etwa 16—17 Jahren in der Kleidung eines Bauernburschen auf ihn zukam, in auffallender Haltung, ähnlich einem Betrunkenen. Er trug einen rätselhaften Brief bei sich, der ihn ganz unbekannt ließ, ihn jedoch an den Rittmeister eines dortigen Chevaulegers-Regiments empfahl. Geld hatte er keines bei sich. Angeblich hatte er alle seine Tage in einem finstern Behältnisse unter der Erde zugebracht und niemanden gesehen, als einen einzigen Wärter, der ihm stets den Rücken zugewandt. In der Tat erschien er geistig völlig verwahrlost. Man legte ihm den Namen *Kaspar Hauser* bei und bemühte sich, das Geheimnis des Fremden zu ergründen. Allein nirgends mochte sich über das Herkommen, die früheren Verhältnisse und die Behandlung des Unbekannten im angeblichen Kerker eine sichere Kunde ermitteln lassen; vielmehr stellte sich bei den Nachforschungen über besonders erhaltene Angaben immer der Ungrund dieser heraus. In Ansbach, wohin man ihn dann verbrachte, wurden zwei Mordversuche — wieder in unaufgehellter Weise — auf ihn gemacht. Am 17. Dezember 1833 ist er an den Folgen des zweiten gestorben.

a) Wer hätte nach unserem Rechte für den *Kaspar Hauser* zu sorgen? Würde eine Fürsorgeerziehung oder eine Vormundschaft oder eine Pflegschaft über ihn anzuordnen sein? c) Wäre es von Bedeutung für diese Fragen, wenn der junge Mensch entweder ein Geistesschwacher — ein *Idiot, fatuus* — gewesen; oder: wenn er (wie viele annehmen) als Schwindler alles erfunden hatte; oder: falls er dem Müßiggange und dem Trunke sich ergeben hätte?

Fünftes Buch.

Erbrecht.

I

1. Herr *De Cuius* ist gestorben. Er hinterläßt kein Testament. Welches ist das Schicksal seines Nachlasses, wenn folgende Angehörige von ihm da sind?

a) Sein hochbetagter Vater, sein jüngerer Bruder und zwei unmündige Enkel seines ältesten Bruders, der ebenso wie dessen Sohn bereits verstorben ist.

b) Ein Stiefbruder aus der zweiten Ehe seiner Mutter, die dreimal verheiratet gewesen war, das letzte Mal mit dem Vater des Herrn *De Cuius*. Aus ihrer ersten Ehe hatte sie einen Sohn gehabt, der vordem die verwitwete Großmutter des Herrn *De Cuius* geheiratet und mit ihr einen Sohn erzeugt hatte, der neben jenem Stiefbruder allein noch lebt.

c) Eine Stiefschwester aus der ersten Ehe seiner Mutter und den Sohn eines verstorbenen Stiefbruders gleichen Zusammenhanges. Die Mutter dieses Stiefneffen war eine Stiefschwester des Herrn *De Cuius*, die aus der ersten Ehe seines Vaters stammte.

d) Eine Ehefrau zweiter Ehe; die Eltern seiner erstverstorbenen Frau. Beide Ehen waren kinderlos. Eine Auseinandersetzung über die Ausstattung und das mitgebrachte Gut der ersten Frau hatte noch nicht stattgefunden.

2. Zwei Witwer heirateten jeder die Tochter des andern und erzeugten danach je einen Sohn A. und B. Als A. starb, hinterließ er eine Witwe D. Von Blutsverwandten lebten nur noch B. und ein Vetter C., dessen Vater ein Bruder der Mutter des A. gewesen war. Wie ist A. zu beerben? Wie stände es, wenn C. der jüngere Bruder des A. wäre?

3. Eine ledige Dame starb, ohne eine letztwillige Verfügung errichtet zu haben. Die nächsten Verwandten waren ein Enkel ihres Oheims, des Bruders ihres Vaters und zwei Töchter ihrer Tante, der Schwester ihrer Mutter. Der Enkel beanspruchte die Hälfte des Nachlasses. Die genannten Töchter aber machten geltend, daß es sich hier um BGB 1928 handle, weil kein Teil der Eltern und Großeltern der Erblasserin bei deren Tode gelebt hätte; nach jenem Gesetze sei der Enkel, als der entferntere Grad, ausgeschlossen. Wie ist hierüber zu befinden?

4. Bei dem Tode eines unverheirateten Gutsbesitzers lebten zwei Brüder von ihm. Er hatte auch eine Schwester gehabt, die schon vor Jahren mit Hinterlassung eines unehelichen Sohnes gestorben war. Dieser Sohn hatte sich verheiratet und war auch gestorben; seine Ehefrau und drei Kinder von ihm lebten noch. Es entstand unter diesen letzten Personen und den beiden Brüdern des Gutsbesitzers Streit über dessen Nachlaß. Wie ist er zu schlichten?

5. Ein junger Offizier stürzt mit dem Pferde und erliegt dem Unfalle am folgenden Tage. Er hinterläßt eine Frau, die guter Hoffnung ist, seine Mutter und eine Schwester. Bald darauf verstirbt seine Mutter. Sie hatte ein Testament errichtet, in dem der *Lucius Titius* als Haupterbe ernannt war. Nach einigen Monaten wird die Witwe des Offiziers von einem toten Kinde entbunden. Wem fällt die Erbschaft des Offiziers zu?

II

1. Ist in der Erklärung des Erben: *Ich verzichte auf die Erbschaft zugunsten meiner Kinder* eine Annahme oder eine Ausschlagung der Erbschaft zu finden?

2. Ist im folgenden eine rechtswirksame Ausschlagung der Erbschaft gegeben?

a) Der Erbe sendet eine notariell beurkundete Erklärung, daß er die Erbschaft ausschlage, an das Amtsgericht seines Wohnortes, während der Erblasser in einem anderen Gerichtsbezirke seinen Wohnsitz gehabt hatte. (GFG 72—74.)

b) Das Nachlaßgericht hat Termin zur Eröffnung des Testamentes auf den 16. Juni anberaumt. Am 15. Juni läuft eine Erklärung des mutmaßlich Eingesetzten ein, daß er in jedem Falle die Erbschaft ausschlage.

Cf. l. 17 § 1; 70 pr. D. de adquirenda vel omittenda hereditate (29, 2); l. 91 D. de RJ. (50, 17).

c) Bei der Eröffnung des Testamentes findet sich ein Neffe des Verstorbenen zu einem Bruchteile unter der Bedingung eingesetzt, daß er die große Staatsprüfung innerhalb eines Jahres bestehe. Der Erbe erklärt darauf, daß er jetzt bereits auf den Erbteil Verzicht leiste.

3. Es kann sich ereignen, daß der berufene Erbe selbst stirbt, ehe er sich über Annahme oder Ausschlagung geäußert hat. Nach römischem Rechte setzten hier bekanntlich die Lehren von *Transmission*, *Substitution*, *sukzessiver Berufung*, *Akkreszenzrecht* ein (vgl. Windscheid-Kipp §§ 600; 557; 573; 603). Anders nach BGB 1922; 1942; 1952. Hiernach sind diese Fragen zu erwägen:

a) Ist es dem Erbeserben gestattet, von den beiden Erbschaften, die nun für ihn in Betracht kommen, die eine anzunehmen, die andere aber auszuschlagen?

b) Wie ist es zu halten, wenn mehrere Erbeserben vorhanden sind, und diese sich nicht darüber einigen können, ob die ihrem Erblasser vormals angefallene Erbschaft angenommen oder ausgeschlagen werden soll?

4. Die Witwe eines Bauern hatte nach dem Tode ihres Mannes die Wirtschaft weiter geführt, war aber schon nach drei Wochen plötzlich auch gestorben. Der Sohn beider verkaufte nun die Möbel der Eltern, um wenigstens die Beerdigungskosten decken zu können; denn die Erbschaft war ganz überschuldet, und der Sohn erklärte seinen Freunden, daß er nichts damit zu tun haben wolle. Trotzdem wurde er von einem Gläubiger seines Vaters auf Zahlung einer Schuld des letzteren belangt, da er nach BGB 1959 und 1968 nun als Erbe zu betrachten sei; während der Sohn nur BGB 679 für gegeben erachtet. Wer ist im Rechte?

5. Bei der Eröffnung eines Testamentes hatte der Richter zu dem eingesetzten Erben gesagt: *So, nun haben Sie sechs Wochen Zeit zur Erklärung über Annahme oder Entsagung der Erbschaft.* Das hatte der Erbe nachweislich so verstanden, daß er noch eine besondere Erklärung vor Gericht abgeben müsse, wenn er die Erbschaft haben möchte. Er wollte sie aber gerade nicht haben und rührte sich deshalb gar nicht. Kann er nun die Folgen seines Schweigens rückgängig machen? Welche Gesetzesbestimmungen kommen in Betracht? Was für rechtliche Schritte sind zu unternehmen? Welche Rechtsfolgen knüpfen sich an solche an?

6. Der Sohn eines Kaufmanns hat die väterliche Erbschaft zuerst angenommen. Dann ficht er die Annahme wegen Irrtumes erfolgreich an. Inzwischen sind elf Monate vergangen. An dem Tage, da sich der Erfolg der Anfechtung entscheidet, wird ihm von seiner Frau ein Knabe geboren. Wie steht dieses Kind zu der seither behandelten Erbschaft? — Auch wurde dabei noch streitig: Ein bissiger Hund des verstorbenen Kaufmannes hatte einen Briefträger angefallen und schwer verletzt, — nach der Angabe des Beschädigten durch schuldhafte Nichtbeaufsichtigung des Tieres durch den damaligen Erben, dagegen nach der Behauptung des letzteren ohne seine Schuld. Wer haftet jetzt, nach der vorhin erwähnten Anfechtung der Erbschaftsannahme, dem geschädigten Briefträger?

III

1. Gehören die nachstehend aufgeführten Anforderungen zu den Nachlaßverbindlichkeiten?

a) In St. Louis wurde vor einiger Zeit der Millionär Düstrow, der Frau und Kind erschossen hatte, hingerichtet. Die Tragödie hatte noch ein merkwürdiges Nachspiel. Auf Grund eines Gesetzes, wonach in Kriminalfällen bei einer Überführung des Angeklagten diesem die Kosten des Verfahrens zur Last fallen, verklagte der Staat Missouri die Erben Düstrows wegen der Hinrichtungskosten.

b) Geldstrafen, die gegen den Verstorbenen hätten erkannt werden können; — Klagen gegen ihn wegen Besitzesstörung; — Ansprüche des Fiskus wegen hinterzogener Einkommensteuer.

c) Ein bei einem Eisenbahnunglücke umgekommener Student, der bereits volljährig gewesen, hinterließ als nächsten gesetzlichen Erben seinen Vater. Dieser erklärte in notariell beglaubigter Urkunde dem Nachlaßgericht, daß er die Erbschaft seines Sohnes ausschlage. Die Kosten dieser Erklärung wurden von dem Nachlasse gefordert, während dessen inzwischen bestellter Verwalter der Ansicht ist, daß der Vater, als damaliger Erbe, sie tragen müsse.

d) Der verwitwete Landwirt Schüddekopf gab seiner Tochter bei ihrer Verheiratung mit dem Hofbesitzer Flachsbarth eine Ausstattung und schloß mit ihr einen Vertrag, wonach sie bei seinem Ableben bestimmte Möbel, Wäsche u. dgl., sowie *als Anteil an den baren Geldern, welche die Eltern nachlassen, 6000 ℳ* erhalten solle. Nach dem Tode des alten Schüddekopf forderte Frau Flachsbarth von ihrem Bruder, als dem Haupterben ihres Vaters, 6000 ℳ. Es entstand ein Streit, ob diese Summe unbedingt zu zahlen sei oder nur mit Mitteln des Nachlasses oder sogar nur, wenn in diesem 6000 ℳ in bar oder doch in Wertpapieren oder vielleicht in Geldforderungen sich finden.

2. *Schulden sind der nächste Erbe.* — Was will dieses alte deutsche Rechtssprichwort besagen? Wie verhält es sich zu dem anderen Spruche: *Wer einen Schilling erbt, soll auch ein Pfund bezahlen?* Worin besteht der Unterschied dieser Sätze und derer des römischen Erbrechtes? Welche allgemeine Stellung hat das BGB zu dieser Frage eingenommen? *Literatur:* Schröder, Deutsche Rechtsgeschichte 5. Aufl. (1907) § 35 S. 345; § 61 S. 772f.; Windscheid-Kipp, Pandektenrecht 9. Aufl. (1906) §§ 605ff.; Strohal, Das deutsche Erbrecht 3. Aufl. (1903) § 72.

3. A. ist ohne Vorbehalt Erbe des B. geworden. Dann stirbt A. und wird von C. beerbt, der die Nachlaßverwaltung beantragt und seine beschränkte Haftung für die Nachlaßverbindlichkeiten erwirbt. a) Wie haftet C. den Gläubigern des B.? b) Wie sind die Gläubiger des A. und die des B. nebeneinander abzufinden?

4. In dem auch für Studierende sehr nützlichen Buche: Hilse-Weissler, Formularbuch für freiwillige Gerichtsbarkeit (10. Aufl. 1900) findet sich das Beispiel: *Beschränkte Erbenhaftung. Eine Novelle in Briefen und Aktenstücken.*

Es beginnt mit diesem Schreiben: Herrn Rechtsanwalt Dr. G., Halle a. S. — Cöln, 1. April 1900. Hierdurch bitte ich Sie um Ihren Beistand in einer, wie ich glaube, ziemlich verwickelten Angelegenheit. Mein Vater ist in Nietleben vor drei Wochen gestorben und hat mich und meinen Bruder August, der jetzt in England ist, als Erben hinterlassen. Da ich, wie Sie wissen, hier meine Eisengießerei betreibe, so hatte ich von seinen Verhältnissen keine Ahnung. Nunmehr merke ich, daß während der letzten Krankheit meines Vaters in seiner Ziegelei alles drunter und drüber gegangen ist. Es ist nichts gebucht, weder die Bestände noch die Außenstände noch die Schulden. Mir schwant aber, daß das Geschäft schlecht steht; denn Barmittel sind nicht vorhanden, und es haben sich schon Gläubiger gemeldet und mit Klage gedroht. Ich will nun um alles die Schande eines Nachlaßkonkurses vermeiden. Ich habe daher einen sicheren Mann, den Ziegelmeister Kuntze, beauftragt, das Geschäft vorläufig weiterzuführen, bitte Sie, sich nötigenfalls mit diesem in Verbindung zu setzen und mir zu raten, wie ich mich zu verhalten habe, um mich vor Verlusten zu schützen. Einen kleinen Fehlbetrag würde ich ja zur Ehre meines Vaters schon decken; ich fürchte nur, daß er zu groß wird. Ich habe immer gehört, daß man in solchen Fällen schleunigst ein Inventar errichten muß. Hochachtungsvoll Albert Krause. — Der Anwalt macht nun hintereinander von den Gesetzesbestimmungen Gebrauch in a) BGB 1944; 1958; 1979; 2014; ZPO 782. b) BGB 1970; 1980; 2015; ZPO 991; 992; 995; 997. c) BGB 2015, 3; ZPO 952; — BGB 1973. d) BGB 1971; 1978; ZVG 175; preuß. AG z. ZVG 4. e) BGB 1981; 1984; 1988; 1990. f) BGB 1993; 2006; 2013. Welche rechtlichen Behelfe sind hier herangezogen? Was für Folgen knüpfen sich an die einzelnen an?

5. Der Schlossermeister Langfuß hat von dem Fuhrmann Grau für gelieferte Arbeiten 150 ℳ zu fordern. Nach dem Tode des Grau beantragt dessen Sohn und Erbe das Aufgebot der Nachlaßgläubiger. Langfuß meldet sich rechtzeitig. Nun reicht der Sohn Grau ein Inventar ein, aus dem hervorgehen soll, daß der Verstorbene keine Aktiva hinterlassen hat, sondern alles durch das Begräbnis und die Ordnung des Nachlasses aufgezehrt sei. Langfuß meint aber, daß der Wert des Mobiliars in dem Inventar viel zu gering angegeben sei. Kann er rechtlich hierbei etwas machen? — Dann erfährt er, daß der Sohn Grau an einen Kaufmann Hedes, der sich im Aufgebotsverfahren gar nicht gemeldet hatte und deshalb ausgeschlossen war, gegen 200 ℳ bezahlt hat. Da der junge Grau selbst nichts besitzt, fragt es sich, ob Langfuß nicht von Hedes etwas herausverlangen könne?

IV

1. Ein wohlhabender Bauer starb und hinterließ einen Vetter vierten Grades als nächsten Verwandten. Dieser nahm den Nachlaß an sich und veräußerte ihn für eine runde Summe an zwei Landwirte, die zunächst den Hof gemeinsam bewirtschafteten. Dann wanderte der eine aus und war verschollen. Eines Tages fand ein Knecht in einem Strohkissen, das er aufgeschnitten hatte, das Testament des verstorbenen Bauern, in dem er eine Frau, die längere Zeit bei ihm gewohnt und mit ihren erwachsenen Kindern das ganze Bauerngut geführt hatte, zur Erbin eingesetzt hatte.

a) Gegen wen kann nun die Frau vorgehen: gegen den Vetter, gegen die Landwirte oder deren Verwandte, gegen Personen, denen diese etwas verkäuflich oder schenkungsweise veräußert haben?

b) Was kann sie herausverlangen, die Sachen selbst oder deren Wert oder eine runde Summe? Kommt etwas darauf an, ob die jedesmaligen Inhaber die Gegenstände fahrlässig durchgebracht haben oder ob diese durch Zufall weggekommen sind?

c) Kann die Frau von jemandem die Errichtung eines Inventars verlangen oder eine sonstige Auskunft oder den Offenbarungseid fordern?

d) Wie steht es mit Kosten und Aufwendungen, die jemand inzwischen in das Bauerngut gesteckt hat?

e) Der Vetter hatte Erbschaftssteuer bezahlt. Wenn die jetzige Erbin die Witwe des Verstorbenen wäre, die nach dem RGes v. 3. Juni 1906 § 11, 4 d) keine Erbschaftssteuer zu bezahlen hätte: in welcher Weise würde diese Angelegenheit rechtlich zu ordnen sein?

2. Die beiden Brüder Karl und Fritz Möller haben sich in einem Erbvertrage gegenseitig zu Erben eingesetzt. Bald darauf ist Karl Möller nach Amerika ausgewandert. Nach längeren Jahren hat sein Bruder Fritz ein neues Testament errichtet, worin mehrere Verwandte zu Erben ernannt sind und der Kirche zu Lügumkloster ein Vermächtnis von 3000 ℳ ausgesetzt ist. Im Eingang dieses Testaments erklärt der Testator, daß er nach den vielen erfolglosen Schritten zur Wiederauffindung seines seit vier Jahren verschollenen Bruders sich von dessen erfolgtem Ableben überzeugt halten müsse und daher die freie Verfügung über sein Vermögen wiedererlangt habe. — Nach dem Tode des Testators Fritz Möller sind jene 3000 ℳ an den Kirchenvorstand zu Lügumkloster ausbezahlt worden. Darauf ist der Bruder Karl Möller aus Amerika zurückgekehrt. Er hat alsbald (gemäß BGB 2078, 2; 2080 bis 2082) das letzte Testament durch Erklärung vor dem Nachlaßgericht angefochten und klagt jetzt gegen den Kirchenvorstand auf Rückzahlung jener 3000 ℳ. Ist die Klage nach BGB 2018 f. begründet? Oder etwa auf Grund einer anderen gesetzlichen Bestimmung?

V

1. Ein Erblasser hatte seine Ehefrau zur Hauptérbin, seine sieben erwachsenen Kinder zu Nacherben eingesetzt. Der älteste Sohn stirbt bald nach ihm und hinterläßt eine junge Witwe als Erbin. Diese will sich demnächst wieder verheiraten. Die übrigen Kinder wollen das Recht ihrer Schwägerin ablösen.

a) Haben sie ein Recht darauf? Könnte die Mutter das Recht des verstorbenen Sohnes erwerben, sei es für sich allein, oder mit den andern sechs Kindern zusammen? (Vgl. auch BGB 2110).

b) Welche Formalitäten sind zu wahren? Wie ist die Sache grundbuchamtlich zu behandeln?

c) Würde die Angelegenheit rechtlich anders liegen, wenn die Mutter mit einem einzigen Sohne gleichmäßig geerbt hätte, und nun die Witwe des Sohnes ihren Anteil der Mutter verkaufen wollte?

2. Zu einem Notar kommen drei Personen A., B., C. und erklären, daß sie Kinder desselben Vaters seien, A. und B. aus erster, C. aus zweiter Ehe. Der Vater sei schon vor längerer Zeit gestorben. Jetzt haben sie zu gleichen Teilen einen Bruder aus der ersten Ehe ihres Vaters und die zweite Frau des letzteren beerbt. C., ein Landwirt, in Süd-Dakota wohnhaft, wolle seine Anteile an seine Stiefgeschwister veräußern und zwar die Erbschaft seines Stiefbruders an A. für 9000 ℳ, die seiner Mutter an B. für 7000 ℳ.

a) Ist das ohne weiteres zulässig? Welche rechtliche Stellung kann den Käufern zukommen? Macht es einen Unterschied, wenn er seine Anteile an einen Vetter D. verkaufen will?

b) A. und B. bereden, daß bei der demnächstigen Erbteilung die gekauften Anteile und die dafür geleisteten Zahlungen halbiert werden sollen. Ehe das geschieht, kommt A. in Vermögensverfall. Können seine Gläubiger seine Erbanteile und den von ihm gekauften Anteil in Zwangsvollstreckung ziehen?

c) Wie wäre zu verfahren, wenn C. nur seine Anteile an den Grundstücken der Erbschaften an einen Fremden X. verkauft, wegen des beweglichen Vermögens aber sich seine Ansprüche gegen A. und B. vorbehalten hätte?

3. *Ex generali quadam Germaniae et in Camera approbata consuetudine receptum est, ut senior frater divisionem pro suo arbitrio bona fide et ex aequo faciat et minor natu optionis et eligendi praerogativam habeat.* (Aus Gaill, Practicarum observationum libri II, 1578; vgl. Sachsenspiegel III 29, 2.) Stimmt dies mit dem römischen Erbrechte überein? Mit dem Rechte des BGB? Welche Bestimmungen hat dieses über unsere Frage?

4. Im Anschlusse an BGB 2042 sind folgende erwähnenswerte Fragen im Sinne unseres Rechtes zu entscheiden:

a) Handelt es sich bei der Auseinandersetzung der Miterben um einen bürgerlichen Rechtsstreit oder um eine Handlung der freiwilligen Gerichtsbarkeit? Und welches Gericht — Prozeß- oder Nachlaßgericht — ist zuständig? (FGG 86—98.)

b) Kann das die Auseinandersetzung durchführende Gericht eine Teilung nach seinem eigenen richtig begründeten Ermessen vornehmen oder ist es an bestimmte Anträge der Miterben gebunden? Kommt etwas darauf an, ob alle Miterben Anträge gestellt haben, die sich widersprechen, oder ob nur der eine von ihnen einen bestimmten Antrag dem Gerichte unterbreitet hat? Was ist die Folge, wenn gar kein bestimmter Antrag gestellt ist, sondern nur die Aufhebung der Gemeinschaft im allgemeinen von der einen Seite gefordert wird?

c) Ist es angängig, die gerichtliche Bestellung eines Unparteiischen zu verlangen, der die Erbschaft zu verwahren, zu versilbern und zu verteilen hätte? (Vgl. BGB 2038; 2039; — sowie die Analogien in 432; 1217; 1275; 1281; 2039.)

5. Bei einem Juristen geht folgende Anfrage ein: Meine Eltern sind gestorben und haben hypothekarisch eingetragenes Geld hinterlassen. Wir Kinder treten jetzt nach dem Tode der Eltern als Erben auf. Einer meiner Brüder lebt in Südamerika. Zur Löschung jener Hypothek bedarf es der Vollmacht meines südamerikanischen Bruders. Die Unkosten der Ausstellung einer Vollmacht übersteigen dort den Betrag seines auf ihn hier entfallenen Erbteiles. Mein Bruder möchte daher nicht gerne die Vollmacht erteilen und lieber seinen Erbteil hier fahren lassen. Kann jetzt der Schuldner uns anderen Kindern und Erben hieraus Schwierigkeiten machen und uns so lange Zahlung verweigern, bis der südamerikanische Bruder Vollmacht übersandt und wir dem Schuldner die Hypothek rein, also ohne jedweden Rest, löschen lassen können; oder ist er verpflichtet, uns für unsere Teile auf Kündigung unsererseits uns Zahlung zu leisten, und bleibt ihm nur das Recht, denjenigen Teil für den südamerikanischen Bruder, den wir ohne Vollmacht des Bruders nicht quittieren können, zurückzubehalten?

6. Ein Bauer versichert seinen Viehbestand bei einer Gesellschaft auf Gegenseitigkeit auf 5 Jahre. Er stirbt nach einem halben Jahre und wird von seiner Frau und zwei Söhnen beerbt. Diese haben den Nachlaß geteilt, ohne jener Versicherung zu gedenken. Nun klagt die Gesellschaft auf Zahlung der Mindestprämie von 32 ℳ im Jahre gegen den einen Sohn. Der Beklagte wendet ein: Entweder müssen wir alle verklagt werden oder die Mutter allein, denn diese hat bei der Teilung den Nachlaß zur aktiven und passiven Vertretung übernommen. Der Kläger entgegnet: Diese Übernahme sei nach BGB 329 gleichgültig; und die Teilung der Erbschaft unwirksam, da vor einer solchen immer erst die Schulden bezahlt werden müßten, was hier nicht geschehen sei. Wie ist zu erkennen?

VI

1. In welcher Art sind die nachstehenden letztwilligen Anordnungen juristisch aufzufassen und durchzuführen?

a) Ich bestimme über meinen Nachlaß, daß A. 2500 und B. 4000 ℳ erben, dem C. aber mein Haus und Garten als Erbe zufallen soll.
b) Meine drei Geschwister mögen mich zu gleichen Teilen beerben. Unser Silbergeschirr, das von unsern Eltern herstammt, soll aber meinem ältesten Bruder ausschließlich zufallen.
c) Es ist mein Wunsch und Wille, daß von meinem Nachlasse der dritte Teil, nach Erledigung aller Schulden, von meinem Sohne an meinen Bruder abgegeben werde.

2. Ein Gendarm geriet in einen Kampf mit zwei Wilddieben. Er schoß den einen nieder, wurde aber von dem andern schwer verletzt. Der Sterbende errichtete vor dem Vorsteher der Gemeinde ein Testament (BGB 2249), in dem er zur Hälfte seine Ehefrau einsetzte, zur anderen Hälfte, da sie guter Hoffnung war, das von ihr demnächst zu erwartende Kind. Vier Monate darauf kam die Frau mit Zwillingen nieder. Wie ist es nunmehr mit dem Testamente und der Verteilung der Erbschaft zu halten?

3. Ein Landwirt erkrankte lebensgefährlich. Vor kurzem hatte er sich verheiratet und nun die Hoffnung gehegt, Vater zu werden. Jetzt errichtete er folgendes Testament: Wenn das erwartete Kind ein Knabe sein werde, so solle er 5 Teile, die Mutter 4 Teile des vom Testator hinterlassenen Vermögens erhalten; wenn jedoch ein Mädchen geboren werde, solle die Mutter 3, die Tochter 2 Teile erhalten. — Bald darauf starb der Mann. Die Witwe gab drei Monate später einem Zwillingspaar das Leben, nämlich einem Knaben und einem Mädchen. Wie steht es nun mit dem Testament und seiner Ausführung? — Cf. l. 13 pr. D. de liberis et postumis heredibus instituendis vel exheredandis (28, 2).

4. Ein alter alleinstehender Herr hatte folgende nähere Verwandte: a) den Enkel einer älteren Schwester, b) zwei Neffen, die Söhne eines jüngeren Bruders, c) die Tochter eines Stiefbruders aus einer zweiten Ehe seines Vaters. Er möchte die beiden Neffen als Erben haben und erkundigte sich bei dem Sohne eines Freundes, einem stud. jur., nach den gesetzlichen Bestimmungen unseres Erbrechtes. Der junge Mann gibt ihm den Inhalt der Nov. 118 als geltendes Recht an. Darauf errichtete der alte Herr ein Testament, in dem er viele Vermächtnisse aussetzt, im übrigen aber seinen Nachlaß *den gesetzlichen Erben* zuweist. Nach seinem Tode entsteht Streit, da alle obengenannten Personen an der Erbschaft teilnehmen, die beiden Neffen sie allein haben wollen. Wie ist hierüber zu befinden?

5. Zwei Ehegatten errichten ein gemeinschaftliches Testament, indem sie ihre fünf Kinder zu ihren Erben einsetzen; dann aber weiter erklären, daß sie die Erbeinsetzung der älteren Tochter zurücknehmen und sie vollständig enterben, weil sie sich gegen die Testatoren schwerer körperlicher Mißhandlungen in näher angegebener Weise schuldig gemacht habe. Sie fügen noch hinzu, daß diese Tochter seit einer Reihe von Jahren einen durchaus unsittlichen Lebenswandel geführt und ihnen dadurch tiefe Kränkung und schweren Kummer bereitet habe (vgl. BGB. 2333: 2 u. 5). Was ist von diesem letzten Willen juristisch zu halten?

6. Sind folgende Erbeinsetzungen rechtlich in Ordnung?

a) Ein reicher Römer, namens Paulus Maccarini, verordnete in seinem Testamente: Man möge aus einem bestimmten Waisenhause 20 Waisen auslosen, von diesen ebenso zehn, dann fünf, und drei, endlich einen; und dieser solle sein Universalerbe sein, mit der Verpflichtung, des Testators Familiennamen anzunehmen.

b) Eine kränkelnde Frau setzte die künftige Ehefrau ihres, der letztwillig Verfügenden, Mannes zu ihrer Erbin ein.

c) Wenn es nach meinem Wunsch und Willen geht, so würde ich mein Vermögen zur Herstellung guter Arbeiterwohnungen verwerten. Ich überlasse es meiner Frau, ob sie sich dazu entschließt, unsere Vaterstadt mit jener Auflage zu meinem Erben zu bestimmen.

d) Der in Pruntrut (Kanton Bern) verstorbene Beamte Bron hatte die Bären in der Stadt Bern zu Erben eingesetzt. Die Erbschaft sollte der katholischen Gemeinde Pruntrut zufallen, *falls die Bären sich weigerten, sie anzunehmen.* Nun hat aber der die Bären vertretende Gemeinderat der Stadt Bern beschlossen, die Erbschaft anzunehmen.

e) Eine Dame war eine eifrige Jüngerin des Spiritismus und glaubte namentlich an die Seelenwanderung. Sie war nicht gerade verrückt, denn über alle anderen Dinge sprach sie sehr vernünftig und nüchtern; das verhinderte sie aber nicht, eines Tages in einem schönen Hahne die Seele ihres verstorbenen Gemahls zu erkennen. Sie ließ ihn in ihrem Garten aufs beste verpflegen. Bei ihrem Tode fand sich ein Testament, in dem sie ihr Vermögen ihrem *als Hahn verkörperten Gemahl* hinterlassen hatte.

7. Wie steht es mit der Gültigkeit der kommenden letztwilligen Verfügungen:

a) In einem alten Hause wurde bei einer Neueinrichtung ein Geheimfach in der Mauer entdeckt, in dem unter anderem auch das Testament eines früheren, längst verstorbenen Bewohners von dem Maurergesellen gefunden wurde. Darin war der Mensch zum Erben des Testators eingesetzt, der die Urkunde entdecken werde.

b) Eine russische Dame in Paris setzte den zu ihrem Erben ein, der in einer Zelle, die in ihrem Grabdenkmal auf dem Père-Lachaise hergerichtet war, ein Jahr wohnen würde, ohne sie zu verlassen. — Ein alter Sonderling ernennt in FULDAs Lustspiel *Der Dummkopf* als Erben *den Dümmsten* unter seinen fünf nächsten Verwandten.

8. Der *armen Blinden Berlins* hat das verstorbene Fräulein Martha H. in einem Testament in folgender Weise gedacht: *Im Falle meines Todes ernenne ich zum Universalerben meines Vermögens: 1) meinen Bruder Otto H., sollte derselbe unverheiratet sterben, so geht das Kapital auf die armen Blinden Berlins über. 2) An meinen Bruder Hans H. die Summe von 80000 ℳ, d. h. wenn derselbe Witwer geworden ist. Verstirbt er mit Hinterlassung ehelicher Kinder, so geht das Kapital als Eigentum auf dieselben über.* Das Vermögen ist zunächst in die Hände des Otto H. übergegangen. Dieser ist nach 8 Jahren unverheiratet gestorben. Universalerbe war sein Bruder. Sein Testament hat folgenden Wortlaut: *Mein Bruder Hans ist mein Universalerbe. Ich bitte meinen Bruder, die testamentarischen Bestimmungen unserer seligen Schwester Martha zu respektieren und zur Ausführung zu bringen, also von meinem Nachlaß 80000 ℳ für sich zu behalten und den verbleibenden Rest der Königl. preuß. Blindenanstalt in Berlin als Vermächtnis des verstorbenen Fräulein Martha H. zu übergeben.* Hans H. hat die Erbschaft angenommen. Er ist verheiratet, die Eheleute sind 42 und 41 Jahre alt, Kinder sind nicht vorhanden. In welcher Art ist diese Angelegenheit begründetermaßen zu ordnen?

VII

1. Es wird zur Frage gestellt: wie die hierunter aufgeführten Verfügungen nach unseren Gesetzen zu behandeln sind?

a) Ein Testator setzt die bei seinem Tode vorhandenen und etwa später noch zu gebärenden Kinder seiner Schwester zu Erben ein.

b) Im Jahre 1785 hinterließ ein wohlhabendes Paar, Peter und Elisabeth van der Hulst, seinem Neffen Peter Teyler in Haarlem ein bedeutendes Vermögen, gab aber zugleich weitere Anweisungen über die Verwendung des Geldes, falls der Neffe sterben und keine Abkömmlinge hinterlassen sollte. Im letzteren Falle sollte das Geld erst nach einem Zeitraum von hundert Jahren unter die Nächstverwandten verteilt werden. — Der Neffe starb unverheiratet.

c) Der Erblasser hat angeordnet: 1. daß seine Ehefrau Vorerbin sein soll, und die beiden Kinder das, was nach dem Tode der

Ehefrau übrig bleiben wird, erhalten; 2. daß das Testament im Falle der Wiederverheiratung seiner Ehefrau außer Kraft treten soll.

d) Bei Eröffnung eines Testamentes fand sich, daß als Erben die drei Neffen des Verstorbenen ernannt waren; mit dem Zusatze, *in Ermangelung ehelicher Abkömmlinge eines von ihnen substituiere ich die Söhne der andern eingesetzten Erben.*

e) Kinderlose Ehegatten hatten in ihrem wechselseitigen Testamente bestimmt: daß der Überlebende den Verstorbenen in allen Stücken beerben solle, dergestalt, daß der Überlebende berechtigt sein solle, über den Nachlaß in jeder Beziehung frei zu verfügen oder ihn den gesetzlichen Erben zu überlassen.

2. Eine Witwe, die aus erster Ehe einen Sohn hatte, verheiratet sich wieder. Sie stirbt bald darauf mit Hinterlassung eines Testamentes, in dem sie ihren zweiten Mann zum Vorerben, ihren Sohn zum Nacherben einsetzt. Der Vorerbe gibt seinem Stiefsohn freiwillig die Hälfte der Erbschaft seiner Mutter jetzt schon heraus. Wie ist das juristisch zu bestimmen? Hat der Sohn die jetzt erhaltene Hälfte als Schenkung oder als Erbschaft, und vom wem leitet er sein Recht ab?

3. Die Kraftschen Eheleute hatten ein Testament errichtet, wonach ihre Kinder Philipp und Elisabeth zu Erben eingesetzt wurden, deren Erbteile aber nach ihrem Tode an die anderen gleichfalls zu Erben eingesetzten Geschwister herausgegeben werden sollten. Nach diesem Testamente wurde der Nachlaß der Kraftschen Eheleute angetreten. Nach zehn Jahren starb Philipp Kraft. Schon neun Jahre vorher hatte die Schwester Marie Kraft ihren Anteil an dem Erbe des Bruders Philipp abgetreten und war darauf nach Amerika ausgewandert. Hat der Zessionar einen klagbaren Anspruch gegen eine der beteiligten Personen?

4. Es hatten Grote und Frau einen Ehevertrag errichtet, wonach sie sich zu Erben einsetzten, mit dem Hinzufügen, daß über den Nachlaß des zuerst Versterbenden sofort nach dessen Tode ein Inventar aufgenommen und dieser gesamte Nachlaß nach dem Tode des Überlebenden an die gesetzlichen Erben des zuerst Verstorbenen herausgegeben werden solle. Nach dem Tode des Grote hat der Handelsmann Rau wegen einer Forderung an die Witwe Grote gegen diese die Pfändung vollstrecken lassen. Die Kinder des Grote klagen auf Freigabe der Pfandsachen, die zum Nachlasse des Vaters gehören und ihnen als Nacherbschaft hinterlassen seien. Mit Erfolg? — Vgl. BGB. 2104; 2115; ZPO 773.

5. T. hatte seine Frau zur Erbin eingesetzt, jedoch angeordnet, daß bei deren Tode sein Nachlaß an seine Mutter, welcher er seine Schwestern substituiere, fallen solle. Als die Witwe schlecht wirtschaftete, klagten die Schwestern des Erblassers auf Sicherheitsleistung gemäß BGB 2128, während die Mutter keine Klage erheben zu wollen erklärte. Wie ist hierüber zu befinden?

6. Zwei Eheleute hatten in einem wechselseitigen Testamente sich gegenseitig und außerdem ihre Kinder zu Erben eingesetzt. In dem Testamente war bestimmt, daß der Überlebende über den Nachlaß des Erstversterbenden auch der Substanz nach freie Verwaltung und Verfügung haben und an die Kinder nur das fallen sollte, was bei dem Tode des Letztlebenden noch vorhanden wäre. Nach dem Tode des Ehemannes wurde das Testament gerichtlich eröffnet und verkündet; und danach die Witwe und die drei Kinder als Eigentümer des Anteiles der Verstorbenen an den Grundstücken in Abteilung I des Grundbuches eingetragen. Nach fünf Jahren verkauft die Witwe an einen Privatmann ein Grundstück des Nachlasses, und es wird der Erwerber nach erfolgter Auflassung durch die Witwe als Eigentümer eingetragen; an demselben Tage aber in Abteilung II von Amts wegen ein Vorbehalt für die Kinder als Nacherben ihres Vaters auf dessen früheren Anteil gemäß dem Testamente eingetragen. Welche Fehler hatte hier der Grundbuchrichter gemacht? Wie wäre die Sache von Anfang an richtig zu behandeln gewesen? Was kann nunmehr rechtlich geschehen?

VIII

1. Was für Rechtsbegriffe finden nachstehend Anwendung? Welche Personen sind dabei als bedacht und als beschwert zu erachten?

a) Hermann Allmers' Marschenhof in Rechtenfleth ist mit dem Tode des Dichters an seine Verwandten, Geschwister Achgelis, die ihrem Onkel schon seit Jahr und Tag treu sorgend Haus und Hof verwalteten, übergegangen. Der Hof soll nach dem Wunsche des geschiedenen *Alten hinterm Deiche* der Nachwelt in seiner jetzigen Gestalt erhalten bleiben und auch in Zukunft allen Besuchern Rechtenfleths zugänglich sein. Sein Studierzimmer und seine Schlafkammer sollen von den Angehörigen des Verstorbenen pietätvoll so erhalten werden, wie sie Allmers verlassen hat. Über die letztwilligen Verfügungen wird berichtet, daß er für alle bedürftigen Leute Rechtenfleths und für die älteren teilweise erwerbsunfähigen Leute, die auf seinem Hofe gearbeitet haben, Vermächtnisse ausgesetzt hat, deren Nutznießung ihnen zustehen soll. Nach dem Tode dieser Leute fallen die Gelder der Schule in Rechtenfleth zu, wo sie zur Erhöhung des Lehrergehaltes und zur Verbesserung der Schuleinrichtungen Verwendung finden sollen. Weiter hat Hermann

ALLMERS die Errichtung einer Bibliothek angeregt, die in erster Linie den Schülern seines Heimatdorfes, dann aber auch den Ortseingesessenen zur Benutzung dienen soll. Ferner hat er dem Schulvorstande die Zinsen einer bestimmten Summe zur freien Verfügung überlassen.

b) Ein Erblasser hinterläßt 3 Millionen Mark zur Gründung eines Erziehungsheimes für Handweberkinder. In dem Heim sollen die Knaben in andere Berufe als den ihrer Eltern übergeführt und die Mädchen in der Führung des Haushaltes unterrichtet werden. Mit der Vollstreckung des letzten Willens ist der jeweilige erste Bürgermeister der dortigen Stadt beauftragt.

c) AUG. WILH. IFFLAND war der Besitzer eines eisernen, reich mit Diamanten geschmückten Ringes. In seinem Testamente bestimmte er ihn für *den Würdigsten* unter den Schauspielern. Der Ring kam an Ludwig Devrient, der das Kleinod Emil Devrient vermachte, von dem es an Theodor Döring überging, der es testamentarisch Friedrich Haase übergab.

d) Zur Zeit der Pest in Ferrara wurde Basso della Penna von der Krankheit befallen und war von allen Freunden und Verwandten gemieden. Endlich fand sich ein Notar bereit, das Testament aufzunehmen: *Und er: ich will es ihnen auferlegen, Ich meine meinen Kindern, meinen Erben, Anständig meine Fliegen zu verpflegen ... Alljährlich sollen sie am Jakobstage Aussetzen einen Scheffel reifer Feigen Den Fliegen allzumal zum Festgelage. Und sollten sie darin sich lässig zeigen, Und unterblieb' es nur ein einzig Mal, Fällt Hab' und Gut dem Armenhaus zu eigen.* (CHAMISSO, Das Vermächtnis.)

2. Die A. hatte ihrem Neffen X. eine notarielle Urkunde übersandt, worin sie erklärte: *Ich verpflichte mich für den Fall, daß ich, ohne Kinder zu hinterlassen, versterben und nicht durch Krankheiten genötigt werden sollte, mein Vermögen selbst verzehren zu müssen, meinem Brudersohn X. 2000 ℳ zu hinterlassen, welche ihm aus meinem Nachlasse bar ausbezahlt werden sollen.* Später errichtete die A. ein Testament, in dem sie des X. nicht gedachte. Nach dem Tode der A. klagt X. gegen die Erben auf Auszahlung der 2000 ℳ auf Grund der Urkunde oder als Schadensersatz wegen Nichterfüllung des Versprechens. *Quid iuris?*

3. M. hatte seine Töchter zu Erben eingesetzt; seiner Ehefrau aber den Nießbrauch seines Wohnhauses hinterlassen, mit dem Hinzufügen, daß, wenn die Töchter das Haus veräußerten, sie statt des Nießbrauches der Witwe jährlich 800 ℳ zahlen sollten. Später verkaufte M. das Haus. Nach seinem Tode verlangte die Witwe, unter Berufung auf BGB 2169, von den Töchtern eine jährliche Zahlung von 800 ℳ. Mit Recht? Wie wäre es gewesen, wenn M. das Haus niedergelegt und den Platz in einen Garten verwandelt hätte? Oder: wenn er an Stelle des alten Hauses ein neues, schöneres aufgeführt hätte?

4. Als 1856 die *Jahrbücher für die Dogmatik des heutigen römischen und deutschen Privatrechts* begründet wurden, schickte IHERING eine Einleitung voran, in der sich auch diese Stellen finden: Man nehme an, ein Testator habe jemandem das Haus der X., in dem er zur Miete wohnt, oder ein Kapital von 10000 Rtlrn. vermacht, und der Legatar erklärt dem Erben, er wünsche das Haus. Letzterer kauft dasselbe von X. für einen hohen Preis; wie er es aber dem Legator offeriert, nimmt jener seine Wahl mit Berufung auf l. 138 § 1 D. de VO (45, 1) zurück ... Der Testator vermacht seinem Neffen ein Landgut, bestimmt aber, daß seine Witwe den lebenslänglichen Nießbrauch daran haben solle. Wie ist hier nach PUCHTA zu entscheiden? Die Witwe und der Neffe bekommen jeder die Hälfte des Nießbrauches. Unglaublich, wird jeder ausrufen, und mit Recht! Man vergleiche aber PUCHTAS Pandekten § 532 a. E., dort ist dieser Satz wörtlich enthalten, unter Verweisung auf l. 19 D. de usu et usu fructu legato (33, 2) und mit Hinzufügung eines Grundes, der auf PUCHTAS eigene Rechnung kommt, nämlich *da man nicht ohne weiteres annehmen kann, daß der Testator das Eigentumsvermächtnis durch jene zweite Verfügung auf die bloße Proprietät reduziert habe* ...

Welche Entscheidung ist in beiden Fällen nach unserem BGB zu treffen? Wie stände es, wenn in dem zweiten Falle der Nießbrauch an dem gesamten hinterlassenen Vermögen vermacht worden wäre? Wie würde im besonderen diese Sache grundbuchamtlich zu behandeln sein?

5. Zwei kinderlose Eheleute haben ein gemeinschaftliches Testament errichtet, dessen wesentliche Bestimmungen wie folgt lauten: 1. Der überlebende Ehegatte soll die Verwaltung und Nutznießung des gesamten Nachlasses behalten und befugt sein, Veräußerungen und Verpfändungen ohne Zustimmung der nächsten Verwandten vorzunehmen; 2. nach beiderseitigem Ableben fällt das noch vorhandene Vermögen je zur Hälfte an die beiderseitigen nächsten Verwandten; 3. die noch lebenden Eltern des Ehemannes werden auf den Pflichtteil eingesetzt, und wenn derselbe zuerst verstirbt, sollen sie mit seinen Geschwistern und etwaigen Kindern verstorbener Geschwister zu seinem Erbteil berufen sein, aber diesen nicht eher erhalten, bis, wie bereits bestimmt, der letzte der Ehegatten verstorben ist; 4. die beiden Geschwister der Ehefrau und im Falle des Ablebens eines derselben dessen hinterlassene Kinder sollen zum Anteil der Erbschaft nach Stämmen, d. h. zu zwei Teilen berufen sein.

a) Wie ist diese letztwillige Verfügung aufzufassen? Wer ist danach der Erbe? Was für Vermächtnisse liegen vor?

b) Wie steht es mit dem dortgenannten Nießbrauche? Worin unterscheidet er sich von dem regelmäßigen Rechte dieser Art? Ist die angeordnete Besonderheit heute ohne weiteres zulässig; und welche Rechtsfolgen verbinden sich nach unserem Rechte mit ihr?

c) Durch welche Rechtseinrichtung wird man dem Willen der Erblasser am besten Rechnung tragen: Private Verwaltung und Veräußerung der Erbschaft, — Auflage an den Erben, — Nacherbfolge, — Erbschaftsvermächtnis, — Testamentsvollstrecker?

6. Der verstorbene Bankier Galland hat die Stadt Genf zur Universalerbin seines etwa 8 Millionen Franken betragenden Vermögens eingesetzt, mit der Verpflichtung allerdings, eine Anzahl Vermächtnisse auszurichten, die etwa $1^1/_2$ Millionen Franken beanspruchen. Unter den Legataren befindet sich auch eine Verwandte des Erblassers, der ein Schreibsekretär vermacht wurde mit allem, was drinnen war *(avec tout ce qu'il renfermait)*. Es stellte sich nun heraus, daß in dem Sekretär außer einigen Wertgegenständen und etwas Bargeld auch verschiedene Wertpapiere in Höhe von 213 750 Franken enthalten waren. Die bedachte Verwandte beanspruchte die Wertpapiere samt dem Sekretär, die Stadt Genf meinte aber, die Effekten gehörten nicht zu dem Legate. Wie ist dieser Fall nach dem deutschen BGB zu entscheiden? Cf. l. 78 § 1 D. leg. II (31); l. 86 pr. D. leg. III (32); l. 92 § 1 eod.

IX

1. Können nachstehende Personen zu Testamentsvollstreckern bestellt werden: a) Frauen; insbesondere Ehefrauen? b) Juristische Personen? c) Wegen Trunksucht oder wegen Verschwendung Entmündigte? d) Solche, denen die bürgerlichen Ehrenrechte aberkannt sind? e) Personen, die der Erblasser durch Drohungen widerrechtlich zur Übernahme bestimmt hat? f) Miterben; Vermächtnisnehmer?

2. Ein unverheirateter Kaufmann setzte seinen Bruder als Vorerben und dessen vier Kinder als Nacherben ein. Die Vorerbschaft sollte von allen Beschränkungen befreit sein, und an die Nacherben nur das fallen, was bei dem Tode des Vorerben etwa noch vorhanden wäre. Zu Vollstreckern seines letzten Willens ernannte er seinen Bruder und Haupterben zusammen mit einem vertrauten Freunde. Beide sollten stets gemeinsam und mit gleichen Rechten wirken. — Nach dem Tode des Erblassers entstand Streit unter den beiden Testamentsvollstreckern. Der Freund wünscht das Ausstellen eines Erbscheines und die Errichtung eines Inventars, der Bruder will davon nichts wissen. Er meint, daß die Tätigkeit des

Freundes erst nach seinem, des Bruders Tode, einzusetzen habe, da er als befreiter Vorerbe überhaupt keiner Verantwortung unterstehe. Der Freund hält dieses weder mit dem Buchstaben, noch mit dem Sinne des Testamentes für vereinbar. — Vor welcher Behörde ist dieser Streit auszutragen? Wie ist er in der Sache begründet zu schlichten?

3. In einem Testamente war die Kapelle des Hinterburger Totenhofes zur Universalerbin eingesetzt und ein Testamentsvollstrecker ernannt worden. Dieser kommt mit der Verwaltung der Kapelle in Streit, da die letztere Rechnungslegung und Herausgabe des Nachlasses von ihm verlangt. Er entgegnet, daß die Kapelle gar keine Rechtsfähigkeit besitze, und deshalb das fragliche Testament unwirksam sei. Wie ist hierüber zu befinden?

4. Der im Jahre 1612 zu Schleswig verstorbene Kammerrat v. Wovern hat ein Testament hinterlassen, in welchem eine Familienstiftung zugunsten seiner Nachkommen begründet ist. Zu ihrer Verwaltung wurden Testamentsvollstrecker ernannt, als welche jetzt die beiden Brüder Carstensen fungieren. Gegen sie ist von einem neu aufgetretenen Erbprätendenten, der genußberechtigt zu sein behauptet, Klage auf Anerkennung seines Anrechtes erhoben. Es ist BGB 2213 zu vergleichen und danach anzugeben: Wie in dem berichteten Prozesse zu erkennen ist?

X

1. Was ist über die Zulässigkeit nachfolgender Testamentserrichtungen in Gemäßheit unseres BGB zu bemerken?

a) Das eigenartigste Testament, das bisher dagewesen ist, dürfte ein Ingenieur zu Rochester, im Staate New York, gemacht haben. Er sprach seinen letzten Willen vor Zeugen in einen Phonographen. Der Wachszylinder wurde sodann versiegelt und gerichtlich verwahrt.

b) Eine reiche Dame litt an einer vollständigen Lähmung aller Glieder und aller Muskeln, von der Zunge bis zu den Füßen. Eines Tages verschlimmerte sich ihr Zustand plötzlich. Der Arzt kündigte ihren Verwandten an, daß Fräulein Moore nur noch einige Tage zu leben habe. Diese Nachricht brachte die Verwandten in große Verlegenheit. Wie sollten sie ihre Verwandte dazu bringen, ein Testament zu machen? Sie war durchaus nicht imstande, es zu verfassen. Sie konnte nicht einmal sprechen. Nur ihre Augen bewegten sich noch von oben nach unten. In dieser kritischen Zeit brachte ein Anwalt ein sinnreiches Mittel in Vorschlag. Er nahm zwei Päckchen Visitenkarten. Auf die Visitenkarten des ersten Päckchens schrieb er: Juwelen, Möbel, Silberzeug. Auf die Visitenkarten des zweiten Päckchens schrieb er die Namen der nächsten Verwandten von Miß Moore. Dann nahm er die Karte, auf welcher das Wort Juwelen stand, und zeigte sie der Sterbenden. Mit der andern Hand zeigte er ihr der Reihe nach die Karten mit den Familiennamen. Wenn er im Auge der Gelähmten ein Blinzeln zu bemerken glaubte, schloß er daraus, daß sie den Familiennamen mit dem bezeichneten Gegenstande in Verbindung gebracht wissen wollte. Und er schrieb nieder: die Juwelen erhält Frau X., das Silberzeug Herr Z.

c) In dem Sudan-Feldzug 1884 fand man nach der Schlacht bei El-Teb einen englischen Soldaten, der nach der Verwundung noch soviel Kraft gehabt hatte, auf die Innenseite der Klappe einer Munitionstasche mit einer Flintenkugel die Worte *Alles meiner Frau* zu kritzeln. In Afghanistan fand man ein Testament, das mit Blut auf einen Felsen geschrieben war. Ein anderes entdeckte man auf den Alabasterwänden des Sommerpalastes des Kaisers von China, als jener von den vereinigten britischen und französischen Truppen gestürmt wurde.

2. Es kann nicht fehlen, daß für die Gültigkeit eines Testamentes die formalistische Erwägung oft schroff einsetzt. So sind eigenhändige Testamente nach BGB 2231: 2) ungültig, wenn sie auf Briefbogen mit vorgedruckter Ortsangabe geschrieben sind. Aber auch für das öffentliche Testament ist es nötig, sich von vornherein an eine gewisse pedantische Genauigkeit zu gewöhnen. So soll hier erwogen werden, ob die nun verzeichneten Vorkommnisse dem BGB 2241 und 2242 (vgl. FGG 177) ausreichend entsprechen?

a) Der Vermerk des Protokolles lautete: *Kgl. Amtsgericht zu Z. Verhandelt Z. den usw. Auf den Antrag des P. P. haben sich die unterzeichneten Gerichtspersonen zwecks Errichtung usw. Geschlossen S. Amtsrichter, R. Sekretär.*

b) Ebenso: *Vorstehendes wurde dem N. N. vorgelesen und von ihm eigenhändig unterschrieben.*

c) Ebenso: *V. u. g. Der Erblasser kann nicht schreiben.*

d) Ebenso: *Der Erblasser war inzwischen so schwach geworden, daß er seinen Namen nicht mehr hinzuzusetzen vermochte. Er genehmigte das vorgelesene Testament.*

3. Sind diese Testamente in Ordnung?

a) Es ist vor dem Amtsrichter einer anderen Stadt, als dem Wohnsitze des Testators errichtet.

b) Der Verfügende ist ein Italiener, der nicht deutsch versteht; der Amtsrichter ist aber der italienischen Sprache mächtig und überträgt die Erklärung jenes in das Deutsche.

c) Ein Gemeindevorsteher zieht nach BGB 2249 zwei Zeugen zu, die aber beide nicht Deutsch verstehen.

4. Ein alter Bauer hatte dem Amtsrichter ein versiegeltes Paket mit dem Bemerken übergeben, daß es seinen letzten Willen enthalte, der von ihm zwar nicht selbst geschrieben, aber am Ende eigenhändig unterschrieben sei. Als nun das gerichtliche Annahme-Protokoll unterschrieben werden sollte, setzte der Testator unter es die ersten beiden Buchstaben seines Vornamens, denen er noch ein unleserliches Zeichen folgen ließ. In dem Protokoll heißt es dann: *Als zur Unterschrift geschritten werden sollte, stellte sich heraus, daß der Testator wegen Schwäche nicht mehr schreiben konnte. Es wurden daher die einwandfreien Unterschriftszeugen ... zugezogen, in deren Gegenwart der Testator das Protokoll wie folgt unterkreuzte.* Hierunter standen drei vom Testator hergestellte Kreuze, sowie die Unterschriften der Schreibzeugen und Gerichtsbeamten. Später wurde streitig, ob dieses dem BGB 2232 ff. (insbesondere 2242 im Verhältnisse zu 126) völlig genüge?

5. Sind folgende eigenhändige Testamente gültig?

a) Eine Dame machte ein Testament, in dem sie ihr gesamtes Vermögen ihrer Vaterstadt zur Errichtung eines Versorgungshauses überwies. Sie setzte den Tag der Errichtung darauf, ließ aber den Ortsnamen weg, wahrscheinlich, weil sie ohne festen Wohnsitz, bald hier, bald dort lebte. Sie starb, ohne das Testament vervollständigt zu haben.

b) Jemand hatte seinen letzten Willen aufgezeichnet. Nach drei Monaten fällt ihm ein, daß er kein Datum beigefügt; und er setzt nun den heutigen Tag unter seinen Namen.

c) Das Testament, worin die Ehefrau des Verfügenden zur Erbin eingesetzt wird, ist von dem Testator eigenhändig geschrieben und datiert: *Berlin, 6. März 1909.* Geschrieben war es aber in Schlachtensee am 5. März 1909. Die Witwe behauptet, ihr Ehemann habe sich im Datum versehen und auch irrtümlich angenommen, Schlachtensee gehöre zu Berlin.

6. Drei Herren trafen auf dem Wege nach der Prinz Heinrichbaude im Riesengebirge eine Dame mit ihrem Ehemanne, der vom Schlage gerührt war, gelähmt und das Gesicht verzerrt dasaß. Er konnte noch schluchzend erklären, daß er seinen letzten Willen aufsetzen wolle. Dabei deutete er auf sein Notizbuch und bat, daß die fremden Herren seine Erklärung hineinschreiben und bezeugen möchten. Dies geschah denn auch, und die Frau führte danach dem Manne die Hand mit dem Bleistift zur Aufzeichnung von drei Kreuzen unter das Dokument, und die drei Zeugen bestätigten die Richtigkeit durch ihre vollständige Namensunterschrift und Angabe ihrer Adressen. Schon nach einer halben Stunde war der Mann verschieden. War das Testament gesetzlich in Ordnung?

7. A. hatte ein eigenhändiges Testament errichtet und dem Gerichte zur Aufbewahrung übergeben, zuvor aber es sich eigenhändig wörtlich, einschließlich der Unterschrift, abgeschrieben. Später ließ er sich das Testament zurückgeben und zerriß es vor den Augen des Richters. Nach seinem Tode wurde die erwähnte Abschrift in seinem Schreibtische vorgefunden. Es erhob sich nun ein Streit zwischen Testaments- und Intestaterben über die Erbschaft. Zu wessen Gunsten ist zu entscheiden?

8. Es hatte jemand in einer letztwilligen Anordnung, die er *Schenkungsurkunde* überschrieb, seinen beiden Schwestern je 1500 ℳ vermacht. Nach zwei Jahren errichtete er ein Testament, in dem er seine Schwiegermutter zur Universalerbin einsetzte. Nachdem er gestorben, klagen jetzt seine Schwestern auf Auszahlung jener 3000 ℳ. Die Schwiegermutter macht geltend, die vormalige Verfügung sei als aufgehoben anzusehen, da das Testament sie gar nicht erwähne. Wie ist zu erkennen?

XI

1. In welcher Weise sind die hierunter berichteten Tatbestände juristisch zu behandeln?

a) Zwei Ehegatten errichten ein gemeinschaftliches Testament, worin sie ihre drei Töchter als Erben zu gleichen Teilen einsetzen. Der Überlebende soll den Nießbrauch haben. Die eine Tochter lebt in allgemeiner Gütergemeinschaft, die zweite in Gütertrennung, die dritte nach gesetzlichem Güterrecht. Der eine Ehegatte stirbt, der andere will die Erbteile ändern. Die Kinder widersprechen.

b) Es war jemand in zweiter Ehe verheiratet. Mit seiner ersten Ehefrau hatte er ein gemeinschaftliches Testament dahin errichtet, daß sie sich wechselseitig zu Erben einsetzten und die drei Kinder dem Längstlebenden als Nacherben bestimmten. Der Fall der Nacherbfolge sollte aber auch schon bei einer Wiederverheiratung des Überlebenden eingetreten sein — *und ist danach der Überlebende an dieses Testament nicht mehr gebunden.*

2. Der Landwirt Neitzel errichtet mit seiner Ehefrau gemeinsam ein Testament, worin die Tochter der beiden, die jetzige Frau Oepke, zur Erbin eingesetzt ist, unter dem Vermächtnis des Nießbrauches für den überlebenden Teil. Nach dem Tode des Neitzel starb die Frau Oepke; und es errichtete nun Frau Neitzel ein Testament zugunsten ihres Bruders Giesing. Gegen diesen klagt Max Oepke, der Enkel der Frau Neitzel, auf Herausgabe der Erbschaft. Ist diese Klage begründet?

3. In einem gemeinschaftlichen Testamente haben sich zwei Eheleute gegenseitig zu Erben eingesetzt; und bestimmt, daß nach dem Tode des Längstlebenden das Vermögen je zur Hälfte an die

Städte Strittau und Zankberg fallen soll. Nach dem Tode des Ehemannes errichtet die Witwe ein neues Testament, worin sie bestimmt, daß Strittau ein Viertel und Zankberg drei Viertel des Nachlasses haben und an ihre Dienerin Minna Holzen ein Vermächtnis von 1000 ℳ gezahlt werden soll. Es sind BGB 2269—2271 durchzugehen und ist danach zu sagen, wie der demnächst ausgebrochene Prozeß zu entscheiden sei?

4. Die Eheleute S. vermachten sich in einem gemeinschaftlichen Testamente gegenseitig den lebenslänglichen Nießbrauch. Im übrigen setzte der Mann seinen Vetter V., unter Auferlegung verschiedener Vermächtnisse, die Frau ihren Bruder B. zum Erben ein. Nach dem Tode der Frau vermachte der Mann der F., einer langjährigen Dienerin, ein Haus. Der Vetter V. klagte demnächst, nach dem Tode des Mannes, gegen die F. auf Herausgabe des Hauses. Diese erhob Widerklage auf Vornahme der Auflassung. Wie ist hierüber zu erkennen?

5. Zwischen den Kaulers Eheleuten war ein Ehe- und Erbvertrag mit gegenseitiger Einsetzung abgeschlossen. Drei Jahre später errichtete Frau Kauler allein ein Testament, in dem sie ihren Bruder Glenze zum Erben einsetzte. Bald darauf wurde über den Ehemann Kauler der Konkurs eröffnet. Während des Verfahrens starb Frau Kauler. Der Ehemann erklärte, die Erbschaft aus dem Ehe- und Erbvertrage auszuschlagen. — Nun erhob sich ein Prozeß zwischen der Konkursmasse und dem Bruder Glenze, wobei es sich um richtige Auffassung und Anwendung von BGB 2289—2291 handelte. Jene wollte den Nachlaß der Frau Kauler an sich ziehen, da der Gemeinschuldner der gesetzliche Erbe sei; der Bruder Glenze berief sich auf das Testament, dessen Wirksamkeit von der Gegenseite zu Unrecht bestritten werde. Welcher der Streitteile ist im besseren Rechte?

XII

1. Einen Einblick in ein Familienleben von höchster Harmonie eröffnete das Testament Pasteurs. Es lautete einfach so: *Dies ist mein letzter Wille. Ich setze meine Gattin zur Erbin alles dessen ein, was ich ihr nach dem Gesetze vermachen darf. Mögen meine Kinder den Geboten der Pflicht jederzeit treu bleiben und für ihre Mutter die Liebe bewahren, die sie verdient. Paris, 29. März 1877. L. Pasteur.* Wieviel hätte nach unserem BGB die Witwe erhalten können? Was galt hierüber nach dem römischen Noterbenrechte auf den verschiedenen Stufen seiner Entwicklung?

2. Wie steht es mit dem Pflichtteil in folgenden Fällen?

a) Ein Vater hinterläßt sechs Kinder. Das jüngste enterbt er in gültiger Weise. Die fünf anderen ernennt er zu seinen Erben, beschränkt aber das fünfte auf den Pflichtteil. Der älteste

Sohn verzichtet auf sein Erbrecht zu Lebzeiten des Vaters; der zweite schlägt die Erbschaft nach des letzteren Tode aus; der dritte war vor dem Vater gestorben; der vierte ist eine Stunde nach dem Vater verschieden.

b) Im Falle a) werden drei Monate nach des Vaters Tode von der Frau des dritten Sohnes Zwillinge geboren.

c) Im gleichen Falle leben von dem gültig enterbten jüngsten Kinde drei Kinder.

d) In einem andren Falle hat ein Testator sein ganzes Vermögen einer Stiftung zugewandt. Seine Kinder wollen es sich gefallen lassen, seine noch lebenden Eltern aber nicht.

e) Der Erblasser hat seinen Sohn enterbt; wie dieser behauptet, ohne gesetzlichen Grund. Der Nachlaß beträgt 1900 ℳ. Schulden sind 1400 ℳ da. An Vermächtnissen sind 200 ℳ ausgesetzt. Die Kosten der Beerdigung, der Testamentseröffnung und dergleichen betragen 300 ℳ..

3. Welche rechtlichen Schritte sind nach dem BGB im folgenden zu tun, um dem Pflichtteilsberechtigten zu helfen?

a) Das Testament lautet: *Ich ernenne meine sämtlichen Kinder zu Erben, bestimme aber, daß meine Tochter nur 1000 ℳ als ihren Pflichtteil erhalten soll.*

b) Ebenso: *Ich setze meine Frau zur alleinigen Erbin ein. Mein Sohn soll nichts weiter als den Pflichtteil erhalten.*

c) In einem wechselseitigen Testamente von Eheleuten sind die Kinder zu Erben eingesetzt, jedoch dem überlebenden Ehegatten der lebenslängliche Nießbrauch des gesamten Vermögens eingeräumt, mit der Befugnis, auch über dessen Substanz unter Lebenden ganz frei zu verfügen.

4. Zu BGB 2316: Wie groß ist jeweils der Pflichtteil?

a) Das Kind A. ist auf den Pflichtteil gesetzt, seine Geschwister B. und C. haben jeder den Wert von 2000 ℳ als Ausstattung erhalten und der Nachlaß beträgt 8000 ℳ.

b) Das auf den Pflichtteil gesetzte Kind A. hat bereits eine Ausstattung von 2000 ℳ erhalten, seine beiden Geschwister B. und C. sind dagegen noch nicht ausgestattet worden, der Nachlaß beträgt 10000 ℳ.

c) Es hat das auf den Pflichtteil gesetzte Kind 2000 ℳ, jedes der beiden anderen Kinder 1000 ℳ Ausstattung erhalten. Der Nachlaß beträgt 8000 ℳ.

5. Zwei Geschwister kommen in Streit, indem der jüngere Bruder behauptet, daß die väterliche Erbschaft wenigstens 9000 ℳ betrage, ihm aber nur ein Grundstück im Werte von 1000 ℳ hinterlassen worden sei. Er verlangt, daß der ältere Bruder die ihm außer jenem Grundstücke ganz zugefallene Erbschaft inventarisiere und den Offenbarungseid über richtigen Wertansatz der näher zu beschreibenden Nachlaßgegenstände leiste. Der ältere Bruder weigert sich, da ihr Vater ihn ausdrücklich von der Pflicht der Inventarisierung im Testamente entbunden habe. Der andere meint jedoch, daß dieses nach BGB 2311, in Verbindung mit 2314 nicht angehe, zudem beide Bestimmungen durch BGB 2001 zu ergänzen seien. Ist das gestellte Begehren oder dessen Weigerung juristisch gerechtfertigt?

6. Anfrage bei einem Juristen: Meine Schwiegereltern haben in einem wechselseitigen Testamente sich gegenseitig zu Erben eingesetzt und zugleich ihr einziges Kind, meine im vorigen Jahre verstorbene Frau ohne allen Grund enterbt. Mein Schwiegervater ist vor drei Wochen gestorben. Kann ich nun, da ich laut Testament meiner Frau diese mit unseren zwei Kindern zu gleichen Teilen beerbt habe, Erbansprüche gegen meine Schwiegermutter geltend machen, — sei es für mich oder zugleich für meine Kinder? Was wäre dem Anfragenden zu antworten, wenn der Schwiegervater im vergangenen Jahre, dessen Tochter aber vor drei Wochen mit Tod abgegangen wäre?

7. Bei dem Tode des X. leben seine drei Kinder erster Ehe, seine Ehefrau und zwei Kinder zweiter Ehe. Der X. hat die vier jüngeren Kinder gültig von der Erbfolge ausgeschlossen. Als Erbin hat er seine Frau zweiter Ehe eingesetzt. Den ältesten, jetzt zwanzigjährigen Sohn hat er *auf den Überrest* als Nacherben bestimmt. Das hinterlassene Vermögen beträgt 12000 ℳ. Es sind folgende Fragen zu beantworten: a) Wie groß ist der Pflichtteil des Sohnes? b) Unter welche Bestimmung in BGB 2304 bis 2307 fällt unser Tatbestand? c) Wieviel beträgt der dem Sohne hinterlassene Erbteil? d) Ist bei der Berechnung dieses Erbteiles in unserem Falle BGB 2313 von Bedeutung? e) Was hat der Vormund des Sohnes zu tun, um für den Sohn eine alsbaldige Auszahlung des Pflichtteiles in Geld zu verlangen? f) Von wann ab läuft dabei die sechswöchige Ausschlagungsfrist (BGB 1944; 2306)?

8. Landwirt L., am 1. April mit Hinterlassung seiner Ehefrau sowie dreier mit ihr und zweier in einer früheren Ehe erzeugter Kinder verstorben, hat testiert: *Meinen Nachlaß erhält meine Ehefrau zur freien Verfügung. Was bei ihrem Tode vorhanden sein wird, sollen sich meine mit ihr erzeugten drei Kinder gleichmäßig teilen. Wer dieses Testament anficht, erhält nur den Pflichtteil.* Dem jüngsten der drei Kinder, dem einzigen noch minderjährigen Sohne, wird der Rechtsanwalt R. als Pfleger zur Wahrnehmung der Rechte des Mündels aus dem väterlichen Testamente bestellt. Dieser erklärt unter dem 29. Mai dem Nachlaßgerichte, er fechte das Testament an; und *berichtigt* am 3. Juni diese Erklärung dahin, daß er den Pflichtteil verlange. Da die Witwe den Pflichtteil weigert, verklagt er sie darauf. Was ist Rechtens?

XIII

1. Der etwa 70 Jahre alte Kunstmaler Landerer aus Basel wurde von seiner noch jugendlichen Frau mit Hilfe eines Zuhälters ermordet. Er hinterließ mehr als 100000 Franken. Aus einem früheren Verhältnisse her hatte er einen außerehelichen Sohn. Außerdem waren von Angehörigen nur seine Frau und deren Verwandte vorhanden. Wie würde über die Regelung der Erbschaft Landerers nach unserem BGB zu befinden sein?

2. Auf Grund eines letztwilligen Zuwendungsvertrages war Frau Legrand in den Besitz des Gesamtvermögens ihres Gatten gelangt, hatte aber die eheliche Trauer in gröblichster Weise durch mehrere Liebesverhältnisse gebrochen. Der verstorbene Legrand war schon als Kläger gegen seine Frau mit dem Verlangen auf Ehescheidung aufgetreten, aber vor Beendigung des Prozesses gestorben. Nun verlangten die Verwandten Legrands die Aufhebung der schenkungsartigen Zuwendung wegen grober Undankbarkeit. — Der Advokat von Frau Legrand wendete ein, daß hier eigentlich eine Klage wegen Ehebruchs vorliege, zu der nur der Gatte berechtigt wäre. Die Verwandten aber meinten, daß der Ehebruch die schwerste Beleidigung sei, die eine Frau der Würde ihres Mannes antun könne, so daß es nicht angehe, der eines solchen Benehmens gegen ihren Mann als schuldig befundenen Frau zu gestatten, in Behagen ein Vermögen zu genießen, das der Mann der Gattin zugewendet hatte, um ihr seine Liebe und sein volles Vertrauen zu erweisen. Welche Bestimmungen des deutschen BGB sind hier zu erwägen; und was für ein Entscheid ist danach abzugeben?

3. In dem Werke von SAMUEL STRYK *Usus modernus pandectarum* (1690) findet sich folgende Rechtsfrage, deren Betrachtung und Entscheidung nach dem BGB mit Nutzen vorgenommen werden kann: Ist *Titius* allezeit des Vorhabens gewesen, seine Stiefmutter wegen der von ihr genossenen Erziehung, im Falle er ohne Erben oder unverheiratet sterben sollte, zu seiner Erbin einzusetzen, er auch, da er nachher krank geworden, solche seine Meinung dem Herrn D. H. wie auch M. P. eröffnet und gebeten, es zu befördern, daß sein letzter Wille dergestalt abgefaßt werden möchte, und da solches D. H. wegen allerhand Einwürfe nicht gestatten wollen, daß *Titius* daher den Herrn M. P. zu sich bitten müssen, welches D. H. abermals verhindert und es damit entschuldigt, daß M. P. wegen Unpäßlichkeit nicht kommen könnte, und diese Behinderung so lange gewähret, bis *Titius* gestorben, daher gefragt wird: Ob *Gaia* nicht befugt sei, deshalb die Erbschaft anzusprechen, und wie die *actio* am füglichsten anzustellen sei?

XIV

1. Welchen Bestimmungen des BGB unterliegen die hier aufgeführten Beredungen? Sind sie rechtlich zulässig? In welchen Formen sind sie, bejahendenfalls, abzuschließen?

a) Und Jakob kochte ein Gericht. Da kam Esau vom Felde und war müde; — Und sprach zu Jakob: Laß mich kosten das rote Gericht; denn ich bin müde. Daher heißt er Edom. — Aber Jakob sprach: Verkaufe mir heute deine Erstgeburt. — Esau antwortete: Siehe, ich muß doch sterben; was soll mir denn die Erstgeburt? — Jakob sprach: So schwöre mir heute. Und er schwur ihm und verkaufte also Jakob seine Erstgeburt. — Da gab ihm Jakob Brot und das Linsengericht, und er aß und trank und stand auf und ging davon. Also verachtete Esau seine Erstgeburt. (1. Mose 25, 29—34.)

b) Zwei Ehegatten kommen in Streit über die Verwaltung des gütergemeinschaftlichen Vermögens. In dem gerichtlichen Termine schließen sie einen Vergleich, worin sie Gütertrennung vereinbaren und zugleich einen Erbverzicht erklären.

c) Am 17. November 1688 wurde das Testament des Großen Kurfürsten eröffnet. Es ergab die Aufrechterhaltung der Einheit des Landes, den ungeschmälerten Übergang der Souveränität auf den Kurerben, während für die jüngeren Söhne *Paragien* ausgeworfen waren; darunter (richtiger: *partagium*) versteht man eine besondere Art der *Apanagen:* nämlich eine Verleihung von Grundbesitz mit Hoheitsrechten untergeordneter Art. Dies war dort in solcher Art geschehen, daß bei voller Ausübung es zu Rechten völliger Mitregierung seitens der jüngeren Linien hätte führen können. Wesentlich durch Vermittelung der Kurfürstinmutter und unter Hinweis auf die in der *Väterlichen Ermahnung* des Großen Kurfürsten stark hervorgehobene Notwendigkeit der Unteilbarkeit der Lande gelang es in der Folge, die jüngeren Brüder gegen reiche Entschädigungen zum Verzichte auf die ihnen zugedachten Rechte zu bestimmen.

d) Ein bäuerliches Ehepaar übergab seinem ältesten Sohne das Gut und alles bewegliche Vermögen; es bedang sich einen Auszug aus (preuß. AG z. BGB 15) und beredete für seine beiden Töchter ein lebenslängliches Wohnungsrecht und Unterhalt auf dem elterlichen Hofe. Der Vertrag wurde von allen fünf Beteiligten vollzogen.

2. Ein Kaufmann hatte sich von seinem erwachsenen Sohne versprechen lassen, daß dieser auf seinen Pflichtteil verzichte. Dann starb zuerst der Sohn mit Hinterlassung zweier Töchter, dann der Kaufmann. Können die beiden Töchter ihr Pflichtteilsrecht noch geltend machen oder sind sie an den Verzicht ihres Vaters gebunden?

Wie stände es, wenn der auf den Pflichtteil Verzichtende im genannten Falle nicht der Sohn, sondern der Vater des nachmaligen Erblassers gewesen?

Würde es einen Unterschied machen, falls der Verzicht eines jener Pflichtteilsberechtigten erst nach dem Erbfalle abgegeben worden wäre?

3. In einem wechselseitigen Testamente haben sich zwei Eheleute gegenseitig zu Erben eingesetzt und ihre Kinder und Kindeskinder zu Nacherben des Längstlebenden ernannt. Der Ehemann ist demnächst verstorben. Nach einem Jahre hat der eine Sohn durch notariellen Vertrag *sein ganzes Erbschaftsrecht, wie ihm solches am Nachlasse des Vaters zusteht, in dem Zustande, in welchem sich das Erbschaftsrecht an dem Tage des Vertragsschlusses befunden,* an einen Geschäftsmann für 6000 ℳ verkauft. Auf den Kaufpreis sind 4000 ℳ bar gezahlt; der Rest von 2000 ℳ soll entrichtet werden, sobald die Teilung des Nachlasses nach dem Tode der Witwe des Erblassers erfolgt ist. Nachdem die letztere bald darauf gestorben ist, macht der Geschäftsmann auf Grund des angeführten Vertrages geltend, daß er an Stelle des Sohnes als Erbe getreten sei. Die Miterben wollen das nicht anerkennen. Der Vertrag sei noch BGB 312 nichtig, da er seinem Inhalte nach weder unter BGB 2346, nech 2352, noch 2371 falle. Dagegen hält der Geschäftsmann dies wegen BGB 2033 nicht für durchschlagend und macht auch auf BGB 2106, 1 und 2382 aufmerksam. In welcher Weise ist dieser Streitfall begründet zu lösen?

XV

1. Ein Kaufmann. der einen Prozeß führte und während dessen verstarb, hatte durch Testament in Ermanglung von Kindern nur seine Ehefrau zur Erbin eingesetzt. Diese will den Rechtsstreit aufnehmen (ZPO 239) und reicht eine Sterbeurkunde ihres Mannes und eine beglaubigte Ausfertigung des Testamentes ein.

Genügt dieses oder hat sie noch eine andere Urkunde notwendig beizubringen? (Vgl. auch GBO 36.)

2. Wie ist nachstehend in der Ausstellung eines Erbscheines zu verfahren?

a) Am 2. Dezember starb der Erblasser mit Hinterlassung von zwei Kindern; am 3. Dezember stirbt eines von diesen; am 14. Dezember wird von der Witwe ein Kind geboren.

b) Der nächste Verwandte des Verstorbenen greift dessen Testament an, weil der Erblasser zur Zeit der Errichtung handlungsunfähig gewesen sei. Es entsteht ein Prozeß zwischen jenem und dem in dem Testamente Eingesetzten; und beide bewerben sich außerdem um einen Erbschein.

c) Im Falle b) war rechtskräftig entschieden worden, daß das Testament nur ein Erbschaftsvermächtnis aussetze.

3. Welche Rechtsfolgen sind im kommenden zu bemerken?

a) Der durch einen Erbschein legitimierte nächste Verwandte des verstorbenen Gläubigers klagt gegen einen Nachlaßschuldner. Dieser sieht, daß er nichts machen kann, läßt sich verurteilen und zahlt schließlich an jenen. Jetzt meldet sich der Erbe aus einem seither verborgenen Testamente des Erblassers und verlangt nochmalige Zahlung an ihn, den wirklichen Erben.

b) In dem Testamente war die Vaterstadt des Erblassers zur Erbin eingesetzt, ein Vetter hatte das Vermächtnis des Nießbrauches an dem Nachlasse erhalten. Es wird ein Erbschein ausgestellt, der beide angegebene Rechtsverhältnisse enthält. Ein Schuldner des Verstorbenen richtet sich danach und zahlt an den Vetter Zinsen. Dann zeigt sich, daß jenes Testament späterhin von dem Erblasser widerrufen worden war.

4. Was hat das Nachlaßgericht, das um Erteilung eines Erbscheines angegangen wird, in folgenden Fällen zu tun?

a) Es findet, daß das Testament nach seinem eigenen Inhalte durch eine arglistige Täuschung des Erblassers diesem entlockt worden ist; — oder: daß der Testator bei dem Akte der Testamentserrichtung nicht mehr bei gesunden Sinnen war.

b) Nach dem Tode des X. beantragt sein Sohn A. einen Erbschein, mit der Behauptung, der alleinige Erbe zu sein, weil sein einziger Bruder B. nicht mehr lebe. Das Nachlaßgericht erkennt aber, daß B. zwar für verschollen, aber nicht für tot zu erachten sei.

5. Zwei Eheleute bestimmten in ihrem gemeinschaftlichen Testament: *Wir setzen uns gegenseitig zu Universalerben ein mit der Maßgabe, daß der Überlebende den Nießbrauch und die Verwaltung an unserem gesamten Vermögen unbeschränkt ausübt; verheiratet sich der Überlebende, so hat er sich mit unseren drei (minderjährigen) Kindern auseinanderzusetzen und tritt sodann für diesen Fall die gesetzliche Erbfolge ein.* Der überlebende Mann beantragte einen Erbschein. Wie wird das Gericht nun vorgehen und wie den Erbschein ausstellen? (BGB 2355; 2357.)

Anhang.

1. Erläuterungen zu der Karte des im Deutschen Reiche vor 1900 geltenden Privatrechtes.

(Die von den Bundesstaaten seit 1806 erlassenen Einzelgesetze sind auf der Karte und im folgenden nicht berücksichtigt.)

I

Gemeines Recht.

A. Ausschließlich gemeinrechtliche Quellen.

1. Reichsritterschaftliche Gebiete in Schwaben und Franken; Fuggersche Besitzungen; reichsunmittelbare Klöster u. Stifter.
2. Abtei Irrsee.
3. Riedeselsche Besitzungen.
4. Reichsritterschaftliche Gebiete des Kantons Rhön-Werra.

B. Einzelne Partikulargesetze und Gewohnheitsrechte.

5. Unbedeutende Lokalstatuten und Observanzen.
6. Hohenzollern-Sigmaringen.
7. Lindau.
8. Rothenfels.
9. Bistum Augsburg.
10. Stadt Augsburg.
11. Fürstentum Kempten.
12. Stadt Kempten.
13. Kaufbeuren.
14. Memmingen.
15. Nördlingen.
16. Öttingen.
17. Pappenheim.
18. Eichstädt.
19. Regensburg.
20. Rothenburg.
21. Schwarzenberg.
22. Castell.
23. Löwenstein-Wertheim.
24. Erbach.
25. Hessen-Darmstadt.
26. Schlitz.
27. Fulda.
28. Kurhessen.
29. Waldeck.
30. Nassau.
31. Hessen-Homburg.
32. Lippe-Detmold.
33. Braunschweig.
34. Calenberg-Göttingen-Grubenhagen.
35. Lüneburg-Celle-Hoya.
36. Grafschaft Diepholz.
37. Herzogtum Bremen-Verden.
38. Bistum Osnabrück.
39. Bistum Hildesheim.
40. Goslar.

41. Herzogtum Oldenburg.
42. Erbherrschaft Jever.
43. Lauenburg.
44. Schauenburgische Anteile von Holstein.
45. Mecklenburg-Schwerin.
46. Mecklenburg-Strelitz.
47. Ratzeburg.
48. Neuvorpommern und Rügen.

C. Land- und Stadtrechte (Reformationen).

49. Hohenzollerische Landesordnung 1698.
50. Württembergisches Landrecht 1610.
51. Gesetzbuch Joseph II. 1787. (Vorderösterreichisches Recht.)
52. Hohenloher Landrecht 1737.
53. Wimpfener Stadtrecht 1755.
54. Würzburger Landgerichtsordnung 1619.
55. Schweinfurter Stadtrecht 1724.
56. Bamberger Landrecht 1769.
57. Nürnberger Reformation 1564.
58. Kurpfälzisches Landrecht 1610.
59. Mainzer Landrecht 1755.
60. Katzenelnbogner Landrecht 1591.
61. Solmser Landrecht 1571.
62. Frankfurter Reformation 1578.
63. Nassau-Katzenelnbogensche Landesordnung 1616.
64. Kurtrierer Landrecht 1713.
65. Kurcölnische Rechtsordnung 1663.
66. Schaumburger Polizeiordnung 1615.
67. Bentheimische Hof- und Landgerichtsordnung 1690.
68. Münsterische Polizeiordnung 1740.
69. Celler Stadtrecht 1537.
70. Lüneburger Stadtrecht 1577 (1778).
71. Hamburgisches Stadtrecht 1603.
72. Bremer Stadtrecht 1433, 1489, 1534.
73. Hadeler Landrecht 1583.
74. Butjadinger Landrecht 1664. Würder Landrecht 1574.
75. Eiderstedter Landrecht 1591.
76. Lübecker Stadtrecht 1586.
77. Rostocker Stadtrecht 1757.
78. Wismarer Stadtrecht 1875.

D. Der Sachsenspiegel.

Subsidiär hinter lübischem Recht in den holsteinischen Städten und der Haubenbandsgerechtigkeit für den angesessenen Adel.
Sowie hinter

79. Ditmarsches Landrecht 1567.
80. Land- und Marschrecht (Gewohnheitsrecht).
81. Neumünsterische Kirchspielsgebräuche.

E. Gemeines Sachsenrecht.

Subsidiär hinter Partikularrecht von

82. Sachsen-Weimar-Eisenach.
83. Sachsen-Koburg-Gotha.
84. Sachsen-Altenburg.
85. Sachsen-Meiningen.
86. Fürstentümer Schwarzburg.
87. Fürstentümer Reuß.
88. Anhalt.
89. Amt Bergedorf (Hamburg).
90. Fürstentum Lübeck (Oldenburg).

F. Codex Maximilianeus Bavaricus Civilis 1756.

Teilweise subsidiär hinter lokalem Recht.

G. Jütiscb Low (1240) 1590.

91. Schleswig (außer 75; — V; VI). Subsidiär hinter einzelnen Stadtrechten.
92. Recht der Insel Fehmarn (1326) 1558.
93. Helgoland.

Das gemeine Recht gilt hinter JL. nur, soweit es im einzelnen besonders rezipiert ist.

II

Allgemeines Landrecht für die preußischen Staaten.

A. Prinzipale Geltung.

94. Provinz Sachsen, soweit sie zum Königgreich Westfalen gehörte.
95. Hannöversches Eichsfeld.
96. Ostfriesland.
97. Jahdegebiet.
98. Provinz Westfalen (außer 110).
99. Rheinprovinz: Kreise Duisburg, Essen, Rees.
100. Provinz Posen.
101. Kulm- und Michelauer Land.

B. Subsidiär hinter alten Lokalrechten.

102. Märkisches Provinzialrecht.
103. Magdeburgisches Recht.
104. Erfurter Recht.
105. Altsächsisches Lokalrecht (ganz unbedeutend).
106. Pommersche Partikularrechte.
107. Oberlausitzer Provinzialrecht.
108. Niederlausitzer Provinzialrecht.
109. Schlesische partikulare Rechte (von verschwindender Bedeutung).
110. Herzogtum Westfalen; Siegen; Wittgenstein.
111. Lingensches Landrecht 1639; — Münstersche Absplisse.
112. Bayreuther Provinzialrecht.
113. Ansbacher Provinzialrecht.

C. Suspension von ALR II, 1—3.

In 102 und 110. (In 110 auch von einigen anderen Abschnitten des ALR.)

D. Vorgehende Provinzialgesetzbücher.

114. Ostpreußisches Provinzialgesetzbuch 1801.
115. Westpreußisches Provinzialgesetzbuch 1844.

III

Rheinisches Recht.

A. Code civil 1804.

116. Elsaß-Lothringen.
117. Bayerische Rheinpfalz.
118. Rheinhessen.
119. Oldenburg-Birkenfeld.
120. Preußische Rheinprovinz links des Rheins.
121. Altes Herzogtum Berg.

B. Badisches Landrecht 1809.

IV

Bürgerliches Gesetzbuch für das Königreich Sachsen 1865.

V

Nordstrander Landrecht 1572.

(Friesisches Recht.)

VI

Gesetzbuch Christians V. von Dänemark 1683.

VII

Bürgerliches Gesetzbuch für das Kaisertum Österreich 1811.

(Am Fichtelgebirge im Amte Redwitz und im Fraischbezirke.)

2. Erläuterungen zu der Karte der Gerichtsorganisation des Deutschen Reiches.

Das Reichsgericht in Leipzig.
Oberstes Landesgericht für Bayern in München.
29 Oberlandesgerichte.
176 Landgerichte.

(Die eingeklammerte Zahl gibt die Zahl der Amtsgerichte an.)

I. Berlin.

(Das Oberlandesgericht führt die Bezeichnung *Kammergericht.*)

1. Berlin I (1).
2. Berlin II (9).
3. Berlin III (13).
4. Cottbus (12).
5. Frankfurt a. O. (11).
6. Guben (10).
7. Landsberg a. W. (15).
8. Neu-Ruppin (15).
9. Potsdam (11).
10. Prenzlau (12).

II. Breslau.

11. Beuthen i. O.-Schl.
12. Breslau (5). [(5).
13. Brieg (6).
14. Glatz (11).
15. Gleiwitz (6).
16. Glogau (15).
17. Görlitz (10).
18. Hirschberg i. Schl.
19. Liegnitz (8). [(12).
20. Neisse (8).
21. Öls (10).
22. Oppeln (14).
23. Ratibor (10).
24. Schweidnitz (10).

III. Posen.

25. Bromberg (8).
26. Gnesen (6).
27. Lissa (8).
28. Meseritz (9).
29. Ostrowo (8).
30. Posen (9).
31. Schneidemühl (13).

IV. Marienwerder.

32. Danzig (9).
33. Elbing (8).
34. Graudenz (5).
35. Konitz (9).
36. Thorn (9).

V. Königsberg.

37. Allenstein (10).
38. Bartenstein (17).
39. Braunsberg (10).
40. Insterburg (6).
41. Königsberg i. Pr. (8).
42. Lyck (10).
43. Memel (4).
44. Tilsit (6).

VI. Stettin.

45. Greifswald (11).
46. Köslin (12).
47. Stargard (14).
48. Stettin (15).
49. Stolp (7).

VII. Naumburg.

50. Dessau (11).
51. Erfurt (12).
52. Halberstadt (8).
53. Halle a. S. (18).
54. Magdeburg (18).
55. Naumburg (15).
56. Nordhausen (14).
57. Stendal (15).
58. Torgau (16).

VIII. Celle.

59. Aurich (9).
60. Detmold (9).
61. Göttingen (12).
62. Hannover (15).
63. Hildesheim (11).
64. Lüneburg (12).
65. Osnabrück (16).
66. Stade (11).
67. Verden (21).

IX. Kiel.

68. Altona (26).
69. Flensburg (20).
70. Kiel (22).

X. Cassel.

71. Cassel (34).
72. Hanau (22).
73. Marburg (20).

XI. Frankfurt a. M.

74. Frankfurt a. M. (2).
75. Hechingen (5).
76. Limburg a. L. (14).
77. Neuwied (14).
78. Wiesbaden (16).

XII. Hamm.

79. Arnsberg (19).
80. Bielefeld (14).
81. Bochum (5).
82. Dortmund (8).
83. Essen (9).
84. Hagen (11).
85. Münster (18).
86. Paderborn (17).

XIII. Cöln.

87. Aachen (14).
88. Bonn (9).
89. Coblenz (20).
90. Cöln (9).
91. Saarbrücken (13).
92. Trier (16).

XIV. Düsseldorf.

93. Cleve (9).
94. Crefeld (3).
95. Düsseldorf (5).
96. Duisburg (8).
97. Elberfeld (11).
98. München-Gladbach (6).

XV. München.

99. Deggendorf (7).
100. Landshut (8).
101. München I (2).
102. München II (14).
103. Passau (9).
104. Straubing (7).
105. Traunstein (13).

XVI. Augsburg.

106. Augsburg (8).
107. Eichstätt (9).
108. Kempten (10).
109. Memmingen (11).
110. Neuburg a. D. (11).

XVII. Nürnberg.

111. Amberg (11).
112. Ansbach (11).
113. Fürth (8).
114. Nürnberg (8).
115. Regensburg (11).
116. Weiden (11).

XVIII. Bamberg.

117. Aschaffenburg (10).
118. Bamberg (14).
119. Bayreuth (10).
120. Hof (8).
121. Schweinfurth (15).
122. Würzburg (11).

XIX. Zweibrücken.

123. Frankenthal (6).
124. Kaiserslautern (9).
125. Landau (6).
126. Zweibrücken (9).

XX. Stuttgart.

127. Ellwangen (7).
128. Hall (7).
129. Heilbronn (9).
130. Ravensburg (8).
131. Rottweil (8).
132. Stuttgart (8).
133. Tübingen (9).
134. Ulm (8).

XXI. Karlsruhe.

135. Freiburg i. B. (10).
136. Heidelberg (4).
137. Karlsruhe (10).
138. Konstanz (9).
139. Mannheim (3).
140. Mosbach (9).
141. Offenburg (9).
142. Waldshut (6).

XXII. Colmar.

143. Colmar (15).
144. Metz (14).
145. Mülhausen (11).
146. Saargemünd (11).
147. Straßburg (15).
148. Zabern (12).

XXIII. Darmstadt.

149. Darmstadt (22).
150. Gießen (20).
151. Mainz (11).

XXIV. Dresden.

152. Bautzen (18).
153. Chemnitz (15).
154. Dresden (14).
155. Freiberg (15).
156. Leipzig (15).
157. Plauen (12).
158. Zwickau (17).

XXV. Jena.

159. Altenburg (7).
160. Eisenach (8).
161. Gera (8).
162. Gotha (8).
163. Greiz (3).
164. Meiningen (21).
165. Rudolstadt (13).
166. Weimar (8).

XXVI. Braunschweig.

167. Braunschweig (24).

XXVII. Oldenburg.

168. Bückeburg (2).
169. Oldenburg (14).

XXVIII. Rostock.

170. Güstrow (19).
171. Neustrelitz (10).
172. Rostock (9).
173. Schwerin (15).

XXIX. Hamburg.

174. Bremen (2).
175. Hamburg (3).
176. Lübeck (4).

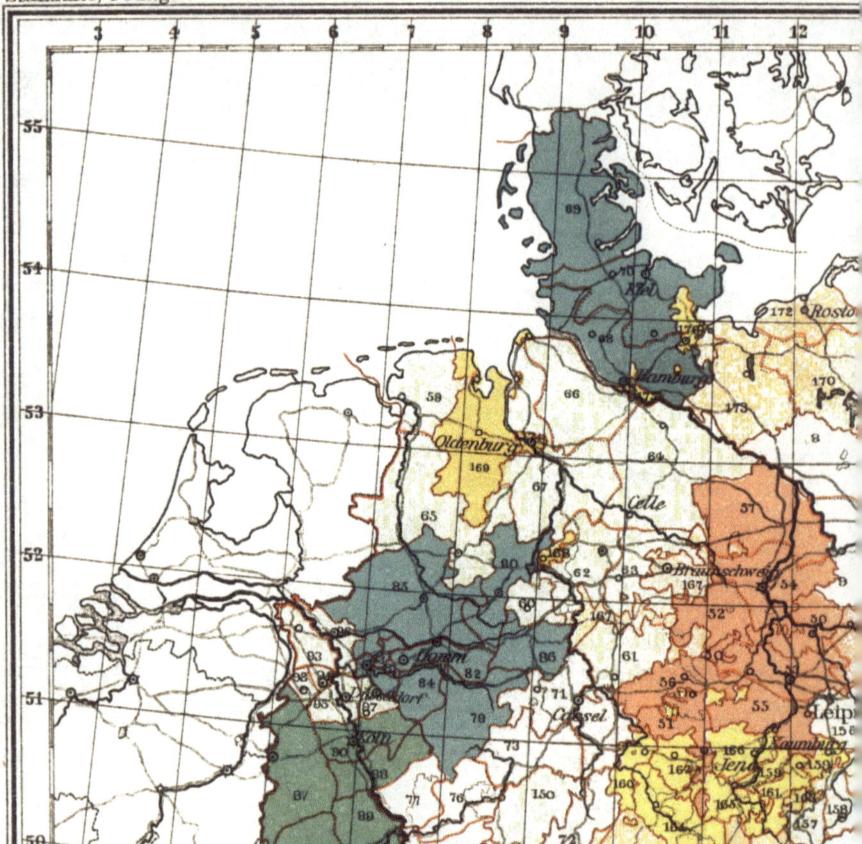

Geograph. Anst. v. Wagner & Debes, Leipzig.

Verlag v

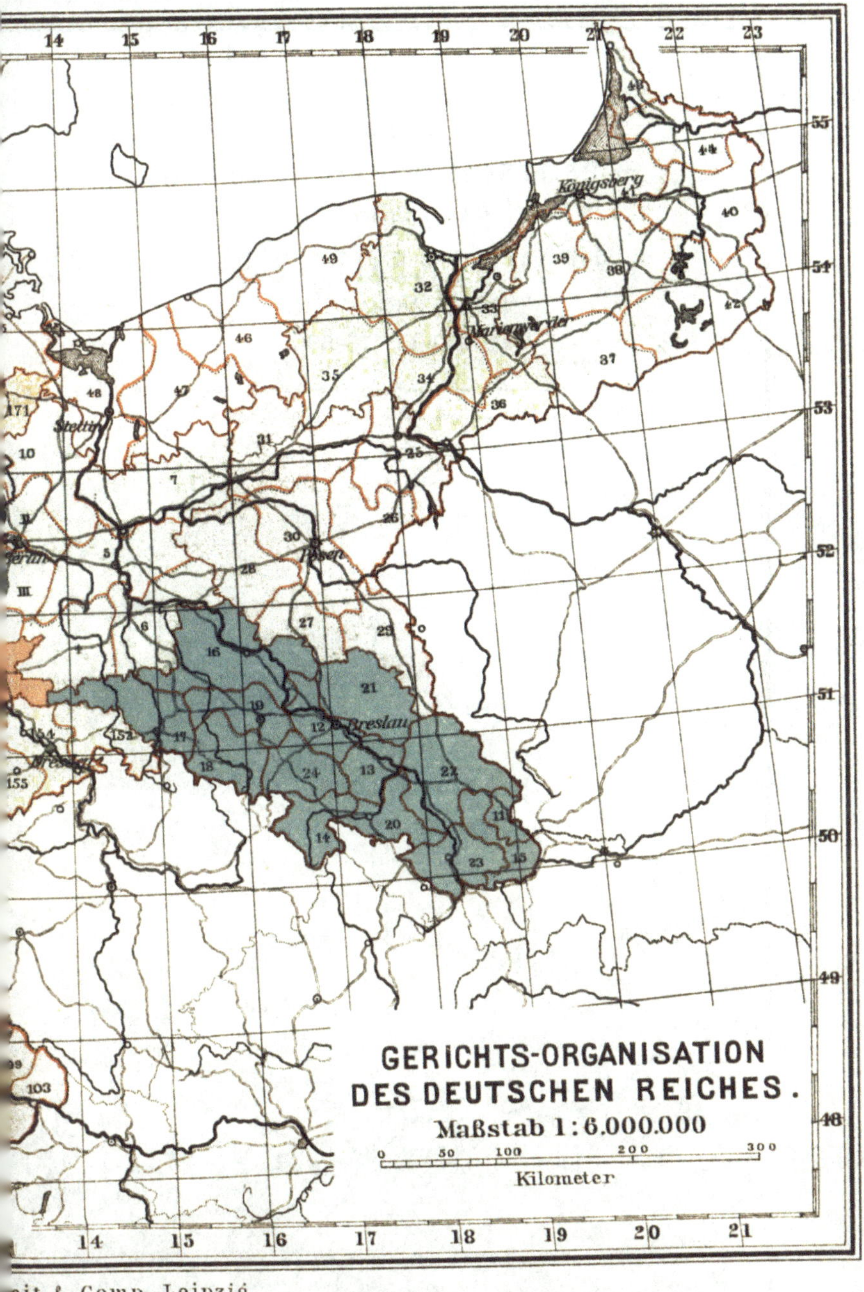

eit & Comp., Leipzig.

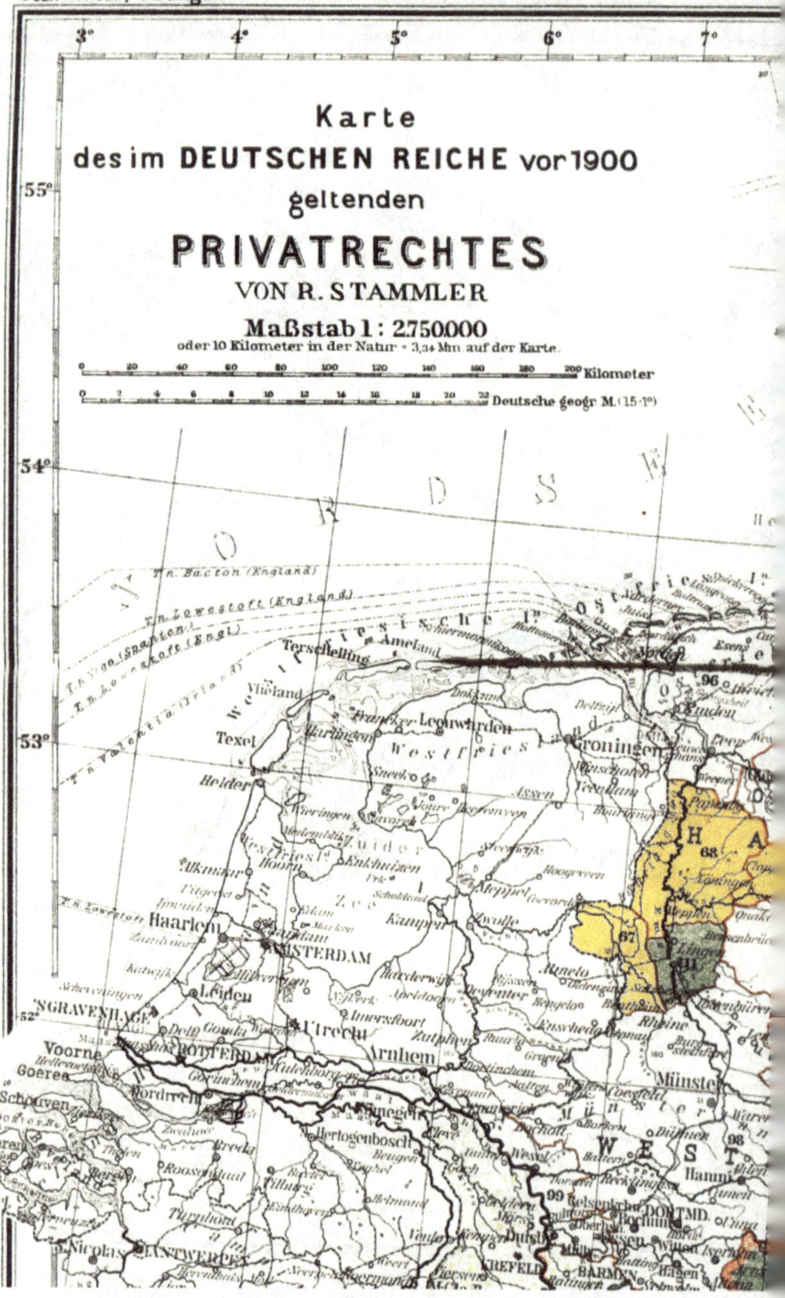
Karte
des im DEUTSCHEN REICHE vor 1900
geltenden
PRIVATRECHTES
VON R. STAMMLER
Maßstab 1 : 2750000
oder 10 Kilometer in der Natur = 3,34 Mm. auf der Karte.
Kilometer
Deutsche geogr. M. (15 = 1°)
3°
4°
5°
6°
7°
55°
54°
53°
52°
Terschelling
Ameland
Vlieland
Texel
Helder
Harlingen
Leeuwarden
Groningen
Emden
Haarlem
AMSTERDAM
Leiden
'SGRAVENHAGE
ROTTERDAM
Utrecht
Arnhem
Amersfoort
Zutphen
Kampen
Zwolle
Meppel
Voorne
Goeree
Schouwen
Walcheren
Hertogenbosch
Nimwegen
Tilburg
Breda
Turnhout
Antwerpen
Nicolas
Lingen
Rheine
Münster
Wesel
Hamm
Dortmd.
Bochum
Barmen
Crefeld
Duisb.
Essen
Hagen
Gelsenkirchen
Venlo
96
98
99
67
68
111

8°
9
10°
11°
12°
13°
JÜTLAND
KOPENHAGEN
Seeland
Fünen
Laaland
Falster
Möen
Röm
Föhr
Aerö
Flensburg
SCHLESWIG
Fehmarn
Kiel
HOLSTEIN
Lübeck
Rostock
Wismar
Schwerin
Güstrow
MECKLENB
ALTONA
HAMBURG
BREMEN
Lüneburg
Celle
HANNOVER
Hildesheim
BRAUNSCHWEIG
Halberstadt
MAGDEBURG
ANHALT
Göttingen
Nordhausen
HALLE
Paderborn
Bielefeld
LIPPE
Detmold
Minden
Salzwedel
Stendal
Altmark
Parchim
Ludwigslust
Rathenow
Falsterbo
Darsser Ort
Darss
Amager
Bornholm

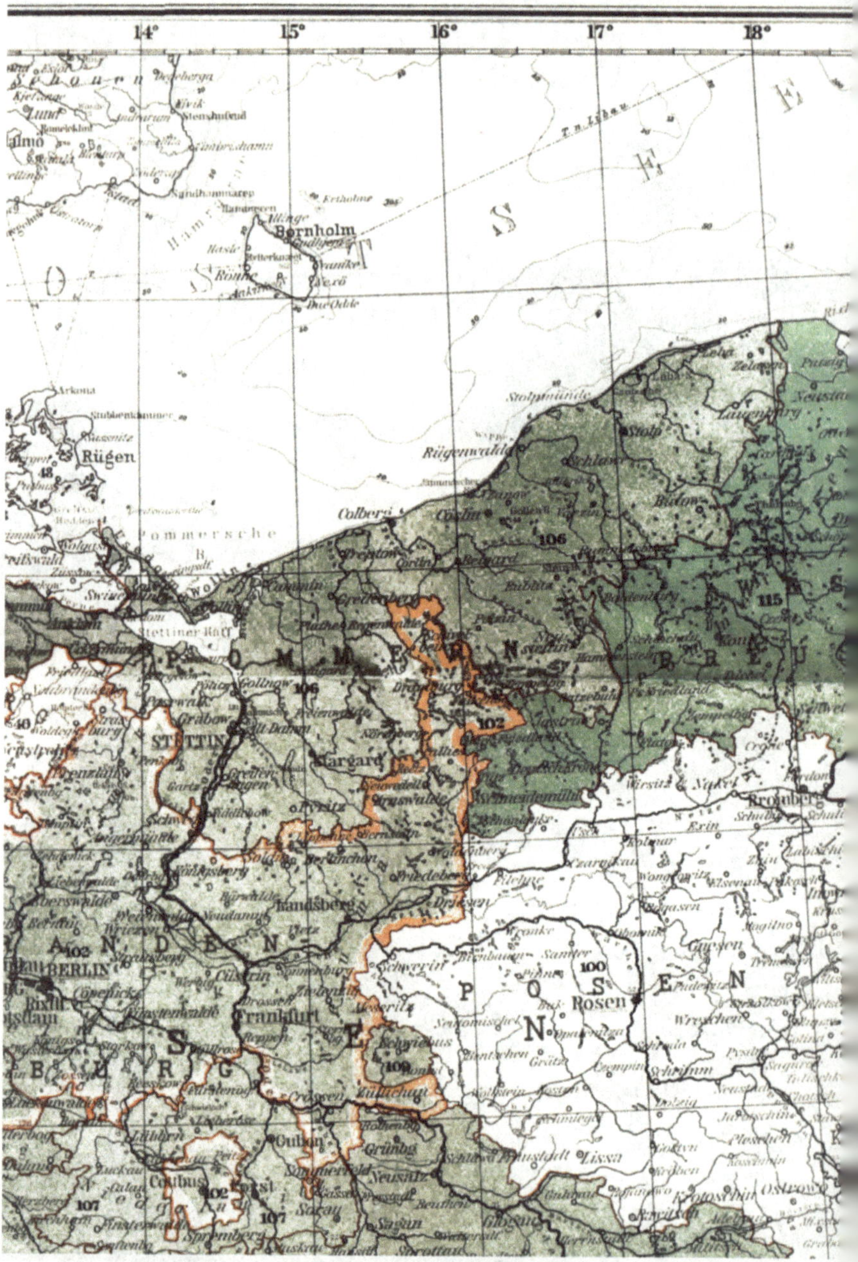

14°
15°
16°
17°
18°
Bornholm
Rönne
Arkona
Rügen
Pommersche
Stettiner Haff
Stolpmünde
Rügenwalde
Colberg
Cöslin
Stolp
Schlawe
Lauenburg
Bütow
106
115
102
P O M M E R N
Gollnow
STETTIN
Stargard
Pyritz
Landsberg
BERLIN
Frankfurt
Schwerin
P O S E N
Posen
100
Gnesen
Wreschen
Lissa
Guben
Cottbus
109
107
Sagan

19°
20°
22°
23°
55°
54°
53°
52°
Memel
K O W N O
Rossijeny
Tilsit
Insterburg
Gumbinnen
KÖNIGSBERG
Pillau
Fischhausen
Danziger
Bucht
Braunsberg
Wehlau
O S T - P R E U S S E N
Elbing
Goldap
SUWALKI
Suwalki
Augustow
Marjampol
Lomsha
L O M S H A
Bjelostok
Mlawa
Ziechanow
Pultusk
Ostrolenka
P L O Z K
Plozk
Plonsk
Gostynin
W A R S C H A U
WARSCHAU
Sokolow
Sjedlez
S J E D L E Z
Lukow
Kutno
Lowitsch
Kola
LODS
Pabjanize
Tomaschow
Petrokow
Radom
Ljublin
Nowo Alexandrija

Geograph. Anstalt von Wagner & Debes, Leipzig.

WALDECK
HESSEN
Mühlhsn.
Erfurt
Gotha
Weimar
Jena
LEIPZIG
Zwickau
Plauen
Giessen
Fulda
Hof
Unter
Schweinfurt
Würzburg
Bamberg
Ober
Franken
Bayreuth
Darmstadt
Heilbronn
Neckar Kr.
NÜRNBERG
Mittel
Oberpfalz
Regensburg
Niederbayern
Landshut
STUTTGART
WÜRTTEMBERG
Ulm
Donau
Kreis
Biberach
Augsburg
Schwaben
MÜNCHEN
Oberbayern
Rosenheim
Kempten
Innsbruck
Voralberg
Feldkirch
St. Gallen
TIROL
Hohe Tauern
SALZ
9°
10°
11°
12°
13°

VERLAG v

ON VEIT & COMP. IN LEIPZIG.

PETROKOW
RADOM
LJUBLIN
KJELZY
Krakau
Beuthen
Tarnow
West Beskiden
Tatra
Karpaten
51°
50°
49°
48°
47°
18°
19°
20°
21°
22°
Erklärung:
Grenzen der Rechtsgebiete
I. Gemeines Recht:
Ausschließlich gemeinrechtliche Quellen
Einzelne Partikulargesetze u. Gewohnheitsrechte
Land- u. Stadtrechte (Reformationen)
Sachsenspiegel
Gemeines Sachsenrecht
Bayrisches Landrecht
Jütisch Low
II. Preußisches Landrecht:
Prinzipale Geltung
Subsidiär hinter alten Localrechten
Suspension von A.L.R. II, 1-3
Subsidiär hinter Provinzialgesetzbüchern
III. Rheinisches Recht:
Code civil
Badisches Landrecht
IV. Sächsisches Gesetzbuch
V. Friesisches Recht
VI. Dänisches Recht
VII. Österreichisches Gesetzbuch